HEINRICH

GEBÜHRENVERORDNUNG
für Steuerberater
und Steuerberatungsgesellschaften

HEINRICH

GEBÜHRENVERORDNUNG
für Steuerberater
und Steuerberatungsgesellschaften

Vollständiger Gesetzestext
mit allen Tabellen (volle und 10tel Gebühren)

Auszüge aus
BRAGO, GKG, BGB, StBerG und BOStB

Berechnungsbeispiele
und umfangreiche Erläuterungen

Die Änderungen nach der 3. Änderungs-VO treten in Kraft,
wenn eine schriftliche Vereinbarung mit einer Geltungsdauer von
mindestens einem Jahr getroffen oder
eine Pauschalvergütung vereinbart wurde
nach Ablauf der Vereinbarung, spätestens ab 1. 1. 1999,
sonst **am 28. 8. 1998;**
beim gerichtlichen Verfahren,
wenn der Auftrag nach dem 28. 8. 1998 erteilt oder
das Rechtsmittel nach dem 28. 8. 1998 eingelegt worden ist.

Umstellung der Honorarabrechnung auf den Euro

Die StBGebV wird vermutlich erst zum Jahr 2002 auf den Euro
umgestellt. Solange bleibt die Basis für die Honorarabrechnung
(Gegenstandswerte, volle Gebühr usw.) nach wie vor die DM,
auch wenn eine Euro-Rechnung erstellt wird. In aller Regel wird
eine solche Euro-Rechnung durch Umrechnung der einzelnen
Rechnungspositionen erzeugt.

Inhaltsübersicht
(nichtamtliche Fassung)

5. Abschnitt
Gebühren für die Hilfeleistung bei der Erfüllung steuerlicher
Buchführungs- und Aufzeichnungspflichten

6. Abschnitt
Gebühren für die Vertretung im außergerichtlichen Rechtsbehelfs-
verfahren und im Verwaltungsvollstreckungsverfahren

7. Abschnitt
Gerichtliche und andere Verfahren

8. Abschnitt
Übergangs- und Schlußvorschriften

Vorwort

zur 5. Auflage 1998

Trotz der eigentlich ins Auge gefaßten analogen Entwicklung der Bundesgebühren-ordnung für Rechtsanwälte (BRAGO) und der Steuerberatergebührenverordnung (StBGebV) wurde letztere erst jetzt (Juli 1998) der bereits im Kostenrechtsände-rungsgesetz vom 29. 6. 1994 erfolgten Änderung des BRAGO angepaßt sowie not-wendige Ergänzungen und Verbesserungen gegenüber der bis jetzt geltenden Fas-sung durchgeführt.

Seit Erscheinen der 4. Auflage bekanntgewordene Rechtsprechung und Literatur wurde berücksichtigt.

Schwäbisch Gmünd, im August 1998

H. Heinrich

Einleitung

1. Gesetzesauftrag

Bereits die erste Fassung des Steuerberatungsgesetzes (1961) enthielt in § 64 den Auftrag an den BdF, für die StB und die StBv eine Gebührenordnung in Form einer Rechtsverordnung zu erlassen. Damit war festgelegt, daß diese Regelung nur für die StB und die StBv und folgend daraus auch für die Steuerberatungsgesellschaften gelten sollte. Abs. 1 S. 3 des § 64 enthält bindende Vorgaben des Gesetzgebers für den Verordnungsgeber, wie die Höhe der Gebühren zu bemessen ist.

2. Historische Entwicklung

Bis zum Inkrafttreten der StBGebV galten für die Honoraransprüche der StB und StBv nur die allgemeinen Vorschriften des bürgerlichen Rechts. Das Honorar konnte also ohne Beachtung irgendwelcher Bestimmungen frei vereinbart werden. § 9 StBerG verbot – und verbietet auch heute noch – lediglich Vereinbarungen, durch die als Entgelt ein Teil der zu erzielenden Steuerermäßigung, Steuerersparnis oder Steuervergütung ausbedungen wird.

Die meisten Angehörigen der steuerberatenden Berufe berechneten ihre Gebühren nach der AllGO (= Allgemeine Gebührenordnung für die wirtschaftsprüfenden sowie wirtschafts- und steuerberatenden Berufe). Diese Gebührenordnung besaß keinen amtlichen Charakter. Den Nachdruck und Neudruck der AllGO hat das Bundeskartellamt 1969 verboten, weil es sich um eine unzulässige Preisempfehlung handle. Die Anwendung dieser Gebührenordnung war damit jedoch nicht untersagt. Zum Ausgleich der eingetretenen Preiserhöhungen haben die Berufsangehörigen zum Teil entsprechende Zuschläge auf die Gebührenansätze gemacht.

Wurde die Anwendung der AllGO nicht vereinbart und lag auch sonst keine Honorarvereinbarung vor, so schuldete der Mandant nach §§ 612 Abs. 2 bzw. 632 Abs. 2 BGB die „übliche Vergütung".

Der BdF versuchte schon 1964, eine Gebührenverordnung zu erlassen. Sein Vorhaben scheiterte aber teils an den widerstreitenden Interessen der StB gegenüber den StBv, vor allem aber am Widerstand der Anwaltschaft und der Justiz, weil sich die StBGebV nach deren Auffassung zu eng an die BRAGO anlehnte.Mehr Aussichten, eine Gebührenregelung zu erlassen, bot sich dem BdF nach der Zusammenführung von StB und StBv im Jahre 1975. Der BdF mußte sich jetzt nur noch mit der daraufhin gebildeten einheitlichen Bundessteuerberaterkammer (n. R.) auseinandersetzen.

Mit BR-Drucksache 419/81 vom 14. 10. 1981 wurde der Entwurf der Verordnung dem Bundesrat vorgelegt, der am 27. 11. 1981 seine Zustimmung gab.

3. Grundsätze der StBGebV

Die GebV „bemißt" lediglich die Vergütung des StB. Sie setzt also einen Rechtsanspruch voraus. Dieser Rechtsanspruch ergibt sich aus dem bürgerlichen Recht.

Maßgebend sind die Vorschriften über den Dienstvertrag (§§ 611 ff. BGB) bzw. den Werkvertrag (§§ 631 ff.) sowie die entgeltliche Geschäftsbesorgung (§ 675 BGB).

Die StBGebV verwendet folgende Begriffe:

Auftrag   kann mehrere Angelegenheiten umfassen.

Angelegenheit = die Tätigkeit des StB, die mit einer eigenständigen Gebühr ausgewiesen ist (ausgenommen die Besprechung), kann mehrere Handlungen (Einzeltätigkeiten) beinhalten.

Gebühr = Entgelt für die eigentliche Tätigkeit.

Vergütung = Gebühr + Auslagenersatz.

Unter dem „Auftrag" versteht die StBGebV etwas anderes als das BGB. Wesentlich für den Auftrag nach § 662 BGB ist die Unentgeltlichkeit. Wird eine Geschäftsbesorgung gegen Entgelt übernommen, so liegt – entgegen dem kaufmännischen Sprachgebrauch – kein Auftrag vor, sondern ein Dienst- oder Werkvertrag. Da die StBGebV nicht davon ausgeht, daß der StB seine Tätigkeit unentgeltlich ausübt, versteht sie den „Auftrag" so, wie er im kaufmännischen Geschäftsverkehr gebraucht wird.

Der Auftrag stellt nach der StBGebV eine durch Vertrag übernommene und durch diesen abgegrenzte Geschäftsbesorgung dar, wobei der Auftrag mehrere Angelegenheiten umfassen kann.

Da das BGB für den Abschluß des Dienst- und des Werkvertrags keine Formvorschriften enthält, können diese Verträge auch mündlich abgeschlossen werden. Wegen möglicher späteren Beweisschwierigkeiten empfiehlt sich in jedem Fall der schriftliche Vertragsabschluß.

Die StBGebV sieht **für den überwiegenden Teil** der beruflichen Tätigkeiten die **Wertgebühr** vor. Die Anwendung der **Zeitgebühr** ist auf eine geringe Zahl von Gebührentatbeständen beschränkt. Dies sind die Fälle, in denen im allgemeinen kein Gegenstandswert bestimmt werden kann oder in denen der Zeitaufwand für die betreffende Tätigkeit nach den Erfahrungen der Praxis so unterschiedlich ist, daß eine Gebührenberechnung nach dem Gegenstandswert, selbst bei einem weitgespannten Gebührenrahmen, in vielen Fällen nicht zu einem wirtschaftlich vernünftigen Ergebnis führen würde. Die Fälle, in denen der Steuerberater für seine Tätigkeit die Zeitgebühr ansetzen darf, sind abschließend aufgezählt. Ein Wahlrecht, etwa je nach Zeitaufwand die Gebühr nach dem Gegenstandswert oder nach dem Zeitaufwand zu berechnen, besteht nicht. Ebenso wäre es auch bei überdurchschnittlichem Zeitaufwand unzulässig, in Fällen, in denen die StBGebV eine Wertgebühr vorsieht, daneben eine Zeitgebühr zu berechnen.

4. Verhältnis zum BGB

Die StBGebV ist eine Rechtsverordnung. Eine solche Rechtsverordnung kann nur erlassen werden, soweit ein förmliches Gesetz dazu die Ermächtigung gibt. Diese Ermächtigungvorschrift besteht in § 64 StBerG. Danach darf die BdF eine „Gebührenordnung" erlassen, also die Gebühren regeln. Für die Interpretation der gesetzlichen Ermächtigung gelten die allgemeinen Auslegungsregeln (BVerfGE 19, 354, 362).

Zur Klärung von Zweck, Inhalt und Ausmaß einer Ermächtigungsnorm (Art. 80 Abs. 1 S. 2 GG) können daher der Sinnzusammenhang der Norm mit anderen Vorschriften und das Ziel, das die gesetzliche Regelung insgesamt verfolgt, berücksichtigt werden. „Art. 80 Abs. 1 S. 2 GG verlangt demnach nicht, daß die Ermächtigung in ihrem Wortlaut so genau wie nur irgend möglich formuliert und gefaßt sein muß. Bezieht sich eine Ermächtigung auf einen Sachbereich, der bereits durch eine VO geregelt war, so geht der Gesetzgeber in der Regel davon aus, daß der VO-Geber sich an den bisherigen Grundsätzen orientieren wird" (BVerfG, Beschl. v. 3. 11. 82 – 2 BvL 28/31, StB 1983 S. 71 f.). Eine solche Regelung des gleichen Sachbereichs lag offensichtlich vor:

Die BRAGO (Bundesrechtsanwaltsgebührenordnung), die am 26. 7. 1957 als Gesetz erlassen und verkündet wurde, diente der StBGebV in weiten Teilen als Vorbild. Bestimmungen, deren Regelungsinhalt gleich ist, wurden daher wörtlich von der BRAGO in die StBGebV übernommen. Allgemeine Regelungen und Regeln für Tätigkeitsbereiche, die beiden rechtsberatenden Berufen zugerechnet werden können, sind folgerichtig in beiden Gebührenordnungen identisch. In allen Fällen, in denen der StB vor Gerichten auftreten darf, enthält die StBGebV überhaupt keine eigenen Gebührenvorschriften, sondern macht die entsprechenden Bestimmungen der BRAGO durch Verweisung auf diese gleichzeitig zu solchen der StBGebV. Die gegen einzelne Regelungen der StBGebV vorgebrachten verfassungsmäßigen Bedenken wegen angeblich fehlender Ermächtigungsnorm z. B. für den Auslagenersatz (§§ 15-20) oder für die Fälligkeit des Honorars (§ 7), die Pauschalvereinbarung (§ 14) oder die Formerfordernisse einer Vereinbarung einer höheren Vergütung (§ 4) sind daher nicht begründet.

5. Verfassungsmäßigkeit

Das BVerfG qualifiziert in seinem Beschluß vom 1. 3. 1978 (NJW S. 1475) den Erlaß von Gebührenordnungen verfassungsrechtlich als Berufsausübungsregelungen gemäß Art. 12 Abs. 1 GG. Eine solche Regelung ist auch „aufgrund eines Gesetzes", also durch Rechtsverordnung, zulässig. Vgl. Reimann, NJW 1979 S. 518.

Zur Frage der Verfassungsmäßigkeit einer Gebührenregelung hat das BVerfG weiter in einer Architektengebührensache entschieden (Richter-Ausschuß gem. § 93a II BVerfGG, Beschl. v. 20. 3. 1980 – 1 BvR 1138/79 – NJW S. 2124), daß eine gesetzliche Regelung aus gesamtwirtschaftlichen und sozialen Gründen sowie zum Nutzen des allgemeinen Wohls die Vertragsfreiheit inhaltlich begrenzen kann. Die weitere Entscheidung des BVerfG (v. 20. 10. 1981 – 2 BvR 201/80, NJW 1982 S. 373) – ebenfalls in einer Architektengebührensache –, wonach § 4 Abs. 2 der VO über die Honorare für Leistungen der Architekten und der Ingenieure vom 17. 9. 1976 (BGBl S. 2805), der eine Unterschreitung der vorgesehenen Mindestsätze nur in Ausnahmefällen zuläßt, nichtig ist, hat auf die StBGebV keine Auswirkung. Die Unzulässigkeit der Regelung in dieser VO wird damit begründet, daß die Ermächtigungsvorschrift im Gesetz überschritten wurde.

Im übrigen siehe die Anm. 12 zu § 1.

6. Sinn und Zweck der Gebührenordnung

Die Tätigkeit der Steuerberater ist kein Gewerbe (§ 32 Abs. 2 StBerG). Sie wird nicht um das Gewinnes Willen ausgeübt, auch wenn sie dem Berufsträger als Lebensgrundlage dient, die ihm sein Auskommen sichern soll. Nicht die Honorarhöhe, sondern die erbrachte Leistung ist Gegenstand des Wettbewerbs der einzelnen Berufsangehörigen. Art und Höhe seiner Vergütung wird durch die für alle Berufsangehörigen verbindliche Gebührenordnung bestimmt. Sie stellt die in §§ 612 Abs. 2 bzw. 632 Abs. 2 BGB genannte „taxmäßige Vergütung" dar. Bei Übernahme eines Auftrags (Mandats) wird sich der StB nicht in Verhandlungen über eine Vergütung einlassen müssen.

Der Auftragsgeber (Mandant) auf der anderen Seite kann die auf ihn durch die Beauftragung eines StB zukommenden Kosten innerhalb eines gewissen Rahmens von vornherein abschätzen.

„Zweck der Gebührenverordnung ist, sowohl im Interesse des Auftraggebers als auch im Interesse der Steuerberater, angemessene Gebühren festzusetzen und durch Schaffung klarer Verhältnisse Auseinandersetzungen vermeiden zu helfen" (Amtliche Begründung zur StBGebV, allgemeiner Teil).

Hinweise

In den Anmerkungen ist aus Vereinfachungsgründen fast immer nur der Steuerberater (= StB) angesprochen. Da die Gebührenverordnung auch für Steuerbevollmächtigte und für Steuerberatungsgesellschaften gilt, treffen die Erläuterungen auch für diese zu. Sollte die Rechtslage abweichen, so ist darauf ausdrücklich hingewiesen.

Der Tabellenteil ist mit Blindregister deutlich abgesetzt.

> **Diesen Tabellenteil mit Schnellübersicht hat der Verlag als gesonderten Tabellenband herausgebracht.**

Gebührenverordnung
für Steuerberater,
Steuerbevollmächtigte und Steuerberatungsgesellschaften
(StBGebV)

vom 17. 12. 1981

BGBl I S. 1442, BStBl 1982 I S. 269

geändert durch

Erste Verordnung zur Änderung der Steuerberatergebührenverordnung
vom 20. 6. 1988
BGBl I S. 841 und

Zweite Verordnung zur Änderung der Steuerberatergebührenverordnung
vom 21. 6. 1991
BGBl I S. 1370

Dritte Verordnung zur Änderung der Steuerberatergebührenverordnung
vom 20. August 1998
BGBl I S. 2369

Aufgrund des § 64 des Steuerberatungsgesetzes in der Fassung der Bekanntmachung vom 4. November 1975 (BGBl I S. 2735) wird nach Anhörung der Bundessteuerberaterkammer mit Zustimmung des Bundesrates verordnet:

Erster Abschnitt
Allgemeine Vorschriften

§ 1 Anwendungsbereich

(1) Die Vergütung (Gebühren und Auslagenersatz) des Steuerberaters für seine selbständig ausgeübte Berufstätigkeit (§ 33 des Gesetzes) bemißt sich nach dieser Verordnung.

(2) Für die Vergütung der Steuerbevollmächtigten und der Steuerberatungsgesellschaften gelten die Vorschriften über die Vergütung der Steuerberater entsprechend.

Anmerkungen zu § 1:
Anmerkungsübersicht:
1. Allgemeines
2. Persönlicher Geltungsbereich
3. Mehrfachberufler
4. Auswirkungen auf andere Berufe
5. Freie Mitarbeiter
6. Mitarbeit von Angestellten

1. Allgemeines

§ 1 ist § 1 BRAGO nachgebildet.

Die StBGebV erging aufgrund der Ermächtigung in § 64 StBerG, also einer Vorschrift der Steuerberaterordnung, dem zweiten Teil des Steuerberatungsgesetzes. Es handelt sich damit um eine berufsrechtliche Bestimmung, die sich zunächst an den Berufsangehörigen richtet.

Auch die Ermächtigungsvorschrift des § 64 StBerG bindet zunächst nur die Berufsangehörigen: „StB und StBv sind ... gebunden."

Wenn § 1 StBGebV (wortgleich mit § 1 BRAGO) dann aber allgemein festlegt, daß sich die Vergütung nach dieser VO bemißt, so kommt dadurch zum Ausdruck, daß auch der Mandant die nach Gesetz und VO bemessene Vergütung zu zahlen hat.

Die Vereinbarung anderer Vergütungen als die in der StBGebV vorgeschrieben stellt einen Verstoß gegen zwingende gesetzliche Vorschriften dar und ist damit nichtig. Vertragsfreiheit kann es für StB hinsichtlich der Vergütung nur innerhalb, nicht außerhalb der Gebührenverordnung geben. Die Bindungswirkung des § 64 StBerG schließt eine generelle Abdingbarkeit der StBGebV aus (vgl. Hamburgisches OVG v. 25. 7. 89 – OVG Bg VI 64/86).

2. Persönlicher Geltungsbereich

Die StBGebV regelt die Vergütung

– des StB,

– des StBv und

– der Steuerberatungsgesellschaft.

Nach Abs. 2 gilt die GebV für die StBv und die StBGes. entsprechend. Daraus ist nicht zu folgern, daß z. B. die StBv niedrigere Gebühren ansetzen können oder müssen. Abs. 2 dient vielmehr lediglich der Vereinfachung der Verordnung. So wurde erreicht, daß im gesamten Text immer nur der StB angesprochen werden mußte. Sozietäten werden wie ein einzelner Berufsträger behandelt (s. Anm. 2 zu § 5).

Für Nicht-StB oder -StBv gilt die StBGebV nicht unmittelbar. Sie hat jedoch Bedeutung für die Ermittlung der üblichen Gebühr i.S. der Vorschriften des BGB. Es bestehen keinerlei Bedenken dagegen, daß die Anwendung der StBGebV durch Nicht-StB ausdrücklich vereinbart wird.

3. Mehrfachberufler

Auch im Fall der Doppelqualifikation WP/StB besteht die Bindung an die StBGebV (OLG Bremen v. 31. 5. 94, Gerling-Inf. S. 387).

Zum RA/StB:

Da die BRAGO keine ausdrückliche Regelung für die (mögliche) steuerberatende Tätigkeit eines Rechtsanwalts trifft, besteht keine Regelungskonkurrenz zwischen BRAGO und StBGebV, die es dem RA/StB erlaubte, nach Belieben zwischen § 118 BRAGO und StBGebV zu wählen.

Horn (StB 1983 S. 285) tritt dagegen für das Wahlrecht ein, mit der Begründung, daß eben doch eine Konkurrenz zwischen BRAGO und StBGebV bestehe. Dem kann aber nicht zugestimmt werden. Weder die BRAGO noch das StBerG räumen dem Mehrfachberufler ein Wahlrecht ein. Für mit dem RA-Beruf vereinbare Tätigkeiten (z.B. Buchführung, Jahresabschluß) gibt es sowieso keine Probleme, weil die BRAGO nur die Vergütung für die (typische) Berufstätigkeit des RA regelt (§ 1).

Geklärt ist die Frage für WP/StB (oder vBP/StB).

Hiezu hat das OLG Hamm mit Urteil v. 22. 6. 88 – 25 U 174/87 – (StB 1988, 350) entschieden, daß WP bei gleichzeitiger Berufsqualifikation als StB die StBGebV als berufsrechtliche Vorschrift zu beachten haben. Sie haben insoweit kein Wahlrecht.

Selbst Nur-WP (also ohne Doppelqualifikation) sind nach dem Urteil des OLG Düsseldorf v. 2. 3. 89 – 18 U 215/88 – (StB 1989, 236) bei Erbringen von Hilfeleistung in Steuersachen an die StBGebV als Taxe i.S. von § 612 Abs. 2 BGB gebunden.

Dies wird auch für Nur-RAe zu gelten haben, da die BRAGO für die nicht-streitige Steuerberatung absolut nichts hergibt und die von Schall in BB 1988 S. 1363 gebotenen Hilfskonstruktionen kaum praktikabel erscheinen.

Zusammenfassend wird man sagen können, daß jeder, der die Qualifikation als StB besitzt – also auch der Doppelbändermann oder die Doppelbänderfrau – an die StBGebV gem. § 64 StBerG gebunden ist. Soweit zur unbeschränkten Hilfeleistung in Steuersachen Befugte die StB-Qualifikation nicht besitzen, bestimmt sich deren Vergütung nach der StBGebV als Taxe i.S. von §§ 612, 632 BGB.

Das gleiche **Abgrenzungsproblem** besteht bei der Auslegung des § 68 StBerG (Verjährung von Ersatzansprüchen). Dort werden zunächst Tätigkeiten ausgeschieden, die der Mehrfachberufler in einer Eigenschaft nicht ausüben darf. So darf die Pflichtprüfung bei der AG der WP/StB nur in seiner Eigenschaft als WP durchführen. Der RA/StB darf einen Gesellschaftsvertrag nur in seiner Eigenschaft als RA entwerfen. Was dann noch bleibt, wird danach zugeordnet, **zu welchem der mehreren Berufsbilder die ausgeführte Tätigkeit berufstypisch gehört**, d.h. welchem Berufsbild sie das Gepräge gibt (BGH-Urt. v. 19. 11.1987 – VII ZR 39/87, Gerling-Inf.; OLG Hbg., Urt. v. 23. 12. 1986, DB 1987 S. 480). Danach gehört z. B. die Anfertigung einer Steuererklärung berufstypisch zum Bild des StB und nicht zu dem des WP oder dem des RA, da die Angehörigen dieser beiden Berufe lediglich befugt sind, Steuererklärungen anzufertigen, dies aber nicht ihre berufstypische Tätigkeit darstellt.

Auch die Jahresabschlußarbeiten gehören nach dem Urteil des OLG Hamm (a.a.O.) zu den typischen Leistungen eines StB. Dieses Abgrenzungsproblem bestand auch beim früher geltenden ermäßigten USt-Satz für die freien Berufe nach § 12 Abs. 2 Nr. 5 UStG; es wurde ebenfalls darauf abgestellt, ob die jeweilige Tätigkeit berufstypisch war (BFH-Urt. v. 2. 10. 1986, BStBl II 1987 S. 147).

Die gleiche Abgrenzung ist vorzunehmen

– bei einer Sozietät zwischen einem StB und einem WP oder einem RA sowie

– bei einer Steuerberatungsgesellschaft, die zugleich als Wirtschaftsprüfungs-gesellschaft anerkannt ist.

Bei einem StB, der zugleich Rechtsbeistand ist, ist die Rechtslage einfach. Als Rechtsbeistand ist er nicht befugt, Hilfe in Steuersachen zu leisten. Wenn er einen Mandanten steuerlich berät, dann geschieht das also in jedem Fall in der Eigen-schaft als StB mit der Folge, daß nach der StBGebV abzurechnen ist.

4. Freie Mitarbeiter

Die StBGebV will ganz offensichtlich nur die Fälle regeln, in denen der StB für einen Steuerpflichtigen tätig wird, nicht aber den Fall des Tätigwerdens des StB für einen Kollegen. Der freie Mitarbeiter erhält deshalb seine Vergütung nicht nach der StBGebV, sondern einen bestimmten Stundensatz oder einen Anteil an dem vom Mandatsinhaber berechneten Honorar (s. Lehwald, StB 1983 S. 95/96; Eckert-Bött-cher, Anm. 3 zu § 1).

5. Mitarbeit von Angestellten

Die StBGebV enthält – im Gegensatz zur BRAGO (§ 4) – keine Regelung, wie gebührenrechtlich zu verfahren ist, wenn der StB mit der Erledigung der Angele-genheit einen Vertreter, Angestellten oder Auszubildenden beauftragt. Das Fehlen einer derartigen Vorschrift bedeutet nicht, daß der StB nur für seinen persönlichen Dienst liquidieren darf. Auftragnehmer und verantwortlich für den übernommenen Auftrag ist allein der Berufsangehörige. Er haftet dem Mandanten für evtl. Schä-den. Daß er sich bei der Erledigung des Mandates auch der Hilfe von Angestellten bedienen darf, ist allgemein anerkannt, soweit das Mandat nicht die höchstpersön-liche Leistung des StB erfordert. Die vom StB übernommene und letztes Endes von ihm (evtl. unter Inanspruchnahme der Tätigkeit von Hilfskräften) erbrachte Lei-stung wird honoriert. Diese Leistung wird nicht weniger wert, weil auch Hilfskräfte mitgearbeitet haben und sie wird auch nicht höherwertig, weil auch Hilfsarbeiten (Aufstellungen, Rechenarbeiten etc.) vom Berufsträger selbst erbracht wurden.

Wegen der Bemessung der Gebühr beim Einsatz weniger qualifizierter Kräfte sie-he Anm. 3 zu § 11 und Anm. 6 zu § 13 sowie Anm. zu § 4 BRAGO.

6. Sachlicher Geltungsbereich

Die StBGebV ist nur anzuwenden auf die selbständig ausgeübte Berufstätigkeit (§ 33 des Gesetzes).

Dazu gehören die Hilfeleistung

– bei der Bearbeitung von Steuerangelegenheiten,

- bei der Erfüllung allgemeiner steuerlicher Pflichten,
- bei der Erfüllung steuerlicher Buchführungs- und Aufzeichnungspflichten,
- in Steuerstrafsachen und
- in Bußgeldsachen wegen einer Steuerordnungswidrigkeit

sowie die Vertretung im außergerichtlichen und finanzgerichtlichen Rechtsbehelfsverfahren.

Was zu den Steuerangelegenheiten zählt, bestimmt § 1 Abs. 1 und 2 StBerG. Durch die Beschlüsse des BVerfG vom 18. 6. 1980 (BStBl II S. 706) und vom 27. 1. 1982 (BStBl II S. 281) ist die Vornahme der laufenden Buchführung und der Lohnabrechnungen aus dem Vorbehaltsbereich der steuerberatenden Berufe herausgenommen worden. Das bedeutet aber nicht, daß sich das in § 33 StBerG gezeichnete Berufsbild des StB geändert hat. Laufende Buchführung und laufende Lohnabrechnungen, die ein StB ausführt, sind nach wie vor berufstypische Tätigkeiten eines StB und demgemäß zwingend nach der StBGebV abzurechnen.

Die StBGebV ist also insbesondere **nicht verbindlich für die sog. vereinbaren Tätigkeiten** nach § 57 Abs. 3 StBerG, z. B. die wirtschaftsberatende Tätigkeit, die Vermögensverwaltung, Bilanzanalysen und Statistik. Im übrigen siehe Lehwald, StB 1983 S. 95. Soweit solche Tätigkeiten im Zusammenhang mit der Erstellung der Buchführung oder der Lohnbuchführung anfallen, können sie dort als „sonstige Tätigkeiten" doch nach der StBGebV abzurechnen sein (s. Anm. 8 zu § 33 sowie Anm. 6 zu § 34).

Die Vergütung des StB richtet sich auch nicht nach der StBGebV für eine nicht erlaubte **allgemeine Rechtsberatung.** Ein solcher Beratervertrag ist wegen Verstoßes gegen das Rechtsberatungsgesetz nichtig; aus ihm kann kein vertraglicher Honoraranspruch hergeleitet werden. Vgl. BGH, DB 1968 S. 1122 und 1970 S. 17; OLG Hamm, DB 1986 S. 32. Es entsteht aber u.U. ein Anspruch aus ungerechtfertigter Bereicherung (§ 812 BGB). Zur Abgrenzung zwischen erlaubter und nicht erlaubter Rechtsberatung durch StB siehe Hoffmann, DStR 1987 S. 250.

Die Beratung über **Subventionen** außerhalb der Steuervergünstigungen und der Investitionszulage, also auf dem Gebiet der sog. Finanzhilfen (z. B. Zuschüsse, verbilligte Darlehen, Schuldendiensthilfen) ist eine wirtschaftsberatende Tätigkeit und damit eine mit dem StB-Beruf vereinbare Tätigkeit. Die StBGebV ist also für solche Tätigkeiten nicht verbindlich.

8. Vereinbare Tätigkeiten

Wird ein StB über den in § 33 StBerG abgesteckten Bereich hinaus tätig, so ist die StBGebV nicht unmittelbar anwendbar. Es gelten vielmehr die allgemeinen Vorschriften des bürgerlichen Rechts, soweit für die Entlohnung dieser Tätigkeit nicht Sondervorschriften bestehen.

Solche **Sondervorschriften** bestehen insbesondere für folgende Tätigkeiten:

- Die Vergütung des **Berufsbetreuers** ist in dem ab dem 1. 1. 1999 geltenden Gesetz über die Vergütung von Berufsvormündern geregelt.
- Wird ein StB/StBv von einem Gericht als **Zeuge** oder **Sachverständiger** vernommen, so richtet sich die Vergütung nach dem Gesetz über die Entschädigung von Zeugen und Sachverständigen.

- Für den **Testamentsvollstrecker** ist lediglich in § 2221 BGB bestimmt, daß er eine angemessene Vergütung erhält, sofern nicht der Erblasser etwas anderes bestimmt hat. Die Angemessenheit richtet sich insbesondere nach Umfang, Dauer und Schwierigkeit der Erledigungen.

Leistet der StB als Testamentsvollstrecker besondere berufliche Dienste, mit deren Erbringung ein anderer Testamentsvollstrecker einen StB beauftragen würde, so hat er neben dem Anspruch auf die Vergütung aus der Testamentsvollstreckung auch Anspruch auf Honorierung seiner berufsmäßigen, regelmäßig nur gegen Entgelt zu leistenden Dienste. Für seine steuerberatende Tätigkeit wird er also i.d.R. nach der StBGebV gesondert abzurechnen haben. In diesem Fall macht der Testamentsvollstrecker besondere Aufwendungen, für die er vom Erben Ersatz verlangen kann (§ 2218 BGB i.V.m. § 670 BGB). Das gilt aber nur, wenn kein gegenteiliger Wille des Erblassers erkennbar ist.

- Für die Tätigkeit als **Nachlaßpfleger** sind die Bestimmungen über die Vormundschaft maßgeblich (§ 1915 BGB). Der **Nachlaßverwalter** kann für die Führung seines Amtes gemäß § 1987 BGB eine angemessene Vergütung verlangen. Die Höhe der Vergütung ist von dem Nachlaßgericht festzusetzen. Dabei werden die Vergütungssätze für eine Konkursverwaltertätigkeit als Anhalt genommen. Im übrigen s. OLG Köln v. 31. 7. 67, NJW S. 2405.

- Die Gebühren des **Konkursverwalter**, des **Vergleichsverwalters** sowie der Mitglieder eines Gläubigerausschusses oder Gläubigerbeirats im Konkursverfahren richten sich nach der Verordnung vom 25. 5. 1960 (BGBl I S. 329) mit den inzwischen erfolgten Änderungen. Im übrigen siehe Uhlenbrück, DStR 1979 S. 123.

- Hinsichtlich der Tätigkeit als **Schiedsrichter** i.S.d. § 1025 ZPO ist auf die vom „Deutschen Ausschuß für das Schiedsgerichtswesen" vorgelegte Schiedsgerichtsordnung zu verweisen, die auch die Vergütung regelt.

Gelten solche Sondervorschriften nicht, dann kann das Honorar für nicht unter die StBGebV fallende Arbeiten frei vereinbart werden. Fehlt eine derartige Vereinbarung, so schuldet der Auftraggeber die **„übliche Vergütung"** (§§ 612, 632, 670 BGB). Für die Bemessung dieser üblichen Vergütung wird jedoch die StBGebV Bedeutung haben, soweit es sich um ähnliche Aufgaben handelt. Der StB ist aber damit für diese vereinbaren Tätigkeiten keineswegs an den Stundensatz der StBGebV gebunden. Das OLG München hat z. B. mit Beschluß vom 30. 3. 1979 (StB 1980 S. 91) bei einem Privatgutachten über schwierige Fragen der Unternehmensbewertung einem WP einen Stundensatz von 200 DM zugestanden.

9. Anspruchsgrundlage – BGB

Anspruchsgrundlage für die Vergütung des StB ist nicht die StBGebV, sondern der bürgerlich-rechtliche Vertrag mit dem Mandanten. Die StBGebV bemißt die Vergütung, setzt also einen Vergütungsanspruch voraus.

Bei verschuldeter und auch bei unverschuldeter **Schlechtleistung** des StB bleibt der volle Vergütungsanspruch erhalten. Gilt Werkvertrags-Recht hat der Mandant den Nachbesserungsanspruch aus § 633 Abs. 2 BGB. Aber auch dann, wenn ein Dienstvertrag vorliegt, liegt es bei einem Steuerberatungsvertrag schon nach Art und Umfang der vom StB zu besorgenden Geschäfte nahe, daß diesem ein Recht auf Beseitigung etwaiger Mängel der durchgeführten Arbeiten zusteht (OLG Köln, Urt. v. 23.12.1982 – 1 U 26/82 – , Stbg 1988 S. 116). Für diese **Nachbesserungen** hat der StB selbstverständlich nach BGB keinen Anspruch auf Honorar. Folglich ist eine Gebühr nicht zu berechnen.

Der Auftrag des Mandanten an den StB, für ihn tätig zu werden, stellt einen **Geschäftsbesorgungsvertrag** dar, und zwar einen **Dienstvertrag,** einen **Werkvertrag** oder auch einen gemischten Vertrag, der beide Merkmale in sich trägt. Entscheidend für die Frage, welcher dieser Verträge vereinbart wurde, ist, ob ein bestimmter Erfolg oder lediglich eine Tätigkeit geschuldet wird. Wird lediglich eine Tätigkeit geschuldet (z. B. bei der laufenden Beratung, bei der Vertretung vor dem Finanzgericht), so liegt ein Dienstvertrag vor. Ein Werkvertrag liegt dann vor, wenn konkrete Einzelleistungen Vertragsinhalt sind (OLG Düsseldorf, Urt. v. 28. 5. 90 – 18 U 6/90 – mit weiteren Lit.- u. Rechtspr. Hinweisen, Gerling Info 1/91 S. 8). Auch beim Werkvertrag ist eine Tätigkeit erforderlich; im Vordergrund steht aber hier der Eintritt des vertraglich vereinbarten Erfolgs. Wo im Einzelfall die Grenze zu ziehen ist, ist nicht immer leicht zu bestimmen. In der Regel liegt beim Steuerberatervertrag ein Geschäftsbesorgungsvertrag mit Dienstvertragscharakter gem. § 675 BGB vor.

Wird der StB über einen längeren Zeitraum in steuerlichen Angelegenheiten tätig (auch Jahresabschlüsse und Stuererklärungen) und steht die ständige Beratung und Vertretung in steuerlicher Hinsicht im Vordergrund, die dann als Endergebnis zu Einzelleistungen führt, so ist ein Geschäftsbesorgungsvertrag mit Dienstvertragscharakter gegeben (OLG Düssel. v. 3. 7. 1986, Gerling-Inf. 7/87 S. 102).

Inhalt und Umfang des Auftrags und damit der Pflichten des StB richten sich jeweils nach dem im Einzelfall geschlossenen Vertrag. Dabei hat der StB grundsätzlich von der Belehrungsbedürftigkeit des Mandanten in steuerlichen Fragen auszugehen. Deshalb muß er auch ungefragt Hinweise geben. Wenn man aber davon ausgeht, daß der StB dazu vertraglich verpflichtet ist, dann löst diese Tätigkeit selbstverständlich auch die Gebühren nach der StBGebV aus, auch wenn im Einzelfall ein spezieller Auftrag dazu nicht gegeben war. Es empfiehlt sich in jedem Fall, den Auftrag jeweils schriftlich genau zu fixieren.

Der Vergütungsanspruch des StB kann sich u. U. auch auf **Geschäftsführung ohne Auftrag** (§§ 677 ff. BGB) gründen (z. B. bei Abwesenden, bei Unwirksamkeit des Dienstvertrags).

Im Falle der sog. berechtigten Geschäftsführung hat der StB Anspruch auf Ersatz der Aufwendungen, die er den Umständen nach für erforderlich halten durfte (§ 684 S. 2, §§ 683, 670 BGB). Siehe auch die Anm. zu § 3. Handelt es sich um eine Leistung des StB (z. B. Vertretung), so schuldet der Mandant die Vergütung nach der StBGebV (zum RA: OLG Dresden, NJW 1925 S. 1799).

Auf **ungerechtfertigter Bereicherung** kann der Vergütungsanspruch beruhen,

– wenn der Geschäftsherr die Geschäftsführung ohne Auftrag nicht genehmigt und auch die Voraussetzung des § 683 BGB nicht vorliegen und

– wenn der Steuerberatungsvertrag nichtig ist.

Zur Zahlung des Honorars durch einen Dritten (z. B. Anlageberater) siehe Anm. 16.

10. Anwendungspflicht

Die Pflicht des StB, die StBGebV anzuwenden, ergibt sich eindeutig aus § 64 StBerG, der lautet:

„Steuerberater und Steuerbevollmächtigte sind an eine Gebührenordnung gebunden,...".

Dem entspricht auch § 1 Abs. 1 StBGebV mit dem Wortlaut:

„Die Vergütung... des Steuerberaters... bemißt sich nach dieser Verordnung."

Beide Vorschriften sind zwingender Art und lassen keinen Zweifel aufkommen. Wollte man die Anwendung in das Belieben des Berufsträgers stellen, dann hätte man sie nicht erlassen brauchen (ebenso LG FfM, StB 1986 S.. 336 sowie Heinrich StB 1983 S. 32).

Die Anwendung der StBGebV ist damit auch **nicht abdingbar.** Dem StB ist es also nicht gestattet, eine andere Berechnungsgrundlage für seine Honorare zu vereinbaren, ausgenommen die Fälle des § 4 (höhere Vergütung). Der Auffassung (z. B. Horn, StB 1983 S. 158), daß nach wie vor Vertragsfreiheit herrsche und die StBGebV nur gelte, wenn keine besonderen Gebührenvereinbarungen getroffen wurde, ist rechtlich nicht haltbar. Die Bindungswirkung, die § 64 StBerG hinsichtlich der Gebührenordnung ausspricht, schließt eine generelle Abdingbarkeit der StBGebV aus (Ham. OVG v. 25. 7. 89 – OVG Bg VI 64/86). Der StB darf auch keine Vereinbarung treffen, wonach er grundsätzlich seine Gebühren der unteren Rahmenhälfte entnimmt oder Gebühren ansetzt, die unter den Mindestgebühren liegen (BGH-Urteil vom 19. 6. 1980, NJW S. 2407; Mittelsteiner, BB 1983 S. 1530).

Siehe auch Anm. 3 sowie Anm. 5 zu § 3 (Berechnungspflicht für den Auslagenersatz).

In diesem Zusammenhang ergibt sich die weitere Frage, ob sich der StB – standesrechtlich gesehen – bereits pflichtwidrig verhält, wenn er statt der zutreffenden Gebühr eine noch im gegebenen Rahmen bleibende, höhere Gebühr ansetzt. Hierzu ist festzustellen, daß es eine absolute Größe „die angemessene Gebühr" nicht gibt. Ein berufsrechtliches Einschreiten ist geboten bei bewußten Gebührenunterbietungen oder offensichtlichen Gebührenüberhebungen.

11. Mindestsätze, die zu hoch sind

Mindestsätze, die vom Verordnungsgeber zu hoch angesetzt erscheinen, zwingen den StB eine ihm unangemessen hoch erscheinende Gebühr zu verlangen. Die Entscheidung darüber, ob eine vom VO-Geber festgelegte Gebühr den Rahmen des Angemessenen übersteigt und damit gegen die Ermächtigung des § 64 StBerG verstößt, kann aber nicht beim einzelnen StB liegen. Für ihn sind die Bestimmungen der StBGebV Gesetzesnormen (vgl. § 4 AO), deren Anwendung oder Nichtanwendung nicht in seinem Ermessen liegen. Auch ist hierbei zu bedenken, daß gerade Wertgebühren einen gewissen Pauschalcharakter haben. Bei niedrigen Gegenstandswerten ergibt sich meist eine Vergütung, die weder dem Arbeitsaufwand des StB noch seinen allgemeinen Geschäftskosten gerecht wird. Der StB ist daher darauf angewiesen, bei höheren Gegenstandswerten eine Vergütung zu erhalten, die zugleich die bei niedrigeren Gegenstandswerten eintretenden Verluste ausgleicht. „Insoweit müssen bei der Auslegung Billigkeitserwägungen ausscheiden. Die schematische Regelung der Vergütung hat zur notwendigen Folge, daß das gleiche Maß von Arbeit je nach der anzuwendenden Vorschrift verschieden hoch entlohnt wird. Diese Folge muß in Kauf genommen werden." (Gerold-Schmidt, Kommentar zur BRAGO, Einleitung Anm 6). Die von Eckert/Böttcher (StBGebV, 2. Auf. Anm 3 zu § 4) dagegen vorgebrachten mit Beispielen veranschaulichten Argumente sehen das eigentliche Problem, daß es in einem Rechtsstaat nicht dem Gesetzesanwender überlassen bleibt, eine Rechtsnorm zu befolgen, nicht.

12. Höchstsätze, die zu niedrig sind

Bei Höchstsätzen, die dem StB keine angemessene Gebühr zugestehen, vielleicht sogar nicht kostendeckend sind, räumt § 4 StBGebV das Recht ein, eine höhere Vergütung ausdrücklich zu vereinbaren. Die gegen solche „zu niedrigen Höchstsätze" vorgebrachten verfassungsmässigen Einwendungen (§ 14 Abs 1 S. 1 GG „Enteignung") scheinen mir durchweg akademischer Natur zu sein. Gegen keine einzige Bestimmung der StBGebV wurde mit solchen Begründungen das Verfassungsgericht angerufen und kein Gericht hat solchen verfassungsmässigen Bedenken Rechnung getragen. Im Rechtsstaat aber entscheiden einzig und allein unabhängige Gerichte insbesondere das hierzu berufene Bundesverfassungsgericht, ob eine Rechtsnorm mit dem Grundgesetz vereinbar ist oder nicht. Die Behauptung, der StB sei an derartige Normen, die ihm eine in seinen Augen zu hohe oder zu niedrige Vergütung zu muten, nicht gebunden, ist nicht zu vertreten, solange die Verfassungswidrigkeit nicht rechtmäßig festgestellt wurde. Immerhin ist die StBGebV mit all ihren angeblich zu hohen oder zu niedrigen Vergütungssätzen nunmehr seit mehr als fünfzehn Jahren in Kraft und von den Gerichten als Rechtsgrundlage für die Gebührenbemessung uneingeschränkt anerkannt und angewendet worden.

Was zu den Gebührensätzen gesagt wurde, gilt in gleicher Weise für den Auslagenersatz. Auch wenn hier krasse Unterschiede zwischen den in der VO festgelegten Beträgen und den tatsächlich entstehenden Kosten festzustellen sind, ist die Behauptung, die durch die StBGebV getroffenen Regelungen seien insoweit nichtig und für den StB nicht verbindlich, nicht zu verantworten.

13. Auskunft des StB über die voraussichtliche Höhe des Honorars

Der StB ist nicht verpflichtet, von sich aus bei der Übernahme eines Mandats darauf hinzuweisen, daß der Berechnung seiner Vergütung die StBGebV zugrunde gelegt wird. Auf Verlangen des Mandanten muß er allerdings die voraussichtliche Höhe der gesetzlichen Vergütung mitteilen (BGH, Urt. v. 13. 3. 1980, NJW S. 2128 zum RA). Vor der Ausführung des Auftrags werden aber meist wichtige Grundlagen für die überschlägige Ermittlung der Vergütung fehlen.

Ist mit einem deutlichen Mißverhältnis zwischen dem erzielbaren Erfolg und der Vergütung des StB zu rechnen, so wird der StB wohl darauf hinweisen müssen (Treu und Glauben).

Der Aufforderung, ein schriftliches Angebot zur Übernahme berufsspezifischer Aufträge unter Angabe des jeweiligen Gebührenansatzes abzugeben, sollte der StB grundsätzlich nicht nachkommen, schon gar nicht, wenn zu erkennen ist, daß die gleiche Aufforderung an mehrere Berufsträger ergangen ist. Schließlich ist der StB kein „billiger Jakob", sondern übt eine in besonderem Maße vertrauensbezogene freiberufliche Tätigkeit aus, die sich im übrigen nur begrenzt „kalkulieren" läßt.

Die Angabe der angemessenen Gebühr ist auch nur dann möglich, wenn alle Bestimmungsgrundlagen des § 11 (z. B. Schwierigkeitsgrad, Zeitaufwand, besondere Umstände) genau bekannt sind. Das ist regelmäßig erst dann der Fall, wenn ein solcher Auftrag für diesen Mandanten schon einmal ausgeführt worden ist.

Gibt der StB Auskunft über die voraussichtliche Höhe seiner Gebühr, so macht er sich u.U. schadenersatzpflichtig, wenn er die Angabe nicht so sorgfältig wie möglich gemacht hat (LG Flensburg, zitiert in StB 1988 S. 205).

Der Voranschlag darf auf keinen Fall dazu benutzt werden, um einen Kollegen zu unterbieten oder um einen Mandanten abzuwerben. Vgl. auch Stbg 1986 S. 275.

14. Gebührenermäßigung wegen besonderer Umstände

Nach § 45 Abs. 4 BOStB darf ausnahmsweise besonderen Umständen, etwa der Bedürftigkeit eines Auftraggebers, durch Ermäßigun oder Streichung von Gebühren oder Auslagenersatz nach Erledigung des Auftrags Rechnung getragen werden. Eckert/Böttcher (§ 4 Rdnr. 3) sehen eine Ermäßigung der Vergütung dann als zulässig an, wenn bei einem Auftraggeber durch schwere Erkrankung, Vermögensverfall oder ähnliche Anlässe höherer Gewalt „besondere Verhältnisse" gegeben sind. Da es sich bei dem Honoraranspruch des StB um eine Geldforderung für eine in Anspruch genommene Leistung handelt, müssen die besonderen Umstände m.E. in den wirtschaftlichen Verhältnissen liegen. Eine schwere Erkrankung ist also nur dann ein ausreichender Grund für die Gebührenermäßigung, wenn dadurch eine beträchtliche wirtschaftliche Belastung veranlaßt war. Auf alle Fälle können solche Billigkeitsmaßnahmen erst nach Erledigung des Auftrages im Wege des Gebührenerlasses oder einer Gebührenermäßigung ergriffen werden.

Wegen der nichtgeschäftsmäßigen Hilfeleistung siehe Anm. 16.

15. Zahlung des Honorars durch einen Dritten

Mit den Berufspflichten des StB zu unabhängiger und eigenverantwortlicher Berufsausübung ist es nicht zu vereinbaren, Hilfe in Steuersachen zu leisten, wenn die StB-Gebühren nicht der Beratene zahlt, sondern ein Dritter, der sich aus Anlaß einer von ihm für den Beratenen gegen monatliche Pauschalzahlung entfalteten kaufmännischen Beratungstätigkeit diesem und dem StB gegenüber zur Zahlung der Gebühren verpflichtet hat (hier eine Unternehmensberatungsgesellschaft). Vgl. BGH-Urteil v. 9. 10. 1986, Gerling-Inf. 2/87 S. 18.

Eine für die Vermittlung einer Beteiligung an einem Bauherrenmodell erhaltene **Provision** hat der StB seinem Mandanten auch dann herauszugeben, wenn die

Vergütung in die Form eines Honorars für die Beratung und Prüfung gekleidet wird (OLG Mchn., Beschl. v. 14. 1. 1988, Gerling-Inf. 4/88 S. 60).

16. Beratung von Angehörigen und Freunden

Der sachliche Anwendungsbereich der GebV erstreckt sich auf die selbständig ausgeübte Berufstätigkeit i.S.d. § 33 StBerG. Mit den dort aufgeführten Tätigkeiten sind nur die gemeint, die geschäftsmäßig ausgeübt werden. Das ergibt sich aus § 32 Abs. 1 StBerG. Die StBGebV ist also nur anzuwenden, wenn der StB seine Tätigkeit geschäftsmäßig ausübt. Eine solche Hilfeleistung liegt aber nicht vor gegenüber nahen Verwandten und gegenüber guten, alten Freunden, wenn sie unentgeltlich und aus diesem Verhältnis heraus erfolgt.

Im gerichtlichen Verfahren ist dazu folgendes zu beachten: Eine Gefälligkeit pflegt nur gegenüber einer bestimmten nahestehenden Person und nicht auch dem Gegner geleistet zu werden. Daher ist anzunehmen, daß die Leistung nur für den Fall als unentgeltlich gewollt ist, daß der Auftraggeber keinen Erstattungsanspruch gegen einen Gegner hat, so daß dieser sich auf die Unentgeltlichkeit nicht berufen kann (OLG Hbg, MDR 1970 S. 340).

§ 2   Sinngemäße Anwendung der Verordnung

Ist in dieser Verordnung über die Gebühren für eine Berufstätigkeit des Steuerberaters nichts bestimmt, so sind die Gebühren in sinngemäßer Anwendung der Vorschriften dieser Verordnung zu bemessen.

Anmerkungen zu § 2:

1. Allgemeines

Die Vorschrift ist § 2 BRAGO nachgebildet. **Sie will den sachlichen Anwendungsbereich nicht erweitern,** sondern beschränkt ihn zusammen mit § 1 ausdrücklich auf die in § 33 StBerG aufgeführten Tätigkeiten. Eine Erweiterung auf die vereinbaren Tätigkeiten i.S.d. § 57 Abs. 3 StBerG kann also mit § 2 nicht begründet werden. Der Zweck des § 2 besteht darin, sicherzustellen, daß alle dem StB/StBv eigentümlichen Tätigkeiten über die StBGebV abgerechnet werden. Da die Entlohnung für diese Tätigkeiten wegen deren Vielfältigkeit nicht abschließend geregelt werden kann, entstehen zwangsläufig Lücken, die § 2 schließen will.

Die Vorschrift gilt nur für die Gebühren, nicht auch für die Auslagen.

§ 2 ist im übrigen nicht anzuwenden, wenn die in Frage kommende Tätigkeit durch eine anderweitig entstehende Gebühr mit abgegolten wird.

2. Sinngemäße Anwendug

Sinngemäße Anwendung heißt im Einzelfall, daß der Gebührenansatz für eine Tätigkeit gesucht wird, die der geleisteten am nächsten kommt. Dieser Ansatz ist dann unter Berücksichtigung der anderen Gegebenheiten, also mit den veranlaßten Abänderungen, anzuwenden. Es ist also die Gebühr zu suchen, die der Verordnungsgeber vermutlich gewählt hätte, wenn er eine Regelung getroffen hätte. Ist

GebV

eine solche Vorschrift nicht feststellbar, so muß wohl trotzdem die Gebühr danach bestimmt werden, wie sie der VO-Geber geregelt hätte.

Bei der sinngemäßen Anwendung dürfen Gebührensatz und Gegenstandswert nicht getrennt werden. Es ist nicht zulässig, einer Vorschrift den Gebührensatz und einer anderen den Gegenstandswert zu entnehmen. Ist für die nächstliegende Tätigkeit die Wertgebühr vorgesehen, so muß auch für die Tätigkeit, für die der Ansatz fehlt, die Wertgebühr angesetzt werden, weil die GebV den Anwendungsbereich der Zeitgebühr bewußt sehr eingeschränkt hat.

3. Beispiele

Anträge, die unterblieben

Beauftragt der Mandant den StB, einen bestimmten Antrag zu stellen (z. B. auf Herabsetzung der ESt-Vorauszahlungen), unterbleibt dieser Antrag aber, weil der StB zu dem Ergebnis kommt, daß ein solcher Antrag nicht sinnvoll ist oder keine Aussicht auf Erfolg hätte, dann ist die Gebühr m.E. § 21 (Rat) zu entnehmen, und zwar in Anlehnung an die Vorschrift, die auf den unterlassenen Antrag anzuwenden gewesen wäre.

Erklärung zur Fremdenverkehrsabgabe

Bei der Fremdenverkehrsabgabe handelt es sich um keine Steuer, sonder eine Abgabe mit Gegenleistung. Aus diesem Grund erfolgt die Berechnung nicht nach der StBGebV. Es handelt sich um eine vereinbare Tätigkeit (§ 57 StBerG). Mangels einer Vereinbarung wird die „übliche Vergütung" (§§ 612, 632 BGB) geschuldet.

Anmeldung der Aufsichtsratssteuer und der Vergütung nach § 50a EStG

Für diese Anmeldungen wird die Gebühr sinngemäß § 24 Abs. 1 Nr. 15 zu entnehmen sein (ebenso Lehwald, StB 1982 S. 55). Die Auffassung von Lehwald, für die Führung der Aufzeichnungen nach § 73d EStDV in Anlehnung an § 34 Abs. 5 die Zeitgebühr zu berechnen, halte ich für bedenklich. Zutreffender dürfte § 34 Abs. 2 sein.

Anmeldung der Gesellschaftsteuer

Die Kammern empfehlen die sinngemäße Anwendung von § 23 Nr. 10 (sonstige Anträge) oder § 24 Abs. 1 Nr. 14 (KapErtrSt-Erklärung). Meyer (Stbg 1984 S. 271) ist für die Anlehnung an § 24 Abs. 1 Nr. 11 (nicht notierte Anteile).

Anmeldung der Getränkesteuer

Nächstliegender Ansatz: § 24 Abs. 1 Nr. 17. Vgl. Lehwald, StB 1984 S. 103.

Ermittlung und Bekanntgabe von Sonderbetriebsausgaben bzw. Sonder-Werbungskosten

Für die Ermittlung und die Bekanntgabe von Sonder-Betriebsausgaben bzw. von Sonder-Werbungskosten an die Gesellschaft oder Gemeinschaft, an der der Mandant beteiligt ist, ist ein Gebührenansatz nicht vorgesehen. Als nächstliegender Ansatz bietet sich § 21 Abs. 1 (Raterteilung) an (ebenso Eckert-Böttcher, S. 301) oder evtl. auch § 25 Abs. 1 bzw. § 27 Abs. 1 (Teilüberschußrechnung).

Abwehrmaßnahmen

Die GebV regelt auch nicht die Frage, wie zu verfahren ist, wenn beabsichtigte Maßnahmen des FA abgewehrt werden oder werden sollten. Beispiele: Das FA kündigt die Erhöhung der ESt-Vorauszahlungen oder eine Aufrechnung an. Hier ist wohl gebührenrechtlich genauso zu berechnen, wie wenn der angekündigte Verwaltungsakt ergangen und der StB den zulässigen Rechtsbehelf eingelegt hätte. Das bedeutet, daß § 41 sinngemäß anzuwenden ist. Bei geringerem Aufwand ist die Gebühr niedriger anzusetzen.

GebV

Ergänzungsbilanz – Ergänzungsbuchführung

Beim Wechsel eines Gesellschafters einer Personengesellschaft ist es i.d.R. erforderlich, daß eine Ergänzungsbilanz und eine Ergänzungsbuchführung erstellt werden. Die Gebühr dafür ist sinngemäß § 35 Abs. 1 bzw. § 33 zu entnehmen. Siehe auch Anm. 2 zu § 35.

Veräußerung des Betriebs nach Überschußrechnung gem. § 4 Absatz 3 EStG

Veräußert ein Steuerpflichtiger, der den Gewinn nach der Überschußrechnung ermittelt hat, seinen Betrieb, so ist er so zu behandeln, als wäre er im Augenblick der Veräußerung zunächst zur Gewinnermittlung durch Bestandsvergleich übergegangen. Die dadurch erforderlich werdenden Zu- und Abrechnungen sind beim laufenden Gewinn vorzunehmen.

Gebührenrechtlich ist wie folgt vorzugehen:

- Auf den Übergang zur Bilanzierung ist § 35 Abs. 1 Nr. 4 (Eröffnungsbilanz) sinngemäß anzuwenden.

- Für die Zu- und Abrechnungen zum laufenden Gewinn entsteht keine gesonderte Gebühr; sie wirken sich nur bei der Gebühr nach § 25 erhöhend aus.

- Auf die Berechnung des Veräußerungsgewinns ist wohl § 25 (Überschußrechnung) anzuwenden. Die Bundessteuerberaterkammer will dagegen die Gebühr § 35 Abs. 1 Nr. 5 (Auseinandersetzungsbilanz) entnehmen.

Veräußerung einer wesentlichen Beteiligung

Es ist gem. § 17 EStG folgende Rechnung aufzumachen:

Veräußerungspreis
- Anschaffungskosten der Anteile
- Veräußerungskosten
= Veräußerungsgewinn

Es ist also eine Art Überschußrechnung vorzunehmen. Nächstliegender Ansatz dürfte damit § 25 sein. Die Höhe der Gebühr hängt weitgehend davon ab, ob im Zusammenhang mit dieser Rechnung besondere Schwierigkeiten auftreten. Vgl. Lehwald, StB 1982 S. 54.

Umwandlung

Für die Beratung im Zusammenhang mit der Umwandlung kommt die Gebühr nach § 21 (Rat) bzw. nach § 22 (Gutachten) in Betracht. Für die Schlußbilanz des alten

Unternehmens ist die Gebühr nach § 35 Abs. 1 Nr. 1, für die Eröffnungsbilanzen!! 35 Abs. 1 Nr. 4 zu entnehmen (Meyer, DStZ 1984 S. 272).

4. Verweisungen

Wegen Änderung der Bilanz siehe Anm. 17 zu § 35.

Wegen der Anträge

– auf Aufhebung oder Änderung eines Verwaltungsaktes, der den Steuerbescheiden gleichgestellt ist	siehe Anm. 9 zu § 23,
– auf Berichtigung einer offenbaren Unrichtigkeit	siehe Anm. 9 und 10 zu § 23,
– auf Erteilung einer nv-Bescheinigung	siehe Anm. 2 zu § 24,
– auf Fristverlängerung	siehe Anm. 12 zu § 23, Anm. 1 zu § 24, Anm. 1 zu § 41,
– und Berechnungen nach § 6c EStG	siehe Anm. 3 zu § 26.
Wegen der Aufzeichnungen der Freiberufler	siehe Anm. 2 zu § 32.
Wegen der Beantwortung von Rückfragen des FA	siehe Anm. 1 zu § 24.

Wegen der Berechnung

– der Herstellungskosten eines Gebäudes	siehe Anm. 9 zu § 27,
– der Sonderkulturen beim nichtbuchführenden Landwirt	siehe Anm. 3 zu § 26.

Wegen der Fertigung

– eines Entwurfs für Teile von Verträgen	siehe Anm. 2 zu § 21,
– eines Finanzplans	siehe Anm. zu § 37.

Wegen der Prüfung

– eines Finanzplans	siehe Anm. zu § 36,
– eines Haftungsbescheids, Abrechnungsbescheids oder dergl.	siehe Anm. 2 zu § 28,
– einer vom Mandanten erstellten Steuererklärung	siehe Anm. 1 zu § 24
– ob die Wertfortschreibungsgrenzen überschritten sind	siehe Anm. 9 zu § 24,

Wegen der Vertretung

– bei Dienstaufsichtsbeschwerden, Gegenvorstellungen, Petitionen	siehe Anm. 2 zu § 40,
– bei der betriebsnahen Veranlagung	siehe Anm. 1 zu § 29.

Wegen der Weiterleitung einer Zahlung s. Anm. zu § 22 BRAGO.

§ 3 Mindestgebühr, Auslagen

(1) Der Mindestbetrag einer Gebühr ist 20 Deutsche Mark. Pfennigbeträge sind auf 10 Deutsche Pfennig aufzurunden.

(2) Mit den Gebühren werden auch die allgemeinen Geschäftskosten entgolten.

(3) Der Anspruch auf Zahlung der auf die Vergütung entfallenden Umsatzsteuer und auf Ersatz für Post- und Telekommunikationsdienstleistungen zu zahlenden Entgelte, der Schreibauslagen und der Reisekosten bestimmt sich nach den §§ 15 bis 20.

Anmerkungsübersicht:

1. Allgemeines
2. Abgeltung allgemeiner Geschäftskosten
3. Mindestgebühr
4. Zu berechnende Auslagen
5. Berechnungspflicht für Auslagen

Anmerkungen zu § 3:

1. Allgemeines

Abs. 1 entspricht § 11 Abs. 2 BRAGO, Abs. 2 und 3 § 25 BRAGO.

Die Mindestgebühr wurde mit Wirkung vom 28. 8. 1998 von 15 DM auf 20 DM erhöht.

Nach Abs. 1 S. 2 sind nicht nur die Pfennigbeträge der Mindestgebühr, sondern jeder einzelne Gebührenansatz **aufzurunden.** Die Vorschrift gilt nicht für Auslagen und für Gebührenbruchteile nach § 6 Abs. 2, außerdem nicht für die Gebühren je Arbeitnehmer bei der Lohnbuchführung (§ 34).

Abs. 1 S. 2 schreibt zwar die Aufrundung verbindlich vor. Die Vorschrift sollte der Vereinfachung dienen. Wirkt sich die Aufrundung aber nicht vereinfachend, sondern erschwerend aus (z. B. bei der EDV-Berechnung), dann dürfte auf die Aufrundung wohl verzichtet werden können.

2. Abgeltung allgemeiner Geschäftskosten

Abs. 2 entspricht § 25 Abs. 1 BRAGO und bestimmt, daß mit den Gebühren die **allgemeinen Geschäftskosten** entgolten werden. Zu diesen allgemeinen Geschäftskosten zählen z.b. die Kosten für Miete, die Heizung, Licht, aber auch z. B. Verpackungsmaterial und sonstiges Papier, soweit es mit der einzelnen Angelegenheit zu tun hat. Alle Aufwendungen, die ausschließlich im Interesse eines einzelnen Auftraggebers gemacht werden, zählen nicht zu den allgemeinen Geschäftskosten.

3. Mindestgebühr

Abs. 1 S. 1 (Mindestgebühr) bezieht sich auf die Gebühr **je Angelegenheit.** Sieht die GebV ausdrücklich eine niedrigere Gebühr als 20 DM vor, so geht diese Spezialvorschrift vor. Bei der Führung von Lohnkonten (§ 34 Abs. 2 – 4) bezieht sich die Mindestgebühr auf die Gebühr für die Führung aller Lohnkonten.

Beispiel:
Für die Führung der Lohnkonten von zwei Arbeitnehmern ist gemäß § 34 Abs. 3 der Ansatz von je 4 DM angemessen = 8 DM. Die Mindestgebühr beträgt 20 DM; sie ist auch zu berechnen.

Unter „Gebühr" i.S.d. Abs. 1 S. 1 ist nicht die volle Gebühr, sondern die selbständige Gebühr zu verstehen, die nach Maßgabe der Bestimmung des Gebührenrahmens für eine Angelegenheit in Betracht kommt (EFG 1986 S. 624).

4. Zu berechnende Auslagen

Der StB darf gemäß **Abs. 3** neben der Gebühr folgende für den Einzelfall angefallenen Kosten gesondert in Rechnung stellen:

– Umsatzsteuer siehe § 15,

– Entgelte für Post- und Telekommunikationsdienstleistungen siehe § 16,

– Schreibauslagen siehe § 17,

– Reisekosten siehe §§ 18 – 20.

Damit sind die **Auslagen,** die gesondert berechnet werden können, **nicht abschließend aufgezählt.** Für die besonders aufgeführten Auslagen wurden lediglich Sonderregelungen getroffen. Der Begriff „Auslagen" bestimmt sich vielmehr nach dem für die Geschäftsbesorgung geltenden § 670 BGB, der wie folgt lautet:

„Macht der Beauftragte zum Zwecke der Ausführung des Auftrags Aufwendungen, die er den Umständen nach für erforderlich halten darf, so ist der Auftraggeber zum Ersatze verpflichtet."

Aufwendungen sind freiwillige Vermögensopfer, die der Beauftragte bringt. Als solche erstattungsfähige Auslagen kommen z. B. in Betracht die Kosten für ein erforderliches Gutachten, für Geschäftsbücher, für die Beschaffung von Unterlagen, für besondere, nur für den betreffenden Einzelfall benötigte Fachliteratur. Verlagert der StB aber seine Tätigkeit ganz oder teilweise auf einen Unterbeauftragten, so sind die hierfür angefallenen Kosten nicht auf den Mandanten abwälzbar.

Beispiel:
Der StB ist beauftragt, den Stpfl in einem Einspruchsverfahren zu vertreten (§ 41). Dabei ergibt sich eine schwierige Steuerrechtsfrage, über die von einem anderen StB ein Gutachten erstellt wird. Die Kosten für das Gutachten braucht der Mandant nur zu tragen, wenn dies ausdrücklich schriftlich vereinbart wurde, weil mit der Geschäftsgebühr nach § 41 auch die Begründung des Rechtsbehelfs abgegolten wird (§ 41 Abs. 2).

Die angeschafften Werte sind **Eigentum des Mandanten.** Inwieweit Schäden, die der Beauftragte bei der Ausführung des Auftrags erleidet als „Aufwendungen" zu ersetzen sind, ist umstritten. Zufällig eingetretene Schäden (z. B. Kfz-Unfall) können, da es sich nicht um freiwillig erlittene Einbußen handelt, nicht als Aufwendungen behandelt werden.

Die Kosten für die betriebswirtschaftlichen Auswertungen durch die EDV zählen nicht zu den erstattungsfähigen Auslagen. Die Tätigkeit löst vielmehr eine gesonderte Gebühr aus (siehe Anm. 7 zu § 33; Lieffering, StB 1984 S. 1).

5. Berechnungspflicht für Auslagen

Die Fassungen der Vorschriften über den Auslagenersatz (Abs. 3, §§ 16, 17, „hat Anspruch auf", „stehen zu") erwecken den Eindruck, als ob es im Belieben des StB stehen würde, diese Auslagenerstattung zu fordern. Dem ist aber nicht so. Verlangt er nämlich verauslagte Beträge von seinem Mandanten nicht, so unterschreitet er die nach dieser GebV angesetzten Gebühren. Der StB muß also **mindestens die tatsächlich angefallenen Auslagen** berechnen.

§ 4 GebV

§ 4   Vereinbarung der Vergütung

(1) Aus einer Vereinbarung kann der Steuerberater eine höhere Vergütung, als sie sich aus dieser Verordnung und den gesetzlichen Vorschriften über den Auslagenersatz ergibt, nur fordern, wenn die Erklärung des Auftraggebers schriftlich abgegeben und nicht in der Vollmacht oder in einem Vordruck, der auch andere Erklärungen umfaßt, enthalten ist. Hat der Auftraggeber freiwillig und ohne Vorbehalt geleistet, so kann er das Geleistete nicht deshalb zurückfordern, weil seine Erklärung der Vorschrift des Satzes 1 nicht entspricht.

(2) Ist eine vereinbarte Vergütung unter Berücksichtigung aller Umstände unangemessen hoch, so kann sie im Rechtsstreit auf den angemessenen Betrag bis zur Höhe der sich aus dieser Verordnung ergebenden Vergütung herabgesetzt werden.

Anmerkungsübersicht:

1. Allgemeines

2. Höhere Vergütung

3. Formelle Voraussetzungen

4. Materielle Angaben in der Vereinbarung

5. Üblichkeit einer höheren Vereinbarung

6. Herabsetzungsmöglichkeit der Vergütung durch das Gericht

Anmerkungen zu § 4:

1. Allgemeines

Die Vorschrift entspricht § 3 Abs. 1 und 3 BRAGO.

Wegen der zivilrechtlichen Verbindlichkeit siehe Tz. 5 der Einleitung.

§ 4 sieht die Vereinbarung einer höheren Vergütung vor, also sowohl einer höheren Gebühr als auch eines höheren Auslagenersatzes. Die Vereinbarung einer niedrigeren Vergütung ist unzulässig (vgl. Anm. 11 zu § 1).

Die Vereinbarung eines Erfolgshonorars ist gemäß § 138 Abs. 1 BGB nichtig (§ 9 StBerG), außerdem berufswidrig (§ 45 Abs. 5 BOStB). Eine unzulässige Vereinbarung eines Erfolgshonorars liegt auch vor, wenn sich der StB zur Rückzahlung eines Teils seiner Vergütung verpflichtet, falls ein bestimmter Erfolg seiner Tätigkeit nicht eintritt (zum RA: BGH-Urteil v. 4. 12. 1986, StB S. 323).

Eine Grenze nach oben bilden

– Absatz 2   wegen der Herabsetzungsmöglichkeit im Rechtsstreit,

- § 138 BGB   bei Wucher und
- § 352 StGB   bei vorsätzlicher Gebührenüberhebung.

Ein bestimmter **Zeitpunkt** für die Vereinbarung ist nicht vorgeschrieben. Sie kann also – rein rechtlich gesehen – auch noch während oder nach der Erledigung der Angelegenheit getroffen werden. Wurde eine Vereinbarung nach § 4 nicht getroffen und hat der StB den Auftrag nicht abgelehnt (§ 63 StBerG, § 25 Abs. 2 BOStB), so muß er ihn zu den Gebühren nach der StBGebV ausführen, auch wenn diese Sätze nicht kostendeckend sind (vgl. Anm. 12 zu § 1).

Eine Gebührenvereinbarung ist auch zulässig, wenn der durch die GebV gezogene Rahmen nicht überschritten ist. Eine solche Vereinbarung hätte den Sinn, daß sich bei einer streitigen Auseinandersetzung die Beweislast umkehrt. Wer sich zuerst mit einer bestimmten Vergütung einverstanden erklärt, hat es schwer, darzulegen und zu beweisen, daß das vereinbarte Honorar unangemessen hoch ist.

Für die gerichtliche Vertretung in Steuersachen gelten gemäß § 45 die Vorschriften der BRAGO, also bei der Vereinbarung einer höheren Vergütung § 3 BRAGO, nicht § 4 StBGebV, was allerdings kaum einen Unterschied ausmacht.

2. Höhere Vergütung

Eine höhere Vergütung liegt vor, wenn sie über der Vergütung liegt, die sich aus der StBGebV ergibt.

Das ist bei Rahmengebühren die für den Einzelfall zutreffende Gebühr. Die vereinbarte Gebühr muß also nicht unbedingt über der Höchstgebühr liegen. Das bedeutet, daß eine Vereinbarung nach § 4 bereits erforderlich ist, wenn für einen in jeder Hinsicht durchschnittlichen Fall eine höhere Gebühr verlangt wird als die Mittelgebühr.

Wegen des Begriffs „Vergütung" siehe Anm. 3 zur Vorbemerkung.

3. Formelle Voraussetzungen

§ 4 verlangt, daß die Erklärung des Auftraggebers schriftlich abgegeben wird. Eine schriftliche Erklärung des StB wird nicht gefordert.

Der sog. Honorarschein darf

- nicht in der Vollmacht enthalten sein und

- soweit es sich um einen Vordruck handelt, keine weiteren Erklärungen enthalten.

Diese Formvorschriften sollen dem Schutz des Mandanten dienen; er soll nicht unüberlegt eine höhere Verpflichtung eingehen, indem er „nebenbei" eine Gebührenvereinbarung unterschreibt.

Der RA, für den eine nahezu gleichlautende Bestimmung gilt, ist nach § 40 Abs. 2 S. 2 RichtlRA gehalten, den Auftraggeber vor Abschluß der Vereinbarung darauf hinzuweisen, daß damit eine höhere Vergütung vereinbart wird, als sie sich aus der BRAGO ergibt. Da sich eine solche Verpflichtung aus der eindeutigen Vorschrift des § 4 der am 1. September 1997 in Kraft getretenen Berufsordnung der Steuerberater (BOStB) nicht ergibt, trifft diese Auflage den StB nicht.

In einem Gebührenrechtsstreit trifft die Beweislast für das Zustandekommen einer Gebührenvereinbarung denjenigen, der daraus für sich günstige Rechtsfolgen herleiten möchte (OLG Mchn., Stbg 1986 S. 195), das ist i.d.R. der StB.

4. Materielle Angaben in der Vereinbarung

Geht man davon aus, daß den StB eine Belehrungspflicht trifft, dann sollte der Einleitungssatz der Honorarvereinbarung etwa wie folgt lauten:

„In der Sache... wird in Abweichung von der StBGebV folgende Vergütung vereinbart:..."

Die in die Vereinbarung einbezogenen Leistungen des StB sollten zur Vermeidung späterer Meinungsverschiedenheiten möglichst genau bezeichnet werden. Es sollte ggf. auch geklärt werden, wie vielleicht erforderlich werdende ergänzende Leistungen vergütet werden. Sinnvoll ist es ebenso klarzustellen, daß die USt in der vereinbarten Vergütung nicht enthalten ist. Dies deshalb, weil das OLG Karlsruhe (Urteil vom 17. 11. 1978, DB 1979 S. 447) entschieden hat, daß die USt im Zweifel in der vereinbarten Vergütung enthalen sei.

Die höhere Vergütung muß nicht unbedingt in einem festen DM-Betrag bestehen. Es muß aber ein Maßstab gewählt werden, der ohne Schwierigkeiten eine ziffernmäßige Berechnung zuläßt. Die Abmachung kann also z. B. bestehen in der Vereinbarung

– eines Vielfachen der Gebühr nach der StBGebV,

– eines Zuschlags zur Gebühr,

– einer zusätzlichen Gebühr,

– eines höheren Gegenstandswerts

(z. B. bei der Buchführung für die Errichtung eines Gebäudekomplexes statt des Jahresumsatzes den Bilanzansatz für halbfertige Arbeiten; Liefferfing, StB 1984 S. 1),

– eines höheren Rahmensatzes.

Die Vereinbarung einer Zeitgebühr an Stelle der in der StBGebV vorgeschriebenen Wertgebühr für bestimmte Tätigkeiten halte ich für unzulässig. § 4 spricht von der Vereinbarung einer **höheren** Gebühr, nicht von der Vereinbarung einer **anderen** Gebühr. Der VO-Geber hat bewußt die Zeitgebühr nur für ganz bestimmte Tätigkeiten vorgesehen im Interesse der Transparenz und der Vorhersehbarkeit der StB-Gebühren. Dies würde durch eine solche Vereinbarung unterlaufen. Auf meine Ausführungen in StB 1989, 121 verweise ich (a.A. Horn, StB 1983, 191). Das von Eckert/Böttcher, StBGebV, 2. Aufl. Anm. 2 zu § 4) dagegen Gesagte, es dürfte ohne Belang sein, ob die nach Maßgabe der GebV vereinbarte Überschreitung der Obergrenze einer Gebühr durch die gleiche (-Wert-) oder eine andere Gebührenart (= Zeit) geschieht, verkennt, daß es einmal ganz klar dem Willen des VO-Gebers widerspricht, Zeitgebühren anzuwenden, wo Wertgebühren vorgeschrieben sind: „Die Fälle, in denen der StB die Zeitgebühr ansetzen **darf**, sind in der StBGebV **abschließend** aufgezählt" (Amtl. Begründung, Allgem. Teil 8. Absatz, letzter Satz), und zum anderen, daß es von vornherein überhaupt nicht absehbar ist, ob eine evtl. Zeitgebühr am Ende tatsächlich höher als die vorgeschriebene Wertgebühr

§ 4

ausfällt oder nicht. Mit anderen Worten: Wert- und Zeitgebühren sind praktisch nicht vergleichbar, daher auch nicht austauschbar. Der Zeitgebühr fehlt die bei der Wertgebühr nicht willkürlich veränderbare Basis „Wert des Gegenstandes", sie ist manipulierbar!

Nicht erforderlich ist es, daß die Berechnung der vereinbarten Vergütung sofort – also vor Abschluß der Tätigkeit des StB – erfolgen kann. Es genügt, wenn das Honorar nach Beendigung der Arbeiten ermittelt werden kann (Wehner, DStR 1982 S. 616, 621).

Beispiel:
Der StB wird für seinen Mandanten im Rahmen eines Bauherrenmodells steuerberatend tätig. Seine Vergütung soll sich nach dem kalkulierten Gesamtaufwand für das Objekt richten.

Eine höhere Vergütung kann auch in der Form einer **Pauschalvergütung** vereinbart werden. Dann sind aber sowohl die Formerfordernisse des § 4 als auch die des § 14 zu beachten. Außerdem muß sich die Vereinbarung auf die pauschalierungsfähigen Leistungen beschränken.

Ein rechtsgültiger Verzicht des Mandanten auf die Herabsetzungsmöglichkeit durch das Gericht ist nach h.M. zur BRAGO ausgeschlossen.

Das AG Krefeld (NJW 1980 S. 1582) hat für den RA entschieden, daß Honorarscheine, die in einer Vielzahl von Fällen verwendet werden können, Allgemeine Geschäftsbedingungen i.S.d. § 1 AGB-Gesetz sind. Der Inhalt des Honorarscheins ist also dann auch nach diesem Gesetz zu messen.

5. Üblichkeit einer höheren Gebühr durch Vereinbarung

Eckert/Böttcher (Tz 2 zu § 4) vertreten die Auffassung, daß die Vereinbarung einer höheren Gebühr „berufsüblich" sei

– bei der Mitwirkung an Fahndungsprüfungen   § 29
– bei der Selbstanzeige   § 30
– beim Steuerstrafverfahren   § 45

Auch wenn die „Berufsüblichkeit" wohl kaum nachgewiesen ist, sind die genannten Angelegenheiten gute Beispiele für Vereinbarungsfälle. Weitere Anwendungsfälle
– bei Gutachten   § 22
– bei schwierigen Außenprüfungen   § 29
– im Konzern- und Außensteuerbereich.

Sie drängt sich geradezu auf bei den Reisekostenvergütungen, weil die Sätze des § 18 ungenügend sind. In diesem Fall wird es angebracht sein, die Vereinbarung der höheren Auslagenerstattung nicht auf bestimmte Angelegenheiten zu beschränken, sondern ganz allgemein zu treffen.

6. Herabsetzungsmöglichkeit der Vergütung durch das Gericht

Trotz des Einverständnisses mit der höheren Vergütung und Beachtung der Formvorschriften hat der Mandant – sogar noch nach der Zahlung – die Möglichkeit, im Prozeßwege die Herabsetzung der Forderung des StB durchzusetzen.

Dem Rechtsstreit geht auf Antrag eines der Beteiligten ein Vermittlungsversuch der Steuerberaterkammer voraus (§ 76 Abs. 2 Nr. 3 StBerG).

Im Rechtsstreit kann das Zivilgericht eine überhöhte Vergütung auf den angemessenen Betrag herabsetzen. Voraussetzung ist aber, daß zwischen der vereinbarten Vergütung und der Tätigkeit des StB ein nicht zu überbrückender Zwiespalt besteht. Es muß unerträglich sein, den Auftraggeber an seinem Versprechen festzuhalten (Horn, StB 1981 S. 141). Es ist immerhin davon auszugehen, daß beide Vertragspartner eine Überschreitung der Ansätze der GebV wollten. Die Vereinbarung des 10-fachen der amtlichen Gebühr begründet für sich allein noch nicht die Unangemessenheit (BGH v. 11. 6. 1980, NJW S. 1962).

Innerhalb dieses Rahmens wird das Gericht seine Entscheidung unter Berücksichtigung aller Umstände, die für die vom StB ausgeübte Tätigkeit wesentlich sind, treffen (OLG München zu § 3 BRAGO, NJW 1967 S. 1571). Das Gericht muß weiter beachten, daß der StB keinesfalls schlechter gestellt werden darf, als wenn keine Vereinbarung getroffen worden wäre.

Eine Mitwirkung der StB-Kammer im Rechtsstreit ist nicht vorgeschrieben. Das Gericht wird aber i.d.R. ein Gutachten der Kammer anfordern, das im allgemeinen nicht kostenlos erstattet wird. Zum gerichtlichen Verfahren siehe Anm. zu § 3 BRAGO.

§ 5 Mehrere Steuerberater

Ist die Angelegenheit mehreren Steuerberatern zur gemeinschaftlichen Erledigung übertragen, so erhält jeder Steuerberater für seine Tätigkeit die volle Vergütung.

Anmerkung zu § 5:

1. Allgemeines

§ 5 ist § 5 BRAGO nachgebildet. Seine Bedeutung liegt nicht darin, jedem StB einen eigenen Anspruch zuzuweisen; das ergibt sich bereits aus den bürgerlich-rechtlichen Vorschriften. § 5 stellt vielmehr darüber hinaus fest, daß jeder der StB die volle Vergütung zu beanspruchen hat und daß das Honorar nicht etwa deshalb zu ermäßigen ist, weil die Möglichkeit besteht, daß der einzelne StB durch die gemeinschaftliche Erledigung nicht die volle Leistung – wie sonst – erbringen muß.

2. Anwendungsbereich

§ 5 ist anzuwenden, wenn mehrere StB beauftragt sind, die gleiche Angelegenheit zu erledigen, z. B. gemeinsame Vertretung vor dem FG, Zuziehung eines Spezialisten für das Steuerstrafrecht vor der Selbstanzeige. Werden StB auftragsgemäß nacheinander (z. B. in verschiedenen Verfahrensabschnitten) tätig, so greift § 5 nicht.

§ 5 ist auch nicht anzuwenden

– bei Erledigung durch eine Sozietät oder eine Steuerberatungsgesellschaft,

– bei Zuziehung eines Mitarbeiters des StB, auch wenn dieser ebenfalls StB ist

– bei Zuziehung eines unterbevollmächtigten StB.

Ein Fall des § 5 ist aber schon gegeben, wenn der Mandant es ausdrücklich will, daß die (Beratungs-) Leistung durch zwei oder mehrere Mitglieder einer Sozität oder mehrere StB einer StBGes. erbracht wird.

Zum Begriff „Angelegenheit" siehe Anm. 2 zu § 12.

3. Erstattungsfähigkeit im FG-Prozeß

Die Kosten mehrerer Bevollmächtigter sind nur insoweit zu erstatten, als sie die Kosten eines Bevollmächtigten nicht übersteigen oder als in der Person des Bevollmächtigten ein Wechsel eintreten mußte (§ 155 FGO i.V.m. § 91 Abs. 2 S. 3 ZPO). Siehe auch BFH-Urteil vom 11. 5. 1976, BStBl II S. 574 und OLG Frankf., JZ 1977 S. 404.

§ 6   Mehrere Auftraggeber

(1) Wird der Steuerberater in derselben Angelegenheit für mehrere Auftraggeber tätig, so erhält er die Gebühren nur einmal.

(2) Jeder Auftraggeber schuldet dem Steuerberater die Gebühren und Auslagen, die er schulden würde, wenn der Steuerberater nur in seinem Auftrag tätig geworden wäre. Der Steuerberater kann aber insgesamt nicht mehr als die Gebühr nach Absatz 1 fordern, die in den Fällen des § 41 Absatz 6 nach Maßgabe dieser Vorschrift zu berechnen ist; die Auslagen kann er nur einmal fordern.

Anmerkungsübersicht:

1. Allgemeines

2. Mehrere Auftraggeber

3. Dieselbe Angelegenheit

4. Höhe der Gebühr

5. Gesamtschuldner

Anmerkungen zu § 6:

1. Allgemeines

§ 6 ist § 6 BRAGO nachgebildet.

Sondervorschriften gelten für

– das aussergerichtliche Rechtsbehelfsverfahren s. § 41 Abs. 6

– die gerichtlichen Verfahren s. § 45 i.V.m. § 6 BRAGO

Nach § 41 Abs. 6 erhöht sich die Geschäftsgebühr im außergerichtlichen Rechtsbehelfsverfahren, wenn mehrere Auftraggeber vorhanden sind.

Nach § 6 BRAGO erhöhen sich die Geschäftsgebühr des § 118 Abs. 1 Nr. 1 BRAGO und die Prozeßgebühr des § 31 Abs. 1 Nr. 1 BRAGO.

Zum Begriff „Angelegenheit" siehe Anm. 2 zu § 12.

Die Anwendung des § 6 ist für den StB i.d.R. ungünstig, weil die gemeinsame Gebühr niedriger sein wird als die Summe der sonst zu berechnenden Einzelgebühren.

2. Mehrere Auftraggeber

Der BGH (MDR 1984 S. 561) hat für den RA den Begriff „mehrere Auftraggeber" wie folgt definiert:

Ein RA wird für mehrere Auftraggeber tätig, wenn er durch dieselbe Tätigkeit die ihm in derselben Angelegenheit erteilten Aufträge mehrerer Personen erledigt und die ihm erteilten Aufträge einander nach Inhalt, Ziel und Zweck so weitgehend entsprechen, daß sie ihn zu einem gleichgerichteten Vorgehen für alle Auftraggeber berechtigen und verpflichten.

Mehrere Auftraggeber können danach sein

– mehrere Beteiligte (§ 57 FGO, also mehrere Kläger, Kläger und Beigeladene oder mehrere Beigeladene; OLG Düssel., AnwBl 1980 S. 260), auch bei Vertretung einer GmbH & Co. KG neben deren Komplementär-GmbH,

– zusammenveranlagte Ehegatten, die einen StB mit ihrer Vertretung beauftragen.

– mehrere Erben, die gemeinsam eine ErbSt-Erklärung abgeben (§ 31 Abs. 4 ErbStG),

– die Beteiligten einer Gemeinschaft oder einer Personengesellschaft, für die gemeinsam eine Erklärung zur einheitlichen und gesonderten Feststellung der Einkünfte abzugeben ist, ebenso bei der Erklärung zur Feststellung des Einheitswerts (§ 28 Abs. 3 BewG); zur Wohnungseigentümer-Gemeinschaft siehe Schmidt, NJW 1980 S. 428.

Kein Fall des § 6 liegt z. B. vor,

– wenn nach dem Tode des Mandanten dessen Erbe weiterbetreut wird,

– wenn in einem Haftungsfall wegen LSt der StB sowohl den Arbeitgeber als auch den Arbeitnehmer vertritt (gegensätzliche Interessen, Interessenkollision?).

3. Dieselbe Angelegenheit

Dieselbe Angelegenheit liegt vor, wenn mehrere Auftraggeber einem StB einen einheitlichen Auftrag erteilen und dessen einzelne Bestandteile innerlich zusammenhängen, wenn also mehrere Auftraggeber den gleichen Erfolg anstreben (z.B. Erstellung der ErbSt-Erklärung für mehrere Erben). Das ist nicht der Fall, wenn die gleiche Rechtsfrage für mehrere Interessenten geklärt werden soll und ebenso nicht, wenn der StB einen Schriftsatz aus einer ähnlich oder auch gleich gelagerten Sache wörtlich in einer anderen Angelegenheit verwendet.

4. Höhe der Gebühr

Im Gegensatz zur BRAGO und zu § 41 Abs. 6 StBGebV (Rechtsbehelfsverfahren) erhöht sich die Gebühr des StB im „normalen" Verwaltungsverfahren nicht. Der StB wird aber bei ihrer Bemessung innerhalb eines Rahmensatzes berücksichtigen, daß er es mit mehreren Auftraggebern zu tun hatte, somit u.u. ein größerer Zeitaufwand erforderlich war und die Sache dadurch möglicherweise auch eine größere Bedeutung bekam.

5. Gesamtschuldverhältnis der Auftraggeber

Siehe hierzu die amtliche Begründung zur StBGebV (Anhang 1).

Nach § 421 BGB kann der StB die Gebühr nach Belieben von jedem Auftraggeber verlangen, und zwar ganz oder nur den Anteil. Die Verpflichtung der einzelnen Auftraggeber bleibt bestehen bis sie erfüllt ist. Abs. 2 schließt damit § 420 BGB aus.

Liegen keine anderen Abmachungen vor, dann sind die Gesamtschuldner im Verhältnis untereinander zu gleichen Anteilen verpflichtet. Hat einer der Gesamtschuldner mehr als seinen Teil gezahlt, so kann er von den anderen den Ausgleich verlangen. In Höhe seines Ausgleichsanspruchs geht die Forderung des StB auf ihn über.

6. Gebührenberechnung

Bei mehreren Auftraggebern wird i.d.R. eine Vereinbarung getroffen sein, in welchem Verhältnis die entstehenden Gebühren und Auslagen von den Beteiligten zu tragen sind. Fehlt eine solche Vereinbarung, so kann die Gebührenaufteilung nach dem Anteil des einzelnen am Gegenstandswert bemessen werden.

§ 7 Fälligkeit

Die Vergütung des Steuerberaters wird fällig, wenn der Auftrag erledigt oder die Angelegenheit beendigt ist.

Anmerkungen zu § 7:

1. Allgemeines

Die Vorschrift ist § 16 Satz 1 BRAGO nachgebildet. Sie weicht teils von den bürgerlich-rechtlichen Bestimmungen (§§ 614, 641 BGB) ab.

Für die gerichtlichen Verfahren bestimmt sich gemäß § 45 die Fälligkeit nach § 16 BRAGO.

Die Fälligkeit setzt das Entstehen der Vergütung voraus. Der Gebührenanspruch entsteht, sobald der StB mit der Bearbeitung der Angelegenheit beginnt (Amtliche Begründung zu § 12 Abs. 4). Der Anspruch auf Auslagenerstattung entsteht, sobald die Aufwendungen getätigt werden.

Von den in § 7 genannten zwei Fälligkeitszeitpunkten (Erledigung und Beendigung) muß mindestens einer eingetreten sein. Die Fälligkeit tritt unabhängig von der Rechnungsstellung ein (OLG Düsseld. v. 15. 4. 1987, Gerling-Inf.. 7/87 S. 112). Sie ist aber maßgebend für den Beginn der Verjährung.

Trotz Fälligkeit der Vergütung braucht der Mandant erst zahlen, wenn ihm eine Berechnung nach § 9 zugegangen ist.

Zum Begriff „Auftrag" siehe Tz. 3 der Einleitung.

zum Begriff „Angelegenheit" siehe Anm. 2 zu § 12.

2. Beendigung der Angelegenheit

Es wird ausdrücklich auf die einzelne Angelegenheit, nicht auf den ganzen Auftrag, der mehrere Angelegenheiten umfassen kann, abgestellt.

Die Beendigung tritt ein, **wenn der Auftrag hinsichtlich der einzelnen Angelegenheit erfüllt ist.** Das ist also der Regelfall.

Beispiel:

Der Auftrag lautet auf Erstellung des Entwurfs der Einkommensteuer-, der Umsatzsteuer- und der Gewerbesteuer-Erklärung samt Anlagen. Der StB fertigt vorweg die USt-Erklärung und übersendet sie dem Mandanten zur Weiterleitung an das FA. Damit ist hinsichtlich der USt-Erklärung der Auftrag erfüllt.

3. Erledigung des Auftrags

Erledigung des Auftrags ist – neben der Beendigung – auch gegeben,

– bei Kündigung des Mandats (§ 626 BGB),

– bei Mandatsniederlegung durch den StB,

– beim Tod des StB (evtl. Fortführung durch Praxisabwickler oder -treuhänder),

– bei sonstiger Unmöglichkeit der Ausführung des Auftrags.

Erledigung des Auftrags tritt mit der Verfügbarkeit über das Arbeitsergebnis ein (OLG Düsseldorf, Urt. v. 20. 6. 96 – 13 U 100/95 –).

4. Verjährung der Ansprüche des StB

Die Ansprüche der StB und der StBv wegen ihrer Gebühren und Auslagen verjähren gemäß § 196 Abs. 1 Nr. 15 BGB in **zwei Jahren.** Diese Vorschrift gilt auch für die Steuerberatungsgesellschaft, und zwar auch, wenn sie Kaufmann ist (OLG Hamburg in BB 1972 S. 597; OLG Celle, BB 1984 S. 92). Die Verjährung beginnt mit dem Schluß des Kalenderjahres, in dem der Vergütungsanspruch fällig geworden ist (siehe oben). Nach Ablauf der Verjährungsfrist steht dem Mandanten die Einrede der Verjährung zu, es sei denn, die Verjährung ist vor ihrem Ablauf unterbrochen worden. Die Unterbrechung tritt neben dem Anerkenntnis des Anspruchs nur durch gerichtliche Schritte (z. B. Antrag auf Erlaß eines Mahnbescheids), nicht etwa auch durch ein reines Mahnschreiben des StB ein (vgl. §§ 208, 209 BGB).

§ 8 Vorschuß

Der Steuerberater kann von seinem Auftraggeber für die entstandenen und die voraussichtlich entstehenden Gebühren und Auslagen einen angemessenen Vorschuß fordern.

Anmerkungen zu § 8:

1. Allgemeines

§ 8 stimmt mit § 17 BRAGO wörtlich überein. Er erweitert den Anspruch auf Vorschuß wegen der Auslagen aus dem BGB (§§ 669, 675) auf Vorschüsse bezüglich der Gebühren.

Der Vorschuß geht in das Vermögen des StB über. Die Vorschriften über Fremdvermögen gelten also nicht (§ 44 BOStB).

2. Anforderung des Vorschusses

Es steht im Ermessen des StB, ob er einen Vorschuß verlangt. Er kann dies schon vor der Aufnahme der Tätigkeit machen, aber auch noch danach. Das ergibt sich aus den Worten „für die entstandenen... Gebühren...". Die Anforderung ist nicht formgebunden.

Verschlechtern sich die wirtschaftlichen Verhältnisse des Mandanten, so ist ein evtl. erklärter Verzicht auf den Vorschuß hinfällig.

Formvorschriften enthält § 8 nicht. Die Vorschußanforderung könnte also sogar mündlich erfolgen.

3. Höhe des Vorschusses

Der Vorschuß darf nicht höher sein, als die insgesamt zu erwartende Vergütung. Zieht sich die Erledigung lange Zeit hin, so wird zunächst nur ein Teilbetrag gefordert werden können. Eine aufgegliederte Berechnung des Vorschusses ist nicht vorgeschrieben; eine überschlägige Ermittlung wird dem Auftraggeber jedoch auf Anforderung gegeben werden müssen.

Ergibt sich später, daß der verlangte Vorschuß nicht ausreicht, dann kann der StB einen weiteren Vorschuß anfordern.

4. Verweigerung des Vorschusses

Zahlt der Auftraggeber den angeforderten Vorschuß nicht, so kann der StB den Auftrag ablehnen oder fristlos kündigen (§ 628 BGB). Bei Niederlegung des Mandats aus diesem Grund hat der StB nach § 12 Abs. 4 Anspruch auf die vorher entstandenen Gebühren.

Die Einklagung des Vorschusses ist nach dem Standesrecht der RA unzulässig; das dürfte auch für den StB gelten.

§ 9 Berechnung

(1) Der Steuerberater kann die Vergütung nur auf Grund einer von ihm unterzeichneten und dem Auftraggeber mitgeteilten Berechnung einfordern.

(2) In der Berechnung sind die Beträge der einzelnen Gebühren und Auslagen, die Vorschüsse, eine kurze Bezeichnung des jeweiligen Gebührentatbestandes, die Bezeichnung der Auslagen sowie die angewandten Vorschriften dieser Gebührenordnung und bei Wertgebühren auch der Gegenstandswert anzugeben. Nach demselben Stundensatz berechnete Zeitgebühren können zusammengefaßt werden. Bei Entgelten für Post- und Telekommunikationsdienstleistungen genügt die Angabe des Gesamtbetrages.

(3) Hat der Auftraggeber die Vergütung gezahlt, ohne die Berechnung erhalten zu haben, so kann er die Mitteilung der Berechnung noch fordern, solange der Steuerberater zur Aufbewahrung der Handakten verpflichtet ist.

Anmerkungsübersicht:

1. Allgemeines
2. Auftraggeber
3. Unterschrift
4. Mindestangaben nach der StBGebV
5. Umsatzsteuer
6. Verständnis der Liquidation für den Auftraggeber
7. Zusammenfassung der Zeitgebühren
8. Pauschalvergütung
9. Zahlung ohne Liquidation
10. Änderung der Liquidation
11. Beschwerde an die StB-Kammer
12. Abtretung von Steuererstattungsansprüchen
13. Mahnverfahren
14. Steuerliche Auswirkungen beim Mandanten

Anmerkungen zu § 9:
1. Allgemeines
Die Vorschrift ist § 18 BRAGO nachgebildet.
§ 9 ist nur anzuwenden auf Gebühren und Auslagen, die nach der StBGebV berechnet werden. Es bestehen aber keine Bedenken, daß in die Gebührenberechnung nach § 9 auch andere Tätigkeiten einbezogen werden. Soweit für diese anderen Tätigkeiten Formvorschriften gelten, sind sie selbstverständlich zu beachten (z. B. BRAGO).
Der StB sollte seine Gebührenberechnung unmittelbar oder jedenfalls bald nach der Erledigung des Auftrags bzw. der Angelegenheit stellen. Das erspart ihm erfahrungsemäß so manchen Ärger. Die Berechnung (Honorarrechung) muß dem Auftraggeber „mitgeteilt" werden. Die Übersendung ordnungsgemäßer Honorarrechnungen an den Prozeßbevollmächtigten des Mandanten genügt nicht; ebensowenig wie die nach Abschluß der mündlichen Verhandlung (im Honorarprozeß) überreichte Originalrechnung des StB an den Mandanten (OLG Düsseldorf, Urt. v. 12. 12. 96 – 13 U 208/95 –).
§ 9 gilt nicht für die Einforderung der Pauschale bei Pauschalvereinbarung nach § 14.

2. Auftraggeber
Auftraggeber ist die Person usw., die den Auftrag erteilt hat. Zum Begriff „Auftrag" siehe Tz. 3 der Einleitung.
Der Honoraranspruch, also der Anspruch auf die Gebühr und den Auslagenersatz, richtet sich gegen den Dienstherrn (§ 611 BGB) bzw. gegen den Besteller (§ 631 BGB), in der Ausdrucksweise der StBGebV gegen den Auftraggeber. Da bei der Auftragserteilung Bevollmächtigung möglich ist, ist festzustellen, wer der wirkliche Auftraggeber ist.

Gibt z. B.. ein Ehemann dem StB den Auftrag, für das Mietwohnhaus seiner Ehefrau die Überschußrechnung i.S. von § 27 Abs. 1 zu fertigen, so wird i.d.R. der Aftraggeber die Ehefrau sein. Der Ehemann ist lediglich der Bevollmächtigte. Der Honoraranspruch richtet sich also gegen die Ehefrau, nicht gegen den Ehemann und auch nicht gegen die beiden gemeinsam. Die Anlage V zur ESt-Erklärung hat nur die Ehefrau abzugeben. Die Einkünfte der Ehegatten sind getrennt zu ermitteln. Der Mantelbogen zur ESt-Erklärung betrifft dagegen beide Ehegatten; die Gebührenberechnung richtet sich hierfür grundsätzlich gegen beide.

Schwierig wird es bei der Erklärung zur einheitlichen Feststellung der Einkünfte aus einer Personengesellschaft. Der BGH (Urteil v. 7. 10. 1987, StB 1988 S. 16) vertritt dazu die Auffassung, daß der StB auch dann mit den einzelnen Gesellschaftern einer OHG in Rechtsbeziehungen tritt, wenn er gesellschaftseigene steuerliche Angelegenheiten erledigt. Das Urteil ist zwar in einem Schadenersatz-Prozeß ergangen; die Ausführungen haben aber wohl auch für den Honoraranspruch Bedeutung.

Zur steuerrechtlichen und zur zivilrechtlichen Beendigung von Personen- und Kapitalgesellschaften siehe BFH, BStBl II 1988 S. 316.

Maßgebend ist, ob die Gesellschaft als solche Träger von Rechten und Pflichten sein kann.

3. Unterschrift

Die Einforderung geschieht aufgrund einer **vom StB selbst** unterzeichneten Berechnung. Es genügt auch die Unterschrift des Vertreters nach § 59 oder 69 StBerG bzw. des Praxisabwicklers oder Praxistreuhänders nach §§ 70, 71 StBerG. Es genügt aber nicht die Unterschrift des Bürovorstehers oder eines anderen Angestellten oder ein Faksimilestempel. Bei der Sozietät genügt die Unterzeichnung durch einen Partner, wenn die Sozietät durch den einzelnen Partner vertreten werden kann. Bei Steuerberatungsgesellschaften haben der oder die Vertretungsberechtigten zu unterschreiben.

Nicht geregelt ist die Frage der Unterschriftsberechtigung im Falle einer Krankheit des StB. In diesem Falle wird verlangt werden müssen, daß ein Berufsangehöriger unterschreibt, dem die Vertretung des erkrankten (oder sonstwie verhinderten) StB obliegt.

Nach der bisherigen Rechtsprechung aller obersten Bundesgerichte ist die Unterschrift mit dem Nachnamen des Unterzeichners vorzunehmen. Bei Doppelnamen (vgl. § 1355 Abs. 3 BGB) genügt der gemeinsame Ehename, wenn im übrigen den Anforderungen an eine Unterschrift genüge getan ist (BGH, Urt. v. 18. 1. 96 – III Z R 73/95, Gi 1996 S. 119). Die Unterzeichnung mit einer Abkürzung des Namens (sog. Paraphe) ist keine Unterschrift.

Den Anforderungen an eine Unterschrift ist genügt, wenn ein die Identität des Unterschreibenden ausreichend kennzeichnender individueller Schriftzug vorliegt, der einmalig ist, entsprechende charakteristische Merkmale aufweist, sich als Wiedergabe eines Namens darstellt und die Absicht einer vollen Unterschriftsleistung erkennen läßt (vgl. BGH, Urt. v. 22. 10. 93 – V ZR 112/92 – NJW 1994, 55).

Bei der Anforderung der einzelnen Pauschalvergütung (§ 14) ist die Unterschrift m.E. nicht erforderlich (bejahend Stbg 1987 S. 316). Die Unterschrift befindet sich bereits auf der Pauschalvereinbarung.

Sinn dieser Vorschrift ist, daß der StB durch seine Unterschrift die Verantwortlichkeit für die Gebührenberechnung erkennbar übernimmt. „Der StB übernimmt mit seiner Unterschrift die zivilrechtliche, strafrechtliche und standesrechtliche Verantwortung für die Richtigkeit seiner Berechnung." (OLG Düsseldorf, Urt. v. 15. 3. 90 – 18 U 270/89, StB 1990, 205). Ein unterzeichnetes Mahnschreiben kann die fehlende Rechnungsunterschrift nicht ersetzen (OLG Düsseldorf, Urt. v. 5. 12. 96 – 13 U 217/95). Im Gegensatz zu der in den Vorauflagen und auch in der Literatur z.T. vertretenen Meinung (z. B. Eggesiecker, BHStB E 0931) ist es in der Rechtsprechung (vgl. OLG Düsseldorf, Urt. v. 28. 6. 90 – 18 U 29/90 – Gerl Inf. 1991, 14) anerkannt, daß das Nichteinhalten der Formvorschrift des § 9 StBGebV auch zivilrechtliche Folgen hat und zur Abweisung einer Honorarklage führt.

4. Mindestangaben nach der StBGebV

Abs. 2 verlangt folgende Angaben:

– Beträge der einzelnen Gebühren und kurze Bezeichnung des jeweiligen Gebührentatbestandes,

– Beträge der einzelnen Auslagen und deren Bezeichnungen,

– Entgelte für Post- und Telekommunikationsdienstleistungen (Gesamtbetrag),

– gezahlte Vorschüsse,

– angewandte Vorschriften der StBGebV,

– Gegenstandswert (bei Wertgebühren).

Diese Angaben können auch in einer Anlage gemacht werden. Das ist ggfs. erwünscht, damit die Angestellten des Auftraggebers, die mit der Auszahlung und der Verbuchung zu tun haben, aus den Angaben der Gegenstandswerte etc. keine Schlüsse ziehen können (vgl. Horn, StB 1982 S. 310). Nach dem Wortlaut und Sinn der Vorschrift des § 9 Abs. 1 StBGebV muß auch die als Anlage der Rechnung beigefügte Zusammenstellung der erforderlichen Einzelangaben die Unterschrift des Steuerberaters tragen (OLG Frankfurt, 14. Zivilsenat, Urt. v. 2. 2. 88 – 14 O 132/86 – NJW 1988, 2807).

Die Angabe der einzelnen Gebühren besagt, daß für jede einzelne Tätigkeit der im Rahmen der Gebührenvorschriften vom StB bestimmte (§ 315 BGB) Betrag und der gewählte Rahmensatz anzusetzen ist (OLG Köln v. 26. 8. 94, Gerling-Inf. 95, 78). Es ist nicht zulässig, Gebühren zusammenzufassen, z. B. zum Ansatz „Steuererklärungen 1988". Eine nicht spezifizierte Honorarrechnung mit dem Text „Allgemeine steuerliche und wirtschaftliche Beratung" genügt nicht den Anforderungen des § 9 StBGebV (OLG Düsseldorf, Urt. v. 12. 12. 1996 – 13 U 208/95). Beim Ansatz der Zeitgebühr ist neben der einschlägigen Vorschrift auch der § 13 anzugeben (OLG Düssel. v. 22. 4. 93, Gerling-Inf. S. 398).

5. Umsatzsteuer

Die Angabe der hinzugerechneten USt ergibt sich bereits aus § 14 UStG.

Zur Ausstellung von Rechnungen bei erhaltenen Vorschüssen (Anzahlungen), wenn in der Anzahlungsrechnung die USt gesondert ausgewiesen ist, siehe BdF – Schr. v. 24. 1. 1981 (BStBl I S. 64). Wird nach einer Voraus- oder Anzahlung später die Endrechnung erteilt, so muß der StB die erhaltenen Vorschüsse und die darauf entfallenden Steuerbeträge absetzen. Vgl. Wolf's Steuer-Leitfaden USt 1997 Tz 343.

6. Verständnis der Liquidation für den Auftraggeber

Die Angabe der erbrachten Leistung wird in § 9 mit einer wenigstens kurzen Bezeichnung ausdrücklich verlangt. Die Rechnung muß für den Empfänger verständlich und nachvollziehbar sein. Dazu gehört, daß neben den Angaben nach den Vorschriften der GebV auch die Leistung bezeichnet wird. So hat es z. B. das AG Münster in seinem Urteil vom 30. 3. 1983 (NJW S. 1382, nicht rechtskräftig) als nicht ausreichend erachtet, daß in der Rechnung eines Arztes nur die Ziffern der Gebührenordnung für Ärzte aufgeführt waren. Das bedeutet für den StB, daß auch Tätigkeiten, die nach der Zeitgebühr abgerechnet werden, einzeln zu bezeichnen sind.

Beispiel:

Teilnahme an der Betriebsprüfung am 12., 14. und 17. 1....
§ 29 Nr. 1 StBGebV
15 Stunden a 100 DM =   1 500 DM

Prüfung des ESt-Bescheids 19..
§ 28 StBGebV
1/2 Stunde   40 DM

Bei den Post- und Fernmeldekosten genügt nach dem Wortlaut der Vorschrift die Angabe des Gesamtbetrages. Ihre Berechnung muß jedoch im Streitfalle nachgewiesen werden.

Bei den anderen Auslagen gilt die Vereinfachung des Abs. 2 S. 3 sowieso nicht; sie sind deshalb – schon aus standesrechtlichen Gründen – aufzugliedern.

Beispiel:

Tage- und Abwesenheitsgelder, § 18 Abs. 2 StBGebV
5. 9. 19..   30 DM
14. 9. 19..   110 DM
Pkw-Kosten, § 18 Abs. 1 StBGebV
100 km   52 DM.

7. Zusammenfassung der Zeitgebühren

Gemäß Abs. 2 S. 2 können nach demselben Stundensatz berechnete Zeitgebühren zusammengefaßt werden. Das ist eine Einschränkung des Abs. 2 S. 1, wonach die einzelnen Gebühren und die angewandten Gebührenvorschriften anzugeben sind. Danach ist an sich (mit Eckert/Böttcher, StBGebV, Anm. 2.1d zu § 9) folgende Formulierung zulässig:

Leistungen nach § 13 StBGebV:
42 Stunden zu DM 80 =   3 360 DM
4 Stunden zu DM 60 =   240 DM.

Da aber die Berechnung für den Mandanten nachprüfbar sein muß (s. Anm. 6), sind m.E. die einzelnen Tätigkeiten auch in diesem Fall anzugeben (ebenso Heinrich, StB 1987 S. 393), also z. B. „§ 29 StBGebV", nicht allein „§ 13 StBGebV", da dieser keinen konkreten Gebührentatbestand enthält. Vgl. oben Ziff. 6.

8. Pauschalvergütung

Die Frage, ob dem Mandanten auch dann eine Rechnung (Liquidation) zu geben ist, wenn nach § 14 eine Pauschalvergütung vereinbart worden ist, erübrigt sich, weil dieser schon wegen des Vorsteuerabzugs eine Rechnung braucht. Die in § 9 verlangte Aufgliederung entfällt allerdings. Die Liquidation könnte also wie folgt lauten:

Pauschalvergütung für August 19..	1 000 DM
16% Umsatzsteuer	160 DM
	1 160 DM

9. Zahlung ohne Liquidation

In den Fällen, in denen der Auftraggeber bereits **ohne Zusendung der Berechnung gezahlt** hat, besteht sein Anspruch auf Mitteilung der Berechnung solange, wie der StB zur Aufbewahrung der Handakten verpflichtet ist. Diese Verpflichtung ergibt sich aus § 66 StBerG. Danach ist der StB verpflichtet, die Handakten auf die Dauer von sieben Jahren nach Beendigung des Auftrags bzw. bis sechs Monate nach der fruchtlos gebliebenen Aufforderung an den Mandanten, die Handakten in Empfang zu nehmen, aufzubewahren.

Übernimmt der Mandant die Handakten, dann kann er die Gebührenberechnung nicht mehr verlangen. Ebenso hätte der Mandant überhaupt kein Nachforderungsrecht, wenn der StB von sich aus jeweils jedes Schriftstück (in Kopie oder im Original) auch dem Mandanten gibt. Dieses Ergebnis ist wohl nicht gewollt. Eine kurze Nachfrist wird auf jeden Fall angebracht sein.

10. Änderung der Liquidation

Bei Rahmengebühren ist der StB an sein einmal ausgeübtes Ermessen bei der Bestimmung innerhalb des Gebührenrahmens gebunden, soweit die Bestimmung der Billigkeit entspricht (OLG Hamm v. 22. 6. 94, Gerling-Inf. 95 S. 35). Siehe § 315 Abs. 3 BGB. Noch nicht berechnete Gebühren können sogar noch im Rechtsstreit nachgefordert werden (OLG Nbg., JurBüro 1973 S. 956 zum RA).

11. Beschwerde an die StB-Kammer

Die StB-Kammern führen die Berufsaufsicht über die StB. Man könnte deshalb die Auffassung vertreten, daß die Kammern jedenfalls auf die Beschwerde des Mandanten festzustellen haben, ob der StB „unter Berücksichtigung aller Umstände" die richtige Gebühr berechnet hat. Da aber der Mandant die Möglichkeit hat, gegen die Forderung des StB vor dem Zivilgericht zu klagen, beschränken sich die Kammern darauf, nur offenkundige Mängel zu beanstanden, z. B. ungerechtfertigte Verbilligung der Vergütung. Im übrigen werden sie den Hinweis geben, daß sich die berechnete Vergütung innerhalb des zulässigen Gebührenrahmens bewegt. Die Kammer kann aber auch ein **Schiedsverfahren** durchführen, wenn sich beide Parteien dem Schiedsspruch unterwerfen.

12. Abtretung von Steuererstattungsansprüchen

Läßt sich ein StB geschäftsmäßig von seinen Mandanten Steuererstattungsansprüche abtreten, so sind die Abtretungen nichtig (§ 46 Abs. 4 und 5 AO). Eine nur gelegentlich anläßlich eines besonders begründeten Einzelfalls vorgenommene Abtretung zur Sicherung der Honorarforderung ist dagegen wirksam (BFH-Urteil v. 17. 9. 1987, BFH NV 1988 S. 9).

13. Mahnverfahren

Wenn das Entgelt für eine Dienstleistung nicht bezahlt wird, kann der Gläubiger den Anspruch auf Bezahlung im gerichtlichen Mahnverfahren geltend machen. Auf dessen Antrag erhält der Schuldner (Antragsgegner) einen sog. **Mahnbescheid.** In diesem wird er aufgefordert, innerhalb von zwei Wochen seit Zustellung des Bescheids entweder die geforderten Beträge zu bezahlen oder dem Gericht mitzuteilen, ob und in welchem Umfang er dem Anspruch widerspricht.

Der Mahnbescheid selbst enthält keine gerichtliche Entscheidung darüber ob die Forderung berechtigt ist, denn das Gericht prüft im Mahnverfahren nicht, ob der Antragsteller (Gläubiger) den Sachverhalt richtig angegeben hat und ob ihm der geltend gemachte Anspruch zusteht.

Wenn der Antragsgegner den Anspruch nicht für berechtigt hält und sich wehren will, muß er innerhalb der angegebenen Frist beim Amtsgericht **Widerspruch** einlegen.

Zuständig ist i.d.R. das Amtsgericht des Wohnsitzes des Mandanten, es sei denn, die Parteien haben ausdrücklich etwas anderes vereinbart (OLG Düssel. v. 9. 10. 1986, Gerling-Inf. S. 156).

14. Steuerliche Auswirkungen beim Mandanten

Soweit die Beratungskosten keine Betriebsausgaben oder Werbungskosten darstellen, ist die Angabe der vom StB ausgeübten Tätigkeit von Bedeutung für die Abzugsfähigkeit der Kosten des StB als Sonderausgaben bei der ESt. Nach § 10 Abs. 1 Nr. 6 EStG sind abzugsfähig „Steuerberatungskosten", also die Aufwendungen, die durch Rat und Hilfe in Steuersachen und die Führung von steuerlichen Rechtsbehelfen und Rechtsmitteln entstehen. Nicht darunter fällt die Hilfeleistung in Steuerstrafsachen (BFH-Urt. v. 20. 9. 1989, BStBl II 1990 S. 20).

Zweiter Abschnitt
Gebührenberechnung

§ 10 Wertgebühren

(1) Die Wertgebühren bestimmen sich nach den der Verordnung als Anlage beigefügten Tabellen A bis E. Sie werden nach dem Wert berechnet, den der Gegenstand der beruflichen Tätigkeit hat. Maßgebend ist, soweit diese Verordnung nichts anderes bestimmt, der Wert des Interesses.

(2) In derselben Angelegenheit werden die Werte mehrerer Gegenstände zusammengerechnet; dies gilt nicht für die in den §§ 24 bis 27, 30, 35 und 37 bezeichneten Tätigkeiten.

Anmerkungsübersicht:

1. Allgemeines

2. Gegenstandswert

3. Wert des Interesses

4. Niedriger Gegenstandswert

5. Wertermittlung

6. Abs. 2 – Zusammenrechnung mehrerer Gegenstandswerte

Anmerkungen zu § 10:
1. Allgemeines
§ 10 ist § 7 Abs. 1 und 2 BRAGO nachgebildet. Die Wertgebühr ist die Gebühr, die nach der StBGebV im Regelfall anzusetzen ist. Nicht das Maß der Arbeit, das auf eine Angelegenheit verwandt wird, bestimmt die Höhe der Gebühr, sondern die Bedeutung der Angelegenheit, die sich im Wert der Sache ausdrückt. Nur die Wertgebühr ergibt die einer gehobenen geistigen Leistung adäquate Honorierung. Die Zeitgebühr darf dagegen nur in ganz bestimmten Fällen berechnet werden. Die Wertgebühr bemißt sich nach dem Gegenstandswert. Dieser ist nach § 9 Abs. 2 S. 1 StBGebV in der Gebührenrechnung zwingend anzugeben.

2. Gegenstandswert
In den meisten Fällen schreibt die GebV den Gegenstandswert bzw. seine Berechnung vor. Maßgebend ist der objektive Wert des Gegenstandes der beruflichen Tätigkeit, also z. B. bei der ESt die Summe der positiven Einkünfte oder bei der Vermögensteuer das Rohvermögen (Bruttoprinzip). Vielfach gibt der VO-Geber zusätzlich einen Mindestgegenstandswert an, der der Wertgebühr zugrunde zu legen ist, wenn der sich errechnende Gegenstandswert geringer als dieser Mindestwert ist. Auch in diesen Fällen soll dem StB ein einigermaßen angemessenes Honorar gesichert sein.

Ergibt sich aufgrund der Gebührenvorschriften für den Gegenstandswert ein **Minusbetrag,** so ist die Gebühr der untersten Tabellenstufe zu entnehmen. Der Minusbetrag darf also nicht ebenso behandelt werden wie ein positiver Betrag, es sei denn, der einzelne Gebührenansatz sieht einen Mindestgegenstandswert vor.

Wegen der Fälle, in denen der Gegenstandswert nicht bestimmt und auch nicht geschätzt werden kann, siehe Anm. 3 zu § 13.

3. Wert des Interesses
Der subsidiär als Gegenstandswert heranzuziehende Wert des Interesses (Nettoprinzip) ist mehr oder weniger ein Schätzwert. Maßgebend ist das Interesse des Auftraggebers, nicht das des StB. Es wäre falsch, dieses Interesse an irgendwelchen sich bei der Leistung des StB ergebenden Steuerbeträgen auszurichten. Dies liefe auf ein Erfolgshonorar hinaus, das in jedem Falle unzulässig wäre.

Eine gewisse Rolle spielt der Wert des Interesses beim Streitwert im Rechtsbehelfsverfahren. Dort ist der streitige Steuerbetrag maßgebend (Streitwert). Sonst aber ist der Gegenstandswert und der Wert des Interesses „nach billigem Ermessen zu bestimmen" (vgl. § 8 Abs 2 BRAGO).

4. Niedriger Gegenstandswert
Für den Fall, daß der Gegenstandswert so niedrig ist, daß die Wertgebühr in keinem Verhältnis zu dem üblicherweise erforderlichen Zeitaufwand steht, räumte § 12 Abs. 3 AllGO die Möglichkeit ein, die Wertgebühr auf den Durchschnitt zwischen Wertgebühr und Zeitgebühr zu erhöhen. Diese Regelung wurde in die StBGebV nicht übernommen. Der StB kann in diesem Fall nur an die obere Grenze des Gebührenrahmens gehen oder eine Vereinbarung nach § 4 treffen.
Im übrigen siehe Anm. 12 zu § 1.

5. Wertermittlung

Kann der Gegenstandswert (noch) nicht ermittelt werden, so hat der StB zu schätzen:

Beispiel:

Die Summe der positiven Einkünfte steht noch nicht fest, weil der Gewinnanteil aus einer Beteiligung noch nicht bekannt ist.

Maßgebend sind die Zahlen, die sich bei der Bearbeitung des StB ergeben. Der StB braucht nicht etwa die vom FA festgesetzten Werte abzuwarten; er darf es nicht einmal. Maßgebend sind die von ihm ermittelten Werte.

6. Absatz 2 – Zusammenrechnung mehrerer Gegenstandswerte

Abs. 2 hat nach den erfolgten Einschränkungen praktisch nur Bedeutung für das außergerichtliche Verfahren (§§ 40 – 43). Erstreckt sich eine Beratung (§ 21), ein Gutachten (§ 22) oder eine Besprechung (§ 31) über mehrere verschiedene Steuerfragen (z. B. steuerliche Behandlung der Einnahmen aus Verkäufen von Eigentumswohnungen und daneben die vermögensteuerliche Behandlung von Verbindlichkeiten), so liegen verschiedene Angelegenheiten vor (so auch Eckert-Böttcher, Anm. 4 zu § 10), mit der Folge, daß mehrere Gebühren anfallen. Eine Zusammenrechnung der völlig verschieden gearteten Gegenstandswerte wäre auch wenig sinnvoll. Mittelsteiner-Scholz (S. 134) sehen dagegen in einer Besprechung, in der Probleme aus der USt und die Frage der Stundung der ESt besprochen werden, eine Angelegenheit. Dem kann aber nicht gefolgt werden. Diese Auslegung verträgt sich mit der Natur der Wertgebühr nicht.

Das gilt aber wohl nur, wenn die besprochenen Fragen nicht denselben Gegenstand haben. Bei einer Beratung über die Folgen einer Umwandlung wird deshalb nur eine Gebühr anfallen, für die die Auswirkungen auf die verschiedenen Steuern zusammenzuzählen sind.

Positive und negative Beträge sind nicht miteinander zu verrechnen, sondern zu addieren.

Siehe auch die Anm. 4 zu § 21.

§ 11 Rahmengebühren

Ist für die Gebühren ein Rahmen vorgesehen, so bestimmt der Steuerberater die Gebühr im Einzelfall unter Berücksichtigung aller Umstände, insbesondere der Bedeutung der Angelegenheit, des Umfanges und der Schwierigkeit der beruflichen Tätigkeit nach billigem Ermessen.

Anmerkung zu § 11:

1. Allgemeines

§ 11 ist § 12 BRAGO nachgebildet. Bei den Gebühren, für die ein Rahmen vorgesehen ist, ist zu unterscheiden zwischen

– **Betragsrahmengebühren** (z. B. 50 – 100 DM) **und**

– **Gebührensatzrahmen** (z. B. 5/10 – 10/10 der vollen Gebühr).

Wegen der Besonderheiten siehe die dortigen Ausführungen.

2. Bestimmen der Gebühr

Die Wertgebühren der StBGebV bestimmen sich je nach dem abzurechnenden Tätigkeitsbereich nach fünf verschiedenen Tabellen (A-E). Die einzelnen Gebührentatbestände der GebV schreiben vor, welcher Tabelle im Einzelfall die Gebühr zu entnehmen ist. Die einzelnen Tabellen werden als Beratungstabelle (A), Abschlußtabelle (B), Buchführungstabelle (C), Buchführungs- und Abschlußtabelle für land- und forstwirtschaftliche Betriebe (D) und Rechtsbehelfstabelle (E) bezeichnet. Die Tabelle E ist identisch mit der Tabelle zu § 11 BRAGO.

Die einzelnen Tabellen geben jeweils die volle Gebühr (10/10) an, aus der innerhalb des meist vorgegebenen Rahmens die zutreffende Bruchteilsgebühr errechnet wird.

Die Bestimmung der Gebühr erfolgt einseitig durch den StB **nach billigem Ermessen**. Billig ist, was dem allgemeinen Rechtsempfinden entspricht.

§ 315 BGB bestimmt hierzu, daß die getroffene Bestimmung für den Mandanten nur verbindlich ist, wenn sie der Billigkeit entspricht. Entspricht sie nicht der Billigkeit, so wird die Bestimmung durch Urteil des Zivilgerichts getroffen. Siehe Anm. 7.

Bei der Bestimmung sind insbesondere folgende Gesichtspunkte zu berücksichtigen:

– **Bedeutung** der Angelegenheit,
– **Umfang** der Tätigkeit,
– **Schwierigkeit** der Tätigkeit.

Berufsausbildung und Berufserfahrung sind nicht zu berücksichtigen. Die StBGebV macht auch keinen Unterschied, ob der Berufsträger StB oder StBv ist und ob die Tätigkeit von einer Hilfskraft oder dem Steuerberater selbst ausgeführt wird (s. Anm. 3).

Die Gebühr ist für **jede einzelne Tätigkeit** nach den angegebenen Kriterien zu bestimmen. Der StB darf nicht ein nicht ausreichendes Honorar für eine Angelegenheit durch eine überhöhte Vergütung bei einer anderen Tätigkeit ausgleichen.

Die Bestimmung der Gebühr muß nicht in vollen Zehntel-Sätzen erfolgen: Es ist auch zulässig z. B. 6,2/10 zu berechnen.

3. Bestimmungsfaktoren

Bei der **Bedeutung** der Angelegenheit kommt es vorwiegend auf den individuellen Wert für den Auftraggeber an, nicht darauf, ob die Öffentlichkeit die Sache hoch bewertet. Jedoch können dahinterstehende Interessen anderer bei Modellverfahren gebührenerhöhend wirken. Neben den finanziellen Auswirkungen sind auch andere erkennbare Auswirkungen zu berücksichtigen (z. B. Vermeidung des Konkurses beim Steuererlaß, steuerliche Auswirkung in weiteren Jahre, wenn das nicht bereits bei der Bemessung des Streitwerts zu berücksichtigen war, EFG 1987 S. 207). Bei Wertgebühren kommt die Bedeutung der Angelegenheit zunächst schon im zugrunde zu legenden Gegenstandswert zum Ausdruck.

Der Umfang der Tätigkeit entspricht dem Zeitaufwand, der somit nicht nur für die Zeitgebühren von Bedeutung ist. Zu berücksichtigen ist dabei, inwieweit der Mandant bereits vorgearbeitet hat, ob z. B. die gelieferten Unterlagen sachgerecht geordnet sind. Gebührenerhöhend wirkt, wenn sich die Angelegenheit über eine längere Zeit hinzieht, so daß sich der StB immer wieder in die Materie einarbeiten muß.

Bei der Bemessung nach der **Schwierigkeit** wirkt gebührenerhöhend, wenn es sich um Fragen aus komplizierten oder aus entlegenen Spezialgebieten auf dem Gebiet des Steuerrechts (z. B. Konzernsteuerrecht, Aussensteuerrecht, Umwandlung) oder auch aus anderen Rechtsgebieten handelt oder wenn Sprachkenntnisse erforderlich sind.

§ 12 BRAGO führt zusätzlich die **Einkommens- und Vermögensverhältnisse** des Mandanten auf. Die Nichterwähnung in der StBGebV bedeutet lediglich, daß diese Verhältnisse nicht „insbesondere", also vorwiegend zu berücksichtigen sind. Daß sie aber überhaupt zu berücksichtigen sind, steht außer Frage. Im übrigen siehe Lappe, NJW 1982 S. 1438.

Daß die Ertragslage der Steuerkanzlei (z. B. hohe Spesen) nicht berücksichtigt wird, ist ohne Zweifel.

Es kommt nach h.M. nicht darauf an, wer innerhalb einer Steuerkanzlei die Arbeit geleistet hat. Entscheidend sind in erster Linie die Schwierigkeit und die Bedeutung der Angelegenheit. Das gilt vor allem auch für die Zeitgebühr (a.A. Lehwald, BB 1983 S. 2110). Eine Baukostenaufstellung wird nicht höherwertig und damit höher zu honorieren sein, weil sie der Berufsträger selbst erstellt hat. Siehe auch Anm. 5 zu § 13.

Meyer (Stbg 1982 S. 96) will auch die räumliche Nähe einer Konkurrenz, die nicht an die StBGebV gebunden ist (z. B. Lohnsteuerhilfeverein), als Umstand i.S.d. § 11 ansehen.

Zu den Umständen, die bei der Bemessung der Gebühr zu beachten sind, gehört auch nicht die Tatsache, daß die **Tätigkeit** des StB **erfolgreich** oder erfolglos war. Einerseits ist es m.E. menschlich verständlich, wenn der StB Hemmungen hat, eine hohe Gebühr zu fordern, wenn seine Bemühungen umsonst waren, und andererseits wird der StB den Erfolg seiner Tätigkeit auch gern honoriert haben.

4. Kostensteigerungen

Ob auch Kostensteigerungen als „Umstand" zu berücksichtigen sind, ist – aus rein rechtlicher Sicht – streitig, wobei die Mehrheit die Auffassung vertritt, daß eine Einberechnung nicht zulässig sei. Notwendige Anpassungen müßten dem Verordnungsgeber vorbehalten werden (vgl. LG Mainz, Rechtspfleger 1974 S. 78).

Dabei liegt es aber auf der Hand, daß die Sätze der GebV den Stand zur Zeit der Beratungen wiedergeben. Später eingetretene Kostensteigerungen können also nicht berücksichtigt sein. Die GebV enthält auch – ebenso wie die BRAGO – keine Gleitklausel, die eine automatische Anpassung an die Kostensituation ermöglichen würde. Da aber der StB kein Wohlfahrtsinstitut ist, muß ihm wohl zugestanden werden, seit dem Erlaß der GebV (bzw. der letzten Anpassung) eingetretene Kostensteigerungen bei der Gebührenberechnung zu berücksichtigen, insbesondere dann, wenn sie nicht unbedeutend sind. Siehe auch Anm. 12 zu § 1.

5. Mindestgebühr – Höchstgebühr

Die Mindestgebühr i.S. von „niedrigster Rahmengebühr" oder eine am unteren Rand der vorgegebenen Rahmengebühr liegende Gebühr „kann nur für ganz einfache und wenig umfangreiche Sachen bei sehr ungünstigen Vermögens- und Einkommensverhältnissen des Zahlungspflichtigen in Betracht kommen" (Schumann/ Geissinger, BRAGO, Berlin 1974, § 12 Rz 19f; ähnlich Riedel/Süssbauer, BRAGO,

München 1973 § 12 Rz 11 f). Sie ist danach i.d.R. anzusetzen, wenn folgende
Faktoren gegeben sind:
-   Angelegenheit von geringer Bedeutung,
-   geringer Umfang,
-   einfach gelagert,
-   Auftraggeber in einfachen Einkommens- und Vermögensverhältnissen.

Die Mindestgebühr kann im Einzelfall gelegentlich auch anzusetzen sein, wenn
nicht alle diese Merkmale gegeben sind.

Liegen die Verhältnisse umgekehrt, so wird im allgemeinen die Höchstgebühr oder
eine im oberen Drittel der Rahmengebühr liegende Gebühr angemessen sein.
Fordert der StB die Höchstgebühr, so muß er im Honorarprozeß die Gründe für die
Überschreitung der Mittelgebühr darlegen und beweisen (OLG Düsseld., StB 1986
S. 160).

6. Mittelgebühr = Regelgebühr?

Der Begriff „Mittelgebühr" ist in der StBGebV ebenso wenig verwendet wie in der
BRAGO. Die Mittelgebühr ist lediglich das Mittel zwischen niederster und höchster
Gebühr des vorgegebenen Gebührenrahmens. Sie ist nach dem Text des § 11 –
ebenso wie nach der BRAGO – dann anzusetzen, wenn keine Umstände vorliegen, die den StB veranlassen könnten, die Gebühr dem oberen oder dem unteren
Gebührenrahmen zu entnehmen, also bei einer Angelegenheit von durchschnittlicher Bedeutung, durchschnittlichem Umfang und (objektiv gesehen) durchschnittlichem Schwierigkeitsgrad. Die Gerichte gehen im allgemeinen von der Mittelgebühr aus (OLG Düsseld. v. 6. 5. 93, Gerling-Inf. 94, 16).

Allerdings darf dieser Standpunkt nicht etwa dazu führen, daß grundsätzlich die
Mittelgebühr angesetzt wird. Die im Einzelfall zutreffende Gebühr muß vielmehr
individuell bestimmt werden. „Auch für die Geltendmachung der Mittelgebühr nach
der StBGebV bedarf es der Darlegung der für die Ermessensausübung maßgeblichen Gründe durch den StB, da letzterer nach § 315 BGB die Beweislast für die
Billigkeit der getroffenen Bestimmung trägt." (OLG Hamm, Urt. v. 14. 7. 89 – 25 0
22/88 – , WPK Mitt. 1989, 135).

7. Nachprüfung durch das Zivilgericht

Für den Auftraggeber ist die festgesetzte Gebühr nur verbindlich, wenn sie der
Billigkeit entspricht. Entspricht sie nicht der Billigkeit, so wird die Bestimmung nach
Klage des Auftraggebers durch Urteil im Zivilprozeß getroffen (§ 315 Abs. 3 BGB).
§ 12 Abs. 2 BRAGO sieht die richterliche Überprüfung sogar ausdrücklich vor.
Das Gericht wird bei dieser Urteilsfindung zunächst alle besonderen Umstände (z. B.
Bedeutung der Angelegenheit) zu würdigen haben. Ob sich die richterliche Nachprüfung darauf beschränkt, ob der StB das ihm eingeräumte Ermessen mißbraucht hat,
scheint umstritten zu sein; die Meinung hierzu ist nur hinsichtlich des Kostenfestset-
zungsverfahrens gegenüber dem unterlegenen Gegner einhellig für die Beschränkung. Dabei spricht der Wortlaut m.E. eindeutig für die eingeschränkte Nachprü-
fungsmöglichkeit. Auch die Bundesregierung ist offensichtlich bei der Neufassung
des § 12 BRAGO davon ausgegangen; es heißt in der Regierungsbegründung (BT-
Drs. 7/3243): „Die Neufassung bewirkt außerdem, daß zahlreiche Meinungsverschiedenheiten über oft nur geringfügige Beträge nicht entstehen können".

Von den Gerichten wird die Gebühr i.d.R. nur dann als unbillig hoch angesehen, wenn sie die vom Gericht für angemessen erachtete Gebühr **um mehr als 20 v. H.** übersteigt (Schmidt, NJW 1980 S. 428/429; OLG München, MDR 1975 S. 336).

§ 11 verzichtet – im Gegensatz zu § 12 BRAGO – darauf, verbindlich vorzuschreiben, daß im Rechtsstreit über die Vergütung das Gericht ein **Gutachten der Berufskammer** einzuholen hat. In der Praxis geschah das aber auch schon bisher sehr oft. Das wird auch künftig so sein. Scholz (RWPr SG 4.1 S. 26) meint unter Verweis auf Gerold/Schmidt, BRAGO, § 12 Rdnr. 13 sogar, daß davon ausgegangen werden müsse, daß das Prozeßgericht kein streitiges Urteil erlassen darf, ohne daß ein Gutachten der Steuerberaterkammer eingeholt worden ist. Oftmals benennt die StBKammer einen Berufsangehörigen als Sachverständigen, der dann vom Gericht als Gehilfe des Richters herangezogen wird.

8. Nachträgliche Erhöhung der Gebühr
Von der zuvor getroffenen Bestimmung der Gebühr i. S. v. § 11 StBGebV i. V. mit § 315 BGB kann sich der StB im nachhinein nicht einseitig lösen. „Übt ein Berater sein Gläubiger-Bestimmungsrecht aus, so ist er an die Höhe dieser Gebühr gebunden" (OLG Düsseldorf, Urt. v. 20. 1. 1994 – 13 U 102/93 – GI 1995 S. 13).

§ 12 Abgeltungsbereich der Gebühren

(1) Die Gebühren entgelten, soweit diese Verordnung nichts anderes bestimmt, die gesamte Tätigkeit des Steuerberaters vom Auftrag bis zur Erledigung der Angelegenheit.

(2) Der Steuerberater kann die Gebühren in derselben Angelegenheit nur einmal fordern.

(3) Sind für Teile des Gegenstandes verschiedene Gebührensätze anzuwenden, so erhält der Steuerberater für die Teile gesondert berechnete Gebühren, jedoch nicht mehr als die aus dem Gesamtbetrag der Wertteile nach dem höchsten Gebührensatz berechnete Gebühr.

(4) Auf bereits entstandene Gebühren ist es, soweit diese Verordnung nichts anderes bestimmt, ohne Einfluß, wenn sich die Angelegenheit vorzeitig erledigt oder der Auftrag endigt, bevor die Angelegenheit erledigt ist.

(5) Wird der Steuerberater, nachdem er in einer Angelegenheit tätig geworden war, beauftragt, in derselben Angelegenheit weiter tätig zu werden, so erhält er nicht mehr an Gebühren, als er erhalten würde, wenn er von vornherein hiermit beauftragt worden wäre. Ist der frühere Auftrag seit mehr als zwei Kalenderjahren erledigt, gilt die weitere Tätigkeit als neue Angelegenheit.

(6) Ist der Steuerberater nur mit einzelnen Handlungen beauftragt, so erhält er nicht mehr an Gebühren, als der mit der gesamten Angelegenheit beauftragte Steuerberater für die gleiche Tätigkeit erhalten würde.

Anmerkungsübersicht:
1. Allgemeines
2. Angelegenheit
3. Erhebliche Vorarbeiten
4. Erhebliche Nacharbeiten
5. Entstehen der Gebühr

6. Abs. 3 – verschiedene Gebührenansätze
7. Abs. 4 – vorzeitige Erledigung bzw. Beendigung
8. Abs. 5 – erneute Beauftragung
9. Abs. 6 – Einzelne Handlungen

Anmerkungen zu § 12:

1. Allgemeines

§ 12 stimmt mit § 13 BRAGO nahezu wörtlich überein. Die Gebühren nach der StBGebV sind als **Pauschalgebühren** zu verstehen, die sämtliche Einzeltätigkeiten des StB innerhalb einer Angelegenheit abgelten, von den Vorarbeiten, dem Literaturstudium usw. bis zu den sich u.U. ergebenden Nacharbeiten.

2. Angelegenheit

Der Begriff „Angelegenheit" ist auch in der BRAGO nicht definiert; die Lebensverhältnisse sind dafür zu vielseitig. Der BGH (Urteil v. 17. 11. 1983, NJW 1984 S. 1188 zur BRAGO) sieht den Begriff wie folgt:

„Angelegenheit" bedeutet den Rahmen, innerhalb dessen sich die anwaltliche Tätigkeit abspielt, wobei der dem Anwalt erteilte Auftrag entscheidet. Es handelt sich im allgemeinen um einen einheitlichen Lebensvorgang.

Der einzelne Auftrag ermöglicht aber sehr oft keine eindeutige Abgrenzung, weil er sich in vielen Fällen auf mehrere Angelegenheiten im Sinne dieser Verordnung erstreckt, ohne daß dies besonders zum Ausdruck gebracht wird. Zwar erfordert die Gliederung der Gebührenverordnung eine gebührenmäßige Zerlegung des Auftrags in bestimmte Einzeltätigkeiten, doch werden die betreffenden Einzeltätigkeiten dadurch nicht in jedem Fall zu gesonderten Angelegenheiten im Sinne dieser Vorschrift. Die Entscheidung kann sich deshalb stets nur nach den Umständen des jeweiligen Einzelfalles richten. Im gerichtlichen Verfahren gilt grundsätzlich jeder Rechtszug als eigene Angelegenheit.

Es wird teils die Auffassung vertreten, daß bei der **Buchführung** die Buchführung eines ganzen Jahres grundsätzlich als eine Angelegenheit gelte. Diese Auffassung ist aber im Hinblick darauf problematisch, daß § 33 die Monatsgebühr vorsieht und deshalb wohl die Buchführung eines Monats jeweils als eine gesonderte Angelegenheit zu behandeln ist. Vgl. Anm. 1 zu § 33.

Als zu weitgehend wird man die von Eckert (DStR 1982 S. 482) aufgestellte Faustregel ansehen müssen:

Was mit einer eigenständigen Gebühr ausgewiesen ist, ist eine Angelegenheit.

Die Einschränkung in Absatz 1 „soweit diese Verordnung nichts anderes bestimmt" läßt erkennen, daß der VO-Geber (ebenso wie der Gesetzgeber in § 13 (1) BRAGO) sehr wohl mehrere Gebührentatbestände innerhalb einer „Angelegenheit" zuläßt, ohne die so einzeln abzurechnenden Tätigkeiten zu jeweils einer „Angelegenheit" machen zu wollen.

Im übrigen gilt:

– **Der Auftrag** kann mehrere Angelegenheiten umfassen.
– **Die Angelegenheit** kann mehrere Handlungen (Einzeltätigkeiten) beinhalten.
– Eine Gebühr kann angesetzt werden für jede einen vom VO-Geber geschaffenen Gebührentatbestand erfüllende Tätigkeit.

Beispiele:

A   Der StB erstellt für seinen Mandanten die ESt-Erklärung (Hauptvordruck) und daneben eine Überschußrechnung nach § 4 Abs. 3 EStG für die Arzt-Einkünfte sowie zwei Überschußrechnungen für Mietwohngrundstücke.

Es handelt sich insgesamt um vier Gebührentatbestände, die zusammen eine Angelegenheit bilden (= einheitlicher Lebensvorgang).

B   Der StB ermittelt die Einkünfte aus einem Mietwohngrundstück. Hierfür bekommt er die Gebühr nach § 27 Abs. 1. Er bekommt keine gesonderte Gebühr für die Ermittlung der einzelnen Werbungskosten, auch wenn eine solche Einzeltätigkeit besonders zeitaufwendig ist. Diesen Zeitaufwand kann er nur berücksichtigen, indem er die Gebühr nach § 27 Abs. 1 höher ansetzt.

C   Der StB wird beauftragt, gegen den ESt-Bescheid Einspruch einzulegen, weil für die Scheidungskosten keine Steuerermäßigung wegen außergewöhnlicher Belastung gewährt wurde. Der StB kommt diesem Auftrag nach. Während des Einspruchsverfahrens erhält er den weiteren Auftrag, auch vorzubringen, daß die Einkünfte aus der Gärtnerei nicht als Einkünfte aus Gewerbebetrieb, sondern als solche aus Land- und Forstwirtschaft zu behandeln seien. Es handelt sich trotz des Nachschiebens eines weiteren Anfechtungsgrundes nur um eine Angelegenheit. Eine gesonderte Angelegenheit würde dagegen vorliegen, wenn nach antragsgemäßer Änderung eines Bescheids Einspruch eingelegt würde.

Diese Auslegung des Begriffs „Angelegenheit" steht allein mit der Verwendung desselben Begriffs in § 16 Satz 2 dieser VO in Einklang, da man wohl kaum die (Auslagen)Pauschale bis zu 40.- DM für jeden Gebührentatbestand innerhalb eines einheitlichen Lebensvorganges (=Angelegenheit) als vertretbar ansehen kann. Auch der Wortlaut des Absatzes 2 in § 12 steht dem nicht entgegen, weil hier ausdrücklich gesagt wird, daß „die Gebühren" (also auch eine Mehrzahl) in derselben Angelegenheit nur einmal gefordert werden können.

3.   Erhebliche Vorarbeiten

Sind vom StB für eine Sache erhebliche Vorarbeiten zu leisten, und zwar auf dem außersteuerlichen Bereich, z. B. bei der Aufklärung eines Sachverhalts, Beschaffung von Unterlagen, dann stellt sich die Frage, ob diese Tätigkeit durch die Gebühr nach der StBGebV abgegolten ist. Die Gebühren nach der StBGebV gelten nur die Tätigkeit als StB bei der Bearbeitung von Steuerangelegenheiten ab. Der StB ist aber nicht steuerberatend tätig, wenn er z. B. für seinen Mandanten die Jahresabrechnung des Verwalters einer Wohnungseigentümergemeinschaft in mehreren Schreiben anfordert und diese dann auch noch prüfen muß. Eine steuerliche Angelegenheit wird dagegen vorliegen, wenn sich bei der Bearbeitung einer Steuersache ergibt, daß noch die eine oder andere Unterlage gebraucht wird und dabei keine erheblichen Mehrarbeiten und Schwierigkeiten anfallen.

Die StBGebV sieht nur in den folgenden Fällen für die Vorarbeiten eine gesonderte Gebühr ausdrücklich vor:

–   § 25 Abs. 2 Überschußrechnung nach § 4 Abs. 3 EStG,

–   § 35 Abs. 3 Abschlußarbeiten,

–   § 39 Abs. 3 Abschluß bei Landwirten.

Daraus wird man schließen müssen, daß dem StB in den anderen Fällen auch dann keine gesonderte Gebühr zusteht, wenn es sich um etwa ähnliche Tätigkeiten handelt (Anm. 2 zu § 27), es sei denn, eine steuerberatende Tätigkeit liegt überhaupt nicht vor (siehe oben).

4.   Erhebliche Nacharbeiten

Sind zu einer Angelegenheit **erhebliche Nacharbeiten** erforderlich, die nicht durch die bereits entstandene Gebühr abgegolten sind (z.B. umfangreicher Schriftwechsel zu Rechtsfragen aus einer Steuererklärung), so kann es sich um eine selbständige Angelegenheit handeln mit der Folge, daß eine zusätzliche Gebühr zu berechnen ist.

Beispiele:

D   Der StB hat dem Eigentümer eines Bürohochhauses die ESt-Erklärung mit der Anlage V erstellt und dafür die beiden Gebühren berechnet. Einige Wochen danach wirft das FA in einem umfangreichen Schriftsatz die Frage auf, ob die Einkünfte aus dem Gebäude nicht doch Einkünfte aus Gewerbebetrieb wären.

    Für die Erwiderung erhält der StB eine gesonderte Gebühr. Mangels eines gesonderten Gebührenansatzes in der StBGebV ist sie gemäß § 2 zu bestimmen. Als vergleichbare Tätigkeit bieten sich die in § 29 Nr. 2 behandelten schriftlichen Einwendungen gegen den Prüfungsbericht an. Möglich wäre auch eine Berechnung nach § 31 (bei mündlicher Beantwortung) oder auch die nachträgliche Erhöhung des Zehntelsatzes für die Erstellung der Steuererklärung. § 23 Nr. 1 kommt dagegen nicht in Betracht.

E   Gleicher Sachverhalt wie zu D.

    Das FA verlangt aber nur eine genauere Aufgliederung der Instandhaltungsaufwendungen. Diese Zusammenstellung mußte bei der Überschußrechnung sowieso gemacht werden. Es handelt sich also um keine eigene Angelegenheit; eine gesonderte Gebühr fällt nicht an.

Muß der StB **Nachbesserungen** vornehmen, weil er eine unzureichende Arbeit erbracht hat, so kann er dafür keine weitere Gebühr geltend machen.

5. Entstehen der Gebühr

Die Gebühr entsteht, sobald der StB aufgrund des Auftrags irgendeine Tätigkeit vorgenommen hat. Die erste Tätigkeit besteht i.d.R. in der Entgegennahme der einführenden Information, z. B. der Einsicht in übergebene Unterlagen. Maßgebend ist also nicht die Auftragserteilung. Andererseits wird in der Praxis mit der Auftragserteilung bereits die erste Information verbunden sein.

Zur vorzeitigen Erledigung siehe Anm. 5.

6. Absatz 3 – Verschiedene Gebührenansätze

Abs. 3 muß im Zusammenhang mit § 10 Abs. 2 gesehen werden. Beide Vorschriften haben praktisch nur für das gerichtliche Rechtsbehelfsverfahren Bedeutung.

7. Absatz 4 – Vorzeitige Erledigung bzw. Beendigung

Nach § 628 BGB kann der StB bei Kündigung des Auftrags nur einen, den bisherigen Leistungen entsprechenden Teil der Vergütung verlangen. Absatz 4 bestimmt im Gegensatz dazu, daß der einmal entstandene Gebührenanspruch keine Minderung dadurch erfährt, daß sich die Angelegenheit vorzeitig erledigt. Die Gebühr ist entstanden, sobald der StB aufgrund des Auftrags irgendeine Tätigkeit vorgenommen hat (vgl. Anm. 3).

Eine **vorzeitige Erledigung** ist z. B. gegeben, wenn der Mandant den eingelegten Einspruch zurücknimmt.

Beendigung des Auftrags vor Erledigung ergibt sich bei Zurücknahme (Kündigung) des StB-Vertrags durch den Mandanten oder auch durch den StB oder durch Tod des StB. Liegt eine solche vorzeitige Beendigung vor, so ist immer auf die einzelne Angelegenheit abzustellen. Nach § 627 Abs. 1 BGB kann der Mandant i.d.R. den Dienstvertrag jederzeit form- und fristlos ohne Angabe von Gründen kündigen, wenn nicht durch Vertrag etwas anderes bestimmt ist (BGHZ 54/107).

Abs. 4 ist voll anzuwenden auf die Gebühren für das außergerichtliche Rechtsbehelfsverfahren und für das Vollstreckungsverfahren. Bei den Wertgebühren und bei den Betragsrahmengebühren wird der StB in dem vorgegebenen Rahmen aber doch berücksichtigen müssen, daß er nicht die volle Leistung erbracht hat, auch wenn ihm an sich die volle Gebühr zusteht.

Beispiel:

F   A gibt dem StB den Auftrag, gegen den ESt-Bescheid Einspruch einzulegen, weil die Minus-Einkünfte aus Vermietung und Verpachtung nicht berücksichtigt sind. Der StB legt auftragsgemäß Einspruch ein mit der Ankündigung, die Begründung nachzureichen. Bevor es dazu kommt, erhält A einen geänderten Steuerbescheid, in dem seinem Begehren voll entsprochen ist. Die Gebühr nach § 41 fällt trotz der vorzeitigen Erledigung voll an. Allerdings wird die Gebühr je nach dem Umfang der inzwischen geleisteten Arbeit ggf. in der unteren Hälfte des Rahmens anzusiedeln sein.

Bei fristloser, außerordentlicher Kündigung eines Dienstvertrags führt die Berücksichtigung des § 628 BGB zu folgenden Ergebnissen:

– Vom StB zu vertretende Kündigung

Kündigt der StB ohne durch vertragswidriges Verhalten des Mandanten dazu veranlaßt zu sein

oder

kündigt der Mandant wegen Verschuldens des StB (z. B. grob fahrlässige Fristversäumnisse),

so hat der StB keinen Anspruch auf die verdienten Gebühren, wenn seine bisherigen Leistungen infolge der Kündigung für den Mandanten wertlos werden. Der StB ist u. U. außerdem zum Ersatz des durch die Kündigung entstandenen Schadens verpflichtet.

– Vom Mandanten zu vertretende Kündigung

Kündigt der StB wegen Verschuldens des Mandanten oder kündigt der Mandant ohne Anlaß, so bekommt der StB seine Gebühren auch dann, wenn die Leistungen für den Mandanten durch die Kündigung wertlos geworden sind, z. B. weil er einen anderen Berater damit beauftragt hat. Der StB hat darüber hinaus noch einen Schadenersatzanspruch in Höhe des entgangenen Gewinns für die Dauer des Dienstvertrags (bis zur nächstmöglichen Kündigung). Er bekommt also u.U. sogar Gebühren für Tätigkeiten, die er nicht ausgeübt hat. Vgl. Sengelmann, StB 1986 S. 173, 175.

Die Regelung des Abs. 4 darf nicht durch eine für den StB ungünstigere Vereinbarung abbedungen werden.

8. Absatz 5 – Erneute Beauftragung

Abs. 5 bestimmt, daß der StB, bei dem **zunächst** für **Einzeltätigkeiten** (z. B. für die Erteilung eines Rats) Gebühren angefallen sind, sich diese anrechnen lassen muß, wenn er in der gleichen Angelegenheit weiter tätig wird. Er darf also nicht mehr fordern, als wenn er von vornherein mit der Erledigung der gesamten Angelegenheit beauftragt worden wäre. Zum nochmaligen Rat in dergleichen Angelegenheit siehe Anm. 4 zu § 21.

Ist der frühere Auftrag seit mehr als zwei Kalenderjahren erledigt, so gilt eine weitere Tätigkeit auf Grund eines neuen Auftrags als neue Angelegenheit (Abs. S. 2). Siehe amtliche Begründung sowie OLG Karlsruhe v. 25. 8. 97, AnwBl 98 S. 217.

9. Abs. 6 – Einzelne Handlungen

Fälle, die unter Abs. 6 fallen könnten, kommen in der Praxis kaum vor.

§ 13 Zeitgebühr

Die Zeitgebühr ist zu berechnen

1. in den Fällen, in denen diese Verordnung dies vorsieht,
2. wenn keine genügenden Anhaltspunkte für eine Schätzung des Gegenstandswerts vorliegen; dies gilt nicht für Tätigkeiten nach § 23 sowie für die Vertretung im außergerichtlichen Rechtsbehelfsverfahren (§§ 40 bis 43), im Verwaltungsvollstreckungsverfahren (§ 44) und in gerichtlichen und anderen Verfahren (§§ 45,46).

Sie beträgt 37,50 bis 90 Deutsche Mark je angefangene halbe Stunde.

Anmerkungsübersicht:
1. Allgemeines
2. Anwendungsbereich
3. Anwendungsfälle
4. Auffangstreitwert
5. Höhe der Gebühr
6. Bestimmung des Satzes
7. Zu berechnende Zeit
8. Arbeitsaufzeichnungen

Anmerkungen zu § 13:

1. Allgemeines

Im Gegensatz zur BRAGO sieht die StBGebV für bestimmte Angelegenheiten statt der Wertgebühr, die die Regel ist, die Zeitgebühr vor. Diese hat den Vorteil, daß die Abrechnung einfacher ist als bei der Wertgebühr, bei der jeweils erst der Gegenstandswert und der Zehntel-Satz zu ermitteln ist.

Der Halb-Stundensatz wurde mit Wirkung ab dem 28. August 1998 erhöht auf 37,50 – 90 DM.

2. Anwendungsbereich

Die StBGebV beschränkt die Anwendung der Zeitgebühr bewußt auf die Fälle,
– in denen sie die Berechnung der Zeitgebühr ausdrücklich vorsieht,
– in denen ein Gegenstandswert nicht geschätzt werden kann. Tätigkeiten nach §§ 23, 40 bis 46 StBGebV schließen die Zeitgebühr in jedem Fall aus.

Darüber hinaus darf die Zeitgebühr nicht angesetzt werden, auch nicht in den Fällen, in denen die Wertgebühr nicht kostendeckend ist (vgl. Heinrich, StB 1989, 121). Der eindeutige Wortlaut des § 1 läßt es nicht zu, anstelle einer vorgesehenen Wertgebühr mit dem Mandanten die Zeitgebühr zu vereinbaren. Nach der amtlichen Begründung „darf der StB die Zeitgebühr nur noch anwenden", wenn dies in § 13 vorgesehen ist. Im Streitfall ist zu begründen, wieso der Gegenstandswert nicht festgesetzt werden kann, da das Fehlen von Anhaltspunkten für den Gegenstandswert die Ausnahme ist (Ri aLG Wimmer in DStR 11/96 S. 440).

3. Anwendungsfälle

Bei den Tätigkeiten, für die diese Gebührenverordnung eine Abrechnung nach der Zeitgebühr vorsieht, handelt es sich um

- die Anfertigung von Erklärungen zur Feststellung des Einheitswerts von Grundstückken oder von Mineralgewinnungsrechten (§ 24 Abs. 4 Nr. 1),
- die Arbeiten zur Feststellung des verrechenbaren Verlustes gemäß § 15aEStG (§ 24 Abs. 4 Nr. 2),
- die über das übliche Maß hinausgehenden Vorarbeiten bei der Ermittlung des Überschusses der Betriebseinnahmen über die Betriebsausgaben (§ 25 Abs. 2),
- die Prüfung von Steuerbescheiden (§ 28),
- die Teilnahme an Prüfungen (§ 29 Nr. 1),
- die Einrichtung von Buchführungen (§ 32),
- sonstige Tätigkeiten bei der Buchführung (§ 33 Abs. 7),
- sonstige Tätigkeiten bei der Lohnbuchführung (§ 34 Abs. 5),
- Abschlußvorarbeiten (§ 35 Abs. 3),
- Tätigkeiten im steuerlichen Revisionswesen (§ 36 Abs. 2 Nr. 2) und
- die Erteilung von steuerlichen Bescheinigungen (§ 38).

4. Auffangstreitwert 8 000 DM?

Bei den Tätigkeiten nach § 23 sowie §§ 40-46 ist der Ansatz der Zeitgebühr auch dann ausgeschlossen, wenn der Gegenstandswert nicht geschätzt werden kann. Ob in diesen Fällen auf den Auffangstreitwert des § 8 Abs. 2 BRAGO zurückgegriffen werden kann oder muß, ist offen. Verneint man diese Frage, dann erhebt sich allerdings das Problem, was dann gemacht werden soll. Da aber der Auffangstreitwert i.d.R. zu niedrig ist, muß der Gegenstandswert frei geschätzt werden (vgl. § 3 ZPO).

5. Höhe der Gebühr

Die vorgesehene Zeitgebühr ist im Hinblick auf die heutige Kostensituation und die Stundensätze, die derzeit von anderen vergleichbaren freien Berufen (z. B. Unternehmensberater, WP) in Rechnung gestellt werden müssen, auch nach der Erhöhung zum 28. Aug. 1998 **unzureichend.** Bei der Bemessung der Zeitgebühr ist nicht zu übersehen, daß den StB ein nicht unbedeutendes Haftungsrisiko trifft, das schließlich mit einzukalkulieren wäre.

6. Bestimmung des Satzes

Für die Bestimmung der im Einzelfall anzusetzenden Zeitgebühr innerhalb des vorgegebenen Rahmens von 37,50 – 90,— DM je angefangene halbe Stunde ist § 11 zu beachten. Danach sind insbesondere zu berücksichtigen: Bedeutung, Umfang und Schwierigkeitsgrad. Da der Umfang der Tätigkeit bereits im Zeitansatz zum Ausdruck kommt, bleiben nur **Bedeutung und Schwierigkeit.**

Eine Vorschrift, wonach darauf abzustellen ist, **wer die Tätigkeit ausgeführt hat,** der Berufsträger selbst oder ein weniger qualifizierter Gehilfe, findet sich – im Gegensatz zur amtlichen Begründung – in der StBGebV nicht. Freilich wird i.d.R. der Gehilfe die einfacheren Arbeiten erledigen und der StB selbst die schwierigeren. Entscheidend kann aber immer nur die Tätigkeit selbst sein.

Die StBGebV gibt auch keinen Anhalt dafür, daß ein niedrigerer Rahmensatz zu wählen ist, wenn die Tätigkeit **keine vollen 30 Minuten** in Anspruch genommen hat. Die VO spricht ausdrücklich von „angefangener" halben Stunde.

7. Zu berechnende Zeit

Die berechnete Zeit muß für die bestimmte Angelegenheit verwendet worden sein. Allgemeine Bürotätigkeit (z. B. Umorganisation der Aktenablage) wird auch nicht anteilmäßig zugerechnet. Bei der Beschaffung und dem Studium von aus dem Rahmen fallender Literatur (einschließlich steuerliches Schrifttum), die (zunächst) nur für einen ganz bestimmten Einzelfall Verwendung findet, wird dagegen die Zurechnung regelmäßig zu erfolgen haben. Die Zeit, die notwendig ist, um sich auf dem laufenden zu halten, trifft keinen Einzelfall.

Werden in der gleichen Angelegenheit der **StB und einer seiner Mitarbeiter nebeneinander** tätig (z. B. bei einer Schlußbesprechung nach einer Außenprüfung), so ist die Zeitgebühr aus beiden Zeiten zu berechnen, wenn die Zuziehung des Mitarbeiters vom Mandanten gewünscht wird oder vom StB als sachgerecht empfunden wird, z. B. weil der Mitarbeiter die Buchführung und die sonstigen Verhältnisse besonders gut kennt oder auch nur, um dem FA bei einer Besprechung in gleicher Stärke gegenübertreten zu können.

Ob bei nach der Zeit honorierten Arbeiten die **Reisezeit** voll als Arbeitszeit gerechnet darf (so Eckert-Böttcher, S. 215) ist kaum zweifelhaft. Auch bei der Entschädigung eines gerichtlichen Sachverständigen rechnet die (gesamte) Zeit der Abwesenheit infolge ihrer Heranziehung (§ 4 ZSEG).

Die Arbeitszeit der **Schreibkraft** für eine die zeithonorierte Täigkeit ergänzende Schreibleistung (z. B. schriftlicher Bericht über die Prüfung eines Steuerbescheids) ist nicht gesondert anzusetzen, sondern läßt sich bei der Wahl eines höheren Rahmensatzes berücksichtigen. Dennoch ist diese Auslegung keineswegs zwingend; sie läßt sich aus dem Wortlaut der GebV nicht herleiten. Außerdem ist sie praxisfremd. Keinem Handwerker würde es einfallen, Gehilfenstunden für eine sein Werk abschließende Arbeit nicht anzusetzen. Es erscheint durchaus vertretbar, sie **gesondert** zu **berechnen.**

In die anzusetzende Zeit sind auch **Botenfahrten** einzubeziehen, die vom Mandanten angeregt wurden oder sich aus der Natur der Sache ergeben (z. B. besondere Eilbedürftigkeit) und vom StB selbst oder von einem seiner Angestellten ausgeführt werden. Daneben sind die Kosten des Pkw etc. als Aufwendungen nach § 670 BGB zu berechnen. Eine andere, auch vertretbare Lösung wäre, den Auftrag zur Botenfahrt als gesonderten Auftrag zu behandeln, der dann außerhalb der StBGebV abzurechnen wäre.

Die Gebührenregelung „je angefangene halbe Stunde" kann nicht so ausgelegt werden, daß eine zeithonorierte Tätigkeit in mehreren Abschnitten ausgeführt werden kann, um dann jeweils eine „angefangene" halbe Stunde nachweisen zu können. Maßgebend kann sinnvollerweise nur die gesamte auf eine Angelegenheit verwendete Zeit sein.

8. Arbeitsaufzeichnungen

Um eine ordnungsgemäße Abrechnung vornehmen zu können, sind jedenfalls bei zeithonorierten Arbeiten – getrennt nach den einzelnen Angelegenheiten – Aufzeichnungen über den Zeitaufwand erforderlich, denen im Falle des Rechtsstreits eine ganz besondere Bedeutung zukommt, weil der StB beweispflichtig ist. „Eine Zeitgebühr erfordert konkrete Angaben über die Art der erbrachten Leistungen und den jeweiligen Zeitaufwand" (OLG Düsseldorf, Urt. v. 13. 10. 94 – 13 U 211/93 – Gi 1996 S. 94).

§ 14 Pauschalvergütung

(1) Für einzelne oder mehrere für denselben Auftraggeber laufend auszuführende Tätigkeiten kann der Steuerberater eine Pauschalvergütung vereinbaren. Die Vereinbarung ist schriftlich und für einen Zeitraum von mindestens einem Jahr zu treffen. In der Vereinbarung sind die vom Steuerberater zu übernehmenden Tätigkeiten und die Zeiträume, für die sie geleistet werden, im einzelnen aufzuführen.

(2) Die Vereinbarung einer Pauschalvergütung ist ausgeschlossen für

1. die Anfertigung nicht mindestens jährlich wiederkehrender Steuererklärungen;

2. die Ausarbeitung von schriftlichen Gutachten (§ 22);

3. die in § 23 genannten Tätigkeiten;

4. die Teilnahme an Prüfungen (§ 29);

5. die Beratung und Vertretung in außergerichtlichen Rechtsbehelfsverfahren (§§ 40 bis 43), im Verwaltungsvollstreckungsverfahren (§ 44) und in gerichtlichen und anderen Verfahren (§ 45).

(3) Der Gebührenanteil der Pauschalvergütung muß in einem angemessenen Verhältnis zur Leistung des Steuerberaters stehen.

Anmerkungsübersicht:

1. Allgemeines

2. Pauschalvereinbarung mit Vereinen

3. Abs. 2 – Ausgeschlossene Tätigkeiten

4. Formale Erfordernisse

5. Abs. 3 – Angemessenheit

6. Beendigung des Vertrags

7. Behandlung des Auslagenersatzes

Anmerkungen zu § 14:

1. Allgemeines

§ 14 ist in etwa § 53 der Richtlinien für die Ausübung des Anwaltberufs nachgebildet.

In der Praxis besteht ein Bedürfnis zur Erleichterung des Abrechnungsverfahrens für wiederkehrende Tätigkeiten. Die **Voraussetzungen** hierfür sind in Abs. 1 im einzelnen aufgeführt. Danach muß

– es sich um laufend auszuführende Tätigkeiten für den gleichen Mandanten handeln (Anm. 3),

– die Vereinbarung schriftlich und für einen Zeitraum von mindestens 12 Monaten getroffen werden und

– der Umfang der zu übernehmenden Tätigkeiten in der Vereinbarung im einzelnen aufgeführt sein.

Der Anspruch auf Zahlung der Pauschalvergütung ist nicht davon abhängig, in welchem Umfang der Mandant die bereitgehaltenen Dienste des StB in Anspruch nimmt (LG Mchn., DStR 1971 S. 66). Es ist Sinn und Eigenart der Pauschalvereinbarung, unabhängig von den tatsächlich anfallenden Einzelleistungen zur Erleichterung des Abrechnungsverfahrens eine vorher vereinbarte Pauschalgebühr in Rechnung zu stellen.

Dazu Lehwald, StB 1982 S. 81.

2. Pauschalvereinbarung mit Vereinen

Nach Abs. 1 S. 1 kann die Pauschalvereinbarung nur für Tätigkeiten „für denselben Auftraggeber" getroffen werden. Dem StB ist es also verboten, mit einem Verein oder dergl. eine Pauschalvereinbarung dahingehend zu treffen, daß er für das Honorar die Mitglieder des Vereins etc. berät. Für den RA läßt aber § 53 Abs. 3 der Standesrichtlinien eine solche Vereinbarung zu. Er lautet:

„Handelt es sich bei dem Auftraggeber um einen Verband oder Verein, so darf auch für die Beratung der Mitglieder dieser Organisation eine Pauschalvergütung vereinbart werden, soweit sich die Beratung auf Fragen des Fachgebiets der Organisation bezieht."

Es sollte deshalb auch dem StB erlaubt sein, die Mitglieder einer solchen Organisation im Rahmen der branchentypischen Fragen zu beraten.

3. Absatz 2 – Ausgeschlossene Tätigkeiten

Die Pauschalvereinbarung ist nach Abs. 2 für bestimmte Tätigkeiten ausgeschlossen.

Zu den **nicht** pauschalierungsfähigen Steuererklärungen gehören insbesondere
- ErbSt- und Schenkungsteuererklärung,
- Kapitalverkehrsteuererklärungen,
- Erklärung für die Feststellung von Einheitswerten des Grundvermögens, der Land- und Forstwirtschaft und für Mineralgewinnungsrechte.

Für die Frage, ob eine **mindestens jährlich wiederkehrende Steuererklärung** gegeben ist, ist nach z.T. vertretenen Meinungen nicht entscheidend, ob die Erklärung tatsächlich jährlich abgegeben wird, sondern ob pflichtgemäß mindestens jährlich eine Ermittlung der Besteuerungsgrundlagen vorzunehmen ist, die zu einer Steuererklärung (ggf. auch Neu- oder Nachveranlagung) führt oder führen kann. Pauschalierungsfähig ist danach z. B. auch die Fertigung der Vermögensaufstellung zur Ermittlung des Einheitswerts des Betriebsvermögens (Lehwald, StB 1982 S. 81). Mit dem Wortlaut der Bestimmung ist dies aber kaum in Einklang zu bringen. Die Prüfung der Frage, ob im Einzelfall eine Steuererklärung abzugeben ist, ist eben nicht identisch mit der Steuererklärung, die (jährlich) zu erstellen ist.

4. Formale Erfordernisse

Die Pauschalvereinbarung muß **schriftlich** getroffen werden. Es gilt nicht das Verbot des § 4, den Vertrag auf ein Formular zu setzen, das auch andere Erklärungen enthält. Pauschalvereinbarung und Steuerberatungsvertrag dürfen deshalb in einem Vordruck vereinigt sein.

Die Mindestlaufzeit von einem **Jahr** bedeutet, daß jeder beliebige Zeitraum von mindestens 12 Monaten gewählt werden kann, z.B. auch ein Wirtschaftsjahr. Längere Zeiträume können nach Monaten bemessen werden.

Bei der **Aufführung der pauschalierten Tätigkeiten** sollte zur Vermeidung späterer Meinungsverschiedenheiten möglichst sorgfältig verfahren werden. Gerade im Hinblick auf die Beendigung der Tätigkeit sollte klargestellt sein, mit welchen Arbeiten die Pauschalierung ausläuft.

Die Angabe der Pauschalvergütung in einem **Betrag** genügt. Es ist nicht erforderlich, die auf die einzelnen Tätigkeiten entfallenden Gebühren auszuweisen. Um jedoch eine geeignete Ausgangsbasis für künftige Verhandlungen über die Erhöhung der Pauschalvergütung zu schaffen, sollten Gebühren und Auslagenersatz gesondert aufgeführt werden und möglichst auch die Bemessungsgrundlagen für die Errechnung der einzelnen Gebührenteile, mindestens in den Handakten des StB.

Andererseits ist der Betrag ein wesentlicher Bestandteil der Pauschalvereinbarung. Das Hamburgische Oberverwaltungsgericht hat in seinem Urteil vom 25. Juli 1989 die Verwendung „hauseigener" Gebührentabellen im Rahmen des § 14 StBGebV als „Pauschalgebühren" für zulässig erklärt.

Es ist nicht erforderlich, aber zweckmäßig, die Pauschalvereinbarung vorab zu treffen.

Die **Einforderung** der Pauschalvergütung richtet sich nach der getroffenen Vereinbarung. Üblich sind Monats- oder Vierteljahreszahlungen. Wegen der Frage, ob § 9(Berechnung) zu beachten ist, siehe Anm. 8 zu § 9. Es würde § 14 auch entsprechen, wenn die Vereinbarung vorsieht, daß der Mandant eine pauschale Monatsvergütung per Dauerauftrag durch seine Bank überweisen läßt. Aus umsatzsteuerlichen Gründen ist aber die Erteilung einer Rechnung erforderlich, damit der Mandant in den Genuß des Vorsteuerabzugs kommt.

Bei nichtiger Pauschalvereinbarung verbleibt dem StB der Anspruch auf die übliche Vergütung nach § 612 Abs. 2 BGB (OLG Düss. v. 21. 4. 94, Gerling-Inf. S. 351).

5. Absatz 3 – Angemessenheit

Bei der Pauschalvereinbarung handelt es sich lediglich um eine Vereinfachungsregelung, **nicht** aber um eine Maßnahme zur **Gewährung eines Gebührennachlasses.** Aus diesem Grund verlangt Abs. 3, daß auch die Pauschalvergütung in einem angemessenen Verhältnis zur Leistung des StB stehen muß. Einen Anhalt für die Bemessung der Pauschalvergütung gibt die StBGebV sonst nicht. Die Höhe der Pauschalvergütung kann sich deshalb nur nach der Summe der Gebühren richten, die für die einzelnen, voraussichtlich zu erbringenden Leistungen anzusetzen wären.

Die Ermittlung der Bemessungsgrundlagen wird anhand der Zahlen des Vorjahres und der voraussichtlichen künftigen Entwicklung zu erfolgen haben.

Der Mandant kann die Herabsetzung der Pauschalvergütung durch das Zivilgericht verlangen, wenn sie das Angemessenheitsgebot des Abs. 3 nicht einhält (ebenso Scholz, RWPr SG 4.1 S. 1/37). Dabei dürfte § 4 Abs. 2 anwendbar sein. § 315 Abs. 3 BGB hilft hier nicht, weil die Höhe der Vergütung nicht einseitig durch den StB bestimmt, sondern von beiden Vertragspartnern ausgehandelt wurde.

Entfällt die Pauschalvergütung wegen Nichtigkeitserklärung nach Klage oder dergl., bleibt aber das Mandatsverhältnis im übrigen bestehen, so gilt die übliche Vergütung als geschuldet (§§ 612, 632 BGB), d.h. daß die allgemeinen Vorschriften der StBGebV anzuwenden sind.

Das Verlangen der Angemessenheit gilt nicht nur für den Zeitpunkt des Abschlusses der Vereinbarung, sondern auch für die Folgezeit. Daraus folgt, daß die Vereinbarung eine zeitgerechte Anpassung an veränderte Verhältnisse vorsehen und daß die Anpassung auch tatsächlich erfolgen muß.

Die Pauschalvergütung kann auch hier über der Summe der Einzelvergütungen liegen; eine Kombination von § 14 und § 4 ist möglich. Es müssen dann aber beide Formvorschriften beachtet werden.

GebV

6. Beendigung des Vertrags

Dem StB steht das Pauschalhonorar bis zur Beendigung des Beratungsvertrags zu, ohne daß er verpflichtet wäre, nach Beendigung des Vertragsverhältnisses noch Leistungen zu erbringen, die das Vertragverhältnis während der Vertragszeit betreffen (OLG Celle v. 8. 4. 1987, StB S. 241).

7. Behandlung des Auslagenersatzes

Der StB kann gemäß § 14 eine Pauschalvergütung vereinbaren. Da der Begriff „Vergütung" auch den Auslagenersatz umfaßt, können neben der Pauschalvergütung keine Auslagen in Rechnung gestellt werden. Sollen die Auslagen gesondert berechnet werden (z. B. weil sie wenig vorhersehbar sind), so muß statt der Pauschalvergütung eine Pauschalgebühr vereinbart werden. Eine derartige Vereinbarung sieht zwar § 14 nicht förmlich vor. Aus Sinn und Zweck dieser Vorschrift ist aber kein Grund zu erkennen, der gegen eine solche Vereinbarung sprechen würde (ebenso Scholz, RWPr SG 4.1 S. 1/37). Ist das Mehr gestattet, so erst recht das Weniger. Es erscheint in jedem Falle empfehlenswert, bei der zu vereinbarenden „Vergütung" den Pauschalbetrag in „Gebühren" und „Auslagenersatz" aufzuteilen.

Ist die Vereinbarung über die Pauschalvergütung rechtswirksam erfolgt, so kann der StB eine zusätzliche Gebühr oder zusätzliche Auslagen auch dann nicht berechnen, wenn der Aufwand unerwartet groß war. Die Änderung der Vereinbarung richtet sich nach den bürgerlich-rechtlichen Vorschriften.

Dritter Abschnitt
Umsatzsteuer, Ersatz von Auslagen

Anmerkung vor §§ 15-20:

Der dritte Abschnitt umfaßt 6 §§:

Nach § 675 BGB gilt u.a. § 670 BGB für den Dienstvertrag und für den Werkvertrag entsprechend, wenn sie eine Geschäftsbesorgung zum Gegenstand haben, wie das beim Steuerberatungsvertrag der Fall ist (siehe Anm. 9 zu § 1).

§ 670 BGB lautet:

„Macht der Beauftragte zum Zwecke der Ausführung des Auftrags Aufwendungen, die er den Umständen nach für erforderlich halten darf, so ist der Auftraggeber zum Ersatze verpflichtet."

Zur Erstattung von Auslagen, die in den §§ 16 – 18 nicht aufgeführt sind, siehe Anm. 4 zu § 3.

In §§ 15-20 sind die Auslagen, die gesondert berechnet werden, nicht abschließend aufgezählt (s. Anm. 3 zu § 3). Neben der Pauschalvergütung dürfen Auslagen nicht zusätzlich angesetzt werden (s. Anm. 7 zu § 14).

§ 15 Umsatzsteuer

Der Vergütung ist die Umsatzsteuer hinzuzurechnen, die nach § 12 des Umsatzsteuergesetzes auf die Tätigkeit entfällt. Dies gilt nicht, wenn die Umsatzsteuer nach § 19 Abs. 1 des Umsatzsteuergesetzes unerhoben bleibt.

Anmerkungsübersicht:

1. Allgemeines
2. Geringer Umsatz
3. Erstattung beim Obsiegen im gerichtlichen Verfahren
4. Behandlung der USt beim Auftraggeber

Anmerkungen zu § 15:

1. Allgemeines

§ 15 gesteht dem StB – ebenso wie § 25 Abs. 2 BRAGO dem RA – einen Anspruch auf Erhalt der USt zusätzlich zur Gebühr und zum Auslagenersatz zu. Dieser Anspruch zählt begrifflich nicht zum Auslagenersatz.

Bei der zusätzlich in Rechnung gestellten USt handelt es sich – wie bei jedem anderen Unternehmer i.S.d. UStG – um einen gesonderten Steuerausweis in der Rechnung nach § 14 Abs. 1 UStG, der den Mandanten bei Vorliegen der übrigen Voraussetzungen zum Vorsteuerabzug nach § 15 UStG berechtigt.

Vertraglich vereinbarte Gebühren sind nicht ohne weiteres Nettobeträge, sondern – jedenfalls nach Auffassung des OLG Karlsruhe (Urteil v. 17. 11. 1978, DB 1979 S. 447) – im Zweifel Brutto-Beträge (einschließlich USt). Es ist daher zu empfehlen, jeweils klar festzulegen, daß die USt zusätzlich anfällt.

2. Geringer Umsatz

Nach § 19 Abs. 1 UStG wird die USt nicht erhoben, wenn der Umsatz (zuzüglich der darauf entfallenden USt) im vorangegangenen Kalenderjahr 32 500 DM nicht überstiegen hat und im laufenden Kalenderjahr 100 000 DM voraussichtlich nicht übersteigen wird. Für StB, die unter diese Regelung fallen, sieht die StBGebV keine Sonderregelung vor. Sie sind also nicht befugt und auch nicht verpflichtet, einen

Ausgleichsbetrag in Höhe der USt zu berechnen. Erklärt der StB aber gegenüber dem FA, daß er auf die Anwendung des § 19 Abs. 1 UStG verzichtet und seine Umsätze der Regelbesteuerung unterwerfen will, so muß er seinen Mandanten die (volle) USt in Rechnung stellen.

3. Erstattung beim Obsiegen im gerichtlichen Verfahren

Die USt, die auf die Vergütung des Prozeßbevollmächtigten entfällt, ist unabhängig davon zu erstatten, ob die unterliegende Partei (z. B. FA) sie gemäß § 15 UStG als Vorsteuer abziehen kann oder nicht (BFH-Beschluß vom 3. 2. 1970, BStBl II S. 434). Diese USt gehört gemäß § 139 FGO zu den Verfahrenskosten.

Im Gegensatz dazu hat das OLG Hamm mit Beschluß v. 18. 2. 91 – 23 W 52/91 – (LEX inform aktuell Nr. 14/1991) entschieden, daß die auf die Vergütung eines RA entfallende MWSt jedenfalls dann nicht erstattungsfähig sei, wenn die erstattungsberechtigte Partei zugesteht, daß sie vorsteuerabzugsberechtigt ist. Das OLG stützt sich dabei auf eine geänderte Rechtsprechung des BFH (Rechtspfleger 90, 477), der sich eine Reihe von OLG inzwischen angeschlossen haben.

4. Behandlung der Umsatzsteuer beim Auftraggeber

Der Auftraggeber kann das Honorar des StB für Tätigkeiten im persönlichen Bereich als Sonderausgaben und Honorar für Tätigkeiten im Bereich der Einkünfte als Betriebsausgaben bzw. als Werbungskosten absetzen. Wird das Honorar als Betriebsausgabe abgezogen, so ist die in der Rechnung ausgewiesene USt i.d.R. als Vorsteuer abziehbar. Wird das in einer gemeinsamen Rechnung aufgeführte Honorar teils als Betriebsausgaben und teils als Sonderausgaben behandelt, so schadet das für den anteilmäßigen Abzug der Vorsteuer nicht; es sind keine zwei Rechnungen erforderlich (StWK 12/87 Gr. 1 S. 1622).

§ 16 Entgelte für Post- und Telekommunikationsdienstleistungen

Der Steuerberater hat Anspruch auf Ersatz der bei der Ausführung des Auftrags für Post- und Telekommunikationsdienstleistungen zu zahlenden Entgelte. Er kann nach seiner Wahl anstelle der tatsächlich entstandenen Kosten einen Pauschsatz fordern, der 15 vom Hundert, der sich nach dieser Verordnung ergebenden Gebühren beträgt, in derselben Angelegenheit jedoch höchstens 40 Deutsche Mark, in Strafsachen und Bußgeldverfahren höchstens 30 Deutsche Mark.

Anmerkungsübersicht:
1. Allgemeines
2. Anspruch – Berechnungspflicht
3. Post- und Fernmeldegebühren
4. Pauschsatz

Anmerkung zu § 16:
1. Allgemeines
§ 16 ist § 26 BRAGO nachgebildet. Der StB hat nach seiner Wahl entweder

– die tatsächlich entstandenen Kosten oder

– einen Pauschsatz von 15% der Gebühren in Rechnung zu stellen.

Das Wahlrecht kann von Angelegenheit zu Angelegenheit unterschiedlich ausgeübt werden, auch wenn diese Angelegenheiten einem einheitlichen Auftrag zuzuordnen sind und in der gleichen Gebührenberechnung (Liquidation) ausgewiesen werden.

2. Anspruch – Berechnungspflicht

Die Worte „hat Anspruch auf" deuten an sich darauf hin, daß der StB auf den Ersatz seiner Auslagen auch verzichten könne. Dem ist aber nicht so. Der Verzicht hätte nämlich zur Folge, daß diese Auslagen dann aus den berechneten Gebühren zu tragen wären, also eine Kürzung der Gebühren vorgenommen würde. Der StB muß also mindestens die tatsächlich entstandenen Kosten berechnen (s. Anm. 5 zu § 3).

Der Ansatz des Pauschsatzes ist andererseits nur zulässig, wenn überhaupt solche Kosten entstanden sind. Vgl. BGH v. 14. 7. 1971, NJW S. 1845 zu § 26 BRAGO sowie Heinrich im StB-Handbuch 1985, Stollfuß-Verlag, S. 129.

Dabei muß die Höhe des Pauschsatzes nicht – auch nicht annähernd – erreicht sein.

Beispiel:

Der StB erteilt seinem Mandanten in seiner Kanzlei einen steuerlichen Rat. Post- und Fernmeldegebühren fallen nicht an, auch nicht für die Gebührenberechnung, weil diese persönlich übergeben wurde. Ein Ansatz ist deshalb nicht zulässig.

3. Entgelte für Post- und Telekommunikationsdienstleistungen

Die Privatisierung der bisherigen Deutschen Bundespost und jetzigen Deutschen Post AG schuf nunmehr privatrechtliche Rechtsbeziehungen zwischen den Unternehmen der Post und ihren Kunden.

Entgelte für Postdienstleistungen sind insbesondere die Entgelte für die Beförderung von Briefen, Postkarten, Paketen und Warensendungen einschließlich der zusätzlichen Gebühren für Eilzustellung, der Wertgebühr, der Einschreibegebühr und der Rückscheingebühr.

Entgelte für Telekommunikationsdienstleistungen sind die Gebühren für Ferngespräche (ausgenommen Grundgebühr für den Anschluß), für Telegramme und Fernschreiber.

Der Ersatzanspruch beschränkt sich auf **die speziell für den Mandanten aufgewendeten Kosten.** Die Telefongrundgebühr und die Kosten für die Telefonanlage dürfen deshalb z.B. nicht anteilig auf die Mandanten umgelegt werden. Die Kosten für die Übermittlung eines Briefs durch einen Boten zählen nicht zu § 16, sondern zu den sonstigen Aufwendungen, die nach § 670 BGB zu erstatten sind (Anm. 4 zu § 3).

4. Pauschsatz

Der StB kann anstelle der tatsächlich entstandenen Entgelte für Post- und Telekommunikationsdienstleistungen einen **Pauschsatz** fordern, der **15 v. H. der** nach der StBGebV zu berechnenden **Gebühr, höchstens aber 40 bzw. 30 DM** je Angelegenheit beträgt. Zum Begriff „Angelegenheit" siehe Anmerkung 2 zu § 12. Die Gebühren können also je Auftrag bzw. in einer Gebührenberechnung (§ 9) ein Vielfaches von 40 DM ausmachen.

Beispiel einer exakten Gebührenberechnung:
Vgl. hierzu Anm. 6 zu § 9.

ESt-Erklärung 1998

§ 24I 1 StBGebV, A, Wert 100 TDM, 3/10	637,50 DM
Überschußermittlung	
nichtselbständige Arbeit	
§ 27 StBGebV, A, Wert 40 TDM, 6/20	379,50 DM
Verm u. Verp. Garmischer Str. 6	
§ 27 StBGebV, A, Wert 20 TDM, 6/20	283,50 DM
Verm. u. Verp. Zugspitzstr. 2	
§ 27 StBGebV, A, Wert 40 TDM, 4/20	253,— DM
	1 553,50 DM
Post- und Fernmeldegebühren	
Pauschsatz 15% aus 1 553,50 DM, höchstens 40,— DM	40,— DM
	1 593,50 DM

Die Erstellung der ESt-Erklärung umfaßt die Anlagen KSO, N, V u. ä. als eine Angelegenheit. Die Auslagen**pauschale ist daher nur einmal möglich.**

Die Frage, ob der StB statt des Pauschsatzes von 15% auch einen **niedrigeren Vomhundertsatz** berechnen darf, wird teilweise verneint. Der StB muß bei Einzelnachweis bedenken, daß er im Gebührenrechtsstreit beweispflichtig ist. Diese Beweispflicht entfällt, wenn er den vorgesehenen Pauschsatz von 15% berechnet.

Die Berechnung des Pauschsatzes erfolgt mit 15%, höchstens 40,—/30,— DM, „der sich nach dieser VO ergebenden Gebühren". Wird eine gesondert vereinbarte höhere Vergütung (§ 4) in Rechnung gestellt, so wird also der Pauschsatz aus den sich nach den Regeln der VO ergebenden Beträgen zu berechnen sein.

Nach Meinung des BGH (Beschl. v. 14. 7. 71 – NJW 1971, 1845) beruht das dem Anwalt gewährte Recht der Wahl des pauschalen Ersatzes der Postgebühren auf der Erwägung, daß er auf diesem Wege nach dem Durchschnitt der Fälle seine tatsächlichen Auslagen erstattet erhält, ohne sie in jeder Sache einzeln nachweisen zu müssen. Die Entscheidung erging zu § 26 BRAGO, der mit § 16 StBGebV wörtlich übereinstimmt.

§ 17 Schreibauslagen

(1) Der Steuerberater hat Anspruch auf Ersatz der Schreibauslagen für Abschriften und Ablichtungen

1. **aus Behörden- und Gerichtsakten, soweit deren Herstellung zur sachgemäßen Bearbeitung der Angelegenheit geboten war,**

2. **für die Unterrichtung von mehr als drei Beteiligten aufgrund einer Rechtsvorschrift oder nach Aufforderung einer Behörde und**

3. **im übrigen nur, wenn sie im Einverständnis mit dem Auftraggeber zusätzlich, auch zur Unterrichtung Dritter, angefertigt worden sind.**

(2) Die Höhe der Schreibauslagen in derselben Angelegenheit und in gerichtlichen Verfahren in demselben Rechtszug bemißt sich nach dem für die gerichtlichen Schreibauslagen im Gerichtskostengesetz bestimmten Beträgen.

Anmerkung zu § 17:
1. Allgemeines
Die Regelung entspricht § 27 BRAGO. Trotz der Worte „hat Anspruch" besteht Berechnungspflicht (s. Anm. 2 zu § 16). In Abs. 2 wurden mit Wirkung ab dem 1. 7. 1988 durch die 1. VO zur Änderung der StBGebV die Worte „... in derselben Angelegenheit und in gerichtlichen Verfahren in demselben Rechtszug ..." eingefügt. Die geänderte Fassung berücksichtigt die Änderung des GKG und der BRAGO.
Aufwendungen für allgemeine **Schreibarbeiten** sind mit den Gebühren abgegolten (§ 3 Abs. 2). Bei Schreibarbeiten, die sich einer bestimmten Angelegenheit zuordnen lassen, kommt es darauf an, ob für die Tätigkeit die Wertgebühr oder die Zeitgebühr anzusetzen ist. Mit der Wertgebühr sind auch die Schreibarbeiten abgegolten. Bei zeithonorierten Arbeiten ist die Zeit für die Schreibarbeit einzurechnen (s. Anm. 6 zu § 13).
Schreibauslagen sind gemäß § 17 zu berechnen für Ablichtungen und Abschriften
– **aus Behörden- und Gerichtsakten,**
   soweit sie zur sachgemäßen Bearbeitung der Angelegenheit gebraucht werden,
– für die Unterrichtung von mehr als drei Beteiligten und
– für sonstige,
   wenn sie im **Einverständnis** mit dem Auftraggeber **zusätzlich** gefertigt werden.
Bei Ablichtungen aus Behörden- und Gerichtsakten entscheidet der StB, ob sie zur sachgemäßen Bearbeitung geboten sind, und zwar vor dem Beschaffen. Folglich sind die Schreibauslagen auch dann zu ersetzen, wenn sich hinterher herausstellt, daß sie für die Bearbeitung der Angelegenheit nicht nützlich waren.
Die neue Nr. 2 stellt klar, daß Ablichtungen, die der Unterrichtung Dritter dienen, ebenfalls beim Auslagenersatz zu berücksichtigen sind.
Neben den in § 17 aufgeführten sind m.E. noch die Ablichtungen in Rechnung zu stellen, die bei der **Beschaffung** der für die Bearbeitung der Angelegenheit **notwendigen Unterlagen** (z. B. von Verträgen, von früheren Steuererklärungen usw.) anfallen. Es ist schließlich Sache des Mandanten, diese Unterlagen zu stellen (LG Mchn., Bonner Handbuch d. Steuerbertg., R 583.1).

2. Zusätzlich gefertigt
Bei der Beurteilung der Frage, ob die Ablichtung zusätzlich gefertigt wurde, kommt es darauf an, was **berufsüblich** ist. Üblich ist es z. B., daß von der Steuererklärung das FA das Original und der Mandant sowie der StB (für seine Handakten) je eine Ablichtung bekommen. Diese Exemplare sind also vom StB kostenfrei zu fertigen. Alle darüber hinausgehenden Exemplare sind zusätzlich gefertigt. Das gleiche gilt für Abschlüsse und Schriftsätze.
Berufsüblich ist es auch, daß der StB seinem Mandanten eine Kopie der eingehenden Post (unentgeltlich) zugehen läßt.
Die Berechnung von Schreibauslagen ist deshalb auf Ausnahmefälle beschränkt.
Das Einverständnis des Mandanten kann auch stillschweigend erteilt werden.

3. Höhe
Abs. 2 verweist – ebenso wie die BRAGO – wegen der Höhe der Schreibauslagen auf die Regelung im GKG. Sie betragen nach Nr. 1900 des Kostenverzeichnisses

(Anlage 1 zum GKG) für jede Seite, unabhängig von der Art der Herstellung und der Größe der Seite,

    für die ersten 50 Seiten je 1,— DM,

    für die weiteren Seiten je —,30 DM.

    Zu beachten ist, daß ein Blatt zwei Seiten hat. Ist also auch die Rückseite beschriftet, so zählt ein Blatt als zwei Seiten. Eine angefangene Seite ist voll zu berechnen.

GebV

§ 18 Geschäftsreisen

(1) Für Geschäftsreisen sind dem Steuerberater als Reisekosten die Fahrtkosten und die Übernachtungskosten zu erstatten; ferner erhält er ein Tage- und Abwesenheitsgeld. Eine Geschäftsreise liegt vor, wenn das Reiseziel außerhalb der Gemeinde liegt, in der sich die Kanzlei oder die Wohnung des Steuerberaters befindet.

(2) Als Fahrtkosten sind zu erstatten:

1. bei Benutzung eines eigenen Kraftfahrzeugs zur Abgeltung der Anschaffungs-, Unterhaltungs- und Betriebskosten sowie der Abnutzung des Kraftfahrzeugs 0,52 DM für jeden gefahrenen Kilometer zuzüglich der durch die Benutzung des Kraftfahrzeugs aus Anlaß der Geschäftsreise regelmäßig anfallenden baren Auslagen, insbesondere der Parkgebühren,

2. bei Benutzung anderer Verkehrsmittel die tatsächlichen Aufwendungen, soweit sie angemessen sind.

(3) Als Tage- und Abwesenheitsgeld erhält der Steuerberater bei einer Geschäftsreise von nicht mehr als 4 Stunden 30 Deutsche Mark, von mehr als 4 bis 8 Stunden 60 Deutsche Mark und von mehr als 8 Stunden 110 Deutsche Mark; bei Auslandsreisen kann zu diesen Beträgen ein Zuschlag von 50 vom Hundert berechnet werden. Die Übernachtungskosten sind in Höhe der tatsächlichen Aufwendungen zu erstatten, soweit sie angemessen sind.

Anmerkungsübersicht:

1. Allgemeines
2. Geschäftsreise
3. Berechnungsfähige Aufwendungen
4. Fahrkosten-Entschädigung
5. Tage- und Abwesenheitsgeld
6. Übernachtungskosten
7. Nebenkosten der Reise
8. Höhere Vereinbarung
9. Reisen der Mitarbeiter

Anmerkungen zu § 18:

1. Allgemeines

§ 18 stimmt – ausgenommen die Berufsbezeichnung – mit § 28 BRAGO wörtlich überein.

§ 18

Der km-Satz für Pkw-Fahrten wurde mit Wirkung ab dem 28. 8. 98 von 45 Pfg. auf 52 Pfg. erhöht, ebenso in Abs. 2 das Tage- und Abwesenheitsgeld von 25 auf 30 DM, von 50 auf 60 und der Betrag von 95 auf 110 DM. Die Änderung erfolgte entsprechend der Änderung der BRAGO.

Die Vorschrift setzt einen Anspruch nach § 670 BGB voraus. Der StB muß also die Reisekosten zur Erfüllung des Auftrags den Umständen nach für erforderlich gehalten haben. Die Kosten dürfen nicht in einem auffälligen Mißverhältnis zum Gegenstand der Berufstätigkeit stehen.

Aus dem Wort „erhält" wird allgemein geschlossen, daß für die Kosten einer Geschäftsreise grundsätzlich **Berechnungspflicht** besteht.

Kosten für **Dienstreisen von Angestellten des StB** sind mit den gleichen Sätzen zu berechnen, wenn das mit der Dienstreise verbundene Geschäft nicht höchstpersönlicher Natur war, also die Tätigkeit nicht unbedingt vom StB selbst vorzunehmen war. Im übrigen siehe Anm. 9.

2. Geschäftsreise

Was eine Geschäftsreise ist, ist nunmehr sowohl in der StBGebV wie gleichlautend in der BRAGO eindeutig geregelt. Es wird allein darauf abgestellt, daß das Reiseziel außerhalb der Gemeinde liegt, in der sich die Kanzlei oder Wohnung des Steuerberaters befindet. Bei mehrfachem Wohnsitz stehen ihm auch für Geschäfte an seinem weiteren Wohnsitz keine Reisekosten zu (Swolana, BRAGO, Tz. 1 zu § 28).

Nach Eggesiecker (Bonner Handbuch d. Steuerbertg., E 1820) dürfen die Kosten für Fahrten nicht in Rechnung gestellt werden, die der internen **Leistungserbringung** dienen, also z.b. für die Fahrt zum Rechenzentrum, um dort die Buchhaltung für den Mandanten abzuwickeln, oder die Fahrt zur Universitätsbibliothek, um dort Literatur für die Erstellung eines Gutachtens einzusehen. Dem ist im allgemeinen zuzustimmen. Die Anforderung wird aber veranlaßt sein, wenn derartige Aufwendungen durch die Gebühr nicht abgegolten werden, z.b. bei der Zeitgebühr für die Arbeiten zur Feststellung des verrechenbaren Verlusts nach § 15a (§ 24 Abs. 4 Nr. 2), wenn dafür in der Universitätsbibliothek Fachliteratur eingesehen wird und diese Literatur nicht zur selbstverständlichen Ausstattung einer StB-Kanzlei zählt.

Tritt der StB die Reise von **seiner Wohnung aus** an oder beendet er die Reise dort und sind deshalb keine oder geringere Aufwendungen entstanden, dann sind nur die tatsächlich entstandenen Kosten zu berechnen.

Beim StB wird außerdem keine Geschäftsreise vorliegen, wenn er am Ort seiner auswärtigen Beratungsstelle tätig wird. Tritt der StB von der **auswärtigen Beratungsstelle** aus die Reise an, so wird man – im Hinblick auf § 20 – sagen müssen, daß dadurch die Reisekosten zwar niedriger, aber nicht höher werden dürfen.

Zusammenfassung:

Nach meiner Auffassung hat der StB die Kosten für alle Fahrten und Reisen zu berechnen, die durch den Auftrag veranlaßt waren, und bei denen der Geschäftsort außerhalb des Ortes seiner beruflichen Niederlassung oder seines Wohnorts liegt.

GebV

3. Berechnungsfähige Aufwendungen

Die Reisekostenvergütung setzt sich wie folgt zusammen:
- Fahrkostenentschädigung,
- Tage- und Abwesenheitsgeld
- Übernachtungskosten,
- Nebenkostenersatz.

4. Fahrkostenentschädigung

Bei der **Wahl des Beförderungsmittels** ist, wenn nicht eine ausdrückliche Vereinbarung mit dem Mandanten vorliegt, § 670 BGB zu beachten. Danach ist der Auftraggeber zum Ersatz verpflichtet hinsichtlich Aufwendungen, die der StB den Umständen nach für erforderlich halten durfte. Dem RA – und das gleiche gilt für den StB – ist die Benutzung eines Pkw auch dann gestattet, wenn billigere Verkehrsmittel zur Verfügung stehen und die Benutzung des Pkw nicht mißbräuchlich ist (OLG Koblenz in AnwBl 1974 S. 353). Ebenso wird allgemein davon ausgegangen, daß der RA i.d.R. berechtigt ist, jeweils die erste Klasse der Eisenbahn, des Schiffs oder des Flugzeugs zu benutzen; das gleiche gilt auch für den StB.

Die für die Benutzung des eigenen **Pkw** vorgesehene Pauschale von 52 Pfennigen je km erhöht sich nach h. M. auch dann nicht, wenn höhere Kosten nachgewiesen werden. Ein höherer Satz müßte besonders vereinbart werden (§ 4).

Ein eigener Pkw ist auch gegeben, wenn der Pkw für längere Zeit gemietet oder aufgrund eines Leasing-Vertrags genutzt wird. Der Satz von 0,52 DM pro gefahrenen Kilometer gilt für die Kosten der Anschaffung, des Unterhalts und des laufenden Betriebs einschließlich der Abnutzung. Bare Auslagen anläßlich der Benutzung des eigenen Kfz zu einer Geschäftsreise (Parkgebühren, Mautgebühren u. ä.) werden gesondert als Auslagenersatz abgegolten.

Die Kosten für **andere Verkehrsmittel** (z. B. Bahn, Flugzeug, Straßenbahn, Omnibus, Taxi) sind in der tatsächlich entstandenen Höhe zu ersetzen. Auch die tatsächlichen Kosten für die kurzfristige Anmietung eines Pkw (z. B. in einer anderen Stadt nach einer Bahn- oder Flugreise) sind berechnungsfähig.

5. Tage- und Abwesenheitsgeld

Was mit dem Tage- und Abwesenheitsgeld abgegolten werden soll, bestimmt die StBGebV nicht. Die amtliche Begründung verweist mit den folgenden Worten auf die BRAGO:

„Die in diesen Vorschriften (gemeint sind die §§ 18 – 20) getroffenen Regelungen entsprechen den Bestimmungen in den §§ 28, 29 und 30 BRAGO".

Da § 18 StBGEbV mit § 28 BRAGO wörtlich übereinstimmt, muß auf diese Bestimmung zurückgegriffen werden. Aber auch daraus ergibt sich kein Hinweis. Nach h.M. ist

das Tagegeld	für die Mehrausgaben der Geschäftsreise und
das Abwesenheitsgeld	als Entschädigung für die durch die Geschäftsreise nicht mögliche Ausübung der sonstigen Geschäfte

bestimmt.

Die ausgewiesenen Beträge stimmen aber damit überhaupt nicht überein. Sie reichen nur für die Mehrausgaben der Reise. Eine Verdienstausfallentschädigung ist aber wirklich nicht enthalten.

Das Tage- und Abwesenheitsgeld ist für **jeden Kalendertag gesondert** zu berechnen. Für den Antritt und die Beendigung der Reise ist der Zeitpunkt maßgebend, an dem der StB seine Wohnung bzw. seine Kanzlei verläßt bzw. betritt.

Das Tage- und Abwesenheitsgeld beträgt

im Inland

bei Geschäftsreisen mit einer Dauer

– bis zu 4 Stunden	30 DM,
– von mehr als 4 bis 8 Stunde	60 DM,
– von mehr als 8 Stunden	110 DM.

Beispiele:

A Ein StB tritt die Geschäftsreise um 11 Uhr an und kehrt am folgenden Tag um 10 Uhr zurück. Er kann für beide Tage ein Tage- und Abwesenheitsgeld von je 110 DM ansetzen, weil er an beiden Tagen mehr als 8 Stunden ununterbrochen abwesend war.

B Der StB X aus München tritt um 7 Uhr eine Geschäftsreise nach Freising an und kehrt davon um 12 Uhr zurück. Um 14 Uhr verreist er erneut, und zwar nach Augsburg. Von dort kommt er um 23 Uhr zurück. Beide Geschäftsreisen sind getrennt zu behandeln. Als Tage- und Abwesenheitsgeld sind anzusetzen

bei der ersten Reise (mehr als 4 und weniger als 8 Stunden)	60 DM,
bei der zweiten Reise (mehr als 8 Stunden)	110 DM.

Bei Auslandsreisen kann zu diesen Beträgen ein Zuschlag von 50 v. H. berechnet werden. Das Wort „kann" (übernommen aus der BRAGO) deutet auf ein Ermessen des StB hin. Dagegen sprechen schon die Überlegungen in Anm. 2 zu § 17. Bezieht man weiter bei der Auslegung dieser Vorschrift das Verhältnis der StBGebV zu § 670 BGB ein, so besteht nicht nur hinsichtlich des Zuschlags von 50% Berechnungspflicht, sondern sogar für die i.d.R. höheren tatsächlichen Aufwendungen. Im übrigen ist es wenig sinnvoll, einen Zuschlag von weniger als 50% zu verbieten.

Die **Abwesenheit** zählt vom Verlassen der Kanzlei bzw. der Wohnung bis zum Wiederbetreten. Verzögerungen (z. B. Zugverspätungen werden also nicht abgerechnet, dagegen aber private Unterbrechungen).

Die Sätze sind verbindlich; sie dürfen auch bei höherem Aufwand für Verpflegung nicht überschritten werden.

6. Übernachtungskosten

Übernachtungskosten sind in der tatsächlichen Höhe zu berechnen, soweit sie i.S.d. § 670 BGB erforderlich waren. Als zumutbar gilt ein Beginn der Reise ab 6.30 Uhr und eine Beendigung spätestens um 22 Uhr.

Soweit die Hotelrechnung auch andere Posten enthält (z. B. Frühstück, Getränke, Telefon), sind diese herauszurechnen. Die Kosten für die Unterstellung des Pkw zählen dagegen zu den Übernachtungskosten.

Der StB ist – entsprechend seiner gesellschaftlichen Stellung – keineswegs verpflichtet, etwa das billigste Hotel am Platz zu nehmen.

7. Nebenkosten der Reise

Die Nebenkosten der Reise sind in § 18 nicht angesprochen. Für sie gilt ausschließlich § 670 BGB.

Als Nebenkosten kommen z. B. in Betracht: Kosten der Beförderung, Versicherung und Aufbewahrung von Gepäck, Reiseunfallversicherung.

8. Höhere Vereinbarung

Die Pauschalierung der Pkw-Kosten und die Sätze für das Tage- und Abwesenheitsgeld sind nicht annähernd kostendeckend bzw. angemessen. Es ist deshalb dringend zu empfehlen, dafür ganz allgemein höhere Sätze zu vereinbaren (§ 4).

9. Reisen der Mitarbeiter

Die Frage, wie die Reisekosten von Mitarbeitern des StB zu behandeln sind, regelt die StBGebV nicht. Man wird deshalb voll auf § 670 BGB zurückzugreifen haben, d.h. daß die tatsächlich angefallenen Kosten zu ersetzen sind. Daß dabei höhere Beträge als nach den § 18 zu berechnen sind, liegt an der Problematik dieser Vorschrift. Eckert/Böttcher (S. 241) meinen allerdings, daß das Tage- und Abwesenheitsgeld bei Reisen von Mitarbeitern entsprechend zu reduzieren sei. Für diese Auslegung gibt die StBGebV jedoch keinen Anhalt. Außerdem ist die Kürzung schon vom Ergebnis her nicht angebracht, weil bei den an sich schon zu niedrigen Sätzen dann fast nichts mehr bleibt. Schließlich wäre ggf. noch zu unterscheiden, ob es sich um einen mehr oder weniger qualifizierten Mitarbeiter handelt.

§ 19 Reisen zur Ausführung mehrerer Geschäfte

Dient eine Reise der Ausführung mehrerer Geschäfte, so sind die entstandenen Reisekosten und Abwesenheitsgelder nach dem Verhältnis der Kosten zu verteilen, die bei gesonderter Ausführung der einzelnen Geschäfte entstanden wären.

Anmerkungen zu § 19:

§ 19 stimmt mit § 29 BRAGO nahezu wörtlich überein.

Die Vorschrift regelt die Verteilung der Reisekosten bei Erledigung mehrerer Aufträge einer oder mehrerer Parteien in verschiedenen Angelegenheiten auf einer Reise. In diesen Fällen ist zunächst eine Gesamtkostenrechnung zu machen und dann so viele Einzelberechnungen wie Aufträge in verschiedenen Angelegenheiten erledigt wurden. Bei den Einzelberechnungen sind die Kosten anzusetzen, die entstanden wären, wenn der einzelne Auftrag gesondert erledigt worden wäre. **Die Ergebnisse der Einzelberechnungen sind zueinander ins Verhältnis zu setzen.** Nach diesem Verhältnis sind die Gesamtkosten aufzuteilen.

Beispiel:

Ein StB mit beruflicher Niederlassung in München fährt mit seinem Pkw um 9 Uhr zu einer Besprechung mit dem Mandanten R nach Rosenheim (70 km). Er trifft dort um 10 Uhr ein und ist bis 12 Uhr beschäftigt. Nach einer Mittagspause von einer Stunde fährt er nach Traunstein weiter (= 50 km), um dort von 14 bis 15 Uhr in der Angelegenheit T mit Beamten des FA Traunstein zu verhandeln. Nach Beendigung des Gesprächs fährt er nach München zurück und trifft dort gegen 16.30 Uhr ein.

Gesamtkostenberechnung:

Fahrkosten mit Pkw
2x (70 km + 50 km) x 0,52 DM =   124,80 DM

Tage- und Abwesenheitsgeld

Dauer der Geschäftsreise
9 bis 16.30 Uhr = 7 1/2 Stunden =   60,— DM

Gesamtkosten   184,80 DM

Einzelberechnung R:

Fahrkosten
2 x 70 km x 0,52 DM =   72,80 DM

Tage- und Abwesenheitsgeld

Dauer der Geschäftsreise (bei Rückfahrt nach der Mittagspause)
9 Uhr bis ca. 14 Uhr = ca. 5 Stunden =   60,— DM
                                                                              132,80 DM

Einzelberechnung T:

Fahrkosten
2 x 120 km x 0,52 DM =   124,80 DM

Tage- und Abwesenheitsgeld

Dauer der Reise bei angenommener Abfahrt um
12.30 Uhr = ca. 4 Stunden =   30,— DM
                                                                              154,80 DM

Die Aufteilung erfolgt also im Verhältnis 96 : 116.

$$\text{Auf R treffen} \quad \frac{184,80 \times 132,80}{132,80 + 154,80} = \frac{184,80 \times 132,80}{287,60} = 85,33 \text{ DM}$$

$$\text{Auf T treffen} \quad \frac{184,80 \times 154,80}{287,60} = 99,47 \text{ DM}$$

                                                                              184,80 DM

Ist ein höherer Auslagenersatz vereinbart, so ist bei der Verteilung auf die verschiedenen Geschäfte von den Sätzen der GebV auszugehen. Erst der anteilige Betrag ist um die vereinbarten Sätze zu korrigieren.

§ 20 Verlegung der beruflichen Niederlassung

Ein Steuerberater, der seine berufliche Niederlassung nach einem anderen Ort verlegt, kann bei Fortführung eines ihm vorher erteilten Auftrags Reisekosten und Abwesenheitsgelder nur insoweit verlangen, als sie auch von seiner bisherigen beruflichen Niederlassung aus entstanden wären.

Anmerkungen zu § 20:

§ 20 stimmt mit § 30 BRAGO nahezu wörtlich überein.

Dem Mandanten dürfen durch die Verlegung der beruflichen Niederlassung keine Mehrkosten entstehen, wenn das Mandatsverhältnis schon vor der Verlegung bestanden hat. Hat der StB durch die Verlegung seiner beruflichen Niederlassung geringere Reisekosten, so darf er nur die tatsächlichen Kosten in Rechnung stellen.

§ 20 hat auch Bedeutung für die Frage, ob überhaupt eine Geschäftsreise vorliegt. Eine Geschäftsreise liegt danach z. B. nicht vor, bei Fahrten am Sitz der beruflichen Niederlassung und bei Fahrten zum früheren Sitz.

Andererseits gilt § 20 nur bei der Verlegung an einen anderen Ort, also nicht bei der Verlegung innerhalb einer Großstadt.

Durch Vereinbarung mit dem Mandanten (§ 4) kann die Beschränkung des § 20 aufgehoben werden.

Vierter Abschnitt
Gebühren für die Beratung und für die Hilfeleistung bei der Erfüllung allgemeiner Steuerpflichten

§ 21 Rat, Auskunft, Erstberatung

(1) Für einen mündlichen oder schriftlichen Rat oder eine Auskunft, die nicht mit einer anderen gebührenpflichtigen Tätigkeit zusammenhängt, erhält der Steuerberater eine Gebühr in Höhe von 1 Zehntel bis 10 Zehntel der vollen Gebühr nach Tabelle A (Anlage 1). Ist die Tätigkeit nach Satz 1 Gegenstand einer ersten Beratung, so kann der Steuerberater, der erstmals von diesem Ratsuchenden in Anspruch genommen wird, keine höhere Gebühr als 350 Deutsche Mark fordern. Bezieht sich der Rat oder die Auskunft nur auf steuerstraf-rechtliche, bußgeldrechtliche oder sonstige Angelegenheiten, in denen die Gebühren nicht nach dem Gegenstandswert berechnet werden, so beträgt die Gebühr 37,50 bis 350 Deutsche Mark. Die Gebühr ist auf eine Gebühr anzurechnen, die der Steuerberater für eine sonstige Tätigkeit erhält, die mit der Raterteilung oder Auskunft zusammenhängt.

(2) Wird ein Steuerberater, der mit der Angelegenheit noch nicht befaßt gewesen ist, beauftragt zu prüfen, ob eine Berufung oder Revision Aussicht auf Erfolg hat, so erhält er 13 Zwanzigstel einer Gebühr nach Tabelle E (Anlage 5), wenn er von der Einlegung der Berufung oder Revision abrät und eine Berufung oder Revision durch ihn nicht eingelegt wird. Dies gilt nicht für die in Absatz 1 Satz 3 genannten Angelegenheiten.

Anmerkungsübersicht:

1. Allgemeines
2. Anwendungsbereich
3. Begriff
4. Auftrag
5. Umfang der Angelegenheit

6. Abgeltungsbereich der Raterteilungsgebühr

7. Gegenstandswert

8. Steuerstraf- und bußgeldrechtliche Angelegenheiten, sonstige Angelegenheiten

9. Abs. 2 – Abrate-Gebühr

10. Bemessung der Gebühr

Anmerkungen zu § 21:

1. Allgemeines

§ 21 ist § 20 der BRAGO nachgebildet.

Der Gebührenrahmen in Abs. 1 S. 3 ist – entsprechend der Änderung der BRAGO – mit Wirkung vom 28. 8. 98 durch die 3. VO zur Änderung der StBGebV geändert worden auf 37,50 – 350 DM.

Geregelt werden die Gebühren

– für die Rat- oder Auskunfterteilung,

– für das Abraten von einem Rechtsmittel und

– für die erstmalige Beratung eines Ratsuchenden.

Obwohl die Beratung im Rahmen der Tätigkeit des StB einen breiten Raum einnimmt, hat § 21 keine so große Bedeutung, weil er nur zum Zug kommt, wenn der Rat oder die Auskunft nicht mit einer anderen gebührenpflichtigen Tätigkeit zusammenhängt. Die Ratgebühr soll nicht zu anderen Gebühren hinzutreten (s. amtl. Begründung).

Beispiele:

A) Der StB erteilt eine Auskunft über Voraussetzungen und Folgen der Selbstanzeige. Kommt es zur Selbstanzeige, so entsteht nur die Gebühr nach § 30 und ggf. zusätzliche Gebühren für die Anfertigung einer Steuererklärung usw. Kommt es zu keiner Selbstanzeige, so entsteht lediglich die Gebühr nach § 21.

B) Die Raterteilung erfolgt im Zusammenhang mit der Fertigung der Steuererklärung. In diesem Fall ist sie mit der Gebühr nach § 24 abgegolten.

Ergibt sich ein solcher Zusammenhang erst später, so erfolgt u.U. Anrechnung gemäß § 12 Abs. 6.

Bei der Anwendung des § 21 ist zu beachten, daß für die Ratgebühr die Tabelle A und für die Abrategebühr die Tabelle E gilt.

2. Anwendungsbereich

§ 21 ist nur anzuwenden auf die Beratung auf steuerlichem Gebiet (s. Überschrift vor § 21 und § 1 Abs. 1).

Die rein **betriebswirtschaftliche Beratung** gehört nicht zu den Tätigkeiten i.S.d. § 33 StBerG, sondern zu den vereinbaren Tätigkeiten i.S.d. § 57 Abs. 3 Nr. 3 StBerG. Die StBGebV ist also nicht anzuwenden.

Ist eine klare Zuordnung zu den Aufgaben des § 33 StBerG oder zu den vereinbaren Tätigkeiten nicht möglich, weil die steuerlichen Probleme mit den sonstigen Fragen zu sehr verbunden sind, so wird es darauf ankommen, auf welchem Gebiet das Hauptgewicht liegt. Läßt sich eine Trennung vornehmen, dann ist die StBGebV nur auf den steuerlichen Teil anzuwenden.

Auch auf die außersteuerliche Rechtsberatung ist die StBGebV nicht anwendbar. Die Rechtsberatungsbefugnisse des Steuerberaters wurden endlich im Dritten Gesetz zur Änderung der Bundesnotarordnung und anderer Gesetze auch gesetzlich geregelt (Verabschiedung durch den Bundesrat am 10. 7. 98), ohne daß materiell eine Änderung gegenüber der seitherigen Rechtslage eintrat. Die gesetzliche Regelung erfolgte durch Änderung von § 5 Nr. 2 RBerG. Ein Geschäftsbesorgungsvertrag über eine Rechtsberatung durch einen StB ist nichtig (§ 134 BGB), mit der Folge, daß daraus keine Rechte hergeleitet werden können, auch keine Honoraransprüche. Im übrigen siehe auch Anm. 7 zu § 1.

§ 21 umfaßt auch die **fernmündliche Beratung** und die **Fertigung eines Entwurfs für Teile von Verträgen,** die steuerliche Fragen betreffen.

Besprechungen mit dem Mandanten werden wohl immer eine Auskunft bzw. Beratung beinhalten, soweit sie nicht nur der reinen Aufklärung des Sachverhalts dienen. Und selbst dann erfolgt die Sachverhaltsaufklärung sicher nicht ins Blaue hinein, sondern zielgerichtet, also ausgerichtet auf die erstrebte Lösung des Problems. Wegen Besprechungen mit Dritten siehe § 31.

Die Übernahme der sogenannten Erstberatungsgebühr, wie sie in die BRAGO Aufnahme fand, in die StBGebV soll den Ratsuchenden auch beim erstmaligen Aufsuchen eines Steuerberaters vor hohen „Überraschungsgebühren" schützen. Eine höhere Gebühr als 350 DM kann dabei ohne Rücksicht auf Zeitaufwand oder Gegenstandswert nicht entstehen. Voraussetzung ist, daß der Ratsuchende den Steuerberater noch nicht in Anspruch genommen hat. Die anschließende weitere Beratung wird nach den allgemeinen Vorschriften des § 21 abgerechnet.

3. Begriffe
Die Vorschrift unterscheidet zwischen folgenden Begriffen:

Rat = mündliche, fernmündliche oder schriftliche Auskunft über die Beurteilung einer Rechtsangelegenheit, verbunden mit der Empfehlung eines bestimmten Verhaltens im Hinblick auf einen bestimmten Sachverhalt. Wegen des Abratens siehe Anm. 9.

Auskunft = Erklärung des geltenden Rechts und ggf. der damit zusammenhängenden Fragen ohne Erteilung eines Rats und ohne eingehende Begründung.

Gutachten = schriftliche Ausarbeitung mit eingehender Begründung und Auseinandersetzung mit der zur gestellten Frage vorliegenden Rechtslehre und Rechtsprechung. Im übrigen siehe Anm. 1 zu § 22.

4. Auftrag
Voraussetzung jeder Gebühr ist grundsätzlich, daß der Mandant den StB beauftragt, ihm einen Rat zu erteilen und der StB diesen Auftrag ausführt. Der StB kann aber u.U. auch zu einer „ungefragten Belehrung" verpflichtet sein (Stbg 1987 S. 21). Bejaht man eine solche Verpflichtung, dann muß dem StB für die Raterteilung auch die Gebühr nach § 21 Abs. 1 zugestanden werden.

Abzugrenzen ist auch der Auskunftsvertrag vom Rat aus **Gefälligkeit.** Ein Auskunftsvertrag kann auch stillschweigend abgeschlossen werden. Davon ist auszugehen, wenn der Rat oder die Auskunft für den Empfänger von erheblicher Bedeutung ist und er sie zur Grundlage wesentlicher Entschlüsse machen will; das gilt insbesondere in Fällen, in denen der Gesprächspartner besonders sachkundig ist. Einzubeziehen sind auch die Gesamtumstände. Es kommt darauf an, ob die gesamten Gegebenheiten unter Berücksichtigung der Verkehrsauffassung und des Verkehrsbedürfnisses den Rückschluß zulassen, daß die Partner das Gespräch zum Gegenstand vertraglicher Rechte und Pflichten machten. Was sich im gesellschaftlichen Bereich vollzieht, bleibt unentgeltlich. Nur wenn eine klare vertragliche Zuständigkeit gegeben ist, wird liqudiert, wobei beachtet werden sollte, daß bei einer späteren Schadenersatzklage wegen der Erteilung eines unrichtigen Rats die Liquidierung ein sehr wichtiges Indiz für das Zustandekommen eines Beratungsvertrags sein wird.

5. Umfang der Angelegenheit
Werden innerhalb eines Beratungsgesprächs mehrere Sachverhalte behandelt, so stellt sich die Frage, ob eine oder mehrere Angelegenheiten vorliegen, mit der Folge, daß ggf. mehrere Gebühren anfallen. Vgl. hierzu die Anm. 5 zu § 10.
Allerdings ist das weitgehend Theorie. Werden nämlich in einem Beratungsgespräch von einer Stunde acht verschiedene Steuerfragen behandelt, dann würde es wohl kein Mandant verstehen, wenn er dafür acht Gebühren berechnet bekäme. Es bleibt also wohl nur die Addierung der einzelnen Gegenstandswerte.
Mehrfacher Rat in der gleichen Angelegenheit ergibt grundsätzlich nur eine Gebühr. Eine Angelegenheit sieht Meyer (Stbg 1982 S. 97) noch als gegeben, wenn der Mandant in der gleichen Sache und wegen der gleichen Rechtsfrage innerhalb von zwei Wochen nach der ersten Beratung noch zweimal kommt. Vergeht eine längere **Zeitspanne**, ist nicht mehr die gleiche ursprüngliche Angelegenheit anzunehmen; es fällt auf alle Fälle eine gesonderte Gebühr an. Die einzelnen zusammengerechneten Gebühren dürfen jedoch die Gebühr nicht übersteigen, die angefallen wäre, wenn der Auftrag von Anfang an sich über alle Fragen erstreckt hätte (§ 12 Abs. 5). Die abschnittsweise Beratung wird aber zu einer entsprechenden Ausschöpfung des Gebührenrahmens führen, weil sich der StB immer wieder in die Materie hineindenken muß. Kommt der Mandant nach der Gebührenberechnung (§ 9) mit einer oder mehreren weiteren Fragen, so fällt m.E. auf jeden Fall eine nochmalige Gebühr an, weil der StB diese weitere Tätigkeit bei seiner ersten Berechnung nicht berücksichtigen konnte, es sei denn, es handelt sich um einen gänzlich unwesentlichen Arbeitsaufwand und die Möglichkeit der Haftungsinanspruchnahme kann ausgeschlossen werden. Das gilt auch bei der Wertgebühr, weil auch bei ihr der Umfang der Tätigkeit eine wesentliche Rolle spielt (siehe § 12).

6. Abgeltungsbereich der Raterteilungsgebühr
Der StB ist verpflichtet, vor einer Beratung seines Mandanten zunächst den Sachverhalt, den er beurteilen soll, genau zu klären. Er ist aber nicht verpflichtet, eigene Ermittlungen und Prüfungen anzustellen, ob die Informationen tatsächlicher Art, die er von seinem Mandanten bekommen hat, auch richtig sind (BGH-Urteil v. 15. 1. 1985 VI ZR 56/83, zum RA). Die Lieferung des Sachverhalts ist also grundsätzlich Sache des Mandanten. Aufgabe des StB ist es, diesen Sachverhalt rechtlich zu würdigen.
Das bedeutet für das Gebührenrecht, daß jedenfalls umfangreiche Ermittlungen des StB zum Sachverhalt mit der Raterteilungsgebühr nicht abgegolten sind. Es fällt dafür eine gesonderte Gebühr an.

Ein rechtsgeschäftlich erteilter **Rat,** der objektiv **unrichtig** ist, verpflichtet zur Richtigstellung, sobald der Irrtum für den Berater erkennbar wird (BGH VI ZR 264/61 v. 22. 5. 1962, DStR 1962/63 S. 108). Diese Pflicht endet jedoch mit der Beendigung des Mandats (OLG Hamm, Urt. v. 12. 1. 1979, DStR S. 508). Für diese Nachbesserung hat der StB keinen Anspruch auf eine Vergütung (Anm. 9 zu § 1).

GebV

7. Gegenstandswert

Bemessungsgrundlage für die Ermittlung der Gebühr ist gemäß § 10 Abs. 1 S. 2 StBGebV – mangels einer Angabe in § 21 – der Wert des Interesses. Was hier darunter konkret zu verstehen ist, darüber geben auch die Großkommentare nur sehr ungenaue Angaben. Man wird davon ausgehen können, daß der Wert des Interesses im Regelfall gleichbedeutend mit Wert des Gegenstandes der Beratung ist. Bei der Beratung hinsichtlich beabsichtigter Investitionen oder einer beabsichtigten Beteiligung an einem anderen Unternehmen oder beabsichtigter Aufnahme von Kindern in ein Unternehmen besteht das Interesse ja wohl nicht nur in einer denkbaren Steuerersparnis. In all diesen Fällen kann nur der Wert des Gegenstandes der Beratung, also z. B. der Wert des Unternehmens oder der Wert der Beteiligungen oder der Wert der Investitionen die angemessene Bemessungsgrundlage abgeben. Wird dagegen hinsichtlich verschiedener Möglichkeiten der steuerlichen Behandlung einer vorgesehenen Maßnahme beraten, wird die steuerliche Auswirkung der verschiedenen Möglichkeiten den Wert des Interesses darstellen.

Wenn eine Angelegenheit vorliegt, die nach verschiedenen Seiten durchleuchtet wird, wird es regelmäßig nicht einfach sein, den Wert des Interesses zu bestimmen (vgl. § 10 Abs. 2). Wenn der Wert des Interesses überhaupt nicht geschätzt werden kann, ist die Zeitgebühr anzusetzen (§ 13 Nr. 2). Der Ansatz der Zeitgebühr als „Hilfsgebühr" in den (äußerst seltenen) Fällen, in denen ein Gegenstandswert überhaupt nicht geschätzt werden kann, sollte wirklich die ultima ratio sein, da damit die geistige Leistung einer Beratung in keiner Weise angemessen honoriert wird und auf das Niveau einer reinen „Tagelöhnertätigkeit" gezogen wird.

8. Steuerstraf- und bußgeldrechtliche Angelegenheiten, sonstige Angelegenheiten

Der StB erhält statt der Wertgebühr die Betragsrahmengebühr des Abs. 1 S. 2

– bei steuerstraf- und bußgeldrechtlichen Angelgenheiten sowie

– bei sonstigen Angelegenheiten, „in denen die Gebühr nicht nach dem Gegenstandswert berechnet wird", also keine Wertgebühr vorgesehen ist.

Eine solche „sonstige Angelegenheit" ist also gegeben, wenn für die eigentliche Tätigkeit die Wertgebühr vorgesehen ist.

Beispiel:

Der StB erteilt eine Auskunft zur Feststellung des verrechenbaren Verlusts gemäß § 15a EStG. Für die Feststellung dieses Verlusts sieht § 24 Abs. 4 Nr. 2 die Zeitgebühr, also nicht die Wertgebühr vor. Folglich ist die Beratung nach der Betragsrahmengebühr des Abs. 1 S. 2 zu honorieren.

Bei der Beratung in steuerstrafrechtlichen, bußgeldrechtlichen oder sonstigen Angelegenheiten i.S.d. Abs. 1 S. 2 verlangt Abs. 1 S. 3 die Anrechnung der Beratungsgebühr auf die Gebühr für die Haupttätigkeit. Die Vorschrift will – ebenso wie Abs. 1 S. 1 – eine zweifache Gebührenerhebung ausschließen.

Beispiel:
Der StB erteilt seinem Mandanten eine Auskunft über die strafrechtlichen bzw. bußgeldrechtlichen Folgen einer bestimmten Verhaltensweise. Er berechnet dafür die Gebühr nach Abs. 1 S. 2. Kommt es später zum Bußgeldverfahren und beauftragt der Mandant den gleichen StB mit seiner Vertretung, so ist die bereits berechnete Gebühr auf die Gebühr nach § 45 anzurechnen.

9. Abs. 2 – Abrategebühr

Die Entstehung der Abrategebühr (Abs. 2) setzt voraus, daß der StB

– den Auftrag hatte, die Berufungs- oder Revisionsaussichten zu prüfen,

– dem Auftraggeber von der Einlegung der vorgenannten Rechtsbehelfe abgeraten hat und

– einer der vorgenannten Rechtsbehelfe von ihm nicht eingelegt wird.

Die Abrategebühr nach Abs. 2 fällt also nur an im Zusammenhang mit

– einer Revision zum BFH,

– einer Revision zum Bundesverwaltungsgericht oder

– einer Berufung zu einem Oberverwaltungsgericht.

Auf die Prüfung der Erfolgsaussichten einer Klage ist Abs. 1 anzuwenden. Das gilt nicht auch für den Fall des Abratens von der Klageerhebung.

Abs. 2 setzt einen **Auftrag** zur Prüfung der Erfolgsaussichten voraus. Lautet aber der Auftrag z. B. von vornherein auf Einlegung der Revision zum BFH, so hat der StB von sich aus vorweg zu prüfen, ob dieses Begehren bei dem vorgetragenen Sachverhalt Erfolg haben kann. Ist die Revision praktisch aussichtslos, so muß der StB von der Revision abraten (BGH-Urteil v. 17. 4. 1986, StB 1987 S. 17 zum RA). Auch in einem solchen Fall ist m.E. Abs. 2 anzuwenden, wenn die Revision dann auch nicht von ihm eingelegt wird.

Kommt es wider Erwarten doch zur Einlegung des Rechtsmittels durch den StB, so wird die Beratung zur Nebenleistung, die in der Vertretung aufgeht. Der StB hat auschließlich nach § 45 abzurechnen. Ist die Gebühr nach Abs. 2 bereits erhoben, so muß sie angerechnet werden.

In der Regel ist die Abrategebühr eine Wertgebühr, nicht aber bei Strafsachen usw. (Abs. 2 S. 2), wo es einen „Wert" nicht gibt.

10. Bemessung der Gebühr

Bei der Bemessung der Gebühr innerhalb des gegebenen Rahmens sind zu berücksichtigen:

– mündliche oder schriftliche Erteilung,

– Studium von Akten, Literatur und Rechtsprechung, ohne allgemeine Fachinformation (§ 3 Abs. 2),

– Schwierigkeit der Materie,

– Durchleuchtung der Angelegenheit nach verschiedenen Gesichtspunkten.

§ 22 Gutachten

Für die Ausarbeitung eines schriftlichen Gutachtens mit eingehender Begründung erhält der Steuerberater eine Gebühr von 10 Zehntel bis 30 Zehntel der vollen Gebühr nach Tabelle A (Anlage 1).

Anmerkungsübersicht:

1. Allgemeines
2. Merkmale des Gutachtens
3. Anwendungsbereich
4. Gegenstandswert
5. Wahl der zutreffenden Gebühr
6. Erstattungsfähigkeit

Anmerkungen zu § 22:

1. Allgemeines

§ 22 ist § 21 BRAGO nachgebildet. Abweichend von der BRAGO legt die StBGebV jedoch für die Berechnung der Gebühren einen Rahmen fest.

Wird das steuerliche Gutachten von einem RA/StB erstellt, so ergeben sich keine Abgrenzungsprobleme, weil § 21 BRAGO lediglich bestimmt, daß der RA „eine angemessene Gebühr" erhält, während § 22 einen Gebührenrahmen vorsieht. Die „angemessene Gebühr" der BRAGO wird sich damit innerhalb des Gebührenrahmens der StBGebV zu bewegen haben (Thümmel, Wpg 1982 S. 1). Andererseits ist dieses Ergebnis unbefriedigend, weil dann der RA, der eine zweite Qualifikation hat, u.U. weniger fordern kann und muß als der Nur-RA. Aber auch für diesen wird die Angemessenheit der Gebühr für ein rein steuerrechtliches Gutachten an der vorliegenden Taxe in Form der StBGebV gemessen werden müssen.

Die Raterteilung im Zusammenhang mit einem Gutachten wird nicht besonders entlohnt (s. § 21 Abs. 1).

Bei dem Auftrag zur Erstellung eines Gutachtens handelt es sich um einen Werkvertrag (§ 631 BGB).

2. Merkmale des Gutachtens

Das Gutachten muß schriftlich erstellt werden und sollte – damit das Erfordernis der eingehenden Begründung gegeben ist – folgenden Inhalt haben:

– Auftragserteilung und Auftragsdurchführung,

– Sachverhalt und anstehende Rechtsfragen,

– Darstellung von Rechtsprechung und Literatur zum Gegenstand des Gutachtens,

– kritische Auseinandersetzung mit Rechtsprechung und Literatur,

– abschließende Stellungnahme mit Begründung der Auffassung des Gutachters.

Im übrigen siehe Küffner, DStR 1983 S. 486, sowie Felix „Das steuerrechtliche Gutachten", Stbg 1979, 87.

Wird das Gutachten mündlich vorgetragen, so ist nach § 21 abzurechnen. Für das Gutachten ist ein ausdrücklicher **Auftrag** erforderlich. Im Zweifel ist davon auszugehen, daß lediglich die Raterteilung nach § 21 gewünscht wird.

3. Anwendungsbereich

Voraussetzung für die Anwendung des § 22 ist u.a., daß es sich bei der Erstellung des Gutachtens um eine Tätigkeit i.S.d. § 33 StBerG handelt. In dieser Vorschrift ist die Erstellung von Gutachten nicht ausdrücklich erwähnt; sie gehört aber dazu (BFH-Urt. v. 3. 8. 1972, BStBl II S. 791, sowie Felix in Stbg 1979 S. 87). § 57 Abs. 3 Nr. 3 StBerG bezieht sich nur auf die Begutachtung steuerfremder Fragestellungen. Für die Bestimmung der Gebühr für das von einem StB erstellte Gutachten können folgende Vorschriften anwendbar sein:

– steuerliches Gutachten	§ 22
– betriebswirtschaftliches Gutachten oder Gutachten über andere außersteuerliche Themen (übliche Vergütung)	§ 612 BGB
– Gerichtsgutachten (ausgenommen Partei-Gutachten)	ZSEG

Die Gebühr nach § 22 fällt auch an, wenn das Gutachten erstellt wird über die Erfolgsaussichten einer Klage, einer Revision oder eines sonstigen Antrags. Eine Anrechnung auf die Prozeßgebühr ist nicht vorgesehen (§ 21 BRAGO), ausgenommen den Sonderfall des Gutachtens über die Erfolgsaussichten einer Revision (§ 21a BRAGO).

Ebenso fällt die Gebühr nach § 22 an, wenn das Gutachten zwar im Rahmen eines gerichtlichen Verfahrens, aber im Auftrag einer Partei erstellt wird (Parteigutachten).

4. Gegenstandswert

§ 22 gibt keinen Gegenstandwert an. Folglich ist gemäß § 10 der Wert des Interesses anzusetzen. Dieser Wert ist vom auftragsmäßigen Tätigkeitsinhalt des Gutachtens her zu bestimmen (Küffner, DStR 1983 S. 488). Eckert-Böttcher zitieren dazu das Urteil des BGH v. 29. 11. 1965 VII ZR 265/63 (NJW 196 S. 539), wonach der Wert zugrundezulegen ist, „auf den sich das Gutachten bezieht".

5. Wahl der zutreffenden Gebühr

Die Wahl der zutreffenden Gebühr hat im Hinblick auf § 11 zu erfolgen, wonach die Bedeutung der Angelegenheit (z. B. Verwendung für mehrere gleichgelagerte Fälle), der Umfang (einschließlich Vorarbeiten) und die Schwierigkeit (z. B. Notwendigkeit besonderer Kenntnisse in schwierigen Spezialgebieten) beachtlich sind.

Das OLG München (NJW 1977 S. 1109) hat entschieden, daß eine höhere Entschädigung zu gewähren sei bei überdurchschnittlich schneller Erstattung des Gutachtens wegen der dadurch bedingten Erhöhung der tatsächlich benötigten Stundenzahl. Eine Erhöhung der Stundenzahl liegt umgekehrt auch vor, wenn die

Fertigstellung des Gutachtens mehrmals durch Umstände verzögert wird, die der StB nicht zu vertreten hat, und er sich so immer wieder neu einarbeiten muß.

Interessant ist in diesem Zusammenhang – vorwiegend für betriebswirtschaftliche Gutachten – auch der Beschluß des OLG München vom 30. 3. 1979 (Wpg S. 349), der den Stundensatz für einen Privatgutachter auf 200 DM festsetzt, und dies bereits im Jahre 1979!

GebV

6. Erstattungsfähigkeit

Die Kosten für ein Gutachten sind im Falle des Obsiegens i.d.R. nicht erstattungsfähig, weil sie zur zweckentsprechenden Rechtsverfolgung nicht notwendig waren (§ 139 Abs. 1 FGO, EFG 1987 S. 516). Eine Ausnahme gilt jedoch z. B., wenn es sich um Spezialkenntnisse auf einem entlegenen Rechtsgebiet handelt, welche auch bei Benutzung der Literatur nur unter großen Schwierigkeiten erworben werden können (EFG 1965 S. 505) oder wenn mit dem Gutachten den Ausführungen des anderen Verfahrensbeteiligten zu einer schwierigen technischen Frage entgegengetreten werden soll (BFH, BStBl II 1971 S. 400; EFG 1986 S. 303).

§ 23 Sonstige Einzeltätigkeiten

Die Gebühr beträgt für

1. die Berichtigung einer Erklärung (§ 153 der Abgabenordnung)	2/10 bis 10/10
2. einen Antrag auf Stundung	2/10 bis 8/10
3. einen Antrag auf Anpassung der Vorauszahlungen	2/10 bis 8/10
4. einen Antrag auf abweichende Steuerfestsetzung aus Billigkeitsgründen	2/10 bis 8/10
5. einen Antrag auf Erlaß von Ansprüchen aus dem Steuerschuldverhältnis	2/10 bis 8/10
6. einen Antrag auf Erstattung (§ 37 Abs. 2 der Abgabenordnung)	2/10 bis 8/10
7. einen Antrag auf Aufhebung oder Änderung eines Steuerbescheides oder auf Aufhebung einer Steueranmeldung	2/10 bis 10/10
8. einen Antrag auf volle oder teilweise Rücknahme oder auf vollen oder teilweisen Widerruf eines Verwaltungsaktes	4/10 bis 10/10
9. einen Antrag auf Wiedereinsetzung in den vorigen Stand außerhalb eines Rechtsbehelfsverfahrens	4/10 bis 10/10
10. sonstige Anträge, soweit sie nicht in Steuererklärungen gestellt werden	2/10 bis 10/10

einer vollen Gebühr nach Tabelle A (Anlage 1). Soweit Tätigkeiten nach den Nummern 1 bis 10 denselben Gegenstand betreffen, ist nur eine Tätigkeit maßgebend, und zwar die mit dem höchsten oberen Gebührenrahmen.

Anmerkungsübersicht:

1. Allgemeines
2. Wertgebühr – Gegenstandswert
3. § 23 Nr. 1 – Berichtigung einer Erklärung
4. § 23 Nr. 2 – Antrag auf Stundung
5. § 23 Nr. 3 – Anpassung der Vorauszahlungen
6. § 23 Nr. 4 – Abweichende Steuerfestsetzung aus Billigkeitsgründen
7. § 23 Nr. 5 – Billigkeitserlaß
8. § 23 Nr. 6 – Erstattung
9. § 23 Nr. 7 – Aufhebung oder Änderung eines Steuerbescheids
10. § 23 Nr. 8 – Rücknahme oder Widerruf eines sonstigen Verwaltungsakts
11. § 23 Nr. 9 – Wiedereinsetzung in den vorigen Stand
12. § 23 Nr. 10 – Sonstige Anträge
13. § 23 S. 2 – Mehrere Tätigkeiten

Anmerkungen zu § 23:

1. Allgemeines

Die Gebührentatbestände des § 23 haben, ausgenommen die Nr. 1, alle einen Antrag zur Voraussetzung. Die erbrachte Leistung besteht darin, daß der StB den Antrag schriftlich oder mündlich begründet hat.

Die Nrn. 2-10 sind – ggf. über § 2 – auch anzuwenden, wenn der StB tätig wird bei der Abwehr von beabsichtigten Maßnahmen des FA (z. B. gegen die angekündigte Erhöhung der ESt-Vorauszahlungen).

2. Wertgebühr – Gegenstandswert

Für alle Tätigkeiten nach § 23 ist die Wertgebühr vorgesehen. Ein Ausweichen auf die Zeitgebühr läßt § 13 Nr. 2 nicht zu, auch nicht für den Fall, daß keine genügenden Anhaltspunkte für eine Schätzung des Gegenstandswertes gegeben sind (s. Anm. 3 zu § 13).

Für keine der aufgeführten Tätigkeiten ist ein **Gegenstandswert** vom VO-Geber vorgegeben. Wie i. d. R. bei Wertgebühren ist maßgebend der Bruttowert, der Gegenstand der Tätigkeit des StB ist. Dabei ist im allgemeinen vom Antrag auszugehen (Anm. 3 zu § 10).

Wegen der Bestimmung der zutreffenden Gebühr siehe § 11. Geht der Tätigkeit nach § 23 ein Rat oder eine **Auskunft** voraus, so darf dafür keine besondere Gebühr gefordert werden, wenn der Rat oder die Auskunft mit der Tätigkeit nach § 23 zusammenhängt (§ 21 Abs. 1 S. 1). Die Gebühr nach § 23 ist dann allerdings u.U. entsprechend höher anzusetzen.

Wird im Zusammenhang mit der Tätigkeit nach § 23 eine **Besprechung** mit der zuständigen Behörde oder mit Dritten geführt, so ist die Gebühr nach § 31 zusätzlich zu berechnen.

Für den Fall, daß der Tätigkeit nach § 23 ein **außergerichtliches Rechtsbehelfsverfahren** folgt, sieht § 41 Abs. 5 eine Begrenzung der beiden Gebühren vor.

§ 23

GebV

3. § 23 Nr. 1 – Berichtigung einer Erklärung

Diese Vorschrift ist im Zusammenhang mit § 153 AO und § 30 GebV (Selbstanzeige) zu sehen. Siehe die dortigen Erläuterungen.

Als Wert des Gegenstands ist von dem Bruttobetrag der nachgemeldeten Einkünfte oder Vermögensgegenstände auszugehen, der ja auch bei der ursprünglichen (und jetzt berichtigten) Steuererklärung maßgebend war.

Mit der Gebühr werden abgegolten:

Beratung des Stpfl., Berechnung der steuerlichen Auswirkungen, Schriftverkehr mit dem FA und dem Mandanten.

Nicht abgegolten werden z. B.:

Prüfung der Buchführung, Prüfung des auf die Berichtigung ergehenden Steuerbescheids.

4. § 23 Nr. 2 – Antrag auf Stundung

Die Vorschrift regelt die Gebühr für einen Stundungsantrag nach § 222 AO, aber auch – zumindest über § 2 – für die Fälle des Zahlungsaufschubs nach anderen steuerlichen Vorschriften, z. B. § 223 AO, § 37 ZG.

Wegen der Aussetzung der Vollziehung im Verwaltungsverfahren siehe § 44 Abs. 2.

Gebührenbemessungsgrundlage sind 10 v. H. des begehrten Stundungsbetrags, ggf. unter Abzug der vom Finanzamt geforderten Stundungszinsen.

Verlangt das FA die Vorlage eines Vermögensstatus oder eines Finanzstatus, so fällt für deren Erstellung zusätzlich die Gebühr nach § 37 an.

5. § 23 Nr. 3 – Anpassung der Vorauszahlungen

Gegenstandswert ist die Differenz zwischen den beantragten und den bereits festgesetzten Vorauszahlungen.

Ist mit dem Antrag auf Herabsetzung der Vorauszahlungen eine vollständige Einkommensermittlung oder die **Ermittlung einzelner Einkünfte** verbunden, so fallen auch die dafür vorgesehenen Gebühren an, ggf. ermäßigt, wenn es sich um eine pauschale Ermittlung handelt.

Die Gebühr nach § 23 Nr. 3 fällt auch an (über § 2), wenn das FA die Erhöhung der ESt-Vorauszahlungen ankündigt und der StB abwehrend tätig wird.

6. § 23 Nr. 4 – Abweichende Steuerfestsetzung aus Billigkeitsgründen

Die abweichende Steuerfestsetzung aus Billigkeitsgründen ist in § 163 AO geregelt.

Wert des Interesses ist die Differenz zwischen der beantragten Höhe und der sich eigentlich ergebenden Höhe der Steuer.

7. § 23 Nr. 5 – Billigkeitserlaß

Angesprochen ist vor allem der Erlaß nach § 227 AO, aber auch der nach speziellen steuerlichen Vorschriften (z. B. §§ 32 – 34 GrStG).

Als **Wert des Interesses** gilt der Betrag, dessen Erlaß begehrt wird.

83

8. § 23 Nr. 6 – Erstattung

Angesprochen ist nur die Erstattung nach § 37 Abs. 2 AO, also der Fall, daß die Steuer ohne rechtlichen Grund gezahlt wurde (z. B. bei irrtümlicher Doppelzahlung) oder daß der rechtliche Grund später weggefallen ist (z. B. durch Änderung des Steuerbescheids). Keine Gebühr wird ausgelöst, wenn sich z. B. bei der ESt-Veranlagung eine Überzahlung ergibt.

Die auch hier heranzuziehende Streitwertrechtsprechung sieht den **Wert des Interesses** in dem Betrag, für den der Anspruch auf Erstattung geltend gemacht wird (vgl. BFH-Urteil vom 30. 6. 1971, BStBl II S. 603).

9. § 23 Nr. 7 – Aufhebung oder Änderung eines Steuerbescheids

Die Aufhebung und die Änderung von Steuerbescheiden ist in den §§ 164, 165, 172 – 177 und 280 AO und teils auch in den Einzelsteuergesetzen geregelt. Nr. 7 erfaßt also vorwiegend folgende Fälle:

§ 164 AO	Aufhebung oder Änderung nach Vorbehaltsfestsetzungen,
§ 165 AO	Aufhebung oder Änderung nach vorläufiger Steuerfestsetzung,
§ 172 AO	schlichte Änderung
§ 173 AO	Aufhebung oder Änderung wegen neuer Tatsachen oder Beweismittel,
§ 174 AO	Aufhebung oder Änderung wegen widerstreitender Steuerfestsetzungen,
§ 175 AO	Abs. 1: Aufhebung oder Änderung wegen Erlaß, Aufhebung oder Änderung des Grundlagenbescheids,
	Abs. 2: Aufhebung oder Änderung wegen Eintritts eines Ereignisses mit Rückwirkung,
§ 280 AO	Änderung des Aufteilungsbescheids,
§ 35b GewStG	Änderung des GewSt-Meßbescheids nach Änderung des ESt- bzw. KSt-Bescheids,
§ 24 BewG	Aufhebung von Einheitswerten,
§ 20 GrStG	Aufhebung des Steuermeßbetrags.

Nr. 7 ist über § 2 sinngemäß anzuwenden auf **Verwaltungsakte, die den Steuerbescheiden gleichgestellt sind;** dazu gehören:

Freistellung von einer Steuer,

Ablehnung eines Antrags auf Steuerfestsetzung,

Festsetzung einer Steuervergütung,

gesonderte Feststellung,

Festsetzung von Steuermeßbeträgen,

Zuteilung von Steuermeßbeträgen,

Zinsbescheid.

Dazu gehören insbesondere **nicht:**

Haftungsbescheid, Duldungsbescheid und Aufteilungsbescheid; sie werden nach §§ 130, 131 AO zurückgenommen oder widerrufen (siehe Nr. 8).

Nr. 7 ist auch sinngemäß anzuwenden

– auf den Antrag auf Berichtigung wegen offenbarer Unrichtigkeit nach § 129 AO, soweit ein Steuerbescheid oder ein gleichgestellter Bescheid berichtigt werden soll,

– auf den Antrag auf Nichtigerklärung eines Steuerbescheids (z. B. wegen fehlerhafter Bekanntgabe).

Nr. 7 erfaßt ausdrücklich auch die Aufhebung einer Steueranmeldung nach § 168 AO.

Werden die aufgeführten Berichtigungen im Rahmen eines Rechtsbehelfsverfahrens geltend gemacht, so richtet sich die Gebühr nach den dortigen Vorschriften.

Der **Gegenstandswert** richtet sich nach den Regeln für den Streitwert (siehe Streitwert-ABC).

10. § 23 Nr. 8 – Rücknahme oder Widerruf eines sonstigen Verwaltungsakts

Zurückgenommen oder widerrufen werden nur Verwaltungsakte, die nicht Steuerbescheide sind und ihnen auch nicht gleichgestellt sind (siehe Anm. zu Nr. 7). Die Rücknahme und der Widerruf sind in §§ 130, 131 AO geregelt. Daneben kommt § 129 (offenbare Unrichtigkeit) in Betracht.

Dazu gehören u. a.

§ 109 AO	Fristverlängerung,
§ 148 AO	Buchführungserleichterung,
§ 152 AO	Festsetzung des Verspätungszuschlags,
§ 191 AO	Haftungs- und Duldungsbescheid,
	Anrechnungsübersicht im ESt-Bescheid,
§ 218 AO	Abrechnungsbescheid,
§ 222 AO	Stundung,
§ 227 AO	Billigkeitserlaß,
§ 328 AO	Festsetzung von Zwangsgeld.

Der **Gegenstandswert** ist nach den Regeln für den Streitwert zu bestimmen (siehe Streitwert-ABC).

11. § 23 Nr. 9 – Wiedereinsetzung in den vorigen Stand

Die Vorschrift erfaßt nur den Antrag außerhalb eines Rechtsbehelfs. Wird der Antrag im Rahmen eines außergerichtlichen Rechtsbehelfsverfahren gestellt, was die Regel ist, so entsteht keine gesonderte Gebühr. Die geleistete Tätigkeit wird mit der Geschäftsgebühr nach § 41 abgegolten.

Hat der StB die Fristversäumnis zu vertreten, so steht ihm keine Vergütung zu (§ 633 BGB).

Gegenstandswert ist der Betrag, der bei Ablehnung des gestellten Antrags für den Stpfl. verloren ginge.

§ 23

12. § 23 Nr. 10 – Sonstige Anträge

Die Vorschrift erfaßt nur Anträge, die nicht in Steuererklärungen gestellt werden. Anträge, die in Steuererklärungen gestellt werden, sind mit der Gebühr für die Anfertigung der Steuererklärung abgegolten (§ 24). Es fällt also z. B. keine Gebühr nach § 23 Nr. 10 an für den Antrag auf Gewährung einer Steuerermäßigung wegen außergewöhnlicher Belastung im Rahmen der ESt-Erklärung.

Beispiele für Anträge i.S.d. Nr. 10:

Antrag auf

– Buchführungserleichterungen,

– Pauschalierung der LSt   § 40 Abs. 1 u. 2 EStG,

– verbindliche Zusage   § 204 AO,

– monatliche Abgabe der USt-Voranmeldung   § 18 Abs. 2 UStG,

– Unterlassung bzw. zeitliche Verschiebung einer
  Außenprüfung,

– Berechnung der USt nach vereinnahmten Entgelten   § 20 Abs. 1 UStG,

– Befreiung von der GrErwSt.

Beispiele für Anträge, die in Steuererklärungen gestellt werden und damit keine gesonderte Gebühr auslösen:

– Wegfall der Nutzungswertbesteuerung (in Anlage V der ESt-Erklärung),

– Steuerermäßigung nach § 34f EStG (Baukindergeld),

– ESt-Ermäßigung für zusätzliche vermögenswirksame Leistungen.

Der Antrag auf **Aussetzung der Vollziehung** löst keine Gebühr aus (§ 44 Abs. 2), wenn der StB auch im Rechtsbehelfsverfahren tätig wird. Vertritt der StB seinen Mandanten ausnahmsweise nur im Aussetzungsverfahren, so richtet sich seine Gebühr nach § 44 Abs. 1.

Anträge auf **Fristverlängerung** fallen unter die Nr. 10, wenn sie nicht durch eine andere Gebühr abgegolten sind, wie z. B. der Antrag auf spätere Abgabe der Steuererklärung im vereinfachten Verfahren (§ 24), der Begründung des Einspruchs bzw. der Beschwerde (§ 41) oder der Klage (§ 45). Ein Gebührenanspruch besteht nicht, wenn allein der StB die eingetretene Verzögerung zu vertreten hat. Ist dagegen der Mandant an der Verspätung schuld und ist im Zusammenhang mit dem Antrag auf Fristverlängerung ein nicht unbedeutender Aufwand erforderlich (z. B. eingehende Begründung), so ist die Gebühr § 23 Nr. 10 zu entnehmen. Als Gegenstandswert schlägt Lieffering (StB 1984 S. 2) in Anlehnung an die Höhe eines evtl. zu erhebenden Erzwingungsgelds oder eines Verspätungszuschlags 10% der Steuerschuld vor.

Der Antrag auf **Fristverlängerung nach § 46 UStDV** erfolgt im Zusammenhang mit der Anmeldung der Sonder-Vorauszahlung (§§ 47, 48 UStDV), die als Steuererklärung gilt. Auf die Gebühr ist § 24 Abs. 1 Nr. 7 sinngemäß anzuwenden (§ 2). Diese Gebühr gilt auch den Antrag auf Fristverlängerung ab, weil beide Leistungen als eine einheitliche Angelegenheit anzusehen sind.

Gegenstandswert ist der Wert des Interesses (§ 10). Siehe Streitwert-ABC.

86

13. § 23 Satz 2 – Mehrere Tätigkeiten
Soweit Tätigkeiten nach den Nrn. 1 – 10 denselben Gegenstand betreffen, fällt nur die höhere Gebühr an. Der Höchstsatz darf nicht überschritten werden.

M.E. betreffen folgende Fälle „denselben Gegenstand":
- Antrag auf Änderung des Steuerbescheids mit dem Antrag auf Stundung bis zur Entscheidung,
- Antrag auf abweichende Steuerfestsetzung aus Billigkeitsgründen (Nr. 4) oder Erlaß (Nr. 7).

§ 24 Steuererklärungen

(1) Der Steuerberater erhält für die Anfertigung

1. der Einkommensteuererklärung ohne Ermittlung der einzelnen Einkünfte
einer vollen Gebühr nach Tabelle A (Anlage 1); Gegenstandswert ist die Summe der positiven Einkünfte, jedoch mindestens 12 000 Deutsche Mark; **1/10 bis 6/10**

2. der Erklärung zur gesonderten Feststellung der Einkünfte ohne Ermittlung der Einkünfte
einer vollen Gebühr nach Tabelle A (Anlage 1); Gegenstand ist die Summe der positiven Einkünfte, jedoch mindestens 12 000 Deutsche Mark; **1/10 bis 5/10**

3. der Körperschaftsteuererklärung ohne Entwicklung des nach § 30 des Körperschaftsteuergesetzes zu gliedern den verwendbaren Eigenkapitals
einer vollen Gebühr nach Tabelle A (Anlage 1); Gegenstandswert ist das Einkommen vor Berücksichtigung eines Verlustabzugs, jedoch mindestens 25 000 Deutsche Mark; **2/10 bis 8/10**

4. der Erklärung über die Entwicklung des nach § 30 des Körperschaftsteuergesetzes zu gliedernden verwendba ren Eigenkapitals
einer vollen Gebühr nach Tbelle A (Anlage 1); Gegenstandswert ist das verwendbare Eigenkapital, jedoch mindestens 25 000 Deutsche Mark; **1/10 bis 6/10**

5. der Erklärung zur Gewerbesteuer
   a) nach dem Gewerbeertrag
   einer vollen Gebühr nach Tabelle A (Anlage 1); Gegenstandswert ist der Gewerbeertrag vor Berücksichtigung des Freibetrages und eines Gewerbeverlustes, jedoch mindestens 12 000 Deutsche Mark; **1/10 bis 6/10**

   b) nach dem Gewerbekapital
   einer vollen Gebühr nach Tabelle A (Anlage 1); Gegenstandswert ist das Gewerbekapital vor Berücksichtigung der Freibeträge, jedoch mindestens 18 000 Deutsche Mark; **1/20 bis 12/20**

6. der Gewerbesteuerzerlegungserklärung   1/10 bis 6/10
einer vollen Gebühr nach Tabelle A (Anlage 1); Gegenstandswert sind 10 vom Hundert der als Zerlegungsmaß-
stab erklärten Arbeitslöhne und Betriebseinnahmen, jedoch mindestens 8 000 Deutsche Mark.

7. der Umsatzsteuervoranmeldung   1/10 bis 6/10
einer vollen Gebühr nach Tabelle A (Anlage 1); Gegenstandswert sind 10 vom Hundert des Gesamtbetrags der
Entgelte zuzüglich des Eigenverbrauchs, jedoch mindestens 1 000 Deutsche Mark;

8. der Umsatzsteuerjahreserklärung einschließlich ergänzender Anträge und Meldungen   1/10 bis 8/10
einer vollen Gebühr nach Tabelle A (Anlage 1); Gegenstandswert sind 10 von Hundert des Gesamtbetrags der
Entgelte zuzüglich des Eigenverbrauchs, jedoch mindestens 12 000 Deutsche Mark;

9. der Vermögensaufstellung zur Ermittlung des Einheitswertes des Betriebsvermögens   1/20 bis 14/20
einer vollen Gebühr nach Tabelle A (Anlage 1); Gegenstandswert ist das Rohbetriebsvermögen, jedoch mindestens 25 000 Deutsche Mark;

10. der Vermögensteuererklärung oder der Erklärung zur
gesonderten Feststellung des Vermögens von Gemein-
schaften   1/20 bis 18/20
einer vollen Gebühr nach Tabelle A (Anlage 1); Gegenstandswert ist das Rohvermögen, jedoch bei natürlichen
Personen mindestens 25 000 Deutsche Mark und bei
Körperschaften, Personenvereinigungen und Vermögensmassen mindestens 50 000 Deutsche Mark;

11. der Erklärung zur gesonderten Feststellung des gemeinen Werts nicht notierter Anteile an Kapitalgesellschaften   1/20 bis 18/20
einer vollen Gebühr nach Tabelle A (Anlage 1); Gegenstandswert ist die Summe der Anteilswerte, jedoch mindestens 50 000 Deutsche Mark;

12. der Erbschaftsteuererklärung ohne Ermittlung der Zugewinnausgleichsforderung nach § 5 des Erbschaftsteu-
ergesetzes   2/10 bis 10/10
einer vollen Gebühr nach Tabelle A (Anlage 1); Gegenstandswert ist der Wert des Erwerbs von Todes wegen
vor Abzug der Schulden und Lasten, jedoch mindestens
25 000 Deutsche Mark;

13. der Schenkungsteuererklärung   2/10 bis 10/10
einer vollen Gebühr nach Tabelle A (Anlage 1); Gegenstandswert ist der Rohwert der Schenkung, jedoch mindestens 25 000 Deutsche Mark;

14. der Kapitalertragsteuererklärung   1/20 bis 6/20
einer vollen Gebühr nach Tabelle A (Anlage 1); Gegenstandswert ist die Summe der kapitalertragsteuerpflich-
tigen Kapitalerträge, jedoch mindestens 6 000 Deutsche
Mark;

15. der Lohnsteueranmeldung   1/20 bis 6/20
einer vollen Gebühr nach Tabelle A (Anlage 1); Gegenstandswert sind 20 vom Hundert der Arbeitslöhne einschließlich sonstiger Bezüge, jedoch mindestens 2 000
Deutsche Mark;

16. von Steuererklärungen auf dem Gebiet der Zölle und der
Verbrauchsteuern, die als Einfuhrabgaben erhoben werden,   1/10 bis 3/10
einer vollen Gebühr nach Tabelle A (Anlage 1); Gegenstandswert ist der Betrag, der sich bei Anwendung der
höchsten in Betracht kommenden Abgabensätze auf die
den Gegenstand der Erklärung bildenden Waren ergibt,
jedoch mindestens 2 000 Deutsche Mark;

17. von Anmeldungen oder Erklärungen auf dem Gebiete
der Verbrauchsteuern, die nicht als Einfuhrabgaben erhoben werden,   1/10 bis 3/10
einer vollen Gebühr nach Tabelle A (Anlage 1); Gegenstandswert ist für eine Steueranmeldung der angemel-
dete Betrag und für eine Steuererklärung der festgesetzte Betrag, jedoch mindestens 2 000 Deutsche Mark;

18. von Anträgen auf Gewährung einer Verbrauchsteuervergütung oder einer einzelgesetzlich geregelten Verbrauch-
steuererstattung, sofern letztere nicht in der monatlichen
Steuererklärung oder Steueranmeldung geltend zu machen ist,   1/10 bis 3/10
einer vollen Gebühr nach Tabelle A (Anlage 1); Gegenstandswert ist die beantragte Vergütung oder Erstattung,
jedoch mindestens 2 000 Deutsche Mark;

19. von Anträgen auf Gewährung einer Investitionszulage   1/10 bis 6/10
einer vollen Gebühr nach Tabelle A (Anlage 1); Gegen-
standswert ist die Bemessungsgrundlage;

20. entfallen

21. von Anträgen auf Vergütung der abziehbaren Vorsteuer
beträge an im Ausland ansässige Unternehmer   1/10 bis 6/10
einer vollen Gebühr nach Tabelle A (Anlage 1); Gegenstandswert ist die beantragte Vergütung, jedoch mindestens 2 000 Deutsche Mark;

22. von Anträgen auf Erstattung von Kapitalertragsteuer
und Vergütung der anrechenbaren Körperschaftsteuer   1/10 bis 6/10
einer vollen Gebühr nach Tabelle A (Anlage 1); Gegenstandswert ist die beantragte Erstattung, jedoch mindestens 2 000 Deutsche Mark;

23. von Anträgen nach Abschnitt X des Einkommensteuergesetzes   2/10 bis 10/10
einer vollen Gebühr nach Tabelle A; Gegenstandswert
ist das beantragte Jahreskindergeld;

24. von Anträgen nach dem Eigenheimzulagengesetz   2/10 bis 10/10
einer vollen Gebühr nach Tabelle A; Gegenstandswert
ist die beantragte Eigenheimzulage;

(2) Für die Ermittlung der Zugewinnausgleichsforderung nach § 5 des Erb-
schaftsteuergesetzes erhält der Steuerberater 5 Zehntel bis 15 Zehntel einer
vollen Gebühr nach Tabelle A (Anlage 1); Gegenstandswert ist der ermittelte
Betrag, jedoch mindestens 25 000 Deutsche Mark;

(3) Für einen Antrag auf Lohnsteuerermäßigung (Antrag auf Eintragung von
Freibeträgen) erhält der Steuerberter   1/20 bis 4/20
einer vollen Gebühr nach Tabelle A (Anlage 1); Gegenstandswert ist der voraussichtliche Jahresarbeitslohn; er beträgt mindestens 9 000 Deutsche Mark;

(4) Der Steuerberater erhält die Zeitgebühr

1. für die Anfertigung einer Erklärung zur Hauptfeststellung, Fortschreibung
oder Nachfeststellung der Einheitswerte für Grundbesitz;

2. für Arbeiten zur Feststellung des verrechenbaren Verlustes gemäß § 15a
des Einkommensteuergesetzes;

3. für die Anfertigung einer Meldung über die Beteiligung an ausländischen
Körperschaften, Vermögensmassen und Personenvereinigungen und an
ausländischen Personengesellschaften;

4. für die Anfertigung eines Erstattungsantrages nach § 50 Abs. 5 Satz 4 Nr.
3 des Einkommensteuergesetzes;

5. für die Anfertigung einer Anmeldung nach § 50a Abs. 5 des Einkommensteuergesetzes, § 73e der Einkommensteuer-Durchführungsverord-
nung.

Anmerkungsübersicht:

1. Allgemeines

2. § 24 Abs. 1 Nr. 1 – Einkommensteuererklärung

3. § 24 Abs. 1 Nr. 2 – Erklärung zur gesonderten Feststellung der Einkünfte

4. § 24 Abs. 1 Nr. 3 – Körperschaftsteuererklärung

5. § 24 Abs. 1 Nr. 4 – Entwicklung des verwendbaren Eigenkapitals

6. § 24 Abs. 1 Nr. 5 – Gewerbesteuererklärung

7. § 24 Abs. 1 Nr. 6 – Gewerbesteuer-Zerlegung

8. § 24 Abs. 1 Nrn. 7
und 8 – Umsatzsteuer

9. § 24 Abs. 1 Nr. 9 – Vermögensaufstellung zur Ermittlung des Einheitswerts
des Betriebsvermögens

Anmerkungen zu § 24:

1. Allgemeines

§ 24 enthält die Gebührenvorschriften für die Tätigkeit des StB im Zusammenhang mit Steuererklärungen. Sehen neuere Vorschriften weitere Steuererklärungen vor, so ist § 24 – über § 2 – sinngemäß anzuwenden.

Ebenso ist zu verfahren, wenn eine Steuererklärung in § 24 nicht aufgeführt ist, wie z. B.

– die Anmeldung der Sonder-Vorauszahlung der USt nach § 47 UStDV   Abs. 1 Nr. 7,

– die Anmeldung der Aufsichtsratsteuer (§ 50a Abs. 4 EStG)   Abs. 1 Nr. 14.

Überprüft der StB die vom Mandanten selbst gefertigte Steuererklärung, so ist § 24 ebenfalls sinngemäß anzuwenden, mit der Folge, daß ein geringerer Rahmensatz anzusetzen ist.

Offen ist die Frage, ob mit der Gebühr für die ESt-Erklärung auch die **Berechnung der voraussichtlichen Abschlußzahlung bzw. Erstattung** abgegolten ist. Ich neige dazu, daß diese Unterrichtung zur ordnungsgemäßen Anfertigung der Steuererklärung gehört und daß damit eine besondere Gebühr nicht anfällt.

Anträge auf Fristverlängerung für die Abgabe der Steuererkärung sind im allgemeinen mit der Gebühr nach § 24 abgegolten. Werden solche Anträge auf Veranlassung des Mandanten gestellt und verursachen sie einen nicht unbedeutenden Aufwand, dann ist allerdings eine Berechnung nach § 23 Nr. 10 berechtigt, wobei als Gegenstandswert 1/10 des Gegenstandswerts der betreffenden Steuererklärung anzusetzen sind (s. Lieffering, StB 1984 S. 2; Hanseat. OLG v. 28. 6. 1984, zitiert von Sengelmann, StB 1986 S. 173, 178).

Die **Raterteilung**, die mit der Fertigung des Entwurfs der Steuererklärung zusammenhängt, wird mit der Gebühr nach § 24 abgegolten. Eine besondere Gebühr (nach § 21) entsteht aber, wenn die Raterteilung andere Fragen betrifft.

Wird im Zusammenhang mit der Steuererklärung eine **Besprechung** mit dem FA oder auch mit Dritten erforderlich, so entsteht m.E. in jedem Fall die Gebühr nach § 31, auch wenn es sich um eine weitere Sachverhaltsaufklärung handelt. Mittelsteiner-Scholz wollen die Gebühr aber nur ansetzen, wenn Rechtsfragen besprochen werden.

Die **Beantwortung von Rückfragen des FA** ist grundsätzlich mit der Gebühr nach § 24 abgegolten, wenn es sich um Arbeiten handelt, die üblicherweise bei der Erstellung der Steuererklärung anfallen, z. B. Einzelaufstellung von Aufwendungen. Eine gesonderte Gebühr entsteht aber, wenn es sich um nicht unbedeutende Nacharbeiten handelt und sie nicht durch eine unzureichende oder unqualifizierte Arbeit des StB veranlaßt sind. Im übrigen siehe Anm. 2 zu § 12.

Die Gebührenpflicht wird auch ausgelöst, wenn die Steuererklärung **Mängel** aufweist. Es entsteht aber ein Anspruch auf kostenlose Nachbesserung. Im übrigen gilt für die Änderung (Berichtigung) einer Steuererklärung das gleiche wie für die Änderung eines Jahresabschlusses, siehe Anm. 8 zu § 35. Eine Sonderstellung genießt die Berichtigung einer Steuererklärung nach § 153 AO, siehe § 23 Nr. 1.

Veranlaßt der StB (aus Unkenntnis) die Abgabe einer Steuererklärung, obwohl einwandfrei keine Steuerpflicht besteht und auch keine Erklärung abzugeben ist, so steht ihm keine Gebühr zu. Fordert dagegen das FA die Steuererklärung an, dann entsteht die Gebühr in jedem Fall, auch wenn es dann zu einem sog. nv-Fall kommt.

Die Gebühr steht dem StB auch dann zu, wenn die Unterschrift des Mandanten fehlt. Schließlich fertigt der StB sowieso – in allen Fällen – nur den Entwurf für die Steuererklärung. Eine Steuererklärung wird dieser Entwurf erst mit der Unterschrift des Mandanten, mit der dieser – nicht der StB – versichert, die Angaben nach bestem Wissen und Gewissen gemacht zu haben. Der StB erhält also seine Gebühr – genau genommen – für die Anfertigung des Entwurfs der Steuererklärung. Fehlt die Unterschrift, so fehlt der Teil, den nicht der StB, sondern der Mandant zu erbringen hat. Die Gebühr nach § 24 fällt also an, wenn die Erklärung soweit erstellt ist, daß nur noch die Unterschrift fehlt. Ein Mangel, der kostenlos zu beseitigen wäre, würde allerdings vorliegen, wenn der StB die Steuererklärung ohne Vorlage an den Mandanten und damit auch ohne Unterschrift an das FA schickt.

Ebenso erhält der StB die Gebühr für eine als vorläufig bezeichnete Steuererklärung, z.B. weil ein Jahresabschluß eines Gewerbebetriebs noch nicht erstellt ist.der StB könnte mit dem gleichen Aufwand den endgültig festgelegten Gewinn eintragen. Es ist also kein Grund ersichtlich, warum die Gebühr nach § 24 nicht anfallen sollte, insbesondere wenn der Mandant es zu vertreten hat, daß noch keine endgültige Erklärung abgegeben werden konnte. Enthält eine Steuererklärung vorwiegend pauschale Angaben, weil die endgültigen Zahlen noch nicht vorliegen, dann wird die Gebühr entsprechend zu ermäßigen sein. Hat der StB es zu vertreten, daß eine vorläufige Steuererklärung und keine endgültige abgegeben werden kann, so ist es mehr als zweifelhaft, ob (zunächst) überhaupt ein Gebührenanspruch besteht.

Die jeweils angegebenen **Mindest-Gegenstandswerte** sind nicht nur anzusetzen, wenn der positive Gegenstandswert darunter liegt, sondern auch wenn er negativer Art ist und auch dann, wenn die negative Zahl sehr hoch ist. Bei hohen negativen Werten wird eine Vereinbarung nach § 4 angezeigt sein.

2. § 24 Abs. 1 Nr. 1 – Einkommensteuererklärung

Die Gebühr entgilt die Tätigkeit im Zusammenhang mit der Abgabe des Hauptvordrucks, also auch die Tätigkeit im Zusammenhang mit den Sonderausgaben. Seit Erlaß der StBGebV ist hier z. B. durch den § 10e EStG für nicht wenige Fälle eine erhebliche Mehrarbeit hinzugekommen, die bisher im Rahmen der GebV noch nicht berücksichtigt worden ist, obwohl dazu bei Erlaß der 1. ÄndVO Gelegenheit gewesen wäre. Der VO-Geber war offensichtlich der Auffassung, daß dies durch den Gebührenrahmen abgedeckt ist (gl. A. Eckert, DStR 1988 S. 334). Dem dürfte zuzustimmen sein.

Mit der Gebühr ist übrigens auch der Antrag auf Wegfall der Nutzungswertbesteuerung und der Antrag auf Steuerermäßigung nach § 34f EStG (Baukindergeld) abgegolten.

Für die Ermittlung der einzelnen Einkünfte entstehen gesonderte Gebühren (siehe §§ 25 – 27, 35). Im Falle der Zusammenveranlagung von Ehegatten liegt nur eine Steuererklärung vor, wenn dabei auch zwei Auftraggeber gegeben sind, siehe Anm. 2 zu § 6.

Abs. 1 Nr. 1 ist wohl sinngemäß anzuwenden auf den **Antrag auf Erteilung einer nv-Bescheinigung** für Zwecke der Erstattung der KapESt bzw. der Vergütung der KSt. Zusätzlich kann die Gebühr nach Nr. 22 anfallen.

Bei **Beteiligung an einer Personengesellschaft** wird nur der mitgeteilte Gewinn- oder Verlustanteil übernommen. Eine gesonderte Gebühr fällt dadurch nicht an. Die anfallende (geringe) Arbeit ist mit der Gebühr für den Hauptvordruck abgegolten, ein höherer Gewinnanteil kann – im Gegenteil – zu einem ungerechtfertigt hohen Gegenstandswert für die ESt-Erklärung führen. Wegen der Ermittlung der Sonder-Betriebsausgaben siehe Anm. zu § 2.

Gegenstandswert ist die Summe der positiven Einkünfte.

Der Begriff „Summe der positiven Einkünfte" bedeutet, daß nur die positiven Einkünfte addiert werden. Die negativen Einkünfte bleiben außer Ansatz.

Beispiel:

Einkünfte aus		Positiv Einkünfte	Negative Einkünfte
Einkünfte aus	Gewerbebetrieb	60 000 DM	
	Kapitalvermögen	13 000 DM	
	Vermietung und Verpachtung		8 000 DM
Gegenstandswert		73 000 DM	

Auch bei der **Zusammenveranlagung** bezieht jeder Ehegatte eigene Einkünfte (§ 26b EStG; Abschn. 174b EStR). Jeder Ehegatte kann also z. B. Einkünfte aus Vermietung und Verpachtung haben. Das bedeutet, daß bei der Bestimmung der Summe der positiven Einkünfte die zusammenveranlagten Ehegatten wie zwei Steuerpflichtige zu behandeln sind.

Beispiel:

Die zusammenveranlagten Ehegatten bezogen folgende Einkünfte:

			Ehemann	Ehefrau
Einkünfte aus Gewerbebetrieb			+ 50 000	- 20 000
Einkünfte aus Kapitalvermögen				+ 4 000
Einkünfte aus Vermietung und Verpachtung				
Ehemann	Haus A	- 10 000		
	B	+ 8 000	- 2 000	
Ehefrau	Haus C	+ 20 000		
	D	- 5 000		+ 15 000
Summe der positiven Einkünfte			+ 50 000	+ 19 000
Gegenstandswert für beide Ehegatten gemeinsam			69 000	

In den Gegenstandswert sind nicht einzubeziehen:

– Arbeitslosengeld, Kurzarbeitergeld, Schlechtwettergeld, Arbeitslosenhilfe und

– ausländische Einkünfte, die nach einem DBA steuerfrei sind.

Wegen der mit dem Progressionsvorbehalt verbundenen Mehrarbeit ist aber eine höhere Gebühr gerechtfertigt.

3. § 24 Abs. 1 Nr. 2 – Erklärung zur gesonderten Feststellung der Einkünfte

Die gesonderte Feststellung der Einkünfte ist geregelt in § 180 Abs. 1 Nr. 2 und Abs. 2 AO. Erklärt werden die Einkünfte auf den Vordrucken ESt 1B mit der Anlage ESt 1, 2, 3. Für die Ermittlung der Einkünfte erhält der StB – wie bei der ESt-Erklärung – gesonderte Gebühren.

Gegenstandswert ist – wie bei der ESt-Erklärung – die Summe der positiven Einkünfte.

Bei der Bestimmung des Rahmensatzes ist § 11 zu beachten. Von Bedeutung sind dabei die Zahl der Beteiligten und der Umfang der aufzuteilenden Werte.

Die Vorschrift ist wohl über § 2 sinngemäß anzuwenden auf die einheitliche Feststellung einzelner Besteuerungsgrundlagen (§ 180 Abs. 2 AO).

4. § 24 Abs. 1 Nr. 3 – Körperschaftsteuererklärung

Nach dem Wortlaut ist nur gesondert zu berechnen die Entwicklung des zu gliedernden verwendbaren Eigenkapitals. Von der gesonderten Berechnung der Ermittlung der Einkünfte ist – im Gegensatz zu Nr. 1 – keine Rede. Es gibt aber keinen vernünftigen Grund, hier anders zu verfahren als bei der ESt-Erklärung (ebenso Eckert-Böttcher, S. 273).

Gegenstandswert ist „das Einkommen vor Berücksichtigung eines Verlustabzugs", also nicht das zu versteuernde Einkommen. Der Verlustabzug (Verlustvortrag und Verlustrücktrag) bleibt unberücksichtigt. Auch bei einem sehr hohen negativen Einkommen ist der Mindest-Gegenstandswert anzusetzen.

5. § 24 Abs. 1 Nr. 4 – Entwicklung des verwendbaren Eigenkapitals

Der Gebührenansatz betrifft die mit den Vordrucken KSt 1G/A ff. verbundenen Arbeiten. Bei komplizierten Fällen (z. B. Vordruck KSt 1G/A-B bei Verlustrücktrag oder KSt 1G/Dd bei Einkünften aus verschiedenen ausländischen Staaten) wird die anzusetzende Gebühr dem oberen Rahmen zu entnehmen sein.

Gegenstandswert ist das verwendbare Eigenkapital. Maßgebend ist wohl der Schluß des Wirtschaftsjahres. Auszugehen ist von der Summe der Teilbeträge des verwendbaren Eigenkapitals. Ergibt sich ein negativer Wert, so ist der Mindest-Gegenstandswert anzusetzen.

6. § 24 Abs. 1 Nr. 5 – Gewerbesteuererklärung

Gegenstandswert nach Buchstabe **a** ist „der Gewerbeertrag vor Berücksichtigung des Freibetrags und eines Gewerbeverlusts". Mit dem Freibetrag ist der Freibetrag nach § 11 Abs. 1 GewStG gemeint, mit Gewerbeverlust die gemäß § 10a GewStG zu berücksichtigenden Verluste der Vorjahre. Der nur teilweise Ansatz der Schuldzinsen führt zu einer Minderung des Gegenstandswerts.

Gegenstandswert nach Buchstabe **b** war das Gewerbekapital „vor Berücksichtigung der Freibeträge", also sowohl der allgemeine Freibetrag nach § 13 Abs. 1 GewStG als auch der Freibetrag für Dauerschuldzinsen. Nach dem Wegfall der Gewerbekapitalsteuer ist die Gebührenvorschrift des § 24 Abs. 1 Nr. 5b ohne Bedeutung.

Für die Zerlegung des Steuermeßbetrags ist eine besondere Gebühr vorgesehen (Nr. 6).

Der Höchstpauschsatz für den Auslagenersatz nach § 16 kann für die GewSt-Erklärung nur einmal berechnet werden, weil nur eine Angelegenheit gegeben ist (Eckert, DStR 1984 S. 616).

7. § 24 Abs. 1 Nr. 6 – Gewerbesteuer-Zerlegung

Gegenstandswert war ursprünglich der einheitliche Steuermeßbetrag. Das führte – auch nach der amtlichen Begründung – zu einer völlig unzureichenden Honorierung. Aus diesem Grund wurde die Bezugsgröße mit Wirkung vom 1. 7. 1988 durch die 1. ÄndVO geändert.

8. § 24 Abs. 1 Nr. 7 und 8 – Umsatzsteuer

Der Gegenstandswert ist zu berechnen aus dem Gesamtbetrag der Entgelte zuzüglich des Eigenverbrauchs. Die Erhöhung des Zehntelsatzes in Nr. 8 für die Fertigung der Umsatzsteuerjahreserklärung von 6/10 auf 8/10 ist durch die umfangreicheren Tätigkeiten im Zusammenhang mit dem USt-Binnenmarkgesetz gerechtfertigt.

Dem Begriff „Gesamtbetrag der Entgelte" muß wohl entnommen werden, daß – neben den steuerpflichtigen und steuerfreien – auch die nicht steuerbaren Entgelte (z. B. Auslandsumsätze) in die Bemessungsgrundlage eingehen (a.A. Lauth, Bonner Handbuch d. Steuerbertg.. E 2430), und zwar so, wie sie in der USt-Voranmeldung und der Jahreserklärung aufgeführt sind, also vereinbarte oder vereinnahmte Entgelte.

Es ergibt sich folgende Rechnung:

10 v. H. aus (Gesamtbetrag der Entgelte + Eigenverbrauch)

Ebenso Horn, StB 1983 S. 330. Der Eigenverbrauch ist also ebenfalls nur mit 10 v. H. anzusetzen.

Erstellt der StB die Bücher, so ist mit der dafür vorgesehenen Gebühr (s. § 33 sowie § 39 Abs. 2) die USt-Voranmeldung mit abgegolten.

Nr. 8 ist wohl sinngemäß anzuwenden auf **Optionserklärungen** nach § 19 Abs. 2 UStG, wobei 10 v. H. der der Steuervergünstigung zugrunde liegenden Umsätze – umgerechnet auf einen Jahresumsatz – als Gegenstandswert zu nehmen sind (Lieffering, StB 1984 S. 2).

Fallen im Vorsteuerbereich oder bei anderen Kürzungen erhebliche Arbeiten an, so wird die vorgesehene Gebühr zu niedrig sein. Völlig unzutreffend ist die Mindestgebühr, wenn keine Umsätze, aber erhebliche Vorsteuern anfallen.

9. § 24 Abs. 1 Nr. 9 – Vermögensaufstellung zur Ermittlung des Einheitswerts des Betriebsvermögens

Ab 1. 1. 1998 ist für „Einheitswert" das Wort „Wert" zu setzen (§ 97 Abs. 1a BewG).

Die Gebühr bezieht sich nur auf die bezeichnete Vermögensaufstellung für Einzelunternehmen und Personengesellschaften, nicht auch für Kapitalgesellschaften (siehe Nr. 10). Sie schließt wohl die Tätigkeit im Zusammenhang mit der Erstellung der Anlage AUF (zur Aufteilung des Einheitswerts) mit ein.

„Die Verminderung der Höchstgebühr für die Vermögensaufstellung trägt der Erleichterung durch Übernahme der Steuerbilanzwerte für die Einheitsbewertung des Betriebsvermögens Rechnung."

Besitzt der Mandant mehrere selbständige Betriebe, so muß er für jeden dieser Betriebe eine gesonderte Vermögensaufstellung einreichen mit der Folge, daß auch mehrere Gebühren entstehen.

Zur Erklärung zur Hauptfeststellung usw. der Einheitswerte für Grundbesitz (einschl. landw. Betriebe) s. Abs. 4 Nr. 1

Rohbetriebsvermögen ist gem. § 98a BewG die Summe der Werte für die zum gewerblichen Betrieb gehörenden Wirtschaftsgüter, ohne Abzug der Schulden. Dieser Betrag entspricht der Summe der Besitzposten und Hinzurechnungen im Vordruck Vm 4/83 (einschl. Schachtelbeteiligungen, a. A. Lehwald, StB 1984 S. 98).

10. § 24 Abs. 1 Nr. 10 – Vermögensteuererklärung

Da der Gesetzgeber wegen der Mehrheitsverhältnisse im Bundestag und im Bundesrat sich auf eine Neuregelung der Vermögensteuer nicht einigen konnte, die bisherige Fassung des Vermögensteuergesetzes aber vom Bundesverfassungsgericht im Beschluß vom 22. 6. 95 – 2 BvL 37/91 – für unvereinbar mit dem Grundgesetz erklärt wurde, liegt ab 1. 1. 97 keine gesetzliche Vorschrift über die Erhebung einer Vermögensteuer, die dem Grundgesetz entspricht, vor. Die Vermögensteuer wird daher ab 1. 1. 1997 nicht mehr erhoben. Der Gebührentatbestand des § 24 Abs. 1 Nr. 10 ist somit obsolet.

11. § 24 Abs. 1 Nr. 11 – Anteilsbewertung

Der **Gebührenrahmen** ist sehr weit gespannt. Dem unteren Bereich ist die Gebühr nur zu entnehmen, wenn die Sache einfach gelagert ist, z. B. bei der Ableitung aus Verkäufen (Abschn. 74 Abs. 3 VStR), bei Neugründungen (Abschn. 89 VStR). Wird eine gesonderte Feststellung nicht durchgeführt, weil die Anteile weder zur VSt noch zur GewSt heranzuziehen sind (Abschn. 76 S. 2 VStR), so hat das auf das Entstehen oder die Höhe der Gebühr keinen Einfluß.

Die **Summe der Anteilswerte** ergibt sich aus der Anwendung des ermittelten gemeinen Werts in v. H. des Nennkapitals; bei unterschiedlichen gemeinen Werten aus der Summe der getrennt vorzunehmenden Berechnungen (s. Eckert-Böttcher, S. 286).

12. § 24 Abs. 1 Nr. 12 – Erbschaftsteuer-Erklärung

Sind **mehrere Erben** vorhanden, so sind sie – insgesamt oder auch auch nur ein Teil von ihnen – berechtigt, die Steuererklärung gemeinsam abzugeben. Davon geht auch der bundeseinheitliche Vordruck ErbSt 1 aus. Die Erben schulden somit das Honorar des StB gemeinsam. Es liegt ein Fall des § 6 vor.

Der Begriff „Wert des Erwerbs von Todes wegen" ist wohl dem Begriff „Wert des gesamten Vermögensanfalls" in § 10 Abs. 1 ErbStG gleichzusetzen, wobei für die ErbSt-Erklärung eines von mehreren Erben nur dessen Bereicherung anzusetzen ist. Freibeträge werden nicht abgezogen. Nachlaßverbindlichkeiten sind nicht abzuziehen. Als Wert ist wohl – wieder aus praktischen Erwägungen – der nach § 12 ErbStG anzusetzende Wert maßgebend, d. h. daß z. B. Grundstücke mit dem Grundbesitzwert (§ 138f. BewG) zu berechnen sind. Die Auslegung, daß die steuerlichen Werte gelten, ist zwar nicht zwingend, jedoch in Anbetracht der jetzt geltenden Steuerwertermittlung (Bedarfsermittlung) tragbar.

Für die Ermittlung des Zugewinnausgleichs nach § 5 ErbStG ist in Abs. 2 ein besonderer Gebührenansatz vorgesehen.

13. § 24 Abs. 1 Nr. 13 – Schenkungsteuer-Erklärung

Rohwert der Schenkung ist kein steuertechnischer Begriff. Gemeint ist wohl die Bereicherung vor Abzug der übernommenen Verpflichtungen. Bei der Frage, ob überhaupt eine Bereicherung vorliegt, ist auch für Zwecke der ErbSt zunächst von den Verkehrswerten auszugehen. Erst dann stellt sich die weitere Frage, welche Werte steuerlich anzusetzen sind. Es ist also offen, welcher Wert hier als Gegenstandswert maßgebend ist. Aus praktischen Erwägungen wird man auch hier als Gegenstandswert den für steuerliche Zwecke ermittelten Bedarfswert (§ 138 BewG) zugrunde legen.

14. § 24 Abs. 1 Nr. 14 – Kapitalertragsteuererklärung

Die Gebühr wird durch jede Anmeldung ausgelöst, auch dann wenn ein Steuerabzug unterbleibt, z. B. wegen Identität zwischen Gläubiger und Schuldner.

Die Summe der steuerpflichtigen Kapitalerträge ergibt sich aus der Erklärung. Anzusetzen ist der Bruttobetrag der Dividenden usw.

15. § 24 Abs. 1 Nr. 15 – Lohnsteuer-Anmeldung

Auch eine maschinell erstellte LSt-Anmeldung löst die Gebühr aus. Führt der StB die Lohnkonten, so ist die Anfertigung der LSt-Anmeldung mit der Gebühr nach § 34 Abs. 2 – 4 abgegolten (OLG Düsseldorf, Urt. v. 16. 6. 94 – 13 U 207/ 93).

Gegenstandswert sind 20 v. H. der Arbeitslöhne, eine Größe, die für die Gebührenberechnung gesondert ermittelt werden muß. Anzusetzen sind die Bruttobezüge aller Arbeitnehmer im Anmeldungszeitraum.

16. § 24 Abs. 1 Nr. 16 – Einfuhrabgaben

Diese Vorschrift erfaßt alle Steuererklärungen auf dem Gebiet

– der Zölle,

– der Abschöpfungen (= zollähnliche Abgaben für Agrarerzeugnisse) und

– der Verbrauchsteuern, die als Eingangsabgaben erhoben werden.

17. § 24 Abs. 1 Nr. 17 – Verbrauchsteuern ohne Einfuhrabgaben

Die Vorschrift erfaßt alle Anmeldungen und Erklärungen auf dem Gebiet der Verbrauchsteuern, die nicht als Eingangsabgaben erhoben werden, sondern aufgrund inländischer Herstellung (z. B. bei der Biersteuer, der Tabaksteuer).

18. § 24 Abs. 1 Nr. 18 – Verbrauchsteuer-Vergütung

Die Vorschrift erfaßt Anträge auf Gewährung

– einer Verbrauchsteuervergütung und

– einer Verbrauchsteuer-Erstattung, sofern sie nicht in der monatlichen Steuererklärung oder der Steueranmeldung geltend zu machen ist (sonst Gebühr nach den Nrn. 16 oder 17).

19. § 24 Abs. 1 Nr. 19 – Investitionszulage

Das InvZulG 1999, das ab dem 1. 1. 1999 gilt, sieht verschiedene Bemessungsgrundlagen vor, je nachdem, ob es sich um betriebliche Investitionen, Modernisierungsmaßnahmen an Wohngebäuden (sowie Neubauten) oder an einer eigenen Wohnzwecken dienenden Wohnung im eigenen Haus handelt. Diese Bemessungsgrundlagen sind jeweils um bestimmte Beträge zu kürzen. Dieser gekürzte Betrag ist der Gegenstandswert für die Bemessung des Honorars des StB.

20. § 24 Abs. 1 Nr. 20 – BerlinFG

(gestrichen)

21. § 24 Abs. 1 Nr. 21 – Umsatzsteuer-Vergütung für Ausländer

Der Unternehmer hat in dem Antrag nach § 61 UStDV 1980 die Vergütung selbt zu berechnen. Sie ist Bemessungsgrundlage für die Gebühr des StB.

22. § 24 Abs. 1 Nr. 22 – Erstattung von Kapitalertragsteuer

Vergütung der Körperschaftsteuer

Die Vorschrift erfaßt die verschiedenen Einzel- und Sammelanträge.

Gegenstandswert ist nach dem Wortlaut der GebV „die beantragte Erstattung", also wohl der Betrag, in dessen Höhe Erstattung begehrt wird. Diese Fassung ist nicht verständlich. Würde nur die Vergütung der KSt beantragt werden, dann ergäbe sich nämlich kein Gegenstandswert, weil keine Erstattung, sondern eine Vergütung vorliegt. Kommt man aber zu dem Ergebnis, daß unter Erstattung auch die Vergütung zu verstehen ist, dann muß in dem Fall, in dem neben der Erstattung der KapSt auch die Vergütung der KSt beantragt wird, der Gegenstandswert beide Beträge umfassen.

23. § 24 Abs. 1 Nr. 23 – Kindergeld

Die durch den Gesetzgeber dem Arbeitgeber auferlegte Verpflichtung, das durch die Familienkasse festgesetzte Kindergeld zusammen mit dem Arbeitslohn auszuzahlen (§ 73 EStG), wie die Einfügung der gesamten Kindergeldregelungen in das Einkommensteuergesetz macht den Antrag auf Festsetzung und Zahlung von Kindergeld gem. § 67 EStG zu einer steuerlichen Angelegenheit, die der StB wahrnehmen kann. Der Gebührenrahmen für einen derartigen Antrag ist auf 2/10 bis 10/10 einer vollen Gebühr nach Tabelle A, der Gegenstandswert ist das beantragte **Jahres**kindergeld ohne Rücksicht auf die voraussichtliche Dauer des Kindergeldbezuges festgelegt.

24. § 24 Abs. 1 Nr. 24 – Eigenheimzulage

Die Förderung des Eigentums an der eigenen Wohnung ist durch das Eigenheimzulage-Gesetz gesondert geregelt (BGBl I S. 734). Der notwendige Antrag auf Eigenheimzulage beim Finanzamt durch den StB wird mit einer Gebühr von 2/10 bis 10/10 einer vollen Gebühr nach Tabelle A entgolten. Der Gegenstandswert ist die beantragte Eigenheimzulage (vgl. § 9 EigZulG).

25. § 24 Abs. 2 – Ermittlung der Zugewinnausgleichsforderung

Die Gebühr entsteht neben der Gebühr für die ErbSt-Erklärung (Abs. 1 Nr. 12).

Gemeint sind nur die Fälle, in denen allein für Zwecke der ErbSt beim Tod eines Ehegatten die fiktive Ausgleichsforderung zu berechnen ist. In allen anderen Fällen steht die Ausgleichsforderung fest; es gibt für steuerliche Zwecke nichts Zusätzliches zu ermitteln.

Die fiktive Berechnung kann erhebliche **Schwierigkeiten** bereiten, so z. B. die Ermittlung des Anfangsvermögens, wenn sehr weit zurückgegangen werden muß (u.U. bis zum 1. 7. 1958) und Unterlagen darüber nicht oder nur bruchstückweise vorhanden sind. Weitere Probleme ergeben sich bei der Berücksichtigung von ehevertraglichen Vereinbarungen über eine abweichende Zugewinnberechnung, bei Erwerben außerhalb des Erbrechts und bei Vorschenkungen, bei der Umrechnung der Verkehrswerte auf Steuerwerte usw.

Treten diese Probleme gehäuft auf, so ist die Gebühr der oberen Rahmenhälfte zu entnehmen, ggf. eine höhere Vergütung (§ 4) zu vereinbaren.

Gegenstandswert ist der „ermittelte Betrag", also der nach § 5 ErbStG ermittelte Betrag, d. h. der Betrag, der nach § 5 ErbStG nicht als Erwerb i.S.d. § 3 ErbStG gilt.

26. § 24 Abs. 3 Nr. 1 – Lohnsteuer-Jahresausgleich

Ab 1991 ist ein LStJA durch das FA nicht mehr möglich (StÄndG 1992). An seine Stelle tritt die ESt-Veranlagung, die jeder unbeschränkt stpfl. Arbeitnehmer beantragen kann.

27. § 24 Abs. 3 – Lohnsteuerermässigung (Antrag auf Eintragung von Freibeträgen)

Abs. 3 behandelt den Antrag auf Eintragung eines Freibetrags auf der Lohnsteuerkarte.

Der StB erhält für einen Antrag auf Lohnsteuerermässigung 1/20 bis 4/20 einer vollen Gebühr nach Tabelle A. Gegenstandswert ist der voraussichtliche Jahresarbeitslohn, mindestens 9 000 DM.

Die Bestimmung der Gebühr im Einzelfalle erfolgt nach den in § 11 genannten Kriterien.

28. § 24 Abs. 4 Nr. 1 – Einheitswerte

Für die Anfertigung einer Erklärung zur Feststellung der Einheitswerte für Grundbesitz (Hauptfeststellung, Fortschreibung oder Nachfeststellung) erhält der StB die Zeitgebühr nach § 13. Es liegt hier einer der wenigen Fälle vor, für die die StBGebV ausdrücklich die Zeitgebühr vorschreibt. Vgl. Anm. 2 zu § 13.

29. § 24 Abs. 4 Nr. 3, Nr. 4 und Nr. 5

Die vom VO-Geber unter diesen Nummern neu eingeführten Gebührentatbestände sind durch das geänderte Einkommensteuerrecht bedingt und gehören zu den Ausnahmetatbeständen, für die der VO-Geber ausdrücklich die Zeitgebühr vorschreibt (vgl. Anm. 2 zu § 13).

30. § 24 Abs. 4 Nr. 2 – Verlust nach § 15a EStG

Diese Gebühr fällt zusätzlich zu der Gebühr für die einheitliche Feststellung an (s. § 24 Abs. 1 Nr. 2), wenn der StB die für jeden Kommanditisten vorgesehene Anlage „Feststellung des verrechenbaren Verlusts nach § 15a Abs. 4 EStG" ausfüllt bzw. diese Ermittlung vornimmt.

Die Zeitgebühr nach Abs. 4 Nr. 2 fällt auch an bei der Feststellung des verrechenbaren Verlusts bei nicht-gewerblichen Einkünften (vgl. § 15a Abs. 5 EStG).

§ 25 Ermittlung des Überschusses der Betriebseinnahmen über die Betriebsausgaben

(1) Die Gebühr für die Ermittlung des Überschusses der Betriebseinnahmen über die Betriebsausgaben bei den Einkünften aus Land- und Forstwirtschaft, Gewerbebetrieb oder selbständiger Arbeit beträgt 5 Zehntel bis 20 Zehntel einer vollen Gebühr nach Tabelle B (Anlage 2). Gegenstandswert ist der jeweils höhere Betrag, der sich aus der Summe der Betriebseinnahmen oder der Summe der Betriebsausgaben ergibt, jedoch mindestens 25 000 Deutsche Mark.

(2) Für notwendige Vorarbeiten, die über das übliche Maß hinausgehen, erhält der Steuerberater die Zeitgebühr.

(3) Sind bei mehreren Einkünften aus derselben Einkunftsart die Überschüsse getrennt zu ermitteln, so erhält der Steuerberater die Gebühr nach Absatz 1 für jede Überschußrechnung.

Anmerkungsübersicht:

1. Anwendungsbereich
2. Überschußermittlung
3. Gegenstandswert
4. Vorarbeiten
5. Gebührenrahmen
6. Mehrere Gebühren
7. Schriftlicher Bericht
8. Wechsel der Gewinnermittlungsart

Anmerkungen zu § 25:

1. Anwendungsbereich

§ 25 regelt den Gebührenanspruch für die Ermittlung des Gewinns durch Gegenüberstellung der Betriebseinnahmen und der Betriebsausgaben nach § 4 Abs. 3 EStG für die sog. Gewinneinkünfte.

Der Ansatz erfolgt zusätzlich zur Erklärungsgebühr nach § 24 Abs. 1 Nr. 1.

§ 25 stellt nur auf die Ermittlung des Überschusses ab, nicht darauf, wofür das Ergebnis verwendet wird. Die Gebühr kann deshalb auch dann anfallen, wenn die

Überschußermittlung nicht für die ESt-Erklärung gebraucht wird, sondern z. B. für einen Antrag auf Herabsetzung der ESt-Vorauszahlungen (§ 23 Nr. 3).

Die Gebühr fällt auch an, wenn die Überschußermittlung nicht ein ganzes Jahr betrifft.
Wegen der Veräußerung des Betriebs nach Überschußermittlung siehe Anm. 3 zu § 2.

2. Überschußrechnung

Voraussetzung für die Gebühr nach Abs. 1 ist die Ermittlung des Überschusses der Betriebseinnahmen über die Betriebsausgaben bzw. umgekehrt. Eine solche Überschußermittlung liegt nicht vor, wenn im Rahmen der ESt-Erklärung (Anlage GS) der Gewinnanteil eines Mitunternehmers angegeben wird. Es erfolgt keine Ermittlung. Diese Angabe ist deshalb mit der Gebühr nach § 24 Abs. 1 Nr. 1 abgegolten. Zu den Sonder-Betriebsausgaben des Mitunternehmers siehe Anm. 3 zu § 2.

Auf die Gewinnermittlung bei Veräußerung einer wesentlichen Beteiligung (§ 17 EStG) ist § 25 sinngemäß anzuwenden (§ 2).

3. Gegenstandswert

Gegenstandswert ist die Summe der Betriebseinnahmen bzw. der höheren Betriebsausgaben. Zur **Summe der Betriebseinnahmen** gehören nicht

– durchlaufende Posten (= Beträge, die im Namen und für Rechnung eines anderen vereinnahmt werden),

– Darlehensaufnahmen und Darlehensrückzahlungen.

Die Umsatzsteuer stellt keinen durchlaufenden Posten dar. Folglich ist sie als Betriebseinnahme und als Betriebsausgabe anzusetzen. Freibeträge mindern die Betriebseinnahmen nicht.

4. Vorarbeiten

Vorarbeiten sind nur gesondert berechnungsfähig (Zeitgebühr), wenn sie erheblich über das übliche Maß hinausgehen. Solche Vorarbeiten können gegeben sein, wenn die vom Mandanten vorgelegten Belege nicht geordnet oder Aufzeichnungen unrichtig, unvollständig oder unordentlich sind oder wenn z. B. die Spalten nicht oder unrichtig addiert sind und aus diesen Gründen eine aufwendige Fehlersuche veranlaßt ist.

Für **Nebenarbeiten** ist ein gesonderter Ansatz nicht vorgesehen.

5. Gebührenrahmen

Für die Wahl der zutreffenden Gebühr innerhalb des gegebenen Rahmens ist vorwiegend von Bedeutung, wie die vom Mandanten vorgelegten Aufzeichnungen usw. beschaffen sind und ob sich bei der eigentlichen Überschußermittlung Besonderheiten ergeben, wie z. B. Erwerb eines Wirtschaftsguts gegen Leibrente, Wegfall einer Rentenverpflichtung, Ausscheiden eines Anlageguts aus dem Betriebsvermögen, Darlehensverluste, Verluste an Beteiligungen.

6. Mehrere Gebühren

Mehrere Gebühren nach § 25 fallen an, wenn der Mandant Einkünfte aus verschiedenen Einkunftsarten hat oder wenn er innerhalb einer Einkunftsart mehrere Betriebe hat oder auch sonst, wenn die Einkünfte aus einer Einkunftsart aus irgend einem Grund für mehrere Unterarten je getrennt ermittelt werden. Beispiel: Ein selbständiger Architekt hat auch noch Einnahmen als Schriftsteller und aus Vorträgen. Zusammenveranlagte Ehegatten werden dabei wie Fremde behandelt.

7. Schriftlicher Bericht

Nicht geregelt ist die Frage, wie abzurechnen ist, wenn zu der Überschußrechnung nach § 25 ein schriftlicher Bericht gemacht wird, der nicht nur wenige Teilzahlen aufführt. Analog der Vorschrift in § 35 Abs. 1 Nr. 6 dürfte eine Gebühr von 2/10 – 12/10 der Tabelle B angemessen sein (§ 2). Vertretbar wäre es aber auch, den Bericht in der Weise zu berücksichtigen, daß bei der Gebühr für die Überschußrechnung ein höherer Rahmensatz gewählt wird.

8. Wechsel der Gewinnermittlungsart

a) Übergang vom Bestandsvergleich zur Überschußrechnung

Beim Wechsel vom Bestandsvergleich zur Einnahmen-Überschußrechnung nach § 4 Abs. 3 EStG sind nach h.M. im ersten Jahr nach dem Übergang die Betriebseinnahmen um die Hinzurechnungen und die Betriebsausgaben um die Abrechnungen nach Abschn. 19 EStR zu erhöhen (Meyer, Stbg 1985 S. 11). Da die Tätigkeit sehr arbeitsaufwendig ist, wird die Höchstgebühr meist nicht ausreichen. Es liegen nämlich in Wirklichkeit zwei Überschußrechnungen vor, die erste über die Betriebseinnahmen über die Betriebsausgaben des Jahres, die allein in § 25 angesprochen ist, und daneben die Berichtigung mit den Hinzu- und Abrechnungen, die in § 25 nicht geregelt sind. Richtig ist es deshalb, zwei Gebühren anzusetzen: die Gebühr nach § 25 und daneben für die Berichtigungen eine Gebühr nach § 2 i.V.m. § 25.

b) Übergang von der Überschußrechnung zum Bestandsvergleich

Beim Wechsel zum Bestandsvergleich ist für das letzte Jahr der Überschußrechnung die Gebühr nach § 25 zu berechnen. Für die folgende Eröffnungsbilanz ergibt sich die Gebühr aus § 35 Abs. 1 Nr. 4. Nach Meyer (Stbg 1985 S. 11) ist mit dieser Gebühr auch die Gewinnberichtigung abgegolten. Dafür will er die berichtigte Bilanzsumme um die Hinzu- und die Abrechnungen erhöhen. Richtiger dürfte es m.E. aber wohl sein, eine dritte Gebühr vorzusehen. Mit der Gebühr für die Eröffnungsbilanz wird nämlich die Tätigkeit im Zusammenhang mit der Gewinnberichtigung nicht abgegolten. Die Gewinnberichtigung stellt vielmehr eine gesonderte Art von Überschußrechnung dar. Als Rechtsgrundlage für diese dritte Gebühr dient § 2 i.V.m. § 25 Abs. 1.

§ 26 Ermittlung des Gewinns aus Land- und Forstwirtschaft nach Durchschnittsätzen

(1) Die Gebühr für die Ermittlung des Gewinns nach Durchschnittsätzen beträgt 5 Zehntel bis 20 Zehntel einer vollen Gebühr nach Tabelle B (Anlage 2). Gegenstandswert ist der Ausgangswert nach § 13a Abs. 4 einschließlich der Summe der Sondergewinne nach § 13a Abs. 8 des Einkommensteuergesetzes.

(2) Sind für mehrere land- und forstwirtschaftliche Betriebe desselben Auftraggebers die Gewinne nach Durchschnittsätzen getrennt zu ermitteln, so erhält der Steuerberater die Gebühr nach Abs. 1 für jede Gewinnermittlung.

Anmerkungen zu § 26:

1. Anwendungsbereich

§ 26 regelt nur die Gebühr für die Ermittlung des Gewinns aus Land- und Forstwirtschaft nach § 13a EStG. Wegen der Gewinnermittlung durch Überschußrechnung siehe § 25, durch Bestandsvergleich siehe § 39.

Für die Erstellung der ESt-Erklärung (Hauptvordruck) ist die Gebühr § 24 Abs. 1 Nr. 1 zu entnehmen.

2. Gegenstandswert – Gebühr

Gegenstandswert ist der Ausgangswert nach § 13a Abs. 4 Nrn. 1 – 5 EStG, der der Anlage zur ESt-Erklärung entnommen werden kann, einschließlich der Summe der Sondergewinne, wie sie in den Nrn. 1 – 4 des Abs. 8 von § 13a aufgeführt sind. Anzuwenden ist die Tabelle B, nicht wie sonst bei Landwirten die Tabelle D. Wegen der Bemessung der Gebühr innerhalb des Rahmens siehe § 11.

3. Abgeltungsbereich

Mit der Gebühr nach § 26 sind abgegolten die Tätigkeiten im Zusammenhang mit

- dem Schuldzinsenabzug,

- der Behandlung der Pachtzinsen,

- der Inanspruchnahme des § 78 EStDV (Anschaffung oder Herstellung bestimmter Wirtschaftsgüter),

- der Inanspruchnahme des § 7b EStG für das eigene Wohngebäue, ausgenommen die Ermittlung der Herstellungskosten des Gebäudes für die in sinngemäßer Anwendung des § 25 Abs. 2 die Zeitgebühr zu berechnen ist (s. Anm. 8 zu § 27).

Neben der Gebühr nach § 26 sind gesondert zu berechnen,

- nach § 25

  die Überschußrechnung bei

  - Sonderbetriebszweigen, z. B. Sonderkulturen, Weinbau, Gartenbau,

  - Forstwirtschaft,

  - Veräußerung oder Entnahme von Grundstücken;

- in sinngemäßer Anwendung des § 25
  - Anträge und Berechnungen nach § 6c EStG,
  - Gewinnkorrekturen beim Wechsel der Gewinnermittlungsart,
  - Veräußerung oder Aufgabe des ganzen Betriebs oder eines Teilbetriebs.

Karnatz in Eckert-Böttcher (S. 304) sowie Lauth (Bonner Handbuch d. Stbtg., E 2604) meinen dagegen, daß die Berechnung der Gewinne aus Sonderkulturen usw. mit der Gebühr nach § 26 abgegolten sei. Diese Auslegung entspricht zwar dem Wortlaut des Abs. 1. Einkommensteuerrechtlich sind zwar die Gewinne aus Sonderkulturen usw. in den Durchschnittsgewinn einzubeziehen. Diese Gewinne werden aber regelmäßig durch eine gesonderte Überschußrechnung ermittelt (s. Absch. 130a Abs. 9 S. 8 EStR). Der damit verbundene Arbeitsaufwand ist i. d. R. nicht unbedeutend. Er kann daher nicht mit der Gebühr nach § 26 abgegolten sein; dieses Ergebnis ist m. E. nicht gewollt und widerspricht auch der sonstigen Handhabung. So fällt z. B. im Rahmen der Einkünfte aus Vermietung und Verpachtung für jede einzelne Überschußrechnung eine gesonderte Gebühr an (Anm. 6 zu § 27).

Für **Vorarbeiten** sieht § 26 – im Gegensatz zu § 25 – keine gesonderte Gebühr vor. Sie sind bei der Bestimmung der Gebühr einzubeziehen.

§ 27 Ermittlung des Überschusses der Einnahmen über die Werbungskosten

(1) Die Gebühr für die Ermittlung des Überschusses der Einnahmen über die Werbungskosten bei den Einkünften aus nichtselbständiger Arbeit, Kapitalvermögen, Vermietung und Verpachtung oder sonstigen Einkünften beträgt 1 Zwanzigstel bis 12 Zwanzigstel einer vollen Gebühr nach Tabelle A (Anlage 1). Gegenstandswert ist der jeweils höhere Betrag, der sich aus der Summe der Einnahmen oder der Summe der Werbungskosten ergibt, jedoch mindestens 12 000 Deutsche Mark.

(2) Beziehen sich die Einkünfte aus Vermietung und Verpachtung auf mehrere Grundstücke oder sonstige Wirtschaftsgüter und ist der Überschuß der Einnahmen über die Werbungskosten jeweils getrennt zu ermitteln, so erhält der Steuerberater die Gebühr nach Absatz 1 für jede Überschußrechnung.

Anmerkungen zu § 27:

1. Allgemeines

Die Vorschrift behandelt die Ermittlung des Überschusses der Einnahmen über die Werbungskosten. Dabei kommt es nicht darauf an, wofür das Ergebnis gebraucht wird. Die Gebühr nach § 27 kann also nicht nur dann anfallen, wenn die Ermittlung im Zusammenhang mit den in der ESt-Erklärung anzusetzenden Einkünften erfolgt, sondern auch z. B. wenn die Überschußrechnung nur im Hinblick auf den Progressionsvorbehalt erforderlich wird (s. Lehwald, DStR 1982 S. 215/216).

Die Gebühr für die Überschußermittlung wird zusätzlich zur Gebühr für die ESt-Erklärung bzw. für die Erklärung zur einheitlichen und gesonderten Feststellung der Einkünfte (§ 24 Abs. 1 Nr. 1 bzw. 2) erhoben. Neben der Gebühr für den Antrag auf LSt-Jahresausgleich (§ 24 Abs. 3) ist eine Gebühr nach § 27 nicht zulässig.

Die Gebühr nach Abs. 1 fällt übrigens auch an bei den Einkünften aus Vermietung und Verpachtung von Grundstücksgemeinschaften und von geschlossenen Immobilienfonds.

Die Gebühr entsteht bei der **Ermittlung** des Überschusses. Eine solche Ermittlung liegt vor, wenn auf der Einnahmen- oder auf der Ausgabenseite Ermittlungen vorgenommen wurden. Die Gebühr wird i. d. R. auch anfallen, wenn nicht die ermittelten Ausgaben, sondern ein Pauschbetrag zum Zuge kommt, aber detaillierte Ermittlngen dazu angestellt werden mußten, ob die tatsächlichen Aufwendungen den Pauschbetrag übersteigen (ebenso Lehwald, DStR 1982 S. 215, Mittelsteiner-Scholz, S. 157). Das gleiche dürfte gelten, wenn bei den Einnahmen festzustellen ist, ob sie steuerpflichtig sind, oder bei den Werbungskosten, ob sie steuerlich abzugsfähig sind. Eine Ermittlung der Einkünfte ist dann nicht gegeben, wenn lediglich fertige Endzahlen in die Erklärungsvordrucke übernommen werden:

Beispiele:

a) Der Mandant legt eine LSt-Karte vor. Werbungskosten sind zweifelsfrei nicht angefallen.

b) Der Mandant hat Einkünfte aus Kapitalvermögen aus Wertpapieren, die bei einer Bank im Girosammeldepot liegen. Die Bank liefert die fertigen Zahlen. Eine Überschußermittlung ist aber gegeben, wenn die Ergebnisse mehrerer Bankbestätigungen zusammenzufassen sind.

Die Höhe ausländischer Einkünfte, die im Inland steuerfrei sind, aber dem Progressionsvorbehalt unterliegen, ist nach deutschem Steuerrecht zu ermitteln (H 185 – Ausl. Einkünfte – EStH 1996) Auf diese Ermittlung sind die Gebührenvorschriften, die für inländische Einkünfte gelten, entsprechend anzuwenden. Eine Ermittlung ist aber m.E. nicht gegeben, wenn die ausländischen Beträge zweifelsfrei lediglich in DM umzurechnen sind.

Die Gebühr nach § 27 fällt auch dann an, wenn die Überschußrechnung auf dem Steuererklärungsvordruck (z. B. Anlage N oder V) vorgenommen wird. Diese Tätigkeit gehört nicht etwa zur Angelegenheit ESt-Erklärung (§ 24 Abs. 1 Nr. 1).

Ist der Mandant an einer Grundstücksgemeinschaft oder dergl. beteiligt, so erfolgt die Ermittlung der Einkünfte bei der Gemeinschaft. Bei dem Gemeinschafter fällt keine Gebühr an. Der mit der Ermittlung des anteiligen „Gewinns" verbundene Aufwand ist mit der Gebühr für die ESt-Erklärung abgegolten. Ist allerdings – wie oft bei der Beteiligung an Bauherrenmodellen – der Sachverhalt sehr verworren und vom Mandanten noch nicht aufbereitet, so daß der StB erst lange ermitteln und die Unterlagen studieren muß, um herauszubringen, was er nun steuerlich würdigen soll, so wird dies bei der Wahl des Gebührensatzes zu berücksichtigen sein.

Wegen der Geltendmachung von Sonderwerbungskosten siehe Anm. 3 zu § 2.

2. Vorarbeiten

Notwendige Vorarbeiten, die über das übliche Maß hinausgehen, dürfen – im Gegensatz zur Überschußrechnung nach § 4 Abs. 3 EStG (§ 25 Abs. 2) – nicht gesondert berechnet werden. Dieser Gebührensatz wurde keineswegs vergessen, sondern bewußt nicht vorgesehen (s. amtliche Begründung). Diese Tätigkeiten können nur bei der Wahl des Gebührensatzes berücksichtigt werden. Vorarbeiten sind anzunehmen bis die Aufzeichnungen, welche die Grundlage für die Überschußermittlung bilden, klar, vollständig und addiert sind (s. Meyer, Stbg 1982 S. 98).

3. Gegenstandswert bei der Überschußrechnung

Bemessungsgrundlage ist die Summe der Einnahmen bzw. der Werbungskosten, und zwar einschließlich der steuerfreien und der nichtabzugsfähigen Aufwendungen. Freibeträge werden nicht abgezogen (z. B. Arbeitnehmer-Freibetrag, Sparerfreibetrag).

4. Mehrere Gebühren

Die Gebühr nach § 27 kann mehrmals anfallen, und zwar gemäß **Abs. 2,** wenn sich die Einkünfte aus Vermietung und Verpachtung auf mehrere Grundstücke oder sonstige Wirtschaftsgüter beziehen und der Überschuß jeweils getrennt zu ermitteln ist. Diese Regelung ist zu eng, weil getrennte Ermittlungen auch bei den anderen Einkunftsarten vorkommen. Da der Abs. 1 die Gebühr vorsieht für die „Ermittlung des Überschusses", fällt sie bei jeder Überschußermittlung an.

Bei der Frage, ob mehrere Gebühren entstehen, ist zu berücksichtigen, daß auch bei der Zusammenveranlagung zur ESt jeder Ehegatte eigene Einkünfte bezieht. Vgl. Anm. 2 zu § 6.

5. Einkünfte aus nichtselbständiger Arbeit

Die Überschußermittlung ist auch bei der Zusammenveranlagung für jeden Ehegatten für sich zu machen. Die Richtigkeit dieser Auffassung ergibt sich schon aus der Tatsache, daß jeder Ehegatte eine eigene Anlage N abzugeben hat (ebenso Lehwald, BB 1983 S. 2111).

Nur eine Überschußermittlung ist vorzunehmen, wenn ein Steuerpflichtiger Einnahmen aus mehreren Dienstverhältnissen bezogen hat; es fällt also nur eine Gebühr an.

Gegenstandswert ist der Bruttoarbeitslohn einschließlich der Bezüge, von denen keine LSt einbehalten worden ist.

6. Einkünfte aus Kapitalvermögen

Jeder Ehegatte bezieht eigene Einkünfte aus Kapitalvermögen. Das ergibt sich auch aus der besonderen Regelung für den gemeinsamen Sparer-Freibetrag in § 20 Abs. 4 EStG und aus den getrennten Spalten für Ehemann und Ehefrau in der Anlage KSO. Die Folge ist, daß ggf. zwei Überschußrechnungen zu machen sind und damit zwei Gebühren anfallen.

7. Einkünfte aus Vermietung und Verpachtung

Getrennte Überschußermittlungen sind insbesondere vorzunehmen, wenn mehrere bebaute Grundstücke gegeben sind. Für mehrere unbebaute Grundstücke sieht die Anlage V dagegen nur eine Zeile vor. Und doch wird im Regelfall für jedes einzelne Grundstück eine gesonderte Überschußermittlung vorzunehmen sein, z. B. weil sich die Abzugsfähigkeit der Werbungskosten danach richtet, ob demnächst mit Einnahmen zu rechnen ist oder ob das Grundstück keinen Ertrag abwirft und nur der Kapitalanlage dient. Für jede dieser gesonderten Überschußermittlungen fällt eine eigenständige Gebühr an. Die Bezugsgrößen für den Gegenstandswert ergeben sich aus der Anlage V. Im Falle der Option für die Umsatzsteuerpflicht zählt die vereinnahmte USt zu den Einnahmen und die gezahlte zu den Werbungskosten.

Bei der Beteiligung des Mandanten an einer Grundstücksgemeinschaft fällt bei diesem eine Gebühr nach § 27 nicht an. Wegen der Sonder-Werbungskosten siehe Anm. 3 zu § 2.

Für die Ermittlung der Herstellungskosten eines Gebäudes ist in Ermangelung eines eigenen Gebührenansatzes in sinngemäßer Anwendung des § 25 Abs. 2 die Zeitgebühr anzusetzen. Der Auffassung, daß es sich um eine außersteuerliche Tätigkeit handelt, die ebenso gut von einem Architekten oder dergl. ausgeübt werden könnte, kann nicht zugestimmt werden. Diese Meinung berücksichtigt nicht, daß die Bestimmung, welche Aufwendungen zu den steuerlichen Herstellungskosten zählen, oft nicht einfach ist.

8. Sonstige Einkünfte

Der Begriff „**Sonstige Einkünfte**" umfaßt ganz verschiedene Einkünfte. Folgt man der Anlage KSO, so sind nicht nur die Einkünfte der zusammen veranlagten Eheleute getrennt zu ermitteln, sondern auch die Einkünfte aus Renten, aus anderen wiederkehrenden Bezügen, aus Unterhaltsleistungen, aus Spekultionsgeschäften, aus bestimmten Leistungen und aus Abgeordnetenbezügen. Es können also bis zu 6 Überschußermittlungen vorzunehmen sein, mit der Folge, daß auch ebensoviele Gebühren anfallen können; für zusammenveranlagte Ehepaare also **bis zu 12.**

Die Gebühr fällt auch an, wenn die detaillierte Ermittlung nur erfolgt, um festzustellen, ob eine Frist oder ein Freibetrag oder eine Freigrenze überschritten ist.

Gegenstandswert ist

– bei Leibrenten der tatsächlich vereinnahmte Betrag, nicht nur der steuerlich maßgebliche Ertragsanteil („Summe **der Einnahmen**"),

– bei Spekulationsgewinnen der Veräußerungspreis ohne **Abzug.**

§ 28 Prüfung von Steuerbescheiden

Für die Prüfung eines Steuerbescheides erhält der Steuerberater die Zeitgebühr.

Anmerkungen zu § 28:

1. Allgemeines

Für die Prüfung des Steuerbescheides erhält der StB die Zeitgebühr, und zwar gleichgültig ober er die Steuererklärung, die dem zu prüfenden Steuerbescheid

§ 28

zugrunde liegt, selbst angefertigt hat oder nicht. Der Ansatz einer gesonderten Gebühr auch in den Fällen, in denen der StB die Steuererklärung selbst vorbereitet hat, erschien nach der amtlichen Begründung gerechtfertigt, weil die Prüfung des Bescheides nicht nur einen Vergleich der der Veranlagung zugrunde gelegten Beträge mit den Angaben in der Steuererklärung erfordert, sondern daneben eine Prüfung der Kassenabrechnung des Finanzamts einschließlich etwaiger Umbuchungen sowie eine Überprüfung der Vorauszahlungen anhand des im Vorauszahlungszeitraum erzielten Betriebsergebnisses notwendig macht. Außerdem kommt es vor, daß das Finanzamt Steuerbescheide mehrmals ändert. Auch in diesen Fällen würde die Gebühr für die Anfertigung der Steuererklärung den zusätzlichen Arbeitsaufwand des StB nicht ausreichend berücksichtigen.

Wegen der Höhe der Zeitgebühr siehe § 13.

2. Anwendungsbereich

§ 28 gilt für Steuerbescheide, und zwar auch für geänderte, vorläufige und unter dem Vorbehalt der Nachprüfung stehende Bescheide und ESt-Vorauszahlungsbescheide. Eckert-Böttcher (S. 312) sind zu Recht der Auffassung, daß § 28 über § 2 sinngemäß anzuwenden ist auf alle anderen **Verwaltungsakte, die in „steuerbescheidähnlicher" Form ergehen,** wie etwa Abrechnungsbescheide, Haftungsbescheide, Duldungsbescheide und Zinsbescheide (EFG 1987 S. 43). Kein Steuerbescheid ist die Einspruchsentscheidung im außergerichtlichen Rechtsbehelfsverfahren, ebensowenig wie das Urteil in einem Finanzgerichtsprozeß. Deren Prüfung gehört zur Geschäftsgebühr nach § 41 StBGebV bzw. § 31 BRAGO.

Nicht zum Steuerbescheid gehört die **Kassenabrechnung,** auch wenn sie mit dem Steuerbescheid verbunden ist. Da aber für die Prüfung der Kassenabrechnung ein eigener Gebührenansatz nicht vorgesehen ist, dürfte die Gebühr über § 2 doch wieder § 28 zu entnehmen sein, so daß sich eine gesonderte Behandlung praktisch erübrigt. Außerdem zählt die amtliche Begründung zur StBGebV die Kassenabrechnung (m.E. irrtümlich) zum Steuerbescheid.

Eine Gebühr nach § 28 scheidet aus, wenn der Mandant nur festgestellt wissen will, ob ein bestimmter Sachverhalt im Steuerbescheid richtig behandelt ist. In diesem Fall ist eine Raterteilung nach § 21 Abs. 1 gegeben.

Gibt der StB seinem Mandanten auftragsgemäß zu den Fälligkeitszeitpunkten „Zahlungsanweisungen", so fällt dafür ebenfalls die Ratgebühr des § 21 Abs. 1 an.

3. Zeitaufwand

Als Zeitaufwand ist nicht nur die Zeit für die Prüfung anzusetzen, sondern ggf. auch die Zeit für die mündliche oder schriftliche Stellungnahme gegenüber dem Mandanten.

Werden mehrere Steuerbescheide in einem Arbeitsgang geprüft, so ist die Prüfung jedes einzelnen Bescheids eine Angelegenheit.

Beispiel:
Der StB prüft den ESt-Bescheid, den USt-Bescheid und den GewSt-Bescheid in einem Arbeitsgang. Für jeden Bescheid braucht er 20 Minuten.
Anzusetzen sind 3 angefangene halbe Stunden, nicht etwa 3 x 20 = 60 Minuten = 2 halbe Stunden.

Hat der StB die Steuererklärung nicht selbst erstellt, so wird sich selbstverständlich ein höherer Zeitaufwand ergeben, der auch zu vergüten ist.

Bescheide, die „rechtlich zusammengehören" sind gebührenrechtlich als eine Angelegenheit zu sehen (z. B. GewSt-Bescheid und GewSt-Meßbescheid), vorausgesetzt, daß sie gleichzeitig zur Prüfung vorgelegt werden.

4. Abgeltungsbereich

Weitere Tätigkeiten, die sich aus der Bescheidprüfung ergeben, sind mit der Gebühr nach § 28 nicht abgegolten. Dafür sind die gesonderten Gebühren nach den jeweiligen Vorschriften zu berechnen, z. B. § 23 Nrn. 2, 3, 7. Folgt der Bescheidprüfung ein Rechtsbehelfsverfahren, so ist die Gebühr nach § 28 zwar nicht anzurechnen; die Geschäftsgebühr nach § 41 ermäßigt sich aber um 2/10 (§ 41 Abs. 3).

§ 29 Teilnahme an Prüfungen

Der Steuerberater erhält

1. **für die Teilnahme an einer Prüfung, insbesondere an einer Außenprüfung (§ 193 der Abgabenordnung) einschließlich der Schlußbesprechung und der Prüfung des Prüfungsberichts, an einer Ermittlung der Besteuerungsgrundlagen (§ 208 der Abgabenordnung) oder an einer Maßnahme der Steueraufsicht (§§ 209 bis 217 der Abgabenordnung) die Zeitgebühr;**

2. **für schriftliche Einwendungen gegen den Prüfungsbericht 5 Zehntel bis 10 Zehntel einer vollen Gebühr nach Tabelle A (Anlage 1).**

Anmerkungsübersicht:

1. Allgemeines

2. Nr. 1 – Anwendungsbereich

3. Nr. 1 – Abgeltungsbereich

4. Nr. 2 – Schriftliche Einwendungen gegen den Prüfungsbericht

5. Zusätzliche Gebühren für weitere Tätigkeiten

Anmerkungen zu § 29

1. Allgemeines

§ 9 sieht vor

die Zeitgebühr für die Teilnahme an der Prüfung – Nr. 1 –

die Wertgebühr für die schriftlichen Einwendungen gegen den Prüfungsbericht – **Nr. 2 –**

2. Nr. 1 – Anwendungsbereich

Nr. 1 behandelt die Teilnahme an einer Prüfung; gemeint sind Prüfungen durch das FA. Dazu gehören u.a.

- Außenprüfung, einschließlich Sonderprüfungen und Richtsatzprüfungen,
- Ermittlung der Besteuerungsgrundlagen nach § 208 AO – Fahndungsprüfung –,
- Maßnahmen der Steueraufsicht nach §§ 209 – 217 AO auf dem Gebiet der Zölle und Verbrauchsteuern,

außerdem

- Liquiditätsprüfung und
- Augenscheinnahme.

Bei der **betriebsnahen Veranlagung** ist § 29 mindestens über § 2 sinngemäß anzuwenden.

3. Nr. 1 – Abgeltungsbereich

In die Abrechnung nach der Zeitgebühr gemäß Nr. 1 sind einzubeziehen:

- die Vorbereitung auf die Teilnahme an der Prüfung,
- die Überprüfung der Prüfungsanordnung,
- die Zeit der Anwesenheit (i. d. R. einschließlich Zeiten der An- und Abreise),
- die Teilnahme an Zwischenbesprechungen mit dem Prüfer und an der Schlußbesprechung,
- die Durchsicht des Prüfungsberichts (ohne schriftliche Einwendungen) sowie
- die sonstigen Tätigkeiten im Zusammenhang mit der Prüfung (z. B. schriftliche Stellungnahmen zu einzelnen Punkten der Prüfung gegenüber dem Mandanten).

Neben der Gebühr nach Nr. 1 fällt keine zusätzliche Besprechungsgebühr nach § 31 an.

4. Nr. 2 – Schriftliche Einwendungen gegen den Prüfungsbericht

Nach § 202 AO hat das FA dem Stpfl. auf Antrag den Prüfungsbericht zu übersenden und ihm Gelegenheit zu geben, dazu Stellung zu nehmen. Erfolgt diese Stellungnahme schriftlich, so fällt die Gebühr nach Nr. 2 an.

Die Nr. 2 ist wohl sinngemäß anzuwenden, wenn der StB während der Prüfung zu auftretenden Steuerfragen schriftlich Stellung nimmt.

Der **Gegenstandswert** ist nach § 10 der Wert des Interesses, also der strittige Steuerbetrag hinsichtlich der Fragen, zu denen der StB seine Einwendungen vorgebracht hat.

5. Zusätzliche Gebühren für weitere Tätigkeiten

Eine gesonderte Berechnung muß erfolgen für **Arbeiten, die nicht unmittelbar die Außenprüfung betreffen,**

z. B. Ansatz der Gebühr nach

- Antrag auf Unterlassung oder zeitliche
  Verschiebung der Prüfung
- Antrag auf Buchführungserleichterung
- steuerstrafrechtliche Beratung

§ 23 Nr. 10 (a.A. Meyer,
Stbg 1985 S. 11: Zeitgebühr)

§ 21

Für die verbindliche Zusage nach § 204 AO und auch für ähnliche Zusagen enthält die GebV keine Regelung. Eckert/Böttcher (Anm. 5 zu § 29) schlagen vor, über § 2 in Analogie zu § 29 Nr. 2 einen zusätzlichen Gebührentatbestand zu schaffen mit einem Gebührenrahmen von 5/10 – 10/10 nach Tabelle A. Dem kann zugestimmt werden.

Eine gesonderte Gebühr nach §§ 40 ff. fällt auch an bei der Beschwerde gegen die Prüfungsanordnung, außerdem bei der Prüfung der später ergehenden Änderungsbescheide.

Machen die Prüfungsfeststellungen die **Änderung einer Bilanz** erforderlich, so wird bei sinngemäßer Anwendung nach § 2 eine Gebühr nach § 35 Abs. 1 Nr. 3 oder auch nach Nr. 1 (je nach Umfang) zu berechnen sein. Siehe Anm. 17 zu § 35.

Die Beratung des Mandanten über die möglichen strafrechtlichen Folgen einer Außenprüfung, sind als gesonderte Angelegenheit nach § 21 Abs. 1 abzurechnen.

§ 30 Selbstanzeige

Für die Tätigkeit im Verfahren der Selbstanzeige (§§ 371 und 378 Abs. 3 der Abgabenordnung) einschließlich der Ermittlungen zur Berichtigung, Ergänzung oder Nachholung der Angaben erhält der Steuerberater 10 Zehntel bis 30 Zehntel einer vollen Gebühr nach Tabelle A (Anlage 1).

Anmerkungen zu § 30:

1. Allgemeines

Folgende Anzeigen sind nach § 30 abzurechnen:

- Anzeige nach § 371 AO für die Tatbestände der Steuerhinterziehung nach § 370 AO,
- Anzeige nach § 378 Abs. 3 AO für die Tatbestände der leichtfertigen Steuerverkürzung.

Für die Berichtigung von Erklärungen nach § 153 AO ergibt sich die Gebühr aus § 23 Nr. 1.

Eine Selbstanzeige nach § 371 AO kommt in Betracht, wenn bereits ein strafrechtlicher Tatbestand gegeben ist. Bei der Nachmeldung sollte deshalb der StB im Interesse seines Mandanten das Wort „Selbstanzeige" und auf jeden Fall die Anführung des § 371 AO vermeiden (s. Eggesiecker/Latz, Stbg 1980 S. 214). Die Gebührenberechnung erfolgt aber nach § 30, nicht etwa nach § 23 Nr. 1 (= Berichtigung einer Erklärung).

Folgt einer unwirksamen Selbstanzeige das Strafverfahren bzw. das Bußgeldverfahren, so ist die Gebühr für die folgenden Tätigkeiten § 45 zu entnehmen.

2. Gegenstandswert

Gegenstandswert ist der Wert des Interesses (§ 10 Abs. 1). Das wäre zunächst wohl die sich voraussichtlich ergebende Mehrbelastung an Steuern. Im Hinblick auf die Anm. 2 zu § 10 kommen als Bemessungsgrundlage jedoch nur die nachgemeldeten Einkünfte, Vermögenswerte usw. in Betracht.

Der Wert des Interesses ist aber auch in dem Vermeiden der sonst angebrachten Strafe bzw. dem Bußgeld zu sehen, denn schließlich ist es der Zweck der Selbstanzeige der Bestrafung bzw. dem Bußgeld zu entgehen. An der Nachzahlung der Steuern ist der Stpfl. weniger „interessiert". Der Wert des Interesses (Gegenstandswert) ist daher in jedem Fall entsprechend zu schätzen.

Bezieht sich die Selbstanzeige auf mehrere Steuerarten, so sind die Gegenstandswerte nicht zusammenzurechnen, weil § 30 in § 10 Abs. 2 ausdrücklich ausgenommen ist; es entstehen gesonderte Gebühren.

3. Abgeltungsbereich

Mit der Gebühr wird grundsätzlich die gesamte Tätigkeit des StB abgegolten, die mit der Selbstanzeige in Zusammenhang steht, die im „Verfahren der Selbstanzeige" anfällt, also z. B. u.a. der Schriftwechsel zu der Frage, ob eine wirksame Selbstanzeige vorliegt. Erfordert die Selbstanzeige aber die Anfertigung (= auch weitgehende Neuerstellung)

– einer Buchführung,

– eines Jahresabschlusses,

– einer Überschußrechnung oder

– einer Steuererklärung,

so wird diese Tätigkeit gesondert vergütet, und zwar mit den hierfür in Betracht kommenden Gebühren (s. amtliche Begründung). Nicht abgegolten ist auch die Prüfung der aufgrund der Selbstanzeige ergehenden Steuerbescheide; diese Tätigkeit löst eine Gebühr nach § 28 aus.

§ 31 Besprechungen

Für Besprechungen mitBehörden oder mit Dritten in abgabenrechtlichen Sachen erhält der Steuerberater 5 Zehntel bis 10 Zehntel einer vollen Gebühr nachTabelle A (Anlage 1). § 42 Abs. 2 gilt entsprechend.

Anmerkungen zu § 31:

1. Allgemeines

§ 31 entspricht § 118 Abs. 1 Nr. 2 BRAGO

Die Besprechungsgebühr nach § 31 fällt immer dann – neben den sonst entstehenden Vergütungen – an, wenn der StB für seinen Auftraggeber im allgemeinen Verwaltungsverfahren (z. B. Besteuerungsverfahren, nicht aber Rechtsbehelfsverfahren) an einer Besprechung **mit einer Behörde oder mit Dritten** teilnimmt. Besprechungen mit dem Mandanten und seinen Angestellten werden nicht gesondert vergütet. Besprechungsgegenstand müssen abgabenrechtliche Angelegenheiten sein. Die der Bank für Zwecke der Kreditgewährung gegebenen mündlichen Erläuterungen betreffen keine abgabenrechtliche Angelegenheit.

Die Gebühr fällt an, wenn der StB bei der mündlichen Besprechung **anwesend** war; eine aktive Beteiligung ist nicht gefordert. Die Dauer des Gesprächs beeinflußt nur die Höhe der Gebühr innerhalb des vorgegebenen Rahmens.

Wegen der Gebühr für die Teilnahme

- an der Schlußbesprechung nach einer Außenprüfung siehe § 29 Nr. 1,

- an Verhandlungen in außergerichtlichen Rechtsbehelfsverfahren siehe § 42,

- im Verwaltungsvollstreckungsverfahren siehe § 43,

- in gerichtlichen Verfahren s. § 45 i. V. m. § 117 BRAGO

- in Strafverfahren siehe § 45 i. V. m. § 83 BRAGO,

- im Bußgeldverfahren siehe § 45 i. V. m. § 105 BRAGO.

2. Besprechung

Der Verweis auf § 42 Abs. 2 bewirkt,

- daß es sich um eine Besprechung über tatsächliche oder rechtliche Fragen handeln muß. Eine bloße Anfrage nach dem Stand der Sache genügt also nicht;

- daß die Besprechung von der Behörde angeordnet sein muß oder im ausdrücklichen oder stillschweigenden **Einverständnis mit dem Mandanten** geführt sein mußte;

- daß die Gebühr auch für eine fernmündliche Besprechung anfällt.

3. Gegenstandswert

Bemessungsgrundlage für die Besprechungsgebühr ist der Wert des Gegenstands, über den verhandelt worden ist (§ 10 Abs. 1). Dabei stellt sich die grundsätzliche Frage, ob Maßstab die steuerliche Auswirkung sein soll oder die jeweilige Besteuerungsgrundlage. Was richtig ist, ist immer noch offen. Die Praxis neigt immer mehr dem sog. Bruttoprinzip zu, d.h. dem Ansatz der Besteuerungsgrundlage, nicht dem Unterschied in der Höhe der Steuer. Kann der Wert des Interesses/Gegenstands nicht festgestellt und auch nicht geschätzt werden, dann ist die Zeitgebühr anzusetzen (§ 13).

Werden bei einer Besprechung mehrere **Gegenstände** behandelt, so sind die Gegenstandswerte u.U. zusammenzurechnen(§ 10 Abs. 2); es fällt nur eine Gebühr an. Im übrigen siehe Anm. 7 zu § 10.

4. Mehrere Besprechungen

Ob die Besprechungsgebühr nach § 31 in derselben Angelegenheit mehrmals anfallen kann, ist § 31 nicht zu entnehmen. Da diese Vorschrift aber § 118 Abs. 1 Nr. 2 BRAGO nachgebildet wurde, dürfte die Auslegung dieser Bestimmung auch hier Platz greifen. Das heißt, daß sie **in derselben Angelegenheit nur einmal** anfallen kann, auch wenn mehrere Besprechungen geführt wurden. Fraglich ist aber, was eine Angelegenheit ist. Vgl. hierzu Anm. 5 zu § 10.

Fünfter Abschnitt
Gebühren für die Hilfeleistung bei der Erfüllung steuerlicher Buchführungs- und Aufzeichnungspflichten

GebV

§ 32 Einrichtung einer Buchführung

Für die Hilfeleistung bei der Einrichtung einer Buchführung erhält der Steuerberater die Zeitgebühr

Anmerkungen zu § 32:

1. Anwendungsbereich der §§ 32 und 33

Die §§ 32 ff. sind nur anzuwenden auf „die Hilfeleistung bei der Erfüllung von Buchführungspflichten, die auf Grund von Steuergesetzen bestehen" (§ 1 Abs. 1 StB-GebV i. V. m. § 33 StBerG sowie §§ 140, 141 AO). Auch die Führung der Bücher durch einen StB, die freiwillig vom Mandanten geführt werden, ist Hilfeleistung in Steuersachen, wenn die Bücher und Aufzeichnungen für die Besteuerung von Bedeutung sind (vgl. 146 Abs 6 AO).

Daß das Buchführungsprivileg der steuerberatenden Berufe aufgehoben wurde und somit jetzt auch andere Personen (Kontierer) laufende Buchführungsarbeiten ausführen dürfen, hat auf den Anwendungsbereich der StBGebV keinen Einfluß. Das Urteil des BVerfG vom 18. 6. 1980 (BStBl II S. 706) ist zu §§ 5 und 6 StBerG ergangen, nicht zu § 33; Diese Vorschrift gilt unverändert fort. Die gegenteilige Auffassung vertritt Horn in StB 1983 S. 160; ihr ist aber nicht zuzustimmen.

Die §§ 32, 33 gelten nicht für die Buchführung eines land- und forstwirtschaftlichen Betriebs (s. § 39 Abs. 1). In diesem Fall ist die Gebühr § 39 Abs. 4 Nr. 1 zu entnehmen. Zur Lohnbuchführung siehe § 34.

2. Buchführung

Zum Begriff „Buchführung" ist zu vermerken, daß die AO die Begriffe Buchführung und Aufzeichnungen mit unterschiedlicher Bedeutung verwendet. So sind z. B. nach § 141 AO gewerbliche Unternehmer sowie Land- und Forstwirte verpflichtet, Bücher zu führen. Wareneingang und Warenausgang werden dagegen aufgezeichnet (§§ 143 und 144 AO). Auch beim Freiberufler sprechen die Verwaltungsanweisungen (142 – Aufzeichnungspflicht – EStH 1996) von der Aufzeichnung der Einnahmen und der Ausgaben.

Solche Aufzeichnungen fallen unter den Oberbegriff „Buchführung".

Unter Buchführung ist nur die **Finanzbuchhaltung** zu verstehen. Zur Frage, ob auch andere Teile des Rechnungswesens unter den Anwendungsbereich der StBGebV fallen, gibt diese keine Anhalte. Mittelsteiner-Scholz (S. 136) und Meyer (Stbg 1982 S. 98) rechnen die nicht zur Finanzbuchhaltung gehörenden Teile des Rechnungswesens nicht zu den nach der GebV abzurechnenden Aufgaben. Dazu zählen sie

– die Betriebsbuchhaltung,

– Betriebsabrechnung,

- Statistiken und
- die Planungsrechnungen.

Vgl. aber die Anm. zu § 33 Abs. 7.

Daß die Lohnbuchführung nicht zur Buchführung i.S.d. §§ 32,33 gehört, ergibt sich aus der Existenz des § 34.

3. Einrichten der Buchführung

Erfaßt werden alle Tätigkeiten im Zusammenhang mit der Einrichtung der Buchführung einschließlich der Auswahl des Systems.

Beim DATEV-Buchführungssystem zählen z. B. folgende Arbeiten zur Einrichtung der Buchführung:

- Auswahl des Terminals,
- Auswahl des Fibu-Programms,
- Anleitung des Bedienungspersonals,
- Anlage der Mandanten-Adreßdaten,
- Anlage der Mandanten-Programmdaten,
- Anlage des Kontenplans,
- Anlage automatischer Funktionen,
- Übernahme der Eröffnungsbestände

  - am Jahresanfang: Debitoren, Kreditoren, Bestände,

  - während des Jahres: Übernahme aller Summen von Debitoren, Kreditoren und Sachkonten.

Bei der Umstellung der Buchführung auf ein anderes System (z. B. EDV) kommen folgende Möglichkeiten in Betracht:

Abrechnung nach

- Beratung durch den StB

- ohne Auftrag, die künftigen Bücher zu führen § 21 Rat

  - nach Erteilung des Auftrags, die künftigen Bücher zu führen § 33 Abs. 7

Sonstige Tätigkeiten im Zusammenhang mit der Buchführung.

- Einrichten der Buchführung durch den StB § 32.

Wegen der Höhe der Zeitgebühr und der zu berechnenden Zeiten siehe die Anm. 4 – 6 zu § 13.

§ 33 Buchführung

(1) Für die Buchführung einschließlich des Kontierens der Belege beträgt die Monatsgebühr 2/10 bis 12/10 einer vollen Gebühr nach Tabelle C (Anlage 3).

(2) Für das Kontieren der Belege beträgt die Monatsgebühr 1/10 bis 6/10 einer vollen Gebühr nach Tabelle C (Anlage 3).

(3) Für die Buchführung nach vom Auftraggeber kontierten Belegen oder erstellten Kontierungsunterlagen beträgt die Monatsgebühr 1/10 bis 6/10 einer vollen Gebühr nach Tabelle C (Anlage 3).

(4) Für die Buchführung nach vom Auftraggeber erstellten Eingaben für die Datenverarbeitung und mit beim Auftragsgeber eingesetzten Datenverarbeitungsprogrammen des Steuerberaters erhält der Steuerberater neben der Vergütung für die Datenverarbeitung und für den Einsatz der Datenverarbeitungsprogramme eine Monatsgebühr von 1/20 bis 10/20 einer vollen Gebühr nach Tabelle C (Anhang 3).

(5) Für die laufende Überwachung der Buchführung des Auftraggebers beträgt die Monatsgebühr 1/10 bis 6/10 einer vollen Gebühr nach Tabelle C (Anlage 3).

(6) Gegenstandswert ist der jeweils höchste Betrag, der sich aus dem Jahresumsatz oder aus der Summe des Aufwandes ergibt.

(7) Für die Hilfeleistung bei sonstigen Tätigkeiten im Zusammenhang mit der Buchführung erhält der Steuerberater die Zeitgebühr.

(8) Mit der Gebühr nach den Absätzen 1, 3 und 4 sind die Gebühren für die Umsatzsteuervoranmeldung (§ 24 Abs. Nr. 7) abgegolten.

Anmerkungsübersicht:

1. Allgemeines
2. Übersicht über die Gebühren nach § 33
3. Abs. 1 – Übernahme der gesamten Buchführung
4. Abs. 2 – Kontieren
5. Abs. 3 – Verbuchung nach gelieferten Buchungssätzen
6. Abs. 4 – Verbuchung nach gestellten Eingabemitteln
7. Abs. 5 – Laufende Überwachung der Buchführung
8. Abs. 7 – Sonstige Tätigkeiten
9. Gegenstandswert
10. Gebührenrahmen

Anmerkungen zu § 33:

1. Allgemeines

Zum Anwendungsbereich dieser Vorschrift und zum Begriff „Buchführung" siehe die Anm. 1 und 2 zu § 32.

§ 33 unterscheidet, ob der StB

– die gesamte Buchführung übernimmt	Absatz 1,
– nur kontiert	Absatz 2,
– nach den gelieferten Buchungssätzen verbucht	Absatz 3,
– aufgrund der gestellten Datenträger verbucht	Absatz 4,
– die Buchführung nur überwacht	Absatz 5.

§ 33 sieht die **Monatsgebühr** als Wertgebühr vor. Es ist deshalb nicht zulässig, nach Zeilen oder nach der Zeit abzurechnen.

Offen ist zu § 33, ob die Buchführung jeden Monats eine Angelegenheit ist, oder die gesamte Buchführung eines Jahres. Teilweise neigt man dazu, die Buchführung eines ganzen Jahres als eine Angelegenheit zu betrachten. Die Monatsgebühr läßt aber auch die Deutung zu, daß die Buchführung eines Monats eine Angelegenheit sei. So hat auch das OLG Düsseldorf im Urt. v. 20. 2. 92 – 13 U 134/91 – entschieden: „Jeder Buchungsmonat stellt eine selbständige Angelegenheit für den Berater dar, sodaß er berechtigt ist, jeweils Ersatz der Post- und Fernmeldegebühren gem. § 16 StBGebV – höchstens 40,— DM – zu beanspruchen." Von praktischer Bedeutung ist diese Frage nur für Berechnung der Auslagenpauschale nach 16 StBGebV. Der Gegenstandswert ist stets der jeweils höchste Betrag, der sich aus dem Jahresumsatz oder aus der Summe des Aufwandes ergibt (vgl. Abs. 6).

Die Auffassung von Horn (StB 1983 S. 160), die §§ 33 und 34 hätten durch die Entscheidung des BVerfG, wonach das Kontieren nicht mehr als Vorbehaltsaufgabe der steuerberatenden Berufe anzusehen sei, ihre Verbindlichkeit verloren, ist nicht zutreffend. Darauf, ob diese Aufgaben dem StB vorbehalten sind, kommt es gebührenrechtlich nicht an. Entscheidend ist nur, daß diese Tätigkeiten in § 33 StBerG aufgeführt sind. Das ist nach wie vor der Fall und diese Paragraphen sind auch nicht aufgehoben (ebenso Mittelsteiner, BB 1983 S. 1531).

2. Übersicht über die Gebühren nach § 33

Tätigkeit	Abs.	Gebührenrahmen
Buchfg. mit kontieren	1	2/10-12/10
Kontieren	2	1/10-6/10
Buchfg. n. kontierten Belegen	3	1/10-6/10
Buchfg. n. erstellten Datenträgern	4	1/20-10/20 + EDV-Kosten
Lfd. Überwachg. d. Buchfg.	5	1/10-6/10
Sonstige Tätigkeiten	7	Zeitgebühr

3. Absatz 1 – Übernahme der gesamten Buchführung

Abs. 1 ist anzuwenden, wenn der StB die gesamte Buchführung erstellt. Zu seinem Aufgabenbereich gehören also folgende Tätigkeiten:

– Entgegennahme der geordneten, unkontierten Belege,

– Kontierung,

– Verbuchung, bei Datenverarbeitung

    – Eingabe und Kontrolle,

    – Verarbeitung der Daten,

    – Ausgabe der Daten.

Die laufende Buchführung endet mit der Erstellung der abgestimmten Saldenbilanz (Anm. 7 zu § 35). Für die Nachbuchungen von Geschäftsvorfällen, die bei der laufenden Buchführung ausgeklammert wurden, aber noch dem laufenden Geschäftsjahr zuzuordnen sind, sieht § 33 keine gesonderte Gebühr vor; es dürfte sich aber um Abschlußvorarbeiten i.S.d. § 35 Abs. 3 handeln.

§ 33

Die GebV stellt nicht darauf ab, welches Buchführungssystem praktiziert wird. Erfaßt werden also auch die Fälle, in denen die Buchführung mit Hilfe der elektronischen Datenverarbeitung auf einer eigenen Anlage des StB oder außer Haus erstellt wird, aber auch z. B. die Offene-Posten-Buchhaltung.

Die vorgesehene Gebühr gilt auch die Datenverarbeitung außer Haus (z. B. bei der DATEV) ab.; diese Kosten dürfen also nicht (zusätzlich) in Rechnung gestellt werden.

4. Absatz 2 – Kontieren

Abs. 2 ist anzuwenden, wenn der StB kontiert, also die Belege für die Verbuchung vorbereitet, die eigentliche Verbuchung aber vom Mandanten übernommen wird.

Neben dieser Gebühr kann die USt-Voranmeldung gesondert liquidiert werden (siehe Abs. 8).

5. Absatz 3 – Verbuchung nach gelieferten Buchungssätzen

Angesprochen sind die Fälle, in denen der StB nur die nach der Kontierung anfallenden Arbeiten übernimmt. Der Normalfall ist also, daß der StB die Buchungssätze in die Datenverarbeitung eingibt und dort verarbeitet oder verarbeiten läßt. Mit der anfallenden Gebühr werden auch die Kosten außer Haus abgegolten.

Die Gebühr nach Abs. 3 umfaßt die Überwachung, Berichtigung und Ergänzung des vereinbarungsgemäß vom Mandanten übernommenen Buchführungsteils, weil mit ihr grundsätzlich alle Vor-, Neben- und Nacharbeiten, die sich für den StB aus dieser Aufgabenteilung ergeben, abgegolten werden (BGH v. 19. 10. 95, NJW-RR 1996 S. 375). Daneben kann für die Überwachung keine zusätzliche Gebühr in Rechnung gestellt werden.

6. Absatz 4 – Verbuchung nach gestellten Eingabemitteln

Die Gebühr umfaßt den Bereich der Verarbeitung der vom Auftraggeber mit bei diesem eingesetzten Datenverarbeitungsprogrammen (Software) des Steuerberaters erstellten Eingaben für die Datenverarbeitung, die Aufklärung von Fehlern und die Erledigung ergänzender Arbeiten sowie die sich in diesem Bereich ergebenden sonstigen Arbeiten im Zusammenhang mit Fragen des Mandanten. Diese Arbeiten im Rahmen des Buchführungsmandats zu erfüllen, gehört zu denBerufspflichten des StB, wobei die Art und Weise, wie er diese Pflichten erfüllt, in seiner freien Entscheidung liegt. Der StB kann die Überwachungsaufgaben und die Korrekturen monatlich oder in regelmäßigen anderen Abständen, aber auch erst zum Jahresende, oder auch im Rahmen eines weiteren Auftrags „Abschlußerstellung" vornehmen.

Hat der StB kein Mandat zur Buchführung, sondern stellt er nur eine **Rechnerleistung** zur Verfügung, so handelt es sich um keine steuerberatende Tätigkeit, sondern um eine unzulässige gewerbliche Leistung.

Absatz 4 gibt als elnziger Absatz des § 33 die Möglichkeit, neben der Gebühr die Kosten der Datenverarbeitung gesondert in Rechnung zu stellen.

Eckert-Böttcher verstehen unter „**Vergütung für die Datenverarbeitung**" die vom Rechenzentrum berechneten Kosten. So verstehe ich diese Vorschrift nicht. Bei der Verarbeitung auf der eigenen Anlage ist der StB auch nicht verpflichtet, zu Selbstkosten zu arbeiten. Daraus ist zu schließen, daß er dann auch nicht angewiesen ist, genau den Betrag, den das Rechenzentrum von ihm verlangt – ohne Aufschlag – auch von seinem Mandanten zu fordern. Schließlich handelt es sich nicht um einen Auslagenersatz. Absatz 4 besagt also weiter nichts, als daß der StB neben seiner Monatsgebühr eine besondere Vergütung für die „Maschinenleistung" bekommt. Die Höhe ist nicht bestimmt. Der StB wird diese Vergütung aber in seiner Liquidation gesondert ausweisen müssen.

7. Absatz 5 – Laufende Überwachung der Buchführung

Absatz 5 erfaßt die laufende Überwachung, während § 36 von einem gesonderten, einmaligen Auftrag zur Kontrolle eines bestimmten Zeitraums ausgeht.

Bei Abs. 5 erstellt der Mandant (oder eine andere Person) die gesamte Buchführung. Die Tätigkeit des StB beschränkt sich lediglich auf die Überwachung. Der Umfang der Überwachung sollte unbedingt schriftlich genau festgelegt werden. Er bestimmt dann – neben anderen Faktoren – auch die Gebühr innerhalb des vorgesehenen Rahmens von 1/10 – 6/10.

8. Absatz 7 – Sonstige Tätigkeiten

Absatz 7 erfaßt „sonstige Tätigkeiten im Zusammenhang mit der Buchführung". Er erweitert damit den Anwendungsbereich der GebV über die eigentliche Buchführung hinaus auf Tätigkeiten, die mit ihr in Zusammenhang stehen. Der Verordnungsgeber hat damit eine sehr umfassende Formulierung gewählt. Man wird deshalb Eckert-Böttcher (Anm. 5 zu § 33) zustimmen müssen, wenn sie folgende Arbeiten als erfaßt aufführen:

Umsatzmeldungen an Berufsverbände oder Behörden

statistische Arbeiten,

Ermittlung der Bemessungsgrundlagen für umsatzabhänige Provisionen

Zusatzinformationen über betriebswirtschaftliche Kennzahlen,

insbesondere

betriebswirtschaftliche Auswertungen der Buchaufzeichnungen und Leistungen für die Betriebsabrechnung in den Bereichen Kostenartenrechnung, Kostenstellenrechnung oder Kostenträgerrechnung.

Darauf, ob diese Arbeiten zum Tätigkeitsbereich des § 33 StBerG gehören, kommt es nicht an. Dieser wird vielmehr durch Absatz 7 ausdrücklich so definiert (a. A. Lehwald, StB 1983 S. 95/98).

Die Zeitgebühr des Abs. 7 ist – nach Auffassung des OLG Hamm v. 23. 1. 1987, Gerling-Inf. 7/87 S. 112 – nicht zulässig für das **Sortieren ungeordneter Belege;** diese Tätigkeit müsse bei der Bemessung der Gebühr nach Abs. 1 bzw. 2 berücksichtigt werden. Das Sortieren der Belege nach buchhalterischen Gesichtspunkten ist Voraussetzung der eigentlichen Buchführungsarbeiten und geschieht nicht nur „im **Zusammenhang mit** der Buchführung."

Von Bedeutung ist in diesem Zusammenhang das Urteil des OLG Köln v. 28. 08. 94 – 19 U 246/93 – (DStR 1997 Nr. 45, Kammerreport S. 3):" Verlangt der StB eine Zeitgebühr nach § 33 Abs. 7 StBGebV, dann muß seine Gebührenrechnung eindeutig erkennen lassen, daß die zugrunde liegende Tätigkeit nicht schon durch die Gebühr nach § 33 Abs. 1 StBGebV abgegolten ist."

GebV

9. Gegenstandswert

Gegenstandswert ist der jeweils höchste Betrag, der sich aus dem Jahresumsatz oder aus der Summe des Aufwands ergibt. Vor der Änderung durch die 3. Änderungs-VO war es allein der Jahresumsatz. Der Ansatz der Summe des Aufwands wird vor allem für die Zeit vor Beginn der eigentlichen Geschäftstätigkeit in Betracht kommen.

Was unter Jahresumsatz zu verstehen ist, sagt die GebV nicht. Da es sich bei § 33 um die Gebühr für die Fertigung der Buchführung handelt, liegt es nahe, den sich aus der Buchführung ergebenden Umsatz zu nehmen (ebenso Eckert-Böttcher). Das kann sowohl der Soll-Umsatz als auch der Ist-Umsatz sein, und zwar einschließlich der nicht steuerbaren Umsätze, aber ohne Umsatzsteuer.

Durchlaufende Posten (z. B. bei einem RA die Gerichtsgebühren, bei Versicherungsvertretern Prämieninkasso) gehören nicht zum Umsatz. Die Kammern empfehlen, ggf. eine höhere Vergütung (§ 4) zu vereinbaren. Es stellt sich aber bei sehr vielen durchlaufenden Posten die Frage, ob deren Aufzeichnung überhaupt zur eigentlichen Buchführung gehört und ob damit nicht eine gesonderte Gebühr veranlaßt ist, die in sinngemäßer Anwendung des § 33 zu bestimmen ist (§ 2).

Die GebV gibt auch nicht an, der **Umsatz welchen Jahres** gemeint ist. Die h. M. geht davon aus, daß der Umsatz des Jahres anzusetzen ist, für das die Buchführung gemacht wird. Selbstverständlich ist das aber nicht, weil § 33 die Monatsgebühr vorsieht, diese Gebühr aber zunächst überhaupt nicht berechnet werden kann, weil der Umsatz des laufenden Jahres noch nicht bekannt ist. Da aber eine Vorschrift nichts Unmögliches verlangen darf, könnte man daraus schließen, daß eben nicht der Umsatz des laufenden Jahres gemeint sein kann, sondern z. B. der des Vorjahres oder zutreffender der aus dem jeweiligen Monatsumsatz hochgerechnete Umsatz. In der Praxis behelfen sich viele StB damit, daß sie zunächst nur monatliche Abschlagszahlungen verlangen und erst nach Ablauf des Jahres endgültig abrechnen.

Praktischer ist es, die **Monatsgebühr jeweils aus dem hochgerechneten Monatsumsatz** zu berechnen. Über das ganze Jahr betrachtet, kommen auch bei größeren Schwankungen nahezu die gleichen Gebühren heraus.

Beispiel:

Die Monatsumsätze betragen 3 x 100 000 DM
3 x 200 000 DM
6 x 50 000 DM = Jahresumsatz 1 200 000 DM

Angesetzt wird jeweils die volle Gebühr

Berechnung der Gebühren:

	Hochgerechneter Jahresumsatz	Monatsgebühren	Summe
3 x 100 000	1 200 000	3 x 74,25	222,75
3 x 200 000	2 400 000	3 x 129,25	387,75
6 x 50 000	600 000	6 x 45,83	274,98
			885,48

Volle Gebühr bei einem Jahresumsatz von 1 200 000 = 891 DM

Bei einem verkürzten Rumpfwirtschaftsjahr ist der Umsatz nicht hochzurechnen.

10. Gebührenrahmen

Die Gebührenrahmen sind von der StBGebV bewußt weit gefaßt worden, weil die Vielzahl der Buchführungssysteme und die Konkurrenz der Buchführungshelfer (Kontierer) und der gewerblichen Rechenzentren dies erfordere (siehe amtliche Begründung).

Zum Gebührensatz entschied das OLG Düsseldorf mit Urteil v. 16. 6. 94 – 13 U 207/93 – (Gi 2/95 S. 32): „Die Wahl des Rahmensatzes für die Erstellung der Buchführung hängt u. a. von der Zahl der Konten insbes. der Kontokorrentkonten, der Zahl der Buchungen, dem Verhältnis von Wiederholungsbuchungen für gleichgelagerte Geschäftsvorgänge zu Einzelbuchungen, dem Schwierigkeitsgrad der Kontierungen sowie dem Zustand der Aufzeichnungen und Belege ab."

§ 34 Lohnbuchführung

(1) Für die erstmalige Einrichtung von Lohnkonten und die Aufnahme der Stammdaten erhält der Steuerberater eine Gebühr von 5 Deutsche Mark bis 18 Deutsche Mark je Arbeitnehmer.

(2) Für die Führung von Lohnkonten und die Anfertigung der Lohnabrechnung erhält der Steuerberater eine Gebühr von 5 Deutsche Mark bis 30 Deutsche Mark je Arbeitnehmer und Abrechnungszeitraum.

(3) Für die Führung von Lohnkonten und die Anfertigung der Lohnabrechnung nach vom Auftraggeber erstellten Buchungsunterlagen erhält der Steuerberater eine Gebühr von 2 Deutsche Mark bis 10 Deutsche Mark je Arbeitnehmer und Abrechnungszeitraum.

(4) Für die Führung von Lohnkonten und die Anfertigung der Lohnabrechnung nach vom Auftraggeber erstellten Eingaben für die Datenverarbeitung und mit beim Auftraggeber eingesetzten Datenverarbeitungsprogramm des Steuerberaters erhält der Steuerberater neben der Vergütung für die Datenverarbeitung und für den Einsatz der Datenverarbeitungsprogramme eine Gebühr von 1 Deutschen Mark bis 5 Deutsche Mark je Arbeitnehmer und Abrechnungszeitraum.

(5) Für die Hilfeleistung bei sonstigen Tätigkeiten im Zusammenhang mit dem Lohnsteuerabzug und der Lohnbuchführung erhält der Steuerberater die Zeitgebühr.

(6) Mit der Gebühr nach den Absätzen 2 bis 4 sind die Gebühren für die Lohnsteueranmeldung (§ 24 Abs. 1 Nr. 15) abgegolten.

Anmerkungsübersicht:

1. Allgemeines
2. Abs. 1 – Einrichten der Lohnkonten
3. Abs. 2 – Gesamte Lohnbuchführung
4. Abs. 3 – Lohnbuchführung nach gestellten Buchungsunterlagen
5. Abs. 4 – Lohnbuchführung nach gestellten Datenträgern
6. Abs. 5 – Sonstige Tätigkeiten

Anmerkungen zu § 34:

1. Allgemeines

Daß die laufende Lohnbuchhaltung nicht mehr den steuerberatenden Berufen vorbehalten ist, sondern jetzt auch von Kontierern erstellt werden kann, hat auf den Anwendungsbereich der GebV keinen Einfluß (s. Anm. 1 zu § 32).

§ 34 gilt auch für die land- und forstwirtschaftlichen Betriebe.

Als **Abrechnungszeitraum** wird i.d.R. der Monat in Betracht kommen; daneben können aber auch wöchentliche oder tägliche Abrechnungen anfallen.

Zwischen manuellen, maschinellen und elektronischen Tätigkeiten wird in § 34 nicht unterschieden.

Zum Inhalt des Lohnkontos siehe § 7 LStDV.

2. Absatz 1 – Einrichten von Lohnkonten

Erfaßt wird nur die erstmalige Einrichtung des Lohnkontos (§ 7 LStDV), nicht auch die Übernahme aus einem früheren Jahr. Die Gebühr fällt auch an, wenn ein Arbeitnehmer neu eingestellt wurde. Die laufende Änderung der Stammdaten wird mit den Gebühren nach Abs. 2 – 4 abgegolten.

Nicht unter Abs. 1 – sondern unter Abs. 5 – fällt die **Umstellung des gesamten Lohnabrechnungssystems** (z. B. auf DATEV).

Dabei fallen beim Beispiel DATEV folgende Kosten an:

– Auswahl des Computersystems oder des Terminals,

– Auswahl der Software,

– Vertrautmachen der Bearbeiter des Mandanten mit dem neuen System (DATEV-Lehrgänge Lohn, Handling des Terminals usw.)

– Anlage der Mandanten-Adreßdaten,

– Anlage der Firmenstammdaten,

– Anlage der Lohnarten,

– Anlage der Be- und Abzugsarten

– laufende Betreuung des Mandanten in der Einführungsphase (Fehlerbeseitigung, Vertiefung des Verständnisses für das System und für die Maschinenbedienung).

Unter **„Einrichtung von Lohnkonten"** kann man nur die Aufnahme der Personalstammdaten des Arbeitnehmers verstehen, im Falle DATEV: Personalstammblätter 1 – 4. Aber auch hierzu ist der **Gebührenansatz** des Abs. 1 **ungenügend.**

Da die Gebühren der StBGebV durchweg nicht kostendeckend sind, ist die Vereinbarung von höheren Gebühren nach § 4 der VO dringend zu empfehlen. § 3 Abs. 1, wonach der Mindestbetrag einer Gebühr 20 DM beträgt, ist nicht auf die Gebühr je Arbeitnehmer anzuwenden, sondern auf die mit der Summe der Arbeitnehmer eines Abrechnungszeitraums vervielfachte Rahmengebühr.

3. Absatz 2 – Gesamte Lohnbuchführung

Abs. 2 kommt zum Zug, wenn der StB die lohnsteuerlichen Vorschriften sowie die weiteren gesetzlichen Vorschriften (z. B. im Bereich der Sozialversicherung) auf den vom Auftraggeber ermittelten Arbeitslohn anwendet.

Die Führung der Lohnkonten schließt ein:

– Beschaffung der Buchungsunterlagen,

– Kontierung,

– laufende Führung der Konten,

– Abschluß der Konten,

– Ausstellung der LSt-Bescheinigung,

– Eintragungen auf der LSt-Karte,

– Eintragungen auf den Lohnzetteln,

– LSt-Anmeldung (s. Abs. 6).

Die LSt-Abrechnung umfaßt:

– Abrechnung für den Arbeitnehmer,

– Überweisungsträger für die Auszahlung,

– Abführung der LSt an das FA,

– Zahlung an die Sozialversicherung.

Einige Kommentatoren fordern allerdings für einzelne Tätigkeiten eine gesonderte Gebühr.

Für die Lohnbescheinigung und den Lohnzettel erhält der StB die Gebühr nach § 38.

Für die Bemessung der Gebühr im Einzelfall innerhalb des vorgegebenen Rahmen ist von Bedeutung,

– ob die Löhne jeweils für mehrere Abrechnungszeiträume gleich bleiben oder ob sie immer wieder neu zu berechnen sind (z. B. bei Stundenlöhnen),

- ob die Arbeitnehmer stark wechseln,
- ob komplizierte Lohnvereinbarungen getroffen worden sind, z. B. steuerfreie Zuschläge, Beköstigung, Pkw-Gestellung, Direktversicherung).

4. Absatz 3 – Lohnbuchführung nach gestellten Buchungsunterlagen

Abs. 3 kommt zur Anwendung, wenn der Auftraggeber die lohnsteuerlichen Vorschriften sowie sonstigen gesetzlichen Vorschriften anwendet und kontierungsfähige Buchungsunterlagen erstellt, die der StB verarbeitet. Einfache Stundenzettel sind keine solchen Buchungsunterlagen.

Diese Vorschrift wird kaum praktisch werden. Wer die LSt-Vorschriften und die sonst anzuwendenden Bestimmungen beherrscht und die entsprechenden Arbeiten übernehmen will, der wird wohl auch noch einige Restarbeiten machen.

5. Absatz 4 – Lohnbuchführung nach gestellten Datenträgern

Diese Art der Lohnbuchführung kommt im DATEV-System in folgenden Varianten vor:

- Der Mandant liefert dem StB die Kassette oder Diskette oder sonst einen Datenträger. Der StB sendet den Datenträger zur DATEV.
- Der Mandant hat eine eigene DFÜ (= Datenfernübertragung) und sendet direkt zur DATEV. Er benutzt dabei die Beraternummer seines StB.

Beide Fälle sind gleich zu behandeln.

Abs. 4 gibt als einzige Vorschrift des § 34 die Möglichkeit, neben der Gebühr die Kosten für die Datenverarbeitung gesondert zu berechnen. Im übrigen siehe Anm. 5 zu § 33.

6. Abs. 5 – Sonstige Tätigkeiten

Ob Abs. 5 den nach § 1 Abs. 1 sonst geltenden Anwendungsbereich der StBGebV über die Lohnbuchführung hinaus erweitert auf alle sonstigen Tätigkeiten im Zusammenhang mit dem Lohnsteuerabzug und der Lohnbuchführung, ist fraglich. Abs. 5 käme danach nur für die Hilfeleistungen zur Anwendung, die für steuerliche Zwecke erfolgen. Bei Tätigkeiten für nichtsteuerliche Zwecke müßte die Abrechnung nach der üblichen Vergütung der §§ 612, 632 BGB geschehen.

Dies wäre jedoch wirklichkeitsfremd. Bei den sonstigen Tätigkeiten i.S. des 34 Abs 5 StBGebV handelt es sich um all die sonst vom Lohnbuchhalter (Lohnbüro) eines Unternehmens zu erledigenden Arbeiten, die durch die Absätze 1-4 nicht erfaßt sind. Ausnahmen siehe unten.

Bei diesen sonstigen Tätigkeiten muß es sich somit nicht um Hilfeleistung in Steuersachen handeln. Eckert-Böttcher (S. 336) erfassen deshalb darunter zu Recht folgende Arbeiten:

- Berechnung des Arbeitslohns (Grundlohn, Zuschläge nach Tarif usw.),
- Anmeldung und Abmeldung von Arbeitnehmern bei den Sozialversicherungsträgern (dem StB erlaubt, obwohl allgemeine Rechtsberatung vorliegt, LG Lüneburg, DStR 1971 S. 192),

- Nachweise für die Rentenversicherungsträger bei Beginn und bei Ende des Dienstverhältnisses,

- Anträge an Behörden auf Gewährung von Lohnzuschüssen,

- Meldungen an Berufsverbände für Lohnwerte,

- Fertigung des Jahresentgelt-Nachweises für die Berufsgenossenschaft,

- Erstellung von   Lohnartenlisten,

                      Kostenstellenlisten

                      Kostenträgerlisten.

Darüber hinaus ist zu ergänzen:

- Änderungen, die der Mandant zu vertreten hat,

- Erstellen der Überweisungsträger,

- Meldungen an Krankenkassen (Beitragssammellisten),

- Mehrarbeit durch LSt-Pauschalierung

- Mehrarbeit durch Nettolohnvereinbarung,

- Nacherhebung von LSt für frühere Jahre,

- Bearbeitung von Lohnpfändungen,

- Mutterschaftsgeld,

- Überweisungen für vermögenswirksame Leistungen,

- Anträge auf Erstattung nach dem Lohnfortzahlungsgesetz,

- Ausfüllen von Arbeitsbescheinigungen für Arbeitsamt und Krankenkassen (im Falle von mehr als sechswöchiger Krankheit).

Im übrigen siehe Anm. zu Abs. 1.

Dagegen ist Lehwald (StB 1983 S. 95/99) insoweit zuzustimmen, daß folgende Tätigkeiten nicht nach der StBGebV vergütet werden:

Führen der Personalakten,

Schreiben von Zeugnissen nach den Angaben des Mandanten,

Führen der Urlaubskartei.

Für die Ausschreibung der LSt-Bescheinigung auf der LSt-Karte und für die Ausschreibung der „Besonderen Lohnsteuerbescheinigung" (Abschn. 35 Abs. 9 LStR) richtet sich die Gebühr nach § 38 (a. A. Mittelsteiner-Scholz, StBGebV, 4. Aufl., Anm. 7 zu § 34).

Die Gebühr für die Teilnahme an einer LSt-Außenprüfung richtet sich nach § 29.

§ 35 Abschlußarbeiten

(1) Die Gebühr beträgt für

1. a) die Aufstellung eines Jahresabschlusses (Bilanz und Gewinn- und Verlustrechnung)   **10/10 bis 40/10**
       einer vollen Gebühr nach Tabelle B (Anlage 2)

GebV

b) die Erstellung eines Anhangs   2/10 bis 12/10

c) die Erstellung eines Lageberichts   2/10 bis 12/10.

2. die Aufstellung eines Zwischenabschlusses oder eines vorläufigen Abschlusses (Bilanz und Gewinn- und Verlustrechnung)   5/10 bis 12/10.

3. die Entwicklung einer Steuerbilanz aus der Handelsbilanz oder die Ableitung des steuerlichen Ergebnisses vom Handelsbilanzergebnis   5/10 bis 12/10

4. die Aufstellung einer Eröffnungsbilanz   5/10 bis 12/10

5. die Aufstellung einer Auseinandersetzungsbilanz   5/10 bis 20/10

6. den schriftlichen Erläuterungsbericht zu Tätigkeiten nach Nummer 1 bis 5   2/10 bis 12/10

7. a) die beratende Mitwirkung bei der Aufstellung eines Jahresabschlusses (Bilanz und Gewinn- und Verlust rechnung)   2/10 bis 10/10

b) die beratende Mitwirkung bei der Erstellung eines Anhangs   2/10 bis 4/10

c) die beratende Mitwirkung bei der Erstellung eines Lageberichts   2/10 bis 4/10.

8. die Zusammenstellung eines Jahresabschlusses (Bilanz und Gewinn- und Verlustrechnung) aus übergebenen Endzahlen (ohne Vornahme von Prüfungsarbeiten) einer vollen Gebühr nach Tabelle B (Anlage 2).   2/10 bis 6/10

(2) Gegenstandwert ist

1. in den Fällen des Absatzes Nrn. 1 bis 3, 7 und 8 das Mittel zwischen der berichtigten Bilanzsumme und der betrieblichen Jahresleistung;

2. in den Fällen des Absatzes 1 Nr. 4 und 5 die berichtigte Bilanzsumme;

3. in den Fällen des Absatzes 1 Nr. 6 der Gegenstandswert, der für die dem Erläuterungsbericht zugrunde liegenden Abschlußarbeiten maßgeblich ist.

Die berichtigte Bilanzsumme ergibt sich aus der Summe der Posten der Aktivseite der Bilanz zuzüglich Privatentnahmen und offener Ausschüttungen, abzüglich Privaeinlagen, Kapitalerhöhungen durch Einlagen und Wertberichtigungen. Die betriebliche Jahresleistung umfaßt Umsatzerlöse, sonstige betriebliche Erträge, Erträge aus Beteiligungen, Erträge aus anderen Wertpapieren und Ausleihungen des Finanzanlagevermögens, sonstige Zinsen und ähnliche Erträge, Veränderungen des Bestands an fertigen und unfertigen Erzeugnissen, anderer aktivierte Eigenleistungen sowie außerordentliche Erträge. Ist der betriebliche Jahresaufwand höher als die betriebliche Jahresleistung, so ist dieser der Berechnung des Gegenstandswerts zugrunde zu legen. Betrieblicher Jahresaufwand ist die Summe der Betriebsausgaben einschließlich der Abschreibungen. Bei der Berechnung des Gegenstandswerts ist eine negative berichtigte Bilanzsumme als positiver Wert anzusetzen. Übersteigen die betriebliche Jahresleistung oder der höhere betriebliche Jahresaufwand das Fünffache der berichtigten Bilanzsumme, so bleibt der übersteigende Betrag bei der Berechnung des Gegenstandswerts außer Ansatz. Der Gegenstandswert besteht nur aus der berichtigten Bilanzsumme, wenn die betriebliche Jahresleistung geringer als 6 000 DM ist. Der Gegenstandswert besteht nur aus der betrieblichen Jahresleistung, wenn die berichtigte Bilanzsumme geringer als 6 000 DM ist.

(3) Für die Anfertigung oder Berichtigung von Inventurunterlagen und für sonstige Abschlußvorarbeiten bis zur abgestimmten Saldenbilanz erhält der Steuerberater die Zeitgebühr.

Anmerkungsübersicht:

Anmerkungen zu § 35:
1. Allgemeines
Abs. 1 Nrn. 1 und 7 sowie Abs. 2 wurden mit der 1. VO zur Änderung der StBGebV mit Wirkung ab dem 1. 7. 1988 geändert.

2. Änderungen ab 28. 8. 1998
Der oberste Rahmen für Tätigkeiten bei der Aufstellung eines Jahresabschlusses wurde nunmehr auf 40/10 angehoben. Dadurch sollen die gestiegenen Anforderungen und der größere Schwierigkeitsgrad bei der Bilanzerstellung berücksichtigt werden, insbesondere den größeren Schwierigkeiten z. B. im Konzernverbund oder auch bei Auslandsaktivitäten soll damit Rechnung getragen werden. Die Definition der betrieblichen Jahresleistung wurde dem § 275 HGB angepaßt. Wenn die Aktivseite der Bilanz aufgrund von Privateinlagen oder durch Kapitalerhöhungen zu mindern ist, führte die bisherige Vorschrift zur Ermittlung des Gegenstandswertes auch wegen der Höchstbeschränkung des Ansatzes der betrieblichen Jahresleistung auf das Fünffache der berichtigten Bilanzsumme u. U. zu Gegenstandswerten, die bei Null DM liegen. Solche und andere unlogischen Ergebnisse soll die nunmehrige Ergänzung des Absatzes 2 vermeiden.

§ 35

3. Anwendungsbereich

Der Anwendungsbereich des § 35 erstreckt sich auf alle Abschlußarbeiten, die von einem StB aus welchem Grund auch immer erledigt werden. Sie gehören zu den typischen Leistungen eines StB (OLG Hamm, Urt. v. 22. 6. 88 – 25 U 174/87 – BB 1988, 1499).

§ 35 gilt nicht für land- und forstwirtschaftliche Betriebe (siehe dazu § 39).

Die Gebühr für den Abschluß umfaßt auch die Vornahme der **Mindest-Prüfungshandlungen** bei den Fällen mit eingeschränkter Prüfung (siehe Hinweise der Bundessteuerberaterkammer zu den Abschluß- und Prüfungsvermerken). Ebenso wenig fällt neben der Abschlußgebühr die Bescheinigungsgebühr des § 38 an. Der **Abschlußvermerk** ist keine eigenständige gebührenrechtliche Angelegenheit.

4. Übersicht zu den Abschlußarbeiten

Nr.	Tätigkeit	Gebührensatz	Gegenstandswert
1a	Jahresabschluß	10/10-40/10	
1b	Anhang	2/10-12/10	
1c	Lagebericht	2/10-12/10	
2	Zwischenabschluß Vorläufiger Abschluß	5/10-12/10	
3	Entwicklung der Steuerbilanz aus der Handelsbilanz	5/10-12/10	
	Ableitung des steuerlichen Ergebnisses aus der Handelsbilanz		Mittel aus berichtigte Bilanzsumme
6	Erläuterungsbericht zu Nrn. 1a, 2 u. 3	2/10-12/10	+ betriebl. Jahresleistung oder höher. betriebl. Jahresaufwand (höchstens 5fache ber. Bilanz-
7a	Beratung bei Jahresabschluß	2/10-10/10	summe oder höheren betriebl. Jahresaufwands) Nur ber. Bilanzsum-
7b	Beratung bei Anhang	2/10-4/10	me, wenn betriebl. Jahresleistung unter
7c	Beratung bei Lagebericht	2/10-4/10	6 000 DM, nur betriebl. Jahresleistung, wenn betriebl. Jahresleistung unter 6 000 DM
8	Jahresabschluß aus übergebenen Endzahlen ohne Prüfung	2/10-6/10	
4	Eröffnungsbilanz	5/10-12/10	
5	Auseinandersetzungsbilanz	5/10-20/10	Berichtigte Bilanzsumme
6	Erläuterungs-Bericht zu Nrn. 4 u. 5	2/10-12/10	

5. Absatz 1 Nr. 1a – Jahresabschluß

Der Begriff „Jahresabschluß" i.S.d. Abs. 1 Nr. 1a umfaßt nur die Bilanz und die G+V-Rechnung (siehe Klammerzusatz), nicht auch die Erläuterungen (s. Abs. 1 Nr. 6) und nicht auch den Anhang und den Lagebericht; siehe Nr. 1b und c.

Der Gebührenansatz in Abs. 1 Nr. 1 geht davon aus, daß nur eine Bilanz aufgestellt wird, und zwar eine Einheitsbilanz (Handelsbilanz und Steuerbilanz in einem) oder nur eine Handelsbilanz. Werden zwei Bilanzen aufgestellt, eine Handels- und eine gesonderte Steuerbilanz, so fällt zusätzlich die Gebühr nach Abs. 1 Nr. 3 an.

Die Gebühr nach Abs. 1 Nr. 1 gilt nur eine **summarische Prüfung der Abschluß-unterlagen** ab, wobei alle Arbeiten bis zur abgestimmten Saldenbilanz zu den Vorarbeiten des Abs. 3 zählen. Hat der Mandant oder ein Dritter (z. B. ein Buchführungshelfer) die Buchführung erstellt, so wird i.d.R. in größerem Umfang geprüft werden müssen, mit der Folge, daß zusätzlich die Gebühr nach § 36 Abs. 1 anfällt. Hat der StB die Bücher geführt, so kommt eine gesonderte Gebühr für die Prüfung der Buchführung nicht in Betracht. Das gleiche gilt, wenn der StB nur eine eingeschränkte Prüfung vornimmt (s. Hinweise der Bundessteuerberaterkammer über Abschluß- und Prüfungsvermerke, Berufsrechtliches Handbuch, 5.4 S. 5).

Nimmt der StB keinerlei Prüfung vor, so gilt Abs. 1 Nr. 8, ein Ansatz, der in der Praxis wohl selten in Betracht kommen wird.

Unter Abs. 1 Nr. 1 fallen auch z. B.

– Bilanzen für Rumpfwirtschaftsjahre,

– Liquidationsbilanzen nach § 154 HGB oder § 270 AktG,

– Umwandlungsbilanzen,

– Ergänzungsbilanzen, die beim Erwerb eines OHG-Anteils notwendig werden, wenn sie mit einer Ergänzugs-G+V-Rechnung zu erstellen sind (Gebühren im unteren Rahmenbereich: Meyer, Stbg 1985 S. 12).

6. Anhang und Lagebericht

Anhang (§ 284 HGB) und Lagebericht(§ 289 HGB) sind von Kapitalgesellschaften zu erstellen (§ 264 HGB i.d.F. des BiRiLiG). Diese Unterlagen sind auch für die Besteuerung von Bedeutung (§ 140 AO, § 60 EStDV).

7. Abs. 1 Nr. 2 – Zwischenabschluß, vorläufiger Abschluß

In beiden Fällen handelt es sich um einen kompletten Abschluß, also Bilanz mit G+V-Rechnung. Beim vorläufigen Abschluß handelt es sich um einen Jahresabschluß mit vorläufigem Charakter. Der Zwischenabschluß umfaßt nur Teile eines Geschäftsjahres.

Ob die Minderung des Gebührenrahmens gegenüber dem normalen Jahresabschluß sachgerecht ist, ist oft zu verneinen, insbesondere beim Zwischenabschluß, wenn die gleichen Einzelleistungen verlangt sind wie beim Jahresabschluß.

Bei der Erstellung einer aus der betriebswirtschaftlichen Auswertung (BWA) der Datev fortentwickelten **Zwischen-Gewinnermittlung** unter Berücksichtigung von Umbuchungen, vorläufigen Rückstellungen, Inventurveränderungen, vorläufigen Wertberichtigungen, mit Vorjahresvergleich, handelt es sich um einen Zwischenabschluß i.S.d. Abs. 1 Nr. 2, da aus den Umbuchungen eindeutig der Abschlußcharakter hervorgeht. Es ist jedoch u.U. zu berücksichtigen, daß keine Reinschrift gemacht wird, so daß die Gebührenfestsetzung sich im unteren Rahmenbereich bewegen wird.

8. Absatz 1 Nr. 3 – Gesonderte Steuerbilanz

Hat der StB eine sog. Einheitsbilanz erstellt, die also sowohl Handelsbilanz als auch Steuerbilanz ist, so fällt trotzdem nur die Gebühr nach Abs. 1 Nr.1 an. Das gleiche gilt, wenn die steuerlich notwendigen Korrekturen der Handelsbilanz nur im Rahmen der KSt-Erklärung erfolgen.

Hat der StB die Handelsbilanz nicht selbst erstellt, so wird i.d.R. neben der Gebühr nach Nr.3 eine gesonderte Gebühr nach § 36 anfallen, weil eine Prüfung der Buchführung erforderlich werden wird.

9. Abs. 1 Nr. 4 – Eröffnungsbilanz

Bei einfach gelagerten Sachverhalten (z.b. nur Geldvermögen) wird der unterste Gebührensatz hoch erscheinen. Andererseits kann der Höchstsatz zu niedrig sein, wenn umfangreiche Sacheinlagen getätigt werden.

10. Abs. 1 Nr. 5 – Auseinandersetzungsbilanz

Diese Vorschrift wird über § 2 auch auf andere Sonderbilanzen anzuwenden sein, z. B. Liquidationsbilanz, Umwandlungsbilanz, Fusionsbilanz.

11. Absatz 1 Nr. 6 – Erläuterungsbericht

Der Gebührenansatz geht davon aus, daß in dem Bericht die rechtlichen und wirtschaftlichen Verhältnisse des Betriebs dargestellt und die einzelnen Bilanzposten und die Ansätze in der Gewinn- und Verlustrechnung entwickelt und erläutert werden. Die rein zahlenmäßige Darstellung der Entwicklung der einzelnen Posten dürfte die Gebühr nicht auslösen, weil die Entwicklung an sich bereits mit der Gebühr für den Abschluß abgegolten ist. Für die bloße Schreibarbeit ist eine gesonderte Gebühr nicht gerechtfertigt (a.A. Lieffering, StB 1984 S. 3).

Die mündliche Erläuterung gegenüber dem Mandanten ist mit der Abschlußgebühr abgegolten. Die mündliche Erläuterung gegenüber dem FA löst eine Besprechungsgebühr nach § 31 aus.

12. entfällt

13. Gegenstandswerte ab dem 28. 08. 1998

Gegenstandswert ist teils die berichtigte Bilanzsumme und teils das Mittel zwischen berichtigter Bilanzsumme und betrieblicher Jahresleistung (siehe Anm. 4).

Die Begriffe zeigen die folgenden Rechnungen:

Posten der Aktivseite der Bilanz

+ Privatentnahmen bzw. offene Ausschüttungen

- Privateinlagen bzw. Kapitalerhöhungen durch Einlagen

- Wertberichtigungen

= berichtigte Bilanzsumme

Umsatzerlöse

+ sonstige betriebliche Erträge

+ Erträge aus Beteiligungen

+ Erträge aus anderen Wertpapieren und Ausleihungen des Finanzanlagevermögens

+ sonstige Zinsen

+ ähnliche Erträge

+ Veränderungen d. Best. an fertigen und unfertigen Erzeugnissen

+ andere aktivierte Eigenleistungen

+ a.o. Erträge

= betriebliche Jahresleistung

Das Mittel zwischen berichtigter Bilanzsumme und betrieblicher Jahresleistung wird wie folgt errechnet:

Berichtigte Bilanzsumme	s. Anm. 14
+ betriebliche Jahresleistung	s. Anm. 15
- Summe : 2	
= Gegenstandswert für Nrn. 1 – 3, 7 und 8.	

14. Berichtigte Bilanzsumme

Der bisherige Begriff „Summe der Aktivwerte der Bilanz" führte zu Auslegungsschwierigkeiten, besonders hinsichtlich des **Minus-Kapitals.** Die Auffassung, daß das negative Eigenkapital Bestandteil der Bilanzsumme und damit ein positiver Teil des Gegenstandswerts sei, war umstritten und wohl durch den VO-Text nicht gedeckt. Er wurde deshalb durch die Worte „Summe der Posten der Aktivseite der Bilanz" ersetzt. Damit ist klargestellt, daß negative Kapitalkonten bzw. nicht durch das Eigenkapital gedeckte Fehlbeträge (bei Kapitalgesellschaften) von der Bilanzsumme nicht abgezogen werden.

Nach Satz 6 wird eine negative berichtigte Bilanzsumme wie ein positiver Wert behandelt.

Die bisher bestehenden Schwierigkeiten, wie bei einer berichtigten Bilanzsumme von 0 DM zu verfahren ist, sind durch die Änderungen und Ergänzungen des Abs. 2 wohl vermieden worden.

15. Betriebliche Jahresleistung

Zu dem bisherigen „wirtschaftlicher Begriff Umsatz", der in der StBGebV nicht definiert war, wurden die verschiedensten Auffassungen vertreten. Deshalb war der Begriff ersetzt worden durch die Worte „betriebliche Jahresleistung". Dieser Begriff ist jetzt dem § 275 HGB angepasst und gegenüber bisher neu definiert. Betriebliche Jahresleistung ist danach die Summe der Erlöse und Erträge, die nach § 275 Abs. 2 HGB in der G+V-Rechnung gesondert auszuweisen sind, Veränderungen des Bestandes an fertigen und unfertigen Erzeugnissen einschl. Erzeugnisse und einschl. aktivierte Eigenleistungen. Ist der „Aufwand" höher als der „Umsatz", so ist der betriebl. Jahresaufwand bei der Berechnung des Gegenstandswertes zugrunde zu legen. Der betriebl. Jahresaufwand ist als Summe der Betriebsausgaben einschl. der Abschreibungen definiert.

Ist die betriebliche Jahresleistung geringer als 6 000 DM, so besteht der Gegenstandswert nur aus der berichtigten Bilanzsumme. Ist die bericht. Bilanzsumme geringer als 6 000 DM, so ist nur die betriebliche Jahresleistung zugrunde zu legen. Die Höchstbeschränkung des Ansatzes der betriebl. Jahresleistung auf das Fünffache der bericht. Bilanzsumme gilt auch für den Ansatz des betriebl. Aufwands.

Der Umsatz eines Rumpf-Wirtschaftsjahres ist nicht hochzurechnen auf einen vollen Jahresumsatz.

16. Abs. 3 – Abschlußvorarbeiten

Eine zusätzliche Zeitgebühr fällt nach Abs. 3 an

– für die Anfertigung oder Berichtigung der Inventurunterlagen und

– für sonstige Abschlußvorarbeiten.

Zu den Vorarbeiten zählen Tätigkeiten, die **bis zur abgestimmten Saldenbilanz** anfallen. Was im einzelnen dazu gehört, läßt sich schwer abschließend sagen. Im allgemeinen wird man dazu u. a. folgende Tätigkeiten rechnen können:

– Abstimmung der Konten, auch zwischen Sachkonto und Kontokorrentkonto,

– Aufstellen der Debitoren- und Kreditorenliste,

– Fortführung des Inventar-Verzeichnisses um Zu- und Abgänge und Abschreibungen,

– Ausrechnen der Inventurwerte,

– Zusammenstellung und Bewertung der halbfertigen Arbeiten,

– Überprüfung der durchlaufenden Posten,

– Erstellen des Anlage-Verzeichnisses (s.u.).

Der StB darf aber keine Gebühr ansetzen für die Klärung von Abstimmungsdifferenzen, wenn er selbst die Buchführung erstellt

Erstellt der StB das Anlagen-Verzeichnis, ohne daß er mit der Abschlußerstellung beauftragt ist, so liegt eine „Buchführung" i.S.d. § 33 vor. Der Gegenstandswert muß in Analogie zum „Jahresumsatz" (jetzt betriebliche Jahresleistung) gefunden werden (siehe Brutto-Zugangswerte).

Die **Neben- und Nacharbeiten,** für die der Entwurf der GebV bis zuletzt ebenfalls eine zusätzliche Zeitgebühr vorsah, wurden gestrichen. Das bedeutet nicht, daß der StB dafür überhaupt keine Gebühr bekommt. Zu prüfen ist aber, ob solche Tätigkeiten nach Abs. 1 abgegolten sind, ob sie also zu den typischen Abschlußarbeiten zählen.

17. Änderung von Abschlüssen

Wird nach der Fertigstellung (Reinschrift) der Abschluß aus einem Grund geändert, den der StB nicht zu vertreten hat, so war die Tätigkeit des StB bereits abgeschlossen. Für die Änderung oder Berichtigung fällt also eine nochmalige Gebühr an, die wohl wegen des geringeren Aufwands der unteren Rahmenhälfte zu entnehmen ist. Der StB hat die Änderung nicht zu vertreten, wenn der Mandant nachträglich Unterlagen vorlegt oder Änderungswünsche vorbringt, obwohl der Entwurf des Abschlusses mit ihm oder mit einem von ihm damit Beauftragten besprochen worden ist. Eine Änderung, die z. B. durch das FA veranlaßt wurde, trifft im allgemeinen nicht den StB. Eckert-Böttcher (S. 349) stellen m. E. zu Unrecht darauf ab, ob der „unrichtige" Abschluß existent bleibt, ob er Dritten bereits zugänglich gemacht wurde.

Erfolgt die Bilanzänderung oder die Bilanzberichtigung im Anschluß an eine Betriebsprüfung zur Angleichung an die Prüferbilanz, so fällt eine neue Gebühr nach Abs. 1 an, wenn eine komplette Bilanz aufzustellen ist. Bei einfachen Anpassungen im Rahmen der Folgebilanz ist wohl über § 2 eine Zeitgebühr nach § 35 Abs. 3 anzusetzen (ebenso Eckert-Böttcher, S. 318, 350).

§ 36 Steuerliches Revisionswesen

(1) Der Steuerberater erhält für die Prüfung einer Buchführung, einzelner Konten oder einer Überschußrechnung für steuerliche Zwecke und für die Berichterstattung hierüber die Zeitgebühr.

(2) Der Steuerberater erhält

1. **für die Prüfung einer Bilanz, einer Gewinn- und Verlustrechnung, eines Anhangs, eines Lageberichts oder einer sonstigen Vermögensrechnung für steuerliche Zwecke 2/10 bis 10/10 einer vollen Gebühr nach Tabelle B (Anl. 2) sowie die Zeitgebühr;**

2. **für die Berichterstattung über eine Tätigkeit nach Nummer 1 die Zeitgebühr.**

Der Gegenstandswert bemißt sich nach § 35 Abs. 2.

Anmerkungen zu § 36:

Mit der 1. ÄndV wurde mit Wirkung ab dem 1. 7. 1988 in Abs. 2 Nr. 1 der Anhang und der Lagebericht eingefügt.

Die **Abgrenzung** der Prüfung einer Buchführung nach § 36 Abs. 1 **von der laufenden Überwachung** der Buchführung nach § 33 Abs. 5 wird nicht immer leicht sein. Dabei kommt ihr wegen der unterschiedlichen Gebührenregelung (Wertgebühr – Zeitgebühr) doch eine erhebliche Bedeutung zu. Bei der Abgrenzung wird man davon auszugehen haben, daß die laufende Überwachung (§ 33 Abs. 5) einen Dauerauftrag für eine zunächst unbegrenzte Zeit voraussetzt, wobei die Überwachung grundsätzlich alsbald nach der Erstellung der Buchführung erfolgt. Die Prüfung nach § 36 Abs. 1 sieht dagegen einen Einzelauftrag für die Prüfung eines von vornherein abgegrenzten Zeitraums vor.

Die Prüfungsgebühr nach § 36 fällt nicht an, wenn der StB einen **Jahresabschluß** erstellt und dabei die zugrunde liegende Buchführung in eingeschränktem Umfang prüft. In diesen Fällen ist die Prüfungstätigkeit Teil der Abschlußerstellung, ebenso der Abschlußvermerk. Die Gebühr entsteht ebenfalls nicht, wenn der StB eine Buchführung usw. prüft, die er selbst erstellt hat. Diese Selbstkontrolle wird nicht gesondert honoriert.

§ 36 greift nur, wenn die **Prüfung** durch den StB für **steuerliche Zwecke** erfolgt. Angesprochen ist also nicht etwa die Prüfung von Unterlagen, die steuerlichen Zwecken dienen. Der Anwendungsbereich des § 36 wird also nicht gerade groß sein.

Erfolgt die Prüfung für außersteuerliche Zwecke (z. B. Unterschlagungsprüfung, Organisationsprüfung), so erfolgt die Vergütung mangels vertraglicher Vereinbarung nach § 612 BGB (= übliche Vergütung). Letzten Endes stellt aber die Gebühr nach § 36 die übliche Vergütung dar.

Prüft der StB eine vom Mandanten selbst erarbeitete **Finanzplanung** so wird man die Gebühr in sinngemäßer Anwendung des § 36 zu bestimmen haben (Lehwald, StB 1983 S. 221).

Wegen der Land- und Forstwirte siehe § 39 Abs. 3 Nr. 5, zur Erteilung einer Bescheinigung über die Beachtung steuerlicher Vorschriften siehe § 38.

Zur Mitwirkung bei Prüfungen durch das FA siehe § 29.

Die Ermittlung der Wertansätze im Zusammenhang mit der Erstellung eines Abschlusses ist mit der Abschlußgebühr abgegolten (§ 35).

Durch die 3. ÄndVO wurden die in Abs. 2 enthaltenen Gebührenvorschriften der üblichen Vergütung bei den Wirtschaftsprüfern angepaßt. Neben die Zeitgebühr tritt eine Wertgebühr, durch die die Bedeutung der Angelegenheit und deren Schwierigkeit entsprechend berücksichtigt werden sollen.

Für die Berichterstattung sieht Abs. 2 Nr. 2 die Wertgebühr vor. Gegenstandswert ist entsprechend dem Verweis auf § 35 Abs. 2 entweder nur die berichtigte Bilanzsumme oder das Mittel zwischen der Bilanzsumme und der betrieblichen Jahresleistung.

§ 37 Vermögensstatus, Finanzstatus für steuerliche Zwecke

Die Gebühr beträgt für

1. die Erstellung eines Vermögensstatus oder Finanzstatus   5/10 bis 15/10

2. die Erstellung eines Vermögensstatus oder Finanzstatus aus übergebenen Endzahlen (ohne Vornahme von Prüfungsarbeiten)   2/10 bis 6/10

3. den schriftlichen Erläuterungsbericht zu den Tätigkeiten nach Nummer 1   1/10 bis 6/10

einer vollen Gebühr nach Tabelle B (Anlage 2). Gegenstandswert ist für die Erstellung eines Vermögensstatus die Summe der Vermögenswerte, für die Erstellung eines Finanzstatus die Summe der Finanzwerte.

§ 37

Anmerkungsübersicht:
1. Anwendungsbereich
2. Vermögensstatus, Finanzstatus – Begriffe
3. Erläuterungsbericht
4. Finanzplan
5. Gegenstandswert
6. Erstattung im FG-Verfahren

Anmerkungen zu § 37:

1. Anwendungsbereich

§ 37 ist nur anzuwenden auf einen Status, der für **steuerliche Zwecke** erstellt wird (§ 1 sowie Überschrift zu § 37), z. B. im Zusammenhang mit einem Antrag auf Stundung, Billigkeitserlaß, Vollstreckungsaufschub oder dergl. Wird der Status für nichtsteuerliche Zwecke erstellt, so richtet sich die Vergütung nach den getroffenen Vereinbarungen, ersatzweise nach den Vorschriften des BGB (§§ 612, 632, 670). Vgl. Lehwald, StB 1983 S. 99. Allerdings wird in diesen Fällen i.d.R. die Gebühr nach § 37 die „übliche Vergütung" darstellen.

Für die Prüfung eines Status, der vom Auftraggeber selbst oder von einem Dritten erstellt wurde, siehe § 36 Abs. 2.

2. Vermögensstatus, Finanzstatus – Begriffe

Der Vermögensstatus ist eine geordnete Darstellung des Vermögens und der Verbindlichkeiten i.d.R nach Zeitwerten. Beim Finanzstatus (Liquiditätsstatus) kommt noch die Gruppierung nach der Fristigkeit bzw. Fälligkeit hinzu.

Vom Jahresabschluß (Bilanz und Gewinn- und Verlustrechnung) unterscheidet sich der Vermögensstatus darin, daß er nicht unmittelbar aus den Werten der Buchführung entwickelt wird und daß die Gewinnermittlung fehlt.

3. Erläuterungsbericht

Zum Begriff „Erläuterungsbericht siehe Anm. 11 zu § 35. Die Gebühr nach S. 1 Nr. 3 ist wohl auch zu berechnen, wenn der StB die ihm übergebenen Endzahlen erläutert, wenn auch der Wortlaut der Vorschrift dagegensteht.

4. Finanzplan

In § 37 und auch in anderen Vorschriften der GebV ist für die **Fertigung eines Finanzplans** ein Gebührenansatz nicht vorgesehen. Gemäß § 2 dürfte für diese Tätigkeit § 37 sinngemäß anzuwenden sein (Lehwald, StB 1983 S. 221).

5. Gegenstandswert

Gegenstandswert ist die Summe der Vermögenswerte bzw. die Summe der Finanzwerte, d.h. das Rohvermögen. Die Verbindlichkeiten sind nicht abzuziehen. Diese Auffassung dürfte sich aus den vergleichbaren Regelungen (§ 24 Abs. 1 Nrn. 9 und 10 sowie § 35 Abs. 2) begründen lassen. Der Meinung, die Summe aus den positiven und den negativen Werten zu nehmen, ist nicht zuzustimmen.

136

6. Erstattung im FG-Verfahren

Die Kosten für die Erstellung eines Status, der im Rahmen eines Aussetzungsverfahrens nach § 69 FGO unaufgefordert beim Gericht eingereicht wird, um die mangelnde wirtschaftliche Leistungsfähigkeit darzulegen, können notwendige Aufwendungen i.S.d. § 139 Abs. 1 FGO sein (EFG 1986 S. 302).

GebV

§ 38 Erteilung von Bescheinigungen

(1) Der Steuerberater erhält für die Erteilung einer Bescheinigung über die Beachtung steuerrechtlicher Vorschriften in Vermögensübersichten und Erfolgsrechnungen 1 Zehntel bis 6 Zehntel einer vollen Gebühr nach Tabelle B (Anlage 2). Der Gegenstandswert bemißt sich nach § 35 Abs. 2.

(2) Der Steuerberater erhält für die Mitwirkung an der Erteilung von Steuerbescheinigungen die Zeitgebühr.

Anmerkungen zu § 38:

§ 38 wurde durch die 1. ÄndV mit Wirkung vom 1. 7. 1988 neugefaßt. Die ursprünglich sowohl für die Erteilung der Steuerbescheinigung als auch für die Mitwirkung vorgesehene Zeitgebühr gilt jetzt nur noch für den zweiten Fall. Für die Erteilung der Bescheinigungen ist nunmehr „wegen ihrer erheblichen Auswirkungen finanzieller und haftungsrechtlicher Art" (s. amtliche Begründung) die Wertgebühr bestimmt.

Zum Haftungsrisiko siehe SG Koblenz, Urteil v. 4. 6. 1985, DStR S. 710 zur Arbeitsbescheinigung gem. § 145 des Arbeitsförderungsgesetzes.

Es stellt sich hierzu die Frage, ob der StB wirklich von der Haftung frei ist, wenn er an der Erteilung der Bescheinigung „lediglich" mitgewirkt hat (Abs. 2), wenn die Bescheinigung aufgrund von Zahlen erteilt wurde, die der StB geliefert hat.

Die dieser Regelung zugrunde liegende Tätigkeit gehört zwar nur zu den Tätigkeiten, die nach § 57 Abs. 3 Nr. 3 StBerG mit dem Beruf des StB vereinbar sind. Ihrem Inhalt nach aber gehört sie zu den Aufgaben, die das Berufsbild des StB prägen.

Aus der amtlichen Begründung zur StBGebV (ursprüngliche Fassung) muß wohl geschlossen werden, daß die Anwendungsgebiete von Abs. 1 und Abs. 2 unterschiedlich sind. Abs. 1 spricht nur von Vermögensübersichten und Erfolgsrechnungen, Abs. 2 dagegen allgemein von Steuerbescheinigungen. Bei der Mitwirkung an der Erteilung von Bescheinigunen (Abs. 2) ist z. B. an die Fälle des § 44 KStG (Körperschaftsteuer) und des § 45 EStG (Kapitalertragsteuer) sowie die Bescheinigung des Arbeitgebers über die einbehaltene Lohnsteuer gedacht.

Bei Abs. 1 ist zu denken an Bescheinigungen z. B. für den Erwerber eines Betriebs oder für ein Kreditinstitut, die Angaben über die Beachtung steuerrechtlicher Bilanzierungs-und Bewertungsvorschriften in Steuerbilanzen.

Zweifelsfrei **nicht** nach § 38 werden vergütet

– nichtsteuerliche Testate sowie

– Abschluß- und Prüfungsvermerke nach §§ 35, 36 und 39, weil sie Bestandteil der jeweiligen Leistung sind.

Gegenstandswert für die Wertgebühr des Abs. 1 ist – entsprechend dem Verweis auf § 35 Abs. 2 – entweder nur die berichtigte Bilanzsumme oder das Mittel zwischen berichtigter Bilanzsumme und betrieblicher Jahresleistung.

Die Gebühr nach § 38 steht dem StB auch dann zu, wenn er die der Bescheinigung zugrunde liegenden Unterlagen erstellt oder geprüft und hierfür Gebühren erhalten hat.

Für Steuerbescheinigungen, die nicht nach § 38 vergütet werden, ist diese Vorschrift über § 2 sinngemäß anzuwenden. Für nichtsteuerliche Bescheinigungen wird mangels einer ausdrücklichen anderweitigen Vereinbarung die „übliche Vergütung" (§§ 612, 632 BGB) geschuldet, wobei § 38 als Anhalt dienen wird.

§ 39 Buchführungs- und Abschlußarbeiten für land- und forstwirtschaftliche Betriebe

(1) Für Angelegenheiten, die sich auf land- und forstwirtschaftliche Betriebe beziehen, gelten abweichend von den §§ 32, 33, 35 und 36 die Absätze 2 bis 7.

(2) Die Gebühr beträgt für

1. laufende Buchführungsarbeiten einschließlich Kontieren der Belege jährlich 3/10 bis 20/10

2. die Buchführung nach vom Auftraggeber kontierten Belegen oder erstellten Kontierungsunterlagen jährlich 3/20 bis 20/20.

3. die Buchführung nach vom Auftraggeber erstellten Datenträgern oder anderen Eingabemitteln für die Datenverarbeitung neben der Vergütung für die Datenverarbeitung und für den Einsatz der Datenverarbeitungsprogramme jährlich 1/20 bis 16/20

4. die laufende Überwachung der Buchführung jährlich 1/10 bis 6/10

einer vollen Gebühr nach Tabelle D (Anlage 4). Die volle Gebühr ist die Summe der Gebühren nach Tabelle D Teil a und Tabelle D Teil b.

(3) Die Gebühr beträgt für

1. die Abschlußvorarbeiten 1/10 bis 5/10

2. die Aufstellung eines Abschlusses 3/10 bis 10/10

3. die Entwicklung eines steuerlichen Abschlusses aus dem betriebswirtschaftlichen Abschluß oder aus der Handelsbilanz oder die Ableitung des steuerlichen Ergebnisses vom Ergebnis des betriebswirtschaftlichen Abschlusses oder der Handelsbilanz 3/20 bis 10/20

4. die beratende Mitwirkung bei der Erstellung eines Abschlusses 1/20 bis 10/20

5. die Prüfung eines Abschlusses für steuerliche Zwecke 1/10 bis 8/10

6. den schriftlichen Erläuterungsbericht zum Abschluß 1/10 bis 8/10

einer vollen Gebühr nach Tabelle D (Anlage 4). Die volle Gebühr ist die Summe der Gebühren nach Tabelle D Teil a und Tabelle D Teil b.

(4) Die Gebühr beträgt für

1. die Hilfeleistung bei der Einrichtung einer Buchführung   1/10 bis 6/10

2. die Erfassung der Anfangswerte bei Buchführungsbeginn   3/10 bis 15/10 einer vollen Gebühr nach Tabelle D Teil a (Anlage 4).

(5) Gegenstandswert ist für die Anwendung der Tabelle D Teil a die Betriebsfläche. Gegenstandswert für die Anwendung der Tabelle D Teil b ist der Jahresumsatz zuzüglich der Privateinlagen, mindestens jedoch die Höhe der Aufwendungen zuzüglich der Privatentnahmen. Im Falle des Absatzes 3 vermindert sich der 200 000 Deutsche Mark übersteigende Betrag auf die Hälfte.

(6) Bei der Errechnung der Betriebsfläche (Absatz 5) ist

1. bei einem Jahresumsatz bis zu 2 000 Deutsche Mark je Hektar das Einfache,

2. bei einem Jahresumsatz über 2 000 Deutsche Mark je Hektar das Vielfache, das sich aus dem durch 2 000 geteilten Betrag des Jahresumsatzes je Hektar ergibt,

3. bei forstwirtschaftlich genutzten Flächen die Hälfte,

4. bei Flächen mit bewirtschafteten Teichen die Hälfte,

5. bei durch Verpachtung genutzten Flächen ein Viertel

der tasächlich genutzten Flächen anzusetzen.

(7) Mit der Gebühr nach Absatz 2 Nr. 1, 2 und 3 ist die Gebühr für die Umsatzsteuervoranmeldungen (§ 24 Abs. 1 Nr. 7) abgegolten.

Anmerkungsübersicht:

1. Allgemeines

2. Abs. 2 – Laufende Buchführung

3. Abs. 3 – Abschluß

4. Abs. 4 – Einrichtung einer Buchführung

5. Abs. 5 – Gegenstandswert

6. Abs. 6 – Betriebsfläche

7. Jahresumsatz

Anmerkungen zu § 39:

1. Allgemeines

Die Besonderheiten der Buchführung und der Abschlüsse der land- und forstwirtschaftlichen Betriebe machten es erforderlich, die gebührenrechtlichen Vorschriften abweichend von den Bestimmungen für die sonstigen Steuerpflichtigen zu regeln.

Der Begriff „landwirtschaftlicher Betrieb" wird in der StBGebV nicht definiert. Nach Karnatz in Eckert-Böttcher (Anm. 2 zu § 39)

sind das

– Betriebe, die Einkünfte aus Land- und Forstwirtschaft i. S. d. § 13 EStG vermitteln sowie

– Betriebe, deren Betriebsgrundstücke, losgelöst von ihrer Zugehörigkeit zum
  gewerblichen Betrieb (z. B. Gärtnerei mit erhöhtem Zukauf), einen Betrieb der
  Land- und Forstwirtschaft bilden würden.

Die „Besonderheiten" der land- und forstwirtschaftlichen Betriebe waren der Anlaß
für die Existenz des § 39 (siehe amtliche Begründung). Darum zählt die h.M. auch
die erwähnte zweite Gruppe von Betrieben zu denen, die nach § 39 abzurechnen
sind. Nicht verständlich ist allerdings, warum die Besonderheiten dann nicht ge-
würdigt werden, wenn eine Überschußrechnung zu machen ist. Dann ist – wie beim
Gewerbebetrieb – nach § 25 abzurechnen.

Wegen der § 13a-Landwirte siehe § 26.

Nach Abs. 1 sind auf die Tätigkeiten für Land- und Forstwirte folgende Vorschriften
schon anzuwenden:

§ 25   Ermittlung des Überschusses der Betriebseinnahmen über die Betriebs-
       ausgaben,

§ 34   Lohnbuchführung,

§ 37   Vermögensstatus, Finanzstatus,

§ 38   Erteilung von Bescheinigungen.

2. Absatz 2 – Laufende Buchführung

Die Gebühren nach Abs. 2 Nrn. 1 – 4 schließen sich gegenseitig aus.

Im Gegensatz zu § 33 sieht Abs. 2 eine Jahresgebühr vor. Wie die Gebühr zu ermitteln ist, wenn nur für einen Teil des Jahres die Bücher geführt werden, läßt die
GebV offen. Man wird wohl kaum im Hinblick auf § 12 Abs. 4 die volle Jahresgebühr fordern können.

Die Jahresgebühr führt dazu, daß die Buchführung des ganzen Jahres als eine
Angelegenheit zu behandeln ist. Das hat u.a. zur Folge, daß der Höchstsatz für den
pauschalen Auslagenersatz dem StB jährlich nur einmal zustehen soll. Diese Regelung ist völlig unverständlich.

Im übrigen vgl. die Anm. zu § 33.

Der Gebührenrahmen in Abs. 2 ist sehr weit gespannt. Der StB kann deshalb den
Besonderheiten des Einzelfalles voll Rechnung tragen. Dabei sind insbesondere
zu berücksichtigen: Qualität und Umfang der vom Mandanten geleisteten Vorarbeiten (z. B. Kontierung), Umfang der vorzunehmenden Buchungen, Schwierigkeitsgrad.

3. Absatz 3 – Abschluß

Abs. 3 spricht nur pauschal vom Abschluß, ohne zu unterscheiden, ob es sich um
einen Jahresabschluß, einen Zwischenabschluß oder eine Auseinandersetzungsbilanz handelt, wie das § 35 Abs. 1 macht. Die Besonderheiten dieser Arbeiten ist
deshalb in verstärktem Maße bei der Auswahl der anzusetzenden Gebühr innerhalb des gegebenen Rahmens zu werten.

Mit der Gebühr nach Abs. 3 für die Abschlußarbeiten ist die Tätigkeit im Zusammenhang mit der ESt-Erklärung nicht abgegolten (vgl. § 24 Abs. 1 Nr. 1).

Wegen des Begriffs „Abschlußvorarbeiten" kann wohl auf § 35 Abs. 3 zurückgegriffen werden.

Abs. 3 Nr. 5 behandelt die Prüung eines Abschlusses. Nicht erfaßt ist damit u.a. die Prüfung eines Vermögenstatus bzw. Finanzstatus. Da § 36 nicht angewendet werden darf, bleibt nur, die Gebühr eben doch in Anlehnung an Abs. 3 Nr. 5 zu bestimmen. Ebenso ist die Rechtslage bei der Prüfung einer Buchführung. Die Gebühr dazu ist wohl in sinngemäßer Anwendung des Abs. 2 Nr. 4 zu bemessen.

Abs. 3 sieht für den Bericht über die **Prüfung eines Abschlusses** keine (gesonderte) Gebühr vor. Hier stellt sich die Frage, ob diese Gebühr nicht einfach vergessen wurde und somit – entgegen dem klaren Wortlaut der GebV – doch eine gesonderte Gebühr anzusetzen ist, und zwar in Anlehnung an § 36 Abs. 1 Nr. 2 und § 39 Abs. 3 Nr. 5.

4. Absatz 4 – Einrichtung einer Buchführung

Beide Gebühren des Abs. 4 stellen m.E. nicht darauf ab, wer die Bücher künftig führt. Das Wort „Hilfeleistung" in Abs. 4 Nr. 1 ist vielmehr im Zusammenhang mit § 33 StBerG zu sehen, wo von Hilfeleistung bei der Erfüllung der Buchführungspflichten die Rede ist. Auch ein StB, der künftig die Bücher führt, leistet Hilfe bei der Einrichtung der Buchführung und erhält damit diese Gebühr (a.A. Lauth, Bonner Handbuch d. Stbg., E 3927).

Ebenso ist für die Erfassung der Anfangswerte (Abs. 4 Nr. 2) in jedem Fall eine gesonderte Gebühr anzusetzen.

Abs. 4 enthält keinen Gebührenansatz für die **Eröffnungsbilanz** (z. B. bei Buchführungsbeginn wegen Überschreitens der Buchführungspflichtgrenzen). Mit Abs. 4 Nr. 2 (Erfassung der Anfangswerte) dürfte die Eröffnungsbilanz nicht mitabgegolten sein. Der Gebührenansatz dürfte vielmehr unter sinngemäßer Anwendung § 39 Abs. 3 Nr. 2 zu entnehmen sein, wobei wie bei den Gewerbetreibenden der Ansatz etwa bei der Hälfte der Gebühr für den Jahresabschluß liegen dürfte.

5. Absatz 5 – Gegenstandswert

Es sind zwei Gegenstandswerte zu berechnen, entsprechend der Gestaltung der Tabelle D.

Der Gegenstandswert für die Tabelle a ist die Betriebsfläche. Wie sie zu ermitteln ist, bestimmt Abs. 6.

Der Gegenstandswert für die Tabelle b ist der Jahresumsatz zuzüglich Privateinlagen. Ist die Summe der Aufwendungen zuzüglich Privatentnahmen höher, so ist diese anzusetzen.

Beispiel:

Ein land- und forstw. Betrieb mit einer landw. genutzen Fläche von 30 ha, einer forstw. genutzten Fläche von 10 ha und einer verpachteten Fläche von 8 ha beauftragt einen StB mit der Fertigung der laufenden Buchführung einschließlich Kontierung. Jahresumsatz aus der landw. Fläche 90 000 DM, aus der Forstwirtschaft 10 000 DM. Vereinnahmte Pacht 3 000 DM. Aufwendungen aus der Landwirtschaft 70 000 DM, aus der Forstwirtschaft 6 000 DM, Privateinlagen 5 000 DM, Privatentnahmen 10 000 DM. Wie hoch ist die in Rechnung zu stellende Gebühr?

Berechnung der anzusetzenden Fläche:

a) Die selbst genutzte landw. Fläche ist gem. Abs. 6 Nr. 2 wie folgt anzusetzen:

(Jahresumsatz : ha) : 2 000 x 30

= (3 000 : 2 000) x 30

= 1,5 x 30 =   45 ha

b) Forstwirtschaftlich genutzte Fläche

10 ha : 2 =   5 ha

c) Verpachtete Flächen

8 ha : 4 =   <u>2 ha</u>

        52 ha

Volle Gebühr nach Tabelle D Teil a = 664 DM

Berechnung des anzusetzenden Jahresumsatzes:

Jahresumsatz	90 000 DM	
	10 000 DM	
	<u>3 000 DM</u>	
	103 000 DM	
+ Privateinlagen	<u>5 000 DM</u>	108 000 DM
Aufwendungen	70 000 DM	
	<u>6 000 DM</u>	
	76 000 DM	
+ Privatentnahmen	<u>10 000 DM</u>	86 000 DM

Gegenstandswert ist der höhere Betrag, also   108 000,— DM

Volle Gebühr nach Tabelle D Teil b =   759,— DM

Summe der beiden Gebühren (664 + 759) =   1 423,— DM

Die Mindestgebühr für die laufende Buchhaltung beträgt jährlich 3/10 =   426,90 DM

Die Höchstgebühr beträgt 20/10 =   2 846,— DM

6. Abs. 6 – Betriebsfläche

Beim Ansatz der Betriebsfläche ist von der im jeweiligen Wirtschaftsjahr tatsächlich genutzten Fläche auszugehen (einschließlich zugepachtete Flächen). Ungenutzte Flächen (z. B. Unland) sind nicht einzubeziehen.

Verpachtete Flächen sind entsprechend der speziellen Regelung in Abs. 6 Nr. 5 mit einem Viertel anzusetzen, es sei denn, sie stellen kein Betriebsvermögen dar.

7. Jahresumsatz

Abs. 5 S. 3 bestimmt, daß sich bei der Berechnung der Gebühr für Abschlußarbeiten (Abs. 3) der Jahresumsatz auf die Hälfte vermindert, soweit er 200 000 DM übersteigt. In allen anderen Fällen ist diese Verringerung nicht vorgesehen.

Der Begriff „Aufwendungen" ist nicht definiert. Da die Gebühr die Tätigkeit für steuerliche Zwecke entgilt, dürfte der Gegenstandswert den Ergebnissen dieser Tätigkeit zu entnehmen sein. Als Aufwendungen sind deshalb wohl die Betriebsausgaben zu behandeln.

Sechster Abschnitt
Gebühren für die Vertretung im außergerichtlichen Rechtsbehelfsverfahren und im Verwaltungsvollstreckungsverfahren

GebV

§ 40 Verfahren vor Verwaltungsbehörden

(1) Für die Vertretung im Rechtsbehelfsverfahren vor Verwaltungsbehörden erhält der Steuerberater

1. die Geschäftsgebühr (§ 41),

2. die Besprechungsgebühr (§ 42),

3. die Beweisaufnahmegebühr (§ 43).

(2) Erledigt sich eine Angelegenheit ganz oder teilweise nach Rücknahme, Widerruf, Aufhebung, Änderung oder Berichtigung des mit einem Rechtsbehelf angefochtenen Verwaltungsaktes, so erhält der Steuerberater, der bei der Erledigung mitgewirkt hat, eine Gebühr von 10/10 einer vollen Gebühr nach Tabelle E.

Anmerkungsübersicht:

1. Allgemeines

2. Rechtsbehelfsverfahren vor Verwaltungsbehörden

3. Gebühren

4. Gegenstandswert

5. Tabelle E

6. Erstattungsanspruch des Mandanten beim Obsiegen

Anmerkungen zu § 40:

1. Allgemeines

Die §§ 40 – 43 entsprechen den Bestimmungen in § 118 BRAGO. Nicht übernommen wurde die Regelung des § 119 BRAGO, nach der das außergerichtliche Rechtsbehelfsverfahren und das vorausgegangene Verwaltungsverfahren als eine Angelegenheit anzusehen sind. Dafür sieht § 41 die **Ermäßigung der Geschäftsgebühr** vor für den Fall, daß der StB

– den Steuerbescheid geprüft hat (Abs. 3) oder

– im Einspruchsverfahren erst die Steuererklärung gefertigt hat (Abs. 4) oder

– Anträge i.S.d. § 23 gestellt hat (Abs. 5).

Außerdem wird nach § 42 Abs. 3 die Besprechungsgebühr ermäßigt, wenn der StB für eine Besprechung im vorausgegangenen Verwaltungsverfahren die Gebühr nach § 31 berechnet hat.

Abs. 2 wurde durch die 3. ÄndV mit Wirkung ab dem 28. 8. 1998 eingefügt. Siehe auch § 47a.

2. Rechtsbehelfsverfahren vor Verwaltungsbehörden

Rechtsbehelfsverfahren vor Verwaltungsbehörden i.S.d. § 40 sind

– die außergerichtlichen Rechtsbehelfe nach §§ 347 ff. AO, also

– der Einspruch

– die Beschwerde und

– der Widerspruch nach §§ 68 ff. VwGO, soweit es sich um steuerrechtliche Verfahren handelt.

Die Vergütung für die Vertretung in gerichtlichen Verfahren, Strafverfahren, im Bußgeldverfahren und in Gnadensachen ist in § 45 geregelt.

Für die Vertretung bei Petitionen, Gegenvorstellungen und **Dienstaufsichtsbeschwerden** sieht die GebV keinen Gebührenansatz vor. Folglich ist gemäß § 2 der nächstliegende Ansatz sinngemäß anzuwenden. Das dürften wieder die §§ 40 – 44 sein.

Wegen der Vergütung für den Antrag auf

– Aufhebung bzw. Änderung von Steuerbescheiden siehe § 23 Nr. 7,

– Rücknahme bzw. Widerruf eines anderen Verwaltungsakts siehe § 23 Nr. 8,

– Aussetzung der Vollziehung siehe § 44 Abs. 2,

– Wiedereinsetzung in den vorigen Stand

außerhalb eines Rechtsbehelfsverfahrens siehe § 23 Nr. 9.

3. Gebühren

Alle drei Gebühren sind **Pauschalgebühren** und gelten alle Tätigkeiten des StB in den vorgesehenen Tätigkeitsgruppen ab. Geschäftsgebühr, Besprechungsgebühr und Beweisaufnahmegebühr können in der gleichen Angelegenheit also nur einmal anfallen.

Die Gebühren sind **Rahmengebühren.** Innerhalb des Rahmens bestimmt der StB im Einzelfall unter Berücksichtigung aller Umstände die Höhe der Gebühr (§ 11). Auch der Kostenbeamte des FG kann im Verfahren nach § 139 Abs. 3 FGO (Kostenerstattung bei Obsiegen des Steuerpflichtigen) diese Bestimmung nur aufheben, wenn sie nicht der Billigkeit entspricht. In Angelegenheiten von durchschnittlicher Art und Schwierigkeit ist die Mittelgebühr zuzubilligen (EFG 1981 S. 366).

Die **Erledigungsgebühr** nach § 24 BRAGO (bei Zurücknahme oder Änderung des angefochtenen Verwaltungsakts) ist im außergerichtlichen Rechtsbehelfsverfahren nunmehr auch für Steuerberater eingeführt (Absatz 2). Die Tätigkeiten des Steuerberaters, die zu einer Erledigung eines Rechtsbehelfs führen, rechtfertigen diese Gebühr, die in jeder Beziehung der Regelung des § 24 BRAGO entspricht. Entscheidend ist, daß der Steuerberater die Erledigung herbeigeführt oder gefördert hat. Die besondere Bedeutung dieser Gebühr liegt darin, daß sie streitvermeidend wirkt und der Prozeßflut entgegenwirkt.

4. Gegenstandswert

Gegenstandswert ist der Wert des Interesses (§ 10 Abs. 1 S. 3), also i.d.R. die Differenz zwischen dem festgesetzten und dem erstrebten Steuerbetrag. Folgesteuern (z.b. die Kirchensteuer) bleiben unberücksichtigt, ebenso die Auswirkungen auf weitere Jahre. Im übrigen siehe Streitwert-ABC.

Bei der Besprechung kann der Gegenstandswert hinter dem Gegenstand des Einspruchs zurückbleiben, wenn nur über einen Teil der streitigen Punkte verhandelt wird.

Werden in einem Schriftsatz mehrere Steuerbescheide (z. B. ESt 1995 – 1997 nach einer Betriebsprüfung) angefochten, so sind die Streitwerte zu einem Streitwert zusammenzufassen und eine gemeinsame Gebühr zu berechnen (§ 10 Abs. 2; BFH, BStBl II 1969 S. 587, 1974 S. 423). Der StB erhält dagegen für jedes Jahr eine gesonderte Gebühr, wenn er jeden Steuerbescheid gesondert anficht.

5. Tabelle E

Im Hinblick auf die Ausrichtung der gem. § 139 Abs. 3 FGO für die Vertretung im Vorverfahren erstattungsfähigen Kosten nach der BRAGO ist auch für die sich aus dieser Gebührenverordnung ergebenden außergerichtlichen Rechtsbehelfsgebühren die **Gebührentabelle der BRAGO** maßgeblich. Die Tabelle E ist identisch mit der Tabelle zu § 11 BRAGO. Durch die jetzt durchgeführte Neufassung im Rahmen der 3. ÄndVO zur StBGebV wird die Tabelle E an die durch das Kostenrechtsänderungsgesetz 1994 geänderten Werte der Anwaltstabelle (mit nahezu 5 jähriger Verzögerung) angepaßt. Sie ist dieser GebV als Tabelle E (Anlage 5) beigefügt.

6. Erstattungsanspruch des Mandanten beim Obsiegen

Für die im außergerichtlichen Rechtsbehelfsverfahren entstandenen Kosten für einen Bevollmächtigten steht dem Stpfl. nach der AO auch dann kein Erstattungsanspruch zu, wenn er in vollem Umfang obsiegt hat. Nur wenn **der Stpfl. – nach erfolglosem Einspruch – vor das Finanzgericht geht und dort obsiegt,** dann muß die Verwaltung als der unterliegende Teil die Gerichtskosten und die zur zweckentsprechenden Rechtsverfolgung oder Rechtsverteidigung notwendigen Aufwendungen der Beteiligten einschließlich der Kosten des Vorverfahrens tragen (§§ 135 ff. FGO). Die Verwaltung muß danach die Kosten für die Einschaltung eines Bevollmächtigten oder Beistands nur dann erstatten, wenn das FG die Zuziehung des Bevollmächtigten oder Beistands für das Vorverfahren für notwendig erklärt. Wegen der Kompliziertheit des Steuerrechts wird die Notwendigkeit allerdings i.d.R. bestätigt. Werden die Kosten für einen Bevollmächtigten oder Beistand jedoch nicht ersetzt, so stellt sich die Frage, ob derartige Aufwendungen beim Vorliegen der Voraussetzungen der § 839 BGB, Art. 34 GG wegen eines zivilrechtlichen Anspruchs ersetzt werden müssen. Die Rechtsprechung der Zivilgerichte bejaht diese Frage zunehmend (s. DStR 96 S. 1886, StB 98 S. 362, NWB F. 2 S. 6751).

Erstattungsfähig sind die Vergütungen, die sich nach der StBGebV ergeben (§ 139 FGO).

Für die Geltendmachung des Anspruchs genügt an sich eine formlose Mitteilung an das FA. Meist wird aber von der Verwaltung verlangt, daß die Kosten durch das FG festgestellt werden. Vgl. § 149 FGO.

Dabei darf der Antrag auf Verzinsung nicht vergessen werden (§ 155 FGO i.V.m. § 104 ZPO).

Muster für einen Antrag auf Kostenfestsetzung:

Finanzgericht München

_____   – 2-fach –

_____

In der Finanzstreitsache   Az. _____

_____

gegen

das Finanzamt _____   – StNr. _____ –

wegen

Einkommensteuer 1996

beantrage ich namens und im Auftrag meines Mandanten _____

– Festsetzung der zu erstattenden Aufwendungen (§§ 149, 139 FGO) und

– Verzinsung des Erstattungsanspruchs (§ 155 FGO i.V.m. § 104 ZPO) ab Antragstellung.

Wegen der Kosten des Vorverfahrens bitte ich um Entscheidung des Gerichts, daß die Hinzuziehung eines Bevollmächtigten notwendig war (§ 139 Abs. 3 S. 3 FGO).

Dem Kläger sind folgende Kosten entstanden:

1. Vorverfahren

   Streitwert _____ DM

   10/10 Geschäftsgebühr, § 41 StBGebV   _____ DM

   3/10 Erhöhung wegen Vertretung von Ehegatten   _____ DM

   Postgebühren, § 16 StBGebV   _____ DM

2. Klageverfahren

   10/10 Prozeßgebühr, § 31 Nr. 1 BRAGO   _____ DM

   10/10 Verhandlungsgebühr, § 31 Nr. 2 BRAGO   _____ DM

   . . . .

   Postgebühren, § 26 BRAGO   _____ DM

   Reisekosten, § 28 BRAGO

   – Fahrtkosten mit Pkw, 100 km zu 52 Pfg. =   _____ DM

   – Tage- und Abwesenheitsgeld   _____ DM

                                                      _____ DM

15% Umsatzsteuer   _____ DM

                                                      _____ DM

Ich bitte um Überweisung auf das Konto _____

_____

          (Unterschrift)

Auf den Antrag auf Kostenfestsetzung erläßt das FG den Kostenfestsetzungsbe-schluß (§ 149 Abs. 2 FGO). Der StB tut gut, wenn er sich jetzt auf einen harten Kampf einstellt. Die FÄ sind in keinem Verfahren so kleinlich wie hier.

Gegen den Kostenfestsetzungsbeschluß gibt es die Erinnerung (§ 149 Abs. 2 FGO), eine meist sehr langwierige Sache.

Die Kostenfestsetzungsbeschlüsse sind durch die Bank vom Gericht für vorläufig vollstreckbar erklärt. Zahlt das FA nicht, dann kann der StB den Antrag auf Voll-streckung nach § 151 FGO stellen.

Die Erstattung erfolgt grundsätzlich an den Mandanten. Der StB darf aber die Zah-lung entgegennehmen (§ 81 ZPO). Er kann sich auch den Erstattungsanspruch ab-treten lassen, mit der Folge, daß die Erstattung auf jeden Fall an ihn zu erfolgen hat.

GebV

§ 41 Geschäftsgebühr

(1) Die Geschäftsgebühr beträgt 5 Zehntel bis 10 Zehntel einer vollen Gebühr nach Tabelle E (Anlage 5).

(2) Durch die Geschäftsgebühr wird das Betreiben des Geschäfts einschließ-lich der Information, der Einreichung und der Begründung des Rechtsbehelfs abgegolten.

(3) Die Geschäftsgebühr ermäßigt sich auf 3 bis 8 Zehntel einer vollen Ge-bühr nach Tabelle E (Anlage 5), wenn der Steuerberater in dem Verwaltungs-verfahren, das dem Verfahren nach § 40 vorausgeht, Gebühren nach § 28 er-hält.

(4) Die Geschäftsgebühr ermäßigt sich auf 1 bis 3 Zehntel einer vollen Ge-bühr nach Tabelle E (Anlage 5), wenn der Steuerberater im Zusammenhang mit dem Verfahren nach § 40 Gebühren nach § 24 erhält.

(5) Erhält der Steuerberater in dem Verwaltungsverfahren, das dem Verfahren nach § 40 vorausgeht, Gebühren nach § 23, so darf die Summe dieser Gebüh-ren und der Gebühr nach Absatz 1 10 Zehntel einer vollen Gebühr nach Tabel-le E (Anlage 5) nicht übersteigen.

(6) Wird der Steuerberater in derselben Angelegenheit für mehrere Auftrag-geber tätig und ist der Gegenstand der beruflichen Tätigkeit derselbe, so er-höht sich die Geschäftsgebühr durch jeden weiteren Auftraggeber um 3 Zehn-tel, in den Fällen des Absatzes 3 um 2 Zehntel und in den Fällen des Absatzes 4 um 1 Zehntel. Die Erhöhung wird nach dem Betrag berechnet, an dem die Auftraggeber gemeinschaftlich beteiligt sind. Mehrere Erhöhungen dürfen den Betrag von 20 Zehntel, in den Fällen des Absatzes 3 den Betrag von 16 Zehntel und in den Fällen des Absatzes 4 den Betrag von 6 Zehntel einer vollen Gebühr nach Tabelle E (Anlage 5) nicht übersteigen.

Anmerkungsübersicht:

1. Allgemeines
2. Zurückverweisung durch das FG
3. Gebührenrahmen

4. Verfahren nach Prüfung des Steuerbescheids
5. Gleichzeitige Anfertigung der Steuererklärung
6. Anschluß an das Verfahren nach § 23
7. Mehrere Auftraggeber

Anmerkungen zu § 41:

1. Allgemeines

Die Geschäftsgebühr gilt die Information, die Einreichung und die Begründung des Rechtsbehelfs ab. Sie entsteht mit der ersten Tätigkeit (z. B. Information) nach Übernahme des Auftrags. Sie entfällt, wenn es letztlich nicht zur Einlegung des Rechtsbehelfs kommt, z. B. aufgrund der Beratung durch den StB. Vgl. Anm. 2 zu § 21.

Die Geschäftsgebühr entsteht aber auch, wenn der Mandant selbst den außergerichtlichen Rechtsbehelf eingelegt und erst nachher den StB zugezogen hat oder wenn der Rechtsbehelf schon kurz nach Einlegung zurückgezogen wird.

Die Geschäftsgebühr gilt nach **Abs. 2** alle Tätigkeiten im Zusammenhang mit dem Einspruch bzw. der Beschwerde ab, ausgenommen Besprechungen nach § 42 und Beweisaufnahmen nach § 43, also z. B. Information, Gespräch mit dem Mandanten, Aktenstudium, Rücknahme des Rechtsbehelfs, auch den Antrag auf Wiedereinsetzung in den vorigen Stand.

Nach § 41 Abs. 2 i. V. m. § 12 Abs. 4 würde die Geschäftsgebühr an sich auch dann anfallen, wenn der Einspruch nur vorsorglich zur **Fristwahrung** eingelegt (s. Rechtsempfehlung Nr. 6/86, Stbg 1986 S. 70) und dann (vor der Begründung) zurückgenommen wurde.

Ähnlich liegt der Fall, wenn Einspruch eingelegt wird, um einen bisher **nicht gestellten Antrag** (z. B. auf Wegfall der Nutzungswertbesteuerung der eigenen Wohnung) **nachzuholen.** Hat der StB den Antrag versehentlich nicht gestellt, so wird er i.d.R. für die Nachbesserung keine Gebühr beanspruchen können. Handelt es sich nicht um eine solche Nachbesserung, dann fällt die Geschäftsgebühr nach § 41 an.

2. Zurückverweisung durch das Finanzgericht

Verweist das FG die Sache an die Verwaltungsbehörde (FA) zurück, dann muß diese das außergerichtliche Rechtsbehelfsverfahren erneut durchführen. Dazu stellt sich die Frage, ob erneut Gebühren anfallen. Der BFH (BStBl III 1960 S. 499) hat dies zu § 15 BRAGO verneint, weil es sich um dieselbe Angelegenheit handle. Für die StBGebV ist die Frage aber wohl zu bejahen, weil sie die einzelnen Verfahrensabschnitte (schärfer) trennt als die BRAGO (§ 119 BRAGO wurde z. B. in die StBGebV bewußt nicht übernommen). Den gleichen Standpunkt vertreten Eckert/Böttcher (StBGebV, Anm. 6 zu § 40 StBGebV).

3. Gebührenrahmen

Der Rahmen für die Geschäftsgebühr reicht von 5/10 bis 10/10 der vollen Gebühr nach der Tabelle E. Die Mittelgebühr beträgt also 7,5/10.

§ 41

Diese Gebühr ist an sich schon sehr mäßig, bei niedrigen Streitwerten aber völlig ungenügend.

Beispiel:

Streitwert	300 DM
Volle Gebühr =	50 DM
7,5/10 =	37,50 DM

Wenn dazu noch gesagt wird, daß bei der Bemessung der Gebühr alle „Umstände" des § 11 zu beachten sind, dann ist die Mittelgebühr schon unangemessen niedrig.

4. Verfahren nach Prüfung des Steuerbescheids

Abs. 3 regelt die Fälle, in denen der StB, der mit der Vertretung im außergerichtlichen Rechtsbehelfsverfahren beauftragt worden ist, vorher **den Steuerbescheid geprüft hat.** In diesem Fall erhält der StB eine um 2/10 einer vollen Gebühr niedrigere Geschäftsgebühr.

Beispiel:
Der StB A hat für seinen Mandanten die ESt-Erklärung angefertigt und dafür gem. § 24 Abs. 1 Nr. 1 aus der Summe der positiven Einkünfte (= 80 000 DM) 4/10 der vollen Gebühr der Tabelle A (= 4/10 von 1 845 DM) = 738 DM berechnet. Den ergangenen Steuerbescheid legte der Mandant dem StB zur Prüfung vor. Dafür berechnete dieser die Zeitgebühr gem. § 28 für eine Stunde in Höhe von 70 DM.

Für die Erteilung des Rates, Einspruch einzulegen, berechnete der StB gem. § 21 Abs. 1 S. 1 keine Gebühr, weil die Tätigkeit mit der Prüfung des Steuerbescheids zusammenhing.

Der Mandant erteilte daraufhin den Auftrag zur Einlegung und Begründung des Einspruchs. Da der StB bereits den Steuerbescheid geprüft hat und dafür gem. § 28 honoriert wurde, ermäßigt sich die Gebühr gem. § 41 Abs. 3 auf 3/10 bis 8/10 der vollen Gebühr nach Tabelle E. Gegenstandswert ist der strittige Steuerbetrag. Bei einem Gegenstandswert von 1 000 DM und einem Ansatz von 5/10 fällt also eine Geschäftsgebühr in Höhe von 45 DM an.

Wegen der Besprechungsgebühr und der Beweisaufnahmegebühr siehe die §§ 42 und 43.

In der Praxis wird es oft zu **Abgrenzungsschwierigkeiten** kommen bei der Frage, ob eine Tätigkeit noch zur Prüfung des Steuerbescheids gehört oder bereits zur Bearbeitung des Einspruchs, insbesondere wenn üblicherweise der StB entscheidet, ob Einspruch eingelegt wird. Trifft diese Entscheidung der Mandant, dann ist klar, daß die Tätigkeit bis zur Auftragserteilung für den Einspruch zur Prüfung des Steuerbescheids gehört.

Für die Kürzung nach Abs. 3 genügt es, daß der StB durch seine Tätigkeit den Gebührentatbestand des § 28 erfüllt hat, also den Steuerbescheid geprüft hat (Hess. FG in EFG 1987 S. 323, außerdem S. 583, 633, 634). Im Hinblick auf den möglichen Erstattungsanspruch nach § 139 FGO ist es nicht in das Belieben der Beteiligten gestellt, Gebühren von einem Verfahren in das andere zu verlagern. Das FG RhldPf. (EFG 1987 S. 323) stellt dagegen – allerdings in einem anderen Zusammenhang – darauf ab, ob der StB die Gebühr nach § 28 tatsächlich erhalten hat. Die Tatsache, daß der StB bereits im Veranlagungsverfahren tätig und damit

149

den Fall kennt, führe nach dem klaren Wortlaut des Abs. 3 für sich allein nicht zu einer Ermäßigung der Gebühr (ebenso Heinrich, StB 1988 S. 51). Nach der durchgängigen Diktion der StBGebV bedeutet „erhält" stets, daß der StB einen Anspruch hat, also die Tätigkeit ausgeübt hat. Voraussetzung dafür ist wiederum, daß eine eigene, abgrenzbare Tätigkeit „Prüfung des Steuerbescheids" Gegenstand eines Auftrags war und auch besonders vorgenommen wurde.

Rechtlich problematisch ist Abs. 3 auch, wenn bei einem hohen Gegenstandswert wegen einer flüchtigen Prüfung unverhältnismäßig hoch gemindert werden soll.

5. Gleichzeitige Anfertigung der Steuererklärung

Nach **Abs.** 4 verringert sich der Gebührenanspruch auf 1/10 bis 3/10 einer vollen Gebühr, wenn der StB im Zusammenhang mit der Vertretung im außergerichtlichen Rechtsbehelfsverfahren Gebühren für die **Anfertigung der Steuererklärung** erhält (z. B nach einem Schätzungsbescheid wegen Nichtabgabe der Steuererklärung.

Die Ermäßigung der Geschäftsgebühr entfällt, wenn der StB die Steuererklärung im vorangegangenen Verwaltungsverfahren angefertigt hat. Dies folgt nach den m. E. zutreffenden Ausführungen des FG SchlH (EFG 1986 S. 361) daraus, daß der StB im Regelfall die Steuererklärung nur ausfertigt, damit das Veranlagungsverfahren durchgeführt und ein Steuerbescheid entsprechend der Erklärung erteilt wird. Darüber, ob im Einzel- und Ausnahmefall ein Rechtsbehelf gegen den Steuerbescheid einzulegen ist, stellt er erst Überlegungen an, wenn der Steuerbescheid von der Erklärung abweicht, nicht aber bereits bei Ausfertigung der Steuererklärung. Aus diesem Grund besteht in diesem Zeitpunkt, in dem der StB die Gebühr nach § 24 bereits verdient hat, nicht einmal ein mittelbarer **Zusammenhang** mit dem Einspruchsverfahren. Die Vorschrift des Abs. 4 setzt aber voraus, daß die Gebühr nach § 24 „im Zusammenhang mit dem (Rechtsbehelfs-)Verfahren nach § 40" entstanden war! In Übereinstimmung mit der amtlichen Begründung zu § 41 besteht deshalb ein Zusammenhang mit dem Verfahren nach § 40 nur dann, wenn der StB die Steuererklärung erst im **Einspruchsverfahren** (zur Begründung des Rechtsbehelfs) ausfertigt (s. FG Bremen, EFG 94, 314; Schall, StB 94, 242).

Im übrigen ist die Reduzierung der Gebühr – entgegen dem klaren Wortlaut – m.E. nur sinnvoll und angebracht, wenn sich der StB bei der Fertigung der Steuererklärung mit dem (nahezu) einzigen Streitpunkt des Rechtsbehelfsverfahrens bereits auseinandersetzen mußte (oder hätte müssen). Bilden die anderen Streitfragen keine untergeordnete Rolle, geht es also im Einspruchsverfahren um ein oder mehrere Probleme, die bei der Fertigung der Steuererklärung keine Rolle gespielt haben (z. B. weil sie vorher vermeintlich nicht fraglich waren), so kommt die Reduzierung einer verfassungswidrigen Verweigerung der sachlich zustehenden Gebühr gleich.

6. Anschluß an Verfahren nach § 23

Abs. 5 begrenzt den Gebührenanspruch auch für Fälle, in denen der StB für die Vertretung seines Auftraggebers in dem außergerichtlichen Rechtsbehelfsverfahren vorangegangenen Verwaltungsverfahren Gebühren nach § 23 erhalten hat. Angesprochen sind also Fälle, in denen der StB einen Antrag nach § 23 Nrn. 2 – 10 gestellt, diesem Antrag vom FA nicht (voll) entsprochen worden ist und deshalb nun das außergerichtliche Rechtsbehelfsverfahren läuft. Hat z. B. der StB für die Stellung eines Stundungsantrags eine Gebühr nach § 23 Nr. 2 erhalten, so darf die Summe dieser Gebühr und der Geschäftsgebühr für die Vertretung in dem sich anschließenden Beschwerdeverfahren 10/10 einer vollen Gebühr nicht übersteigen. Mit dieser Begrenzung soll eine Gleichstellung mit § 118 Abs. 1 Nr. 1, 119 Abs. 1 BRAGO erreicht werden, nach der der Rechtsanwalt für die Tätigkeit im Verwaltungsverfahren und im sich anschließenden außergerichtlichen Rechtsbehelfsverfahren als Geschäftsgebühr insgesamt nicht mehr als 10/10 einer vollen Gebühr fordern darf.

Das Wort „erhält" ist hier ebenso zu verstehen wie in Abs. 3. Es kommt darauf an, daß der StB durch einen ihm erteilten Auftrag Anspruch auf eine Gebühr nach § 23 Abs. 2-10 erworben hatte.

7. Mehrere Auftraggeber

Die Regelung in **Abs. 6** entspricht im Grunde der Vorschrift des § 6 Abs. 1 BRAGO. Gegenstand ist die Erhöhung der Gebühr in den Fällen, in denen der StB in derselben Angelegenheit gleichzeitig für mehrere Auftraggeber tätig ist, und der Gegenstand der Tätigkeit derselbe ist.

Abs. 6 kommt vorwiegend zur Anwendung bei zusammenveranlagten Ehegatten und bei der Erbengemeinschaft (s. FG BdWttg, EFG 90 S. 331; sowie Schall, StB 95 S. 398).

Die Erhöhung der Gebühr beträgt jeweils ein oder mehr Zehntel der vollen Gebühr, allerdings nur insowiet als der Auftraggeber gemeinschaftlich beteiligt war.

Auch Eckert-Böttcher (S. 384), Mittelsteiner-Scholz (S. 174) und Eggesiecker-Forst-Lauth (S. 161) gehen davon aus, daß die Erhöhung jeweils um Zehntel einer vollen Gebühr zu erfolgen hat. Zur BRAGO hat sich dagegen die Meinung durchgesetzt, daß die Ausgangsgebühr um 10 – 30% zu erhöhen ist.

Die Begrenzung der Erhöhungen in Satz 3 stellt dagegen expressis verbis auf Zehntel einer vollen Gebühr ab.

§ 42 Besprechungsgebühr

(1) Die Besprechungsgebühr beträgt 5 Zehntel bis 10 Zehntel einer vollen Gebühr nach Tabelle E (Anlage 5).

(2) Die Besprechungsgebühr entsteht, wenn der Steuerberater an einer Besprechung über tatsächliche oder rechtliche Fragen mitwirkt, die von der Behörde angeordnet ist oder im Einverständnis mit dem Auftraggeber mit der Behörde oder einem Dritten geführt wird. Der Steuerberater erhält dise Gebühr nicht für eine mündliche oder fernmündliche Nachfrage.

(3) Erhält der Steuerberater in dem Verwaltungsverfahren, das dem Verfahren nach § 40 vorausgeht, eine Gebühr nach § 31, so darf die Summe dieser Gebühr und der Gebühr nach Absatz 1 10 Zehntel einer vollen Gebühr nach Tabelle E (Anlage 5) nicht übersteigen.

Anmerkungsübersicht:
1. Allgemeines
2. Anwendungsbereich
3. Besprechung
4. Eine Gebühr für mehrere Besprechungen
5. Besprechung im Veranlagungsverfahren oder dergl.
6. Gegenstandswert

Anmerkungen zu § 42:

1. Allgemeines

Obwohl der Aufwand bei einer Besprechung i.d.R. nur einen Bruchteil der Arbeit für die Führung des Rechtsbehelfs ausmacht, ist die Besprechungsgebühr ebenso hoch und meist sogar höher als die Geschäftsgebühr, weil nicht so viele Dämpfvorschriften bestehen.

2. Anwendungsbereich

Um die Besprechungsgebühr ansetzen zu dürfen, muß der StB **an mindestens einer Besprechung** mit der für das außergerichtliche Rechtsbehelfsverfahren zuständigen Behörde, mit einer anderen Behörde oder mit einem **Dritten** teilgenommen haben. Die Besprechungen **mit dem Mandanten** sind durch die Geschäftsgebühr abgegolten.

Soweit die Besprechung nicht von der Behörde angeordnet wird, ist das **Einverständnis des Mandanten** dazu erforderlich. Das Einverständnis kann auch nachträglich oder stillschweigend gegeben werden.

Dritter ist nicht jede Person, die am Verfahren nicht Beteiligt ist, sondern nur eine solche, die in keiner irgendwie gearteten Rechtsbeziehung zu dem am Verfahren beteiligten Stpfl steht, z. B. ein Sachverständiger. Dritter ist aber z. B. nicht ein ehemaliger Geschäftsführer, der die Besprechung „anstelle und für" den Mandanten führt (EFG 1986 S. 362).

Eine Erhöhung der Gebühr bei Vertretung mehrerer Mandanten ist nicht vorgesehen.

3. Besprechung

Die Entstehung der Besprechungsgebühr setzt ein **sachbezogenes Gespräch** (oder Ferngespräch) **über tatsächliche oder rechtliche Fragen** voraus, das zur Förderung des Streitstandes oder gar zur Bellegung des Streits geeignet ist, so daß z. B. Nachfragen nach dem Stand der Angelegenheit die Gebühr nicht auslösen. Die Besprechung muß zumindest auch der Erörterung der streitigen Sach- oder Rechtsfragen dienen. Mithin hat der Bevollmächtigte allein durch einen Hinweis z. B. auf eine gerichtliche Entscheidung die Besprechungsgebühr jedenfalls dann nicht verdient, wenn der Gegner zur Sache weiter nicht Stellung nehmen konnte, weil er sich mit der genannten Entscheidung vielleicht erst noch vertraut machen mußte und deshalb keine Erörterung über den Sach- und Streitstand stattfand. Sie kann ferner nicht entstehen, wenn mit der Besprechung lediglich der

GebV

Zweck verfolgt wurde, eine Begründung des Rechtsbehelfs nachzuliefern oder zu ergänzen, obwohl dies ebensogut schriftlich hätte geschehen können (FG Berlin v. 11. 1. 1985, EFG S. 518). Die Besprechung muß nicht unbedingt mit der unmittelbar zuständigen Stelle des FA (z.B. Veranlagungsstelle) geführt werden. Es genügt, wenn die Besprechung mit der anderen Stelle (z.B. Strafsachenstelle) in einem notwendigen engen sachlichen Zusammenhang mit dem Einspruchsverfahren steht und damit der StB die Besprechung für sinnvoll halten darf (FG RhldPf., EFG 1987 S. 475).

4. Eine Gebühr für mehrere Besprechungen

Aus dem Wortlaut des **Abs. 2 S. 1,** der von der Mitwirkung „an einer Besprechung" spricht, könnte geschlossen werden daß die Besprechungsgebühr in der gleichen Angelegenheit mehrmals anfallen kann. Die Besprechungsgebühr nach § 118 Abs. 1 BRAGO, dem § 42 nachgebildet ist, gilt dagegen das Mitwirken „bei mündlichen Verhandlungen oder Besprechungen" ab. Der RA bekommt danach die Besprechungsgebühr auch dann **nur einmal,** wenn er in der gleichen Angelegenheit an mehreren Besprechungen teilnimmt. Ein unterschiedliches Ergebnis ist aber sicher nicht gewollt. Das ergibt sich aus folgendem Satz der amtlichen Begründung (vor §§ 40 bis 43): „Die Vorschriften über die Gebühren für die Vertretung im außergerichtlichen Rechtsbehelfsverfahren entsprechen den Bestimmungen in § 118 BRAGO." Außerdem spricht auch § 40 nur von einer Besprechungsgebühr.

5. Besprechung im Veranlagungsverfahren oder dergl.

Die Regelung des **Abs. 3** entspricht der des § 41 Abs. 5 und betrifft die Fälle, in denen der StB bereits in dem dem außergerichtlichen Rechtsbehelfsverfahren vorangegangenen Verwaltungsverfahren Verhandlungen mit der Behörde geführt und hierfür Gebühren nach § 31 erhalten hat. Mit der hier vorgesehenen Begrenzung sollte eine Gleichstellung mit § 118 Abs. 1 Nr. 2 BRAGO erreicht werden, nach der der RA für seine Tätigkeit im Verwaltungsverfahren und im anschließenden außergerichtlichen Rechtsbehelfsverfahren als Besprechungsgebühr insgesamt nicht mehr als 10/10 einer vollen Gebühr fordern darf. Eine Kürzung wird nicht vorgenommen, wenn es sich um eine Schlußbesprechung im Rahmen einer Außenprüfung gehandelt hat. In diesem Fall richtet sich die Gebühr nicht nach § 31, sondern nach § 29 Nr. 1.

Die Gebührenkürzung ist nach Lappe (DStR 1982 S. 581) nur veranlaßt, wenn die **Besprechungsgegenstände identisch** sind. Dem ist wohl zuzustimmen, weil die Vorschrift sonst nicht sinnvoll wäre (FG Saarld., EFG 1995 S. 395).

6. Gegenstandswert

Maßgebend für die Besprechungsgebühr wird i.d.R. der für das Verfahren festzusetzende Gegenstandswert sein.

§ 43 Beweisaufnahmegebühr

(1) Die Beweisaufnahmegebühr beträgt 5 Zehntel bis 10 Zehntel einer vollen Gebühr nach Tabelle E (Anlage 5).

(2) Die Beweisaufnahmegebühr entsteht, wenn der Steuerberater bei einer Beweisaufnahme mitwirkt, die von einer Behörde angeordnet worden ist.

(3) Der Steuerberater erhält die Beweisaufnahmegebühr nicht, wenn die Beweisaufnahme lediglich in der Vorlegung der in den Händen des Auftraggebers oder der Behörde befindlichen Urkunden besteht.

(4) Werden Akten oder Urkunden beigezogen, so erhält der Steuerberater die Beweisaufnahmegebühr nur, wenn die Akten oder Urkunden erkennbar zum Beweis beigezogen oder als Beweis verwertet werden.

Anmerkungen zu § 43:

1. Allgemeines

Beweisaufnahmen sind relativ selten. Die Gebühr fällt nur an, wenn die Tätigkeit des StB über die Tätigkeiten nach §§ 41, 42 hinausgeht.

Die Beweisaufnahme muß **von der Behörde angeordnet sein.** Eigene Nachforschungen des StB lösen die Gebühr nicht aus.

§ 365 Abs. 2 AO verpflichtet die Rechtsbehelfsbehörde, den Beteiligten und ggf. ihren Bevollmächtigten und Beiständen (§ 80 AO) Gelegenheit zu geben, an der Beweisaufnahme teilzunehmen, wenn

- eine mündliche Auskunft eines Beteiligten oder Dritten an Amtsstelle eingeholt wird (§ 93 Abs. 5 AO),

- ein Sachverständiger das Gutachten mündlich erstattet (§ 96 Abs. 7 S. 2) oder

- ein Augenschein durch

  - Vorlage von Büchern, Aufzeichnungen, Geschäftspapieren oder anderen Urkunden (§ 98 AO),

  - Besichtigung von Grundstücken, Räumen, Schiffen, umschlossenen Betriebsvorrichtungen oder ähnlichen Einrichtungen (§ 99 AO),

  - Vorlage von Wertsachen (§ 100 AO) oder

  - in sonstiger Weise

eingenommen wird.

§ 42 StBGebV regelt hierzu die Vergütung des mitwirkenden StB. Die Voraussetzungen der Abs. 2 – 4 entsprechen den Vorschriften in § 118 Abs. 1 Nr. 3 sowie § 34 BRAGO.

Es genügt nicht, daß der StB während des Verfahrens Bevollmächtigter oder Beistand war, sondern er muß bei der Beweisaufnahme **tatsächlich mitgewirkt** haben. Die Anwesenheit bei der Beweisaufnahme reicht dazu aus.

Die Beweisaufnahmegebühr fällt im außergerichtlichen Rechtsbehelfsverfahren **stets nur einmal** an (vgl. die Anm. zu § 42).

2. Vorlage von Urkunden

Der Ausschluß des Anfalls der Beweisaufnahmegebühr nach **Abs. 3** ist – ebenso wie nach § 34 Abs. 1 BRAGO – nur gegeben, wenn es sich um **bereits vorhande-**

ne **Urkunden** handelt. Das gilt auch für Urkunden, die sich die Beteiligten erst beschaffen müssen, sofern es sich dabei um Abschriften oder dergl. bereits vorhandener Urkunden handelt, nicht aber für den Fall der Auflage, eine Urkunde (z. B. ein ärztliches Attest) erst schaffen zu lassen (Kapp, DStR 1985 S. 80; a.A. FG Münster zitiert bei Kapp).

Urkunden sind z. B. Briefe, Kontoauszüge, Zeugnisse, Verträge, nicht aber z. B. Fotos und Zeichnungen. Die Beweisführung durch Vorlage von Fotos ist kein Urkundenbeweis, sondern Beweis durch Augenschein.

Abs. 4 wurde § 34 Abs. 2 BRAGO nachgebildet. Er stellt darauf ab, ob die Akten oder Urkunden zu **Beweiszwecken** beigezogen wurden. Die Vorlage nur zur Information genügt also nicht.

3. Gegenstandswert

Maßgebend für die Berechnung der Beweisgebühr ist der Wert des Anspruchs, über den Beweis erhoben wird.

4. Höhe der Gebühr

§ 43 kennt weder Erhöhungen noch Ermäßigungen. Die Gebühr erhöht sich auch dann nicht, wenn der StB mehrere Mandanten vertritt.

§ 44 Verwaltungsvollstreckungsverfahren, Aussetzung der Vollziehung

(1) Im Verwaltungsvollstreckungsverfahren erhält der Steuerberater je 3 Zehntel der vollen Gebühr nach Tabelle E (Anlage 5) als Geschäftsgebühr, Besprechungsgebühr und Beweisaufnahmegebühr.

(2) Das Verwaltungsverfahren auf Aussetzung der Vollziehung oder auf Beseitigung der aufschiebenden oder hemmenden Wirkung ist zusammen mit dem in Absatz 1 und in § 40 genannten Verfahren eine Angelegenheit.

Anmerkungsübersicht:

1. Allgemeines

2. Konkurrenz zwischen Abs. 1 und § 40 – 43

3. Gebühren

4. Gegenstandswert im Vollstreckungsverfahren

5. Aussetzung der Vollziehung

Anmerkungen zu § 44:

1. Allgemeines

Abs. 1 ist § 119 Abs. 2 BRAGO nachgebildet.

Beispielsfälle, in denen die Gebühr nach Abs. 1 anfällt:

– Antrag auf (einstweilige) Einstellung oder Beschränkung
der Vollstreckung   §§ 257, 258 AO

– Einwendungen eines Dritten   § 262 AO

– Antrag auf Aufteilung einer Gesamtschuld   § 268 AO

– Einwendung gegen eine Pfändung   § 281 AO

– Antrag auf Aussetzung der Verwertung   § 297 AO

– Einwendungen gegen die (beabsichtigte) Versteigerung   § 298 AO

– Einwendungen gegen die Pfändung einer Geldforderung   § 309 AO

– Einwendungen gegen die Verwertung einer Sicherheit   § 327 AO

– Einwendungen gegen die Festsetzung/Androhung
eines Zwangsmittels (z. B. Zwangsgeld)   § 328 AO

2. Konkurrenz zwischen Absatz 1 und §§ 40 – 43

Abs. 1 läßt die Frage offen, wie zu verfahren ist, wenn gegen eine Vollstreckungsmaßnahme des FA zunächst formlos Einwendungen erhoben oder Anträge gestellt werden und danach Einspruch erhoben wird. Nach Eckert-Böttcher (S. 392)
fallen in einem solchen Fall die Gebühr nach Abs. 1 und die Gebühren nach §§ 40
– 43 nacheinander an. Wird aber z. B. gegen die Anordnung des dinglichen Ar-
rests sofort Einspruch erhoben, so entstehen nur die Gebühren nach §§ 40 – 43.
Das Verwaltungsvollstreckungsverfahren nach Abs. 1 und das außergerichtliche
Rechtsbehelfsverfahren sind jedenfalls nicht allgemein als eine Angelegenheit
zu behandeln. Das ergibt sich schon aus Abs. 2. Wenn das gewollt wäre, dann
hätte es ausdrücklich gesagt werden müssen.

3. Gebühren

Für die Tätigkeit im Verwaltungsvollstreckungsverfahren können je

– eine Geschäftsgebühr,

– eine Besprechungsgebühr und

– eine Beweisaufnahmegebühr

entstehen. Voraussetzung für das Entstehen der Besprechungsgebühr und der
Beweisaufnahmegebühr ist, daß eine Besprechung bzw. eine Beweisaufnahme
stattfand, an der der StB mitgewirkt hat (vgl. Anm. zu §§ 42, 43).

Die Gebührensätze in Abs. 1 (je 3/10) sind § 57 BRAGO entnommen. Es handelt
sich um **feste Sätze,** die nicht erhöht oder vermindert werden dürfen.

Der Wortlaut des Abs. 1 deutet darauf hin, daß die Gebühren im Verwaltungsvollstreckungsverfahren jeweils nur einmal anfallen können, auch wenn der StB in
mehreren der in Anm. 1 aufgeführten Fällen tätig wird. Dieses Ergebnis kann aber
nicht gewollt sein, weil der RA im Zwangsvollstreckungsverfahren die Gebühren
mehrmals bekommen kann. Nach § 58 Abs. 3 BRAGO gelten eine ganze Reihe
von Sachen als besondere Angelegenheit. Diese Vorschrift ist auf den StB sinngemäß anzuwenden.

4. Gegenstandswert in Vollstreckungsverfahren

Einen Anhalt für die Bemessung des Gegenstandswerts in Vollstreckungssachen gibt § 43 nicht. Vgl. hierzu das Streitwert-ABC. Zum gerichtlichen Verfahren siehe § 57 Abs. 2 BRAGO, der wie folgt lautet:

„Bei Pfändungen bestimmt sich der Gegenstandswert nach dem Betrag der zu vollstreckenden Geldforderung einschließlich der Nebenforderung. Soll ein bestimmter Gegenstand gepfändet werden und hat dieser einen geringeren Wert, so ist der geringere Wert maßgebend. Wird künftig fällig werdendes Arbeitseinkommen gepfändet (§ 850d Abs. 3 der Zivilprozeßordnung), so sind die noch nicht fälligen Ansprüche nach § 13 Abs. 1, 2 des Gerichtskostengesetzes zu bewerten."

Der Ansatz der Zeitgebühr ist auch dann unzulässig, wenn keine genügenden Anhaltspunkte für die Schätzung des Gegenstandswert vorliegen (§ 13 Nr. 2).

5. Aussetzung der Vollziehung

Nach h.M. bekommt der StB, der den Mandanten im außergerichtlichen Rechtsbehelfsverfahren vertritt, für den Antrag auf AdV keine zusätzliche Vergütung. Richtig ist aber wohl, daß er **keine gesonderte Gebühr** erhält. Abs. 2 schreibt nämlich lediglich vor, daß das Verfahren auf AdV zusammen mit dem Rechtsbehelfsverfahren nur eine Angelegenheit ist. Es liegen aber zwei Gegenstandswerte vor, die gemäß § 10 Abs. 2 zusammenzurechnen sind.

Beispiel:

Streitwert des Einspruchs	5 000 DM
Streitwert des Aussetzungsantrags 10%	500 DM
Bemessungsgrundlage für die Gebühr	5 500 DM

Außerdem kann die Geschäftsgebühr wegen der Mehrarbeit erhöht werden.

Wird der StB ausnahmsweise nur im Aussetzungsverfahren tätig, so bekommt er die Gebühr nach Abs. 1.

Für den Einspruch gegen die Ablehnung der AdV richtet sich die (selbständige) Gebühr nach §§ 40 – 43.

Im gerichtlichen Verfahren gilt § 114 Abs. 4 BRAGO.

Siebenter Abschnitt
Gerichtliche und andere Verfahren

§ 45 Vergütung in gerichtlichen und anderen Verfahren

Auf die Vergütung des Steuerberaters im Verfahren vor den Gerichten der Finanzgerichtsbarkeit und der Verwaltungsgerichtsbarkeit, im Strafverfahren, berufsgerichtlichen Verfahren, Bußgeldverfahren und in Gnadensachen sind die Vorschriften der Bundesgebührenordnung für Rechtsanwälte sinngemäß anzuwenden.

Anmerkungsübersicht:

Anmerkungen zu § 45:

1. Allgemeines

Durch die Verweisung auf die BRAGO sollte sichergestellt werden, daß der StB in den genannten Verfahren die gleiche Vergütung erhält wie der RA. In diesen Fällen gilt ausschließlich die BRAGO, auch hinsichtlich der allgemeinen Vorschriften, die sich allerdings weitgehend mit denen der StBGebV decken. Rechtsgrundlage für den Auslagenersatz im gerichtlichen Verfahren sind deshalb z. B. nicht die §§ 16 – 20 StBGebV, sondern die entsprechenden Vorschriften der BRAGO.

2. Anwendungsbereich

Auf die Vergütung des StB sind die Vorschriften der BRAGO sinngemäß anzuwenden

– im Verfahren vor den Gerichten

  – der Finanzgerichtsbarkeit und

  – der Verwaltungsgerichtsbarkeit,

– im Strafverfahren,

– im berufsgerichtlichen Verfahren,

– im Bußgeldverfahren, und

– in Gnadensachen.

Die einschlägigen Vorschriften der BRAGO sind im Teil 2 abgedruckt und erläutert.

3. BRAGO

Für das **Verfahren vor dem BFH und den FG'en** ordnet die BRAGO in § 114 Abs. 1 an, daß die Vorschrift ihres dritten Abschnitts (Gebühren in bürgerlichen Rechtsstreitigkeiten und in ähnlichen Verfahren) sinngemäß anzuwenden sind. Es können also alle dort aufgeführten Gebühren anfallen, wenn der StB eine entsprechende Tätigkeit ausgeübt hat. Als solche Gebühren sind vorgesehen

- Prozeßgebühr
- Verhandlungsgebühr
- Erörterungsgebühr
- Beweisgebühr
- Erledigungsgebühr.

Sondervorschriften der BRAGO gelten für

- Strafverfahren §§ 83 – 103
- berufsgerichtliches Verfahren § 110
- Bußgeldverfahren § 105
- Gnadensachen § 93
- Prozeßkostenhilfe (§ 46 StBGebV) §§ 121 – 133

Wird die BRAGO geändert, so wirkt sich das automatisch auf die Gebühren der StB aus, soweit § 45 einschlägig ist. Siehe hierzu auch § 47a letzter Satz.

Die Vergütung, die dem StB für die Prozeßführung zusteht, wird auf Antrag des StB oder seines Auftraggebers durch den Urkundsbeamten des Gerichts festgesetzt (§ 19 BRAGO; EFG 1972 S. 111 und BB 1986, 315). Das Verfahren ist gebührenfrei.

4. Die Prozeßgebühr

Die Prozeßgebühr gilt die gesamte Tätigkeit des StB im Rechtsstreit ab, soweit nicht ausdrücklich andere Gebühren vorgesehen sind. Zu diesen Tätigkeiten gehören

- die Information über die Sachlage,
- die Beratung,
- die Anfertigung von Schriftsätzen und
- der Verkehr mit dem Gericht.

Die Prozeßgebühr entsteht, sobald der StB von seinem Mandanten zum Prozeßbevollmächtigten bestellt wird und eine unter die Prozeßgebühr fallende Tätigkeit ausgeübt hat (z. B. Information). Zur vorzeitigen Beendigung des Auftrags siehe § 32 BRAGO.

Die Prozeßgebühr fällt auch dann an, wenn das FA dem Klagebegehren durch Änderung nach § 172 Abs. 1 Nr. 2a AO entspricht. Bei Verbindung von mehreren Verfahren nach § 73 FGO erhält der StB trotzdem die einzelnen Prozeßgebühren.

Verweist der BFH an das FG zurück, so erhält der StB auch im zweiten Rechtszug die entsprechend seiner Tätigkeit anfallenden Gebühren, ausgenommen die Prozeßgebühr beim FG (Zehendner, BB 1981 S. 846).

5. Beweisgebühr

Die Beweisgebühr entsteht nach § 31 Abs. 1 Nr. 3 BRAGO i.V.m. § 45 StBGebV für die Vertretung im Beweisaufnahmeverfahren. Die Abgrenzung zu den bloßen Aufklärungsmaßnahmen ist schwierig. Klar ist das Entstehen der Beweisgebühr, wenn ein förmlicher Beweisbeschluß vorliegt. Die Beweisgebühr kann aber auch anfallen, wenn ein solcher Beschluß nicht erlassen wurde.

Eine Beweisaufnahme liegt u.a. vor

– bei Parteivernehmung zu dem Zweck, das Gericht von der Wahrheit des vorgetragenen Sachverhalts zu überzeugen, nicht aber bei der schlichten Anhörung des Klägers (BB 1970 S. 159);

– wenn Akten oder Urkunden durch Beweisbeschluß oder sonst erkennbar zum Beweis beigezogen oder als Beweis verwertet werden (auf Protokoll achten! EFG 1960 S. 85; NJW 1969 S. 455);

– bei der Einholung von Auskünften durch den Berichterstatter (EFG 1969 S. 250, 312);

– bei der Erstattung eines Gutachtens, Prüfung durch den Prozeßbevollmächtigten;

– bei der Einholung einer schriftlichen Zeugenauskunft (EFG 1969 S. 312).

Eine Beweisaufnahme liegt **nicht** vor bei der Vorlage von in den Händen des Beweisführers oder des Gegeners befindlichen Urkunden (§ 34 Abs. 2 BRAGO). Im übrigen siehe Kapp, DStR 1987 S. 31 und die Anm. zu § 31 BRAGO.

6. Verhandlungsgebühr

Zu den Besonderheiten des finanzgerichtlichen Verfahrns gehört es, daß der StB die Verhandlungsgebühr auch dann bekommt, wenn die Entscheidung ohne vorgeschriebene mündliche Verhandlung ergeht (§ 117 BRAGO).

Die Verhandlungsgebühr fällt auch dann nur einmal an, wenn mehrere Verhandlungen stattgefunden haben. Der StB erhält die Verhandlungsgebühr aber nicht, wenn er zu der angesetzten Verhandlung nicht gekommen ist.

Die Verhandlungsgebühr kann – ebenso wie die Beweisgebühr – niedriger sein als die Prozeßgebühr, wenn nur über einen Teil des Streitgegenstandes verhandelt wird. Dem StB steht die Verhandlungsgebühr nach § 117 BRAGO nicht zu, so lange das FG nicht entschieden hat. Entscheidung i. S. d. § 117 BRAGO ist nicht nur das Urteil, sondern auch ein vorläufiger Bescheid, ein Beweisbeschluß oder ein Aufklärungsbeschluß. Im übrigen siehe die Anm. zu § 117 BRAGO.

7. Erörterungsgebühr

Die Erörterungsgebühr fällt an, wenn die den Rechtsstreit betreffenden Fragen mit dem Berichterstatter besprochen werden. Die Erörterungsgebühr und die Verhandlungsgebühr, die denselben Gegenstand betreffen und in demselben Rechtszug entstehen, werden aufeinander angerechnet (§ 31 Abs. 2 BRAGO). Fällt also eine streitige Verhandlungsgebühr an und zum gleichen Gegenstand und im gleichen Rechtszug die Erörterungsgebühr, so erhält der StB nur die Verhandlungsgebühr. Diese Frage wird aber nicht praktisch bei den meisten finanzgerichtlichen Verfahren (siehe § 117 BRAGO).

Die Erledigungsgebühr kann dagegen neben der Erörterungsgebühr anfallen (EFG 1982 S. 155).

8. Erledigungsgebühr

Die Erledigungsgebühr nach § 24 BRAGO erhält der StB, wenn das finanzgerichtliche Verfahren dadurch erledigt wird, daß die beteiligte Finanzbehörde den angefochtenen Verwaltungsakt nach Erhebung der Klage zurücknimmt oder ändert. Zur Frage, ob die Bemühungen des StB aber über die durch die Prozeß- und die Verhandlungsgebühr erfaßten Tätigkeiten hinausgehen müssen, siehe Anm. zu § 24 BRAGO. Hat sich die Sache nur teilweise erledigt, so richtet sich die Erledigungsgebühr nur nach dem Teil des Streitgegenstands.

Für den StB empfiehlt es sich deshalb, grundsätzlich nach der Klagebegründung außerhalb des Klageverfahrens an das FA zu schreiben und unter Hinweis auf die Klagebegründung eine außergerichtliche Erledigung vorzuschlagen.

Eine Vergleichsgebühr nach § 23 BRAGO kann nicht anfallen, weil über Steuerforderungen kein Vergleich möglich ist (siehe Anm. zu § 23 BRAGO).

Ebenso löst das **Urteil** keine weitere Gebühr des StB aus. Mit dem Urteil (einschl. Kostenentscheidung) wird die Vergütung des StB für diese Instanz fällig (§ 16 S. 2 BRAGO).

9. Höhe der Gebühren

Es fällt **jeweils** grundsätzlich die **volle Gebühr** (10/10) an. Im Revisionsverfahren vor dem BFH erhöhen sich die Gebühren um 3/10 (§ 11 Abs. 1 BRAGO). Die Höhe der vollen Gebühr ist der Tabelle zu § 11 BRAGO (=Tabelle E) zu entnehmen.

Beispiel:
Vertretung eines Mandanten im Klageverfahren vor dem FG, Streitwert 1 000 DM.
Liquidation:

Prozeßgebühr 10/10, § 31 Abs. 1 Nr. 1 BRAGO	
Wert 1 000 DM	90,— DM
Verhandlungsgebühr 10/10, § 31 Abs. 1 Nr. 2 BRAGO, § 117 BRAGO	
Wert 1 000 DM	90,— DM
	180,— DM
Postgebühren, § 26 BRAGO, 15%	27,— DM
Schreibauslagen, § 27 BRAGO	8,— DM
	215,— DM
Umsatzsteuer, 16%, § 25 BRAGO	34,40 DM
	249,40 DM

Bei der Vertretung mehrerer Auftraggeber (z.B. zusammenveranlagte Ehegatten bei der ESt) erhöht sich die Prozeßgebühr am 3/10 (§ 6 BRAGO).

10. Gegenstandswert

Der Gerichtsgebührenwert ist i. d. R. die begehrte Steuerdifferenz (§ 13 Abs. 2 GKG). Vgl. Streitwert-ABC. Soweit Gerichtskosten anfallen, wenn also der Mandant ganz oder teilsweise unterliegt, wird der Streitwert festgesetzt (§ 25 GKG). Die Festsetzung ist auch für den StB verbindlich (§ 9 Abs. 1 BRAGO), wenn die Gegenstände der gerichtlichen Tätigkeit und der des StB sich decken, was die Regel sein wird. Im Falle des Unterliegens des FA kann der StB – wie der RA – nach § 10 BRAGO die Wertfestsetzung durch das FG beantragen.

Der höhere Wert des hilfsweise gelten gemachten Anspruchs ist maßgebend, wenn über ihn entschieden wird; sonst bleibt dieser außer Ansatz (§ 19 Abs. 4 GKG).

Für Handlungen (z. B. Beweisaufnahme), die nur einen Teil des Streitgegenstands betreffen, sind die Gebühren nur nach dem Wert dieses Teils zu berechnen.

Beispiel:

Die Klage betrifft zwei verschiedene Dinge, und zwar
– die Abzugsfähigkeit einer Ausgabe als Betriebsausgabe bei den Einkünften aus Gewerbebetrieb und
– die Zurechnung von Einkünften aus Vermietung und Verpachtung.
Beweis wird nur erhoben bezüglich der Betriebsausgaben aus dem Gewerbebetrieb.
Bei der Bemessung der Beweisgebühr ist deshalb nur von diesem Streitgegenstand auszugehen.

11. Aussetzungsverfahren

Im FG-Verfahren wird das Aussetzungsverfahren gesondert honoriert (§§ 114, 40 BRAGO). § 117 BRAGO ist nicht anzuwenden.

12. Straf- und Bußgeldverfahren

Für die Vertretung im Straf- und Bußgeldverfahren sowie im Verfahren wegen Ordnungswidrigkeiten nach dem StBerG gelten die §§ 83 – 105 BRAGO entsprechend. Wegen der Selbstanzeige siehe § 30. Wegen der Raterteilung und der Auskunft in Straf- und Bußgeldsachen siehe § 21.

Für Gnadensachen ist § 93 BRAGO mit einem Betragsrahmen von 30 – 410 DM anzuwenden.

Da die gesetzlichen Gebühren zu niedrig sind, hat es sich eingebürgert, eine höhere Vergütung zu vereinbaren (§ 3 BRAGO).

13. Auslagen

Neben den Gebühren hat der StB Anspruch auf

– Auslagen

– Entgelte für Post- und Telekommunikationsdienstleistungen	§ 26 BRAGO
– Schreibauslagen	§ 27 BRAGO
– Reisekosten	§§ 28 – 30 BRAGO
– sonstige Auslagen	§ 670 BGB

– Umsatzsteuer §§ 25 Abs. 2 BRAGO

Die angezogenen Vorschriften der BRAGO entsprechen den Vorschriften der StB-GebV. Im übrigen siehe die Erläuterungen dazu in Teil 2.

14. Fälligkeit der Gebühren

Die finanzgerichtlichen Verfahren dauern derzeit i.d.R. etwa vier Jahre. Dabei fällt die Hauptarbeit gleich bei der Begründung der Klage an. Es ist deshalb gerechtfertigt, wenn der StB versucht, sein Honorar nicht erst bei Ende des Prozesses zu bekommen. Er wird deshalb meist einen **angemessenen Vorschuß** anfordern.

Für die Fälligkeit der Gebühren gibt § 7 BRAGO eine Handhabe. Nach dieser Vorschrift wird die Vergütung fällig, wenn

- eine Kostenentscheidung ergeht,

- der Rechtszug beendigt ist oder

- das Verfahren länger als drei Monate ruht.

15. Verkehrs-Steuerberater

Führt der StB (= Verkehrssteuerberater) den Steuerprozeß nicht selbst, sondern überträgt er bzw. der Mandant die Prozeßführung einem anderen StB (z. B. einem Spezialisten), so bekommt der Prozeßbevollmächtigte die Gebühren nach den üblichen Vorschriften der BRAGO und der Verkehrs-StB die sog. Verkehrsgebühr nach § 52 BRAGO. Diese Verkehrsgebühr ist ebenso hoch wie die Prozeßgebühr.

Die Verkehrsgebühr ist beim Obsiegen nur erstattungsfähig, wenn die Bestellung des zweiten StB notwendig war (§ 139 FGO). Das ist aber fast nie der Fall (BFH, BStBl II 1973 S. 664; OLG Hamm, AnwBl. 1979 S. 184).

16. Erstattung der Kosten beim Obsiegen

Hat die Klage Erfolg, so werden die Kosten des StB im FG-Verfahren von der Finanzbehörde erstattet (§ 135 Abs. 1, 3 FGO), die StB-Kosten des Vorverfahrens (Einspruch, Beschwerde) nur, wenn das FG die Zuziehung des StB für notwendig erklärt hat (§ 139 Abs. 3 S. 3 FGO). Wegen der Höhe s. Lappe, DStR 1982 S. 581/586).

Die in der StBGebV normierten Gebühren und Auslagen sind „gesetzliche Gebühren und Auslagen" i.S.d. § 139 FGO (EFG 1985 S. 196).

Siehe auch die Anm. zu § 40.

„**In eigener Sache** sind dem RA Gebühren und Auslagen zu erstatten, die er als Gebühren und Auslagen eines bevollmächtigten RA erstattet verlangen könnte" (§ 91 Abs. 2 letzter Satz ZPO).

Das gilt auch für das finanzgerichtliche Verfahren; auch hier sind dem RA in eigener Sache Gebühren und Auslagen zu erstatten (BFH, BStBl II 1969 S. 81). Das muß (nunmehr) auch für den StB gelten.

In eigener Sache wird der StB auch tätig als gesetzlicher Vertreter eines anderen (z. B. als Vater) oder als Partei kraft Amts (z. B. als Testamentsvollstrecker, Konkursverwalter).

§ 46 Vergütung bei Prozeßkostenhilfe

Für die Vergütung des im Wege der Prozeßkostenhilfe beigeordneten Steuerberaters gelten die Vorschriften der Bundesgebührenordnung für Rechtsanwälte sinngemäß.

Anmerkungen zu § 46:

§ 46 ist eigentlich überflüssig, weil bereits § 45 auf die BRAGO verweist.

Nach § 142 FGO gelten die Vorschriften der ZPO über die Prozeßkostenhilfe (= §§ 114 bis 127a) im finanzgerichtlichen Verfahren sinngemäß. Die Prozeßkostenhilfe (früher Armenrecht) wird gewährt, wenn

- der Stpfl. nicht in der Lage ist, die Kosten selbst aufzubringen und
- hinreichende Erfolgsaussichten bestehen.

Einem Beteiligten, dem Prozeßkostenhilfe bewilligt worden ist, kann auch ein StB (nicht StBv und StB-Ges.) beigeordnet werden. StB haben in diesem Fall gemäß § 65 StBerG die Prozeßvertretung zu übernehmen. Ihre Vergütung richtet sich nach den §§ 121 bis 130 BRAGO (siehe Anlage).

Im übrigen siehe Schall, StB 1994 S. 59, 1995 S. 62 sowie Grams, StB 1995 S. 68.

Der Antrag auf Prozeßkostenhilfe ist auf einem amtlichen Vordruck beim Prozeßgericht (z. B. FG) zu stellen.

Achter Abschnitt
Übergangs- und Schlußvorschriften

§ 47 Anwendung

(1) Diese Verordnung ist erstmals anzuwenden auf

1. Angelegenheiten, mit deren Bearbeitung nach dem Inkrafttreten dieser Verordnung begonnen wird,

2. die Vertretung in Verfahren vor Verwaltungsbehörden, wenn das Verfahren nach Inkrafttreten dieser Verordnung beginnt.

(2) Hat der Steuerberater vor der Verkündung der Verordnung mit dem Auftraggeber schriftliche Vereinbarungen getroffen, die den Vorschriften dieser Verordnung nicht entsprechen, so ist insoweit diese Verordnung spätestens zwei Jahre nach ihrem Inkrafttreten anzuwenden.

Anmerkungen zu § 47:

Im Hinblick auf den seit dem Inkrafttreten der StBGebV eingetretenen Zeitablauf kann auf eine Erläuterung verzichtet werden. Ggf. wird gebeten, auf die zweite Auflage zurückzugreifen.

§ 47a   Übergangsvorschrift für Änderungen dieser Verordnung

Die Vergütung ist nach bisherigem Recht zu berechnen, wenn der Auftrag zur Erledigung der Angelegenheit vor dem Inkrafttreten einer Änderung der Verordnung erteilt worden ist. Hat der Steuerberater mit dem Auftraggeber schriftliche Vereinbarungen über auszuführende Tätigkeiten mit einer Geltungsdauer von mindestens einem Jahr getroffen oder eine Pauschalvergütung im Sinne des § 14 vereinbart und tritt während der Geltungsdauer dieser Vereinbarung eine Änderung der Verordnung in Kraft, so ist die Vergütung bis zum Ablauf des Jahres, in dem eine Änderung der Verordnung in Kraft tritt, nach bisherigem Recht zu berechnen. Die Sätze 1 und 2 gelten auch, wenn Vorschriften geändert werden, auf die diese Verordnung verweist.

Anmerkungen zu § 47a:

§ 47a bestimmt sowohl für die erste Änderung zum 1. 7. 1988 als auch für alle späteren Änderungen den Zeitpunkt des zeitlichen Wirksamwerdens. Er stellt dabei auf die Erteilung des Auftrags ab.

Dieser Grundsatz erfährt zwei Ausnahmen:

– Schriftlicher Auftrag mit einer Geltungsdauer von mindestens einem Jahr und

– Pauschalvereinbarung (§ 14).

In diesen beiden Fällen gilt das alte Recht noch „bis zum Ablauf des Jahres, in dem eine Änderung der Verordnung in Kraft tritt." Mit „Jahr" kann wohl nur das Kalenderjahr gemeint sein.

Die gleiche Regelung gilt nach Satz 3, wenn Vorschriften geändert werden, auf die die StBGebV verweist; das sind derzeit die BRAGO und das GKG.

Wegen der Begriffe „Auftrag" und „Angelegenheit" siehe Anm. 2 zu § 12.

§ 48 Berlin-Klausel

(aufgehoben)

§ 49 Inkrafttreten

Diese Verordnung tritt am 1. April 1982 in Kraft.

Die 1. VOÄStBGebV trat am 1. 7. 88 in Kraft, die 2. VOÄStGebV am 1. 7. 91 (der Tag nach der Verkündung war ein Sonntag, 30 Juni 1991).

Die Dritte Verordnung zur Änderung der Steuerberatergebührenverordnung wurde im BGBl Teil I 1998 Nr. 56 am 27. August 1998 verkündet. Nach Art. 2 der VO trat sie am Tage danach, dem 28. August 1998 in Kraft. Die Änderungen sind bei denjenigen Aufträgen zu berechnen, die nach diesem Tag erteilt worden sind. Im übrigen wird auf § 47a verwiesen.

Die Änderungen nach der 3. Änderungs-VO treten in Kraft,

wenn eine schriftliche Vereinbarung mit einer Geltungsdauer von mindestens einem Jahr getroffen oder

eine Pauschalvergütung vereinbart wurde

nach Ablauf der Vereinbarung, spätestens ab 1. 1. 1999,

sonst **am 28. 8. 1998;**

beim gerichtlichen Verfahren,

wenn der Auftrag nach dem 28. 8. 1998 erteilt oder

das Rechtsmittel nach dem 28. 8. 1998 eingelegt worden ist.

Umstellung der Honorarabrechnung auf den Euro

Die StBGebV wird vermutlich erst zum Jahr 2002 auf den Euro umgestellt. Solange bleibt die Basis für die Honorarabrechnung (Gegenstandswerte, volle Gebühr usw.) nach wie vor die DM, auch wenn eine Euro-Rechnung erstellt wird. In aller Regel wird eine solche Euro-Rechnung durch Umrechnung der einzelnen Rechnungspositionen erzeugt.

Bundesgebührenordnung für Rechtsanwälte (BRAGO)
– Auszug –

Vorbemerkung
Gemäß § 45 StBGebV bekommt der StB die gleiche Vergütung nach den gleichen Vorschriften der BRAGO wie der Anwalt in folgenden Verfahren:
- vor den Gerichten der Finanzgerichtsbarkeit,
- vor den Gerichten der Verwaltungsgerichtsbarkeit,
- im Strafverfahren,
- in berufsgerichtlichen Verfahren,
- im Bußgeldverfahren und
- in Gnadensachen.

Die BRAGO ist vom StB sinngemäß anzuwenden, allerdings nur im Rahmen einer Tätigkeit nach § 33 StBerG (§ 1 Abs. 1 StBGebV), also nur in steuerrechtlichen Verfahren und in berufsgerichtlichen Verfahren (die besonders aufgeführt sind). Im übrigen siehe die Anm. zu § 45 StGebV und zu den einzelnen Vorschriften der BRAGO.

Erster Abschnitt
Allgemeine Vorschriften
§ 1   Geltungsbereich
(1) Die Vergütung (Gebühren und Auslagen) des Rechtsanwalts für seine Berufstätigkeit bemißt sich nach diesem Gesetz.
(2) Dieses Gesetz gilt nicht, wenn der Rechtsanwalt als Vormund, Pfleger, Testamentsvollstrecker, Konkursverwalter, Vergleichsverwalter, Mitglied des Gläubigerausschusses oder Gläubigerbeirats, Nachlaßverwalter, Zwangsverwalter, Treuhänder, Schiedsrichter oder in ähnlicher Stellung tätig wird. § 1835 des Bürgerlichen Gesetzbuchs bleibt unberührt.
(ab 1.1.99: ... Rechtsanwalt als Vormund, Betreuer, Pfleger, Verfahrenspfleger, Testamentsvollstrecker, Konkursverwalter, Vergleichsverwalter .... § 1835 Abs. 3 ...)

Anmerkung:
Die Vorschriften der BRAGO gelten für die Tätigkeit des StB in den in den Vorbemerkungen aufgeführten Verfahren sinngemäß, und zwar auch in Bezug auf den Auslagenersatz. Eine Anwendung der StGebV scheidet völlig aus.

§ 2   Sinngemäße Anwendung des Gesetzes
Ist in diesem Gesetz über die Gebühren für eine Berufstätigkeit des Rechtsanwalts nichts bestimmt, so sind die Gebühren in sinngemäßer Anwendung der Vorschriften dieses Gesetzes zu bemessen.

Anmerkung:
§ 2 StGebV ist § 2 BRAGO nachgebildet. Es wird deshalb auf die Anm. zu § 2 StGebV verwiesen.

§ 3   Vereinbarung der Vergütung
(1) Aus einer Vereinbarung kann der Rechtsanwalt eine höhere als die gesetzliche Vergütung nur fordern, wenn die Erklärung des Auftraggebers schriftlich abgegeben und nicht in der Vollmacht oder in einem Vordruck, der auch andere Erklärungen umfaßt, enthalten ist. Hat der Auftraggeber freiwillig und ohne Vorbehalt geleistet, so kann er das Geleistete nicht deshalb zurückfordern, weil seine Erklärung der Vorschrift des Satzes 1 nicht entspricht. Vereinbarungen über die Vergütung nach Absatz 5 sollen schriftlich getroffen werden; ist streitig, ob es zu einer solchen Vereinbarung gekommen ist, so trifft die Beweislast den Auftraggeber.
(2) Die Festsetzung der Vergütung kann dem billigen Ermessen des Vorstandes der Rechtsanwaltskammer überlassen werden. Ist die Festsetzung der Vergütung dem Ermessen eines Vertragsteils überlassen, so gilt die gesetzliche Vergütung als vereinbart.

(3) Ist eine vereinbarte oder von dem Vorstand der Rechtsanwaltskammer festgesetzte Vergütung unter Berücksichtigung aller Umstände unangemessen hoch, so kann sie im Rechtsstreit auf den angemessenen Betrag bis zur Höhe der gesetzlichen Vergütung herabgesetzt werden. Vor der Herabsetzung hat das Gericht ein Gutachten des Vorstandes der Rechtsanwaltskammer einzuholen; dies gilt nicht, wenn der Vorstand der Rechtsanwaltskammer die Vergütung nach Absatz 3 Satz 1 festgesetzt hat. Das Gutachten ist kostenlos zu erstatten.

(4) Durch eine Vereinbarung, nach der ein im Wege der Prozeßkostenhilfe beigeordneter Rechtsanwalt eine Vergütung erhalten soll, wird eine Verbindlichkeit nicht begründet. Hat der Auftraggeber freiwillig und ohne Vorbehalt geleistet, so kann er das Geleistete nicht deshalb zurückfordern, weil eine Verbindlichkeit nicht bestanden hat.

(5) In außergerichtlichen Angelegenheiten kann der Rechtsanwalt Pauschalvergütungen und Zeitvergütungen vereinbaren, die niedriger sind als die gesetzlichen Gebühren. Handelt es sich bei dem Auftraggeber um einen Verband oder Verein, so gilt dies auch für die Beratung seiner Mitglieder im Rahmen des satzungsgemäßen Aufgabenbereiches des Verbandes oder Vereins. Der Rechtsanwalt kann sich für gerichtliche Mahnverfahren und Zwangsvollstrekkungsverfahren nach den §§ 803 bis 863 und 899 bis 915 der Zivilprozeßordnung verpflichten, daß er, wenn der Anspruch des Auftragsgebers auf Erstattung der gesetzlichen Vergütung nicht beigetrieben werden kann, einen Teil des Erstattungsanspruchs an Erfüllungs Statt annehmen werde. Der nicht durch Abtretung zu erfüllende Teil der gesetzlichen Vergütung und die sonst nach diesem Absatz vereinbarten Vergütungen müssen in angemessenem Verhältnis zu Leistung, Verantwortung und Haftungsrisiko des Anwalts stehen.

Anmerkung:
§ 4 StBGebV ist dem § 3 BRAGO nachgebildet. Es wird deshalb auf die Anm. zu § 4 StBGebV verwiesen.
Die Vorschriften des § 3, die die RA-Kammer betreffen, finden auf den StB keine Anwendung.
Im Falle des Obsiegens werden nur die gesetzlich vorgeschriebenen Sätze erstattet (§ 139 Abs. 3 FGO).
Bei einer vorzeitigen Beendigung des Mandats infolge Kündigung nach § 627 BGB hat die Herabsetzung des vereinbarten Honorars nach § 628 Abs. 1 S. 1 BGB auf einen der bereits erbrachten Leistung entsprechenden Teil Vorrang vor einer Ermäßigung nach § 3 Abs. 3 (BGH, Urteil v. 16. 10. 1986, Gerling-Inf. 3/87 S. 35).

§ 4 Vergütung für Tätigkeiten von Vertretern des Rechtsanwalts
Die Vergütung für eine Tätigkeit, die der Rechtsanwalt nicht persönlich vornimmt, wird nach diesem Gesetz bemessen, wenn der Rechtsanwalt durch einen Rechtsanwalt, den allgemeinen Vertreter oder einen zur Ausbildung zugewiesenen Referendar vertreten wird.

Anmerkung:
Der StB hat seine Dienste beim Dienstvertrag (z. B. Vertretung vor dem FG) grundsätzlich persönlich, also selbst, zu erbringen. Ob eine Vertretung zulässig ist, ist – neben den geltenden Zulassungsbeschränkungen – nach den bürgerlich-rechtlichen Vorschriften zu entscheiden. Vgl. Anm. zu § 1.

§ 5 Mehrere Rechtsanwälte
Ist der Auftrag mehreren Rechtsanwälten zur gemeinschaftlichen Erledigung übertragen, so erhält jeder Rechtsanwalt für seine Tätigkeit die volle Vergütung.

Anmerkung:
§ 5 StBGebV ist § 5 BRAGO nachgebildet; siehe die dortigen Erläuterungen.
Die Sozietät wird wie ein StB behandelt.
Siehe Schall, StB 1994 S. 328.

§ 6 Mehrere Auftraggeber
(1) Wird der Rechtsanwalt in derselben Angelegenheit für mehrere Auftraggeber tätig, so erhält er die Gebühren nur einmal. Ist der Gegenstand der anwaltlichen Tätigkeit derselbe,

so erhöhen sich die Geschäftsgebühr (§ 118 Abs. 1 Nr. 1) und die Prozeßgebühr (§ 31 Abs. 1 Nr. 1) durch jeden weiteren Auftraggeber um drei Zehntel; die Erhöhung wird nach dem Betrag berechnet, an dem die Auftraggeber gemeinschaftlich beteiligt sind; mehrere Erhöhungen dürfen den Betrag von zwei vollen Gebühren nicht übersteigen. Bei Gebühren, die nur dem Mindest- und Höchstbetrag nach bestimmt sind, erhöhen sich der Mindest- und Höchstbetrag durch jeden weiteren Auftraggeber um drei Zehntel; mehrere Erhöhungen dürfen das Doppelte des Mindest- und Höchstbetrages nicht übersteigen.
(2) Der Rechtsanwalt erhält auch Schreibauslagen für Abschriften und Ablichtungen, die in derselben Angelegenheit zur notwendigen Unterrichtung von mehr als zehn Auftraggebern gefertigt werden.
(3) Jeder der Auftraggeber schuldet dem Rechtsanwalt die Gebühren und Auslagen, die er schulden würde, wenn der Rechtsanwalt in seinem Auftrag tätig geworden wäre; Schreibauslagen schuldet er jedoch nur für Abschriften und Ablichtungen, die zu seiner Unterrichtung gefertigt werden. Der Rechtsanwalt kann aber insgesamt nicht mehr als die nach Abs. 1 berechneten Gebühren und die nach Abs. 2 berechneten Schreibauslagen fordern; die übrigen Auslagen kann er nur einmal fordern.

Anmerkung:
§ 6 StBGebV ist § 6 BRAGO nachgebildet; siehe die dortigen Anmerkungen.

§ 7 Gegenstandswert
(1) Die Gebühren werden, soweit dieses Gesetz nichts anderes bestimmt, nach dem Wert berechnet, den der Gegenstand der anwaltlichen Tätigkeit hat (Gegenstandswert).
(2) In derselben Angelegenheit werden die Werte mehrerer Gegenstände zusammengerechnet.
(3) ...

Anmerkung:
§ 7 BRAGO entspricht § 10 StBGebV.
Die BRAGO kennt praktisch keine eigenen Wertvorschriften; § 8 verweist auf das GKG und die Kostenordnung.
Die in Abs. 2 gewollte Degression bildet keine Probleme, wenn für die zusammenzurechnenden Gegenstandswerte die gleichen Gebührensätze gelten. Wegen der Fälle, für die verschiedene Gebührensätze gelten, siehe § 13 Abs. 3.
Werden in einem gerichtlichen Verfahren mehrere Steuerfälle behandelt (z. B. Gewinnfeststellung für mehrere Jahre), so sind die Gebühren für die einzelnen Gegenstände nicht getrennt zu ermitteln, sondern gemäß Abs. 2 zu einem Wert zusammenzurechnen (BFH, BStBl II 1969 S. 587). Das gilt auch dann, wenn bei einheitlicher Anfechtung mehrerer Steuerbescheide nur eine Einspruchsentscheidung ergangen und gegen die einzelnen Steuerbescheide gesonderte Klagen erhoben wurden (BFH, BStBl II 1974 S. 422).

§ 8 Wertvorschriften
(1) Soweit sich die Gerichtsgebühren nach dem Wert richten, bestimmt sich der Gegenstandswert im gerichtlichen Verfahren nach dem für die Gerichtsgebühren geltenden Wertvorschriften. Diese Wertvorschriften gelten sinngemäß auch für die Tätigkeit außerhalb eines gerichtlichen Verfahrens, wenn der Gegenstand der Tätigkeit auch Gegenstand eines gerichtlichen Verfahrens sein könnte.
(2) Soweit sich aus diesem Gesetz nichts anderes ergibt, gelten in anderen Angelegenheiten für den Gegenstandswert § 18 Abs. 2, §§ 19 bis 23, 24 Abs. 1, 2, 4, 5, 6, §§ 25, 39 Abs. 2 der Kostenordnung sinngemäß. Soweit sich der Gegenstandswert aus diesen Vorschriften nicht ergibt und auch sonst nicht feststeht, ist er nach billigem Ermessen zu bestimmen; in Ermangelung genügender tatsächlicher Anhaltspunkte für eine Schätzung und bei nicht vermögensrechtlichen Gegenständen ist der Gegenstandswert auf 8 000 Deutsche Mark, nach Lage des Falles niedriger oder höher, jedoch nicht über eine Million Deutsche Mark anzunehmen. Betrifft die Tätigkeit eine einstweilige Anordnung der in § 620 Satz 1 Nr. 1, 2 oder 3 der Zivilprozeßordnung bezeichneten Art, so ist von einem Wert von 1 000 Deutsche Mark auszugehen.

Anmerkungen:

Im gerichtlichen Verfahren bestimmt sich der Gegenstandswert für die Gebühren des StB nach den Wertvorschriften, die für die Gerichtsgebühren gelten (Abs. 1 S. 1). Für Verfahren vor den Finanzgerichten gilt das GKG (§ 1 Abs. 1 c GKG). Die Gerichtsgebühren richten sich nach dem Wert des Streitgegenstandes (§ 11 Abs. 2 S. 1 GKG). Folglich bemessen sich auch die Gebühren des StB nach dem Streitwert.

Streitgegenstand ist

– bei der Anfechtungsklage	*der angefochtene Verwaltungsakt,*
– bei der Verpflichtungsklage	*der abgelehnte oder unterlassene Verwaltungsakt,*
– bei anderen Leistungsklagen	*das erstrebte Tun, Dulden, Unterlassen, das nicht in einem Verwaltungsakt besteht,*
– bei der Feststellungsklage	*das Bestehen oder Nichtbestehen eines Rechtsverhältnisses bzw. die Nichtigkeit eines Verwaltungsakts.*

Läßt sich der streitige Steuerbetrag genau feststellen, so ist dieser Betrag als Gegenstandswert anzusetzen. Ist das nicht der Fall, dann ist der Gegenstandswert zu schätzen (§ 13 Abs. 1 S. 1 GKG). Bietet der (bisherige) Sach- und Streitstand keine genügenden Anhaltspunkte, so ist ein Streitwert von 8 000 DM anzunehmen (§ 13 Abs. 1 S. 2 GKG), z. B. bei der verbindlichen Zolltarif-Auskunft (BFH, BStBl II 1987 S. 719).

Wegen der Höhe des Gegenstandswerts (Streitwerts) in den einzelnen Fällen siehe Streitwert-ABC.

Die wichtigsten einschlägigen Vorschriften des GKG sind im Anhang abgedruckt.

*Nach **Abs. 2** werden für die RA die Wertvorschriften für gerichtliche Verfahren (z. B. Einspruch) ausgedehnt. Wenn sich keine Änderung im Streitgegenstand ergeben hat, ist also im Einspruchsverfahren der gleiche Wert anzusetzen wie im Klageverfahren. Die Vorschrift gilt für StB nicht. Die sinngemäße Anwendung der BRAGO beschränkt sich nach § 45 StB-GEbV ausdrücklich auf das gerichtliche Verfahren.*

§ 9 Wertfestsetzung für die Gerichtsgebühren

(1) Wird der für die Gerichtsgebühren maßgebende Wert gerichtlich festgesetzt, so st die Festsetzung auch für die Gebühren des Rechtsanwalts maßgebend.

(2) Der Rechtsanwalt kann aus eigenem Recht die Festsetzung des Werts beantragen und Rechtsmittel gegen die Festsetzung einlegen. Rechtsbehelfe, die gegeben sind, wenn die Wertfestsetzung unterblieben ist, kann er aus eigenem Recht ergreifen.

Anmerkungen:

Der vom Gericht festgesetzte Wert ist i.d.R. auch für die Vergütung der Tätigkeit des StB maßgebend. Etwas anderes gilt, wenn die Gegenstandswerte nicht übereinstimmen.

Nach § 25 GKG ist jede Partei bzw. jeder Beteiligte berechtigt, den Streitwert gerichtlich festlegen zu lassen. Dieses Antragsrecht gibt § 9 Abs. 2 auch dem RA. Das BFH-Urteil v. 19. 6. 1970 (BStBl II S. 725), wonach der StB kein eigenes Festsetzungsrecht nach Abs. 2 hat, ist durch § 45 StBGebV überholt (siehe auch Anm. zu § 10 BRAGO).

Für den Fall, daß Gerichtsgebühren nicht festgesetzt werden oder mit dem Gegenstand der Anwaltstätigkeit nicht übereinstimmen, gibt § 10 eine weitere Möglichkeit, den Streitwert durch das Gericht bestimmen zu lassen.

Zum Antrag auf Festsetzung der zu erstattenden Kosten siehe § 149 FGO.

§ 10 Wertfestsetzung für die Rechtsanwaltsgebühren

(1) Berechnen sich die Gebühren für die anwaltliche Tätigkeit in einem gerichtlichen Verfahren nicht nach dem für die Gerichtsgebühren maßgebenden Wert oder fehlt es an einem solchen Wert, so setzt das Gericht des Rechtszugs den Wert des Gegenstandes der anwaltlichen Tätigkeit auf Antrag durch Beschluß selbständig fest.

(2) Der Antrag ist erst zulässig, wenn die Vergütung fällig ist. Antragsberechtigt sind der Rechtsanwalt, der Auftraggeber und ein erstattungspflichtiger Gegner; wenn Prozeßkostenhilfe bewilligt ist, auch die Bundes- oder Landeskasse. Vor der Entscheidung sind die Beteiligten zu hören. Das Verfahren ist gebührenfrei. Der Rechtsanwalt erhält in dem Verfahren keine Gebühren.

(3) Gegen die Entscheidung kann Beschwerde eingelegt werden, wenn der Beschwerdegegenstand einhundert Deutsche Mark übersteigt. Eine Beschwerde an einen obersten Gerichtshof des Bundes ist nicht zulässig. Die Beschwerde ist binnen zwei Wochen nach Zustellung der Entscheidung einzulegen. Im übrigen sind die für die Beschwerde in der Hauptsache geltenden Verfahrensvorschriften anzuwenden. Die weitere Beschwerde ist statthaft, wenn sie das Beschwerdegericht wegen der grundsätzlichen Bedeutung der zur Entscheidung stehenden Frage zuläßt. Die weitere Beschwerde kann nur darauf gestützt werden, daß die Entscheidung auf einer Verletzung des Gesetzes beruht; die §§ 550 und 551 der Zivilprozeßordnung gelten sinngemäß.

(4) Anträge, Erklärungen und Beschwerden können zu Protokoll der Geschäftsstelle gegeben oder schriftlich ohne Mitwirkung eines Rechtsanwalts eingereicht werden.

Anmerkungen:
§ 10 BRAGO ist auch auf die Vergütung des StB im gerichtlichen Verfahren sinngemäß anzuwenden (Eberl, DStR 1983 S. 573; a.A. Lappe, NJW 1982 S. 1436). Siehe auch die Anm. zu § 9 BRAGO.
Zweck der Vorschrift ist es, dem Antragsteller den Weg über die Gebührenklage bei den Zivilgerichten zu ersparen. Antragsberechtigt ist sowohl der Berater als auch sein Mandant, aber auch das erstattungspflichtige FA. Der Antrag kann formlos gestellt werden.
Das Wertfestsetzungsverfahren ist gebührenfrei. Auch der StB erhält keine Gebühren.

§ 11 Volle Gebühr, Mindestbetrag einer Gebühr
(1) Die volle Gebühr bei einem Gegenstandswert bis 600 DM beträgt 50 DM. Die Gebühr erhöht sich ...
Eine Gebührentabelle für Gegenstandswerte bis eine Million Deutsche Mark ist diesem Gesetz als Anlage beigefügt. Im Berufungs- und im Revisionsverfahren erhöhen sich die Beträge der sich aus Satz 1 und 2 ergebenden Gebühren um drei Zehntel. Im Revisionsverfahren erhöht sich die Prozeßgebühr jedoch um zehn Zehntel, soweit sich die Parteien nur durch einen beim Bundesgerichtshof zugelassenen Rechtsanwalt vertreten lassen können.
(2) Der Mindestbetrag einer Gebühr ist 20 Deutsche Mark. Pfennigbeträge sind auf zehn Deutsche Pfennig aufzurunden.

Anmerkung:
§ 11 hat nur Bedeutung für die Wertgebühren, nicht auch für Betragsrahmengebühren.
Die Tabelle zur BRAGO stimmt mit der Tabelle E zur StBGebV überein, auch bei den höheren Werten. Von einem Abdruck wurde deshalb abgesehen.
Wegen der Gebühr für die Vertretung vor den Finanzgerichten siehe § 114 BRAGO.
*Für die Vertretung vor dem **BFH** als Rechtsmittelgericht erhält der StB die erhöhte Gebühr des Abs. 1 S. 2, also 13/10. Die erhöhten Gebühren gelten auch, wenn der BFH in erster Instanz entscheidet (§ 37 FGO), nicht aber im Beschwerdeverfahren. Für die Nichtzulassungsbeschwerde (§ 115 Abs. 3 FGO) erhält der StB 13/20 (§ 114 Abs. 3 BRAGO). Hat die Nichtzulassungsbeschwerde Erfolg, so wird die Gebühr nicht auf die Gebühr für das Revisionsverfahren angerechnet. Der Streitwert ist in gleicher Höhe wie bei der angestrebten Revision anzusetzen (BFH, BStBl II 1978 S. 314). Seit 1. 1. 93 entfallen erstinstanzliche BFH-Urteile.*
Vgl. StB 96 S. 276. Für die neuen Bundesländer gilt ein Ermäßigungssatz von 10% (s. Anpassungsverordnung-KostGErmAV v. 15. 4. 1996, BGBl I S. 604).

§ 12 Rahmengebühren
(1) Bei Rahmengebühren bestimmt der Rechtsanwalt die Gebühr im Einzelfall unter Berücksichtigung aller Umstände, insbesondere der Bedeutung der Angelegenheit, des Umfangs und der Schwierigkeit der anwaltlichen Tätigkeit sowie der Vermögens- und Einkommensverhältnisse des Auftraggebers, nach billigem Ermessen. Ist die Gebühr von einem Dritten zu ersetzen, so ist die von dem Rechtsanwalt getroffene Bestimmung nicht verbindlich, wenn sie unbillig ist.
(2) Im Rechtsstreit hat das Gericht ein Gutachten des Vorstandes der Rechtsanwaltskammer einzuholen. Das Gutachten ist kostenlos zu erstatten.

Anmerkungen:
§ 11 StBGebV ist § 12 BRAGO nachgebildet; siehe die dortigen Anmerkungen.
Im gerichtlichen Verfahren ist es unbestritten, daß die Mittelgebühr die Regelgebühr darstellt.
Abs. 1 S. 2 besagt nicht, daß der Mandant kein Einwendungsrecht hat, wenn die ihm gegenüber geltend gemachte Gebühr unbillig hoch ist.

§ 13 Abgeltungsbereich der Gebühren

(1) Die Gebühren entgelten, soweit dieses Gesetz nichts anderes bestimmt, die gesamte Tätigkeit des Rechtsanwalts vom Auftrag bis zur Erledigung der Angelegenheit.
(2) Der Rechtsanwalt kann die Gebühren in derselben Angelegenheit nur einmal fordern. In gerichtlichen Verfahren kann er die Gebühren in jedem Rechtszug fordern.
(3) Sind für Teile des Gegenstands verschiedene Gebührensätze anzuwenden, so erhält der Rechtsanwalt für die Teile gesondert berechnete Gebühren, jedoch nicht mehr als die aus dem Gesamtbetrag der Wertteile nach dem höchsten Gebührensatz berechnete Gebühr.
(4) Auf bereits entstandene Gebühren ist es, soweit dieses Gesetz nichts anderes bestimmt, ohne Einfluß, wenn sich die Angelegenheit vorzeitig erledigt oder der Auftrag endigt, bevor die Angelegenheit erledigt ist.
(5) Wird der Rechtsanwalt, nachdem er in einer Angelegenheit tätig geworden ist, beauftragt, in derselben Angelegenheit weiter tätig zu werden, so erhält er nicht mehr an Gebühren, als er erhalten würde, wenn er von vornherein hiermit beauftragt worden wäre. Ist der frühere Auftrag seit mehr als zwei Kalenderjahren erledigt, so gilt die weitere Tätigkeit als neue Angelegenheit.
(6) Ist der Rechtsanwalt nur mit einzelnen Handlungen beauftragt, so erhält er nicht mehr an Gebühren als der mit der gesamten Angelegenheit beauftragte Rechtsanwalt für die gleiche Tätigkeit erhalten würde.

Anmerkung:
§ 12 StBGebV stimmt mit § 13 BRAGO nahezu wörtlich überein; siehe die dortigen Anmerkungen.
Für den StB beginnt – ebenso wie für den Anwalt – der Rechtszug (die Instanz) bereits mit der Annahme des Auftrags vor Einleitung des Verfahrens und umfaßt auch noch Tätigkeiten nach dem Ende des gerichtlichen Verfahrens (Abwicklungstätigkeiten).
Werden mehrere Verfahren miteinander verbunden, so entstehen die Gebühren aus dem Gesamtstreitwert. Ist die einzelne Gebühr sowohl vor als auch nach der Verbindung entstanden, so hat der StB die Wahl, welche Gebühren er fordern will. Die Gebühren für die einzelnen Verfahren werden dabei i.d.R. höher sein.
Abs. 2 S. 2 wird durch die §§ 14 und 15 ergänzt.
Abs. 4 wird ggf. eingeschränkt durch § 32 Abs. 1.

§ 14 Verweisung, Abgabe, Zulassung von Rechtsmitteln

(1) Wird eine Sache an ein anderes Gericht verwiesen oder abgegeben, so sind die Verfahren vor dem verweisenden oder abgebenden und vor dem übernehmenden Gericht ein Rechtszug. Wird eine Sache an ein Gericht eines niedrigeren Rechtszugs verwiesen oder abgegeben, so ist das weitere Verfahren vor diesem Gericht ein neuer Rechtszug.
(2) Wird das Rechtsmittel in Verfahren über die Beschwerde gegen seine Nichtzulassung zugelassen, so ist das Verfahren über das zugelassene Rechtsmittel ein neuer Rechtszug. Alle sonstigen Verfahren über die Zulassung des Rechtsmittels gehören zum Rechtszug des Rechtsmittels.

Anmerkung:
§ 14 bestimmt den Begriff des Rechtszugs für den Fall der Verweisung und ergänzt damit § 13 Abs. 2 S. 2.

§ 15 Zurückverweisung

(1) Wird eine Sache an ein untergeordnetes Gericht zurückverwiesen, so ist das weitere Verfahren vor diesem Gericht ein neuer Rechtszug. Die Prozeßgebühr erhält der Rechtsan-

walt jedoch nur, wenn die Sache an ein Gericht zurückverwiesen ist, das mit der Sache noch nicht befaßt war.

(2) ...

Anmerkung:
§ 15 ergänzt zusammen mit § 14 den § 13 Abs. 2 S. 2. Da das Verfahren nach der Zurückweisung als neuer Rechtszug gilt, erhält der StB, der vor und nach der Zurückverweisung tätig war, mehrfach Gebühren. Eine Einschränkung kann sich allerdings bei der Prozeßgebühr ergeben (Abs. 1 S. 2).

§ 16 Fälligkeit
Die Vergütung des Rechtsanwalts wird fällig, wenn der Auftrag erledigt oder die Angelegenheit beendigt ist. Ist der Rechtsanwalt in einem gerichtlichen Verfahren tätig, so wird die Vergütung auch fällig, wenn eine Kostenentscheidung ergangen oder der Rechtszug beendigt ist oder wenn das Verfahren länger als drei Monate ruht.

Anmerkung:
§ 7 StBGebV ist § 16 S. 1 BRAGO nachgebildet; siehe die dortigen Anmerkungen.
§ 16 S. 2 BRAGO bringt für das gerichtliche Verfahren weitere Fälligkeitstatbestände.

§ 17 Vorschuß
Der Rechtsanwalt kann von seinem Auftraggeber für die entstandenen und die voraussichtlich entstehenden Gebühren und Auslagen einen angemessenen Vorschuß fordern.

Anmerkung:
§ 8 StBGebV stimmt mit § 17 BRAGO überein; siehe die dortigen Erläuterungen.

§ 18 Berechnung
(1) Der Rechtsanwalt kann die Vergütung nur auf Grund einer von ihm unterzeichneten und dem Auftraggeber mitgeteilten Berechnung einfordern. Der Lauf der Verjährungsfrist ist von der Mitteilung der Berechnung nicht abhängig.
(2) In der Berechnung sind die Beträge der einzelnen Gebühren und Auslagen, Vorschüsse, eine kurze Bezeichnung des jeweiligen Gebührentatbestands, die Bezeichnung der Auslagen sowie die angewandten Kostenvorschriften und bei Gebühren, die nach dem Gegenstandswert berechnet sind, auch dieser anzugeben. Bei Entgelten für Post- und Telekommunikationsdienstleistungen genügt die Angabe des Gesamtbetrags.
(3) Hat der Auftraggeber die Vergütung gezahlt, ohne die Berechnung erhalten zu haben, so kann er die Mitteilung der Berechnung noch fordern, solange der Rechtsanwalt zur Aufbewahrung der Handakten verpflichtet ist.

Anmerkung:
§ 9 StBGebV ist § 18 BRAGO nachgebildet; siehe die dortigen Erläuterungen.
Zu beachten ist im gerichtlichen Verfahren § 18 Abs. 1 S. 2. Nach dieser Vorschrift kann der StB den Beginn der Verjährung durch eine spätere Berechnung nicht hinausschieben. Eine derartige Vorschrift fehlt in der StBGebV. Sie hat aber nur deklaratorische Bedeutung, da die Verjährung von der »Fälligkeit«, nicht von der »Einforderbarkeit« abhängt.

§ 19 Festsetzung der Vergütung
(1) Die gesetzliche Vergütung, die dem Rechtsanwalt als Prozeßbevollmächtigten, Beistand, Unterbevollmächtigten oder Verkehrsanwalt (§ 52) zusteht, wird auf Antrag des Rechtsanwalts oder des Auftraggebers durch das Gericht des ersten Rechtszuges festgesetzt. Getilgte Beträge sind abzusetzen.
(2) Der Antrag ist erst zulässig, wenn die Vergütung fällig ist. Vor der Festsetzung sind die Beteiligten zu hören. Die Vorschriften der Zivilprozeßordnung über das Kostenfestsetzungsverfahren und die Zwangsvollstreckung aus Kostenfestsetzungsbeschlüssen gelten sinngemäß. Das Verfahren ist gebührenfrei. Der Rechtsanwalt erhält in dem Verfahren über den Antrag keine Gebühr.

(3) Im Verfahren vor dem Gerichten der Verwaltungsgerichtsbarkeit, der Finanzgerichtsbarkeit und der Sozialgerichtsbarkeit wird die Vergütung von dem Urkundenbeamten der Geschäftsstelle festgesetzt. Die für die jeweilige Gerichtsbarkeit geltenden Vorschriften über die Erinnerung im Kostenfestsetzungsverfahren gelten sinngemäß.

(4) Wird der vom Rechtsanwalt angegebene Gegenstandswert von einem Beteiligten bestritten, so ist das Verfahren auszusetzen bis das Gericht (§§ 9, 10, 113a Abs. 1) hierüber entschieden hat.

(5) Die Festsetzung ist abzulehnen, soweit der Antragsgegner Einwendungen oder Einreden nicht im Gebührenrecht ihren Grund haben. Hat der Auftraggeber bereits dem Rechtsanwalt gegenüber derartige Einwendungen oder Einreden erhoben, so ist die Erhebung der Klage nicht von der vorherigen Einleitung des Festsetzungsverfahrens abhängig.

(6) Anträge, Erklärungen und Beschwerden können zu Protokoll der Geschäftsstelle gegeben oder schriftlich ohne Mitwirkung eines Rechtsanwalts eingereicht werden.

(7) Durch den Antrag auf Festsetzung der Vergütung wird die Verjährung wie durch Klageerhebung unterbrochen.

(8) Die Absätze 1 bis 7 gelten nicht bei Rahmengebühren.

Anmerkung:
§ 19 ist auch auf die Vergütung des StB im gerichtlichen Verfahren sinngemäß anzuwenden (Eberl, DStR 1983 S. 573; FG Hbg, DStZ/E 1984 S. 358; FG Berlin, EFG 1985 S. 197; a.A. Lappe, NJW 1982 S. 1436).
Zweck der Vorschrift ist es, dem Antragsteller den Weg über die Gebührenklage bei den Zivilgerichten zu ersparen.
Der Weg ist aber nur gegeben,
- *wenn es sich um die gesetzliche Vergütung handelt (keine höhere Vergütung nach § 3 BRAGO),*
- *wenn der Antragsgegner keine Einwendungen erhebt, die nicht im Gebührenrecht ihren Grund haben (Abs. 4, EFG 1987 S. 523),*
- *wenn der Streit keine Rahmengebühr betrifft (z. B. bei Strafverfahren; Abs. 7) und*
- *wenn der StB in einem Gerichtsverfahren tätig geworden ist.*
Antragsberechtigt ist sowohl der Berater als auch der Mandant. Der Antrag ist aber erst zulässig, wenn die Vergütung fällig ist (§ 16 BRAGO).
Wird die Festsetzung der Vergütung abgelehnt, weil der Antragsgegner nichtgebührenrechtliche Einwendungen erhoben hat (z. B. daß die Vergütung bereits gezahlt oder verjährt sei), so ist immer noch die Gebührenklage gegeben.
Mit dem Antrag nach § 19 wird die Verjährung des Honoraranspruchs unterbrochen (BGH, BB 1981 S. 1183).
Im übrigen s. StB 94 S. 329 und 95 S. 440.

Zweiter Abschnitt.
Gemeinsame Vorschriften über Gebühren und Auslagen

§ 20   Rat, Auskunft, Erstberatung
(1) Für einen mündlichen oder schriftlichen Rat oder eine Auskunft, die nicht mit einer anderen gebührenpflichtigen Tätigkeit zusammenhängen, erhält der Rechtsanwalt eine Gebühr in Höhe von einem Zehntel bis zehn Zehnteln der vollen Gebühr. Ist die Tätigkeit nach Satz 1 Gegenstand einer ersten Beratung, so kann der Rechtsanwalt keine höhere Gebühr als 350 Deutsche Mark fordern. Bezieht sich der Rat oder die Auskunft nur auf strafrechtliche, bußgeldrechtliche oder sonstige Angelegenheiten, in denen die Gebühren nicht nach dem Gegenstandswert berechnet werden, so beträgt die Gebühr 30 bis 350 Deutsche Mark. Die Gebühr ist auf eine Gebühr anzurechnen, die der Rechtsanwalt für eine sonstige Tätigkeit erhält, die mit der Raterteilung oder Auskunft zusammenhängt.

(2) Wird ein Rechtsanwalt, der mit der Angelegenheit noch nicht befaßt gewesen ist, beauftragt, zu prüfen, ob eine Berufung oder Revision Aussicht auf Erfolg hat, so erhält er eine halbe Gebühr nach § 11 Abs. 1 Satz 4, wenn er von der Einlegung eines Rechtsmittels abrät und ein Rechtsmittel durch ihn nicht eingelegt wird. Dies gilt nicht in den im Absatz 1 Satz 2 genannten Angelegenheiten.

Anmerkungen:
Die Vorschrift war Vorbild für § 21 StGebV. Auch für den RA gilt neuerdings die Begrenzung der Gebühr für die Erstberatung.

§ 21   Gutachten
Für die Ausarbeitung eines schriftlichen Gutachtens mit juristischer Begründung erhält der Rechtsanwalt eine angemessene Gebühr. § 12 gilt sinngemäß.

Anmerkungen:
§ 22 StBGebV wurde § 21 BRAGO nachgebildet.
Während die BRAGO eine juristische Begründung verlangt, genügt der StBGebV eine eingehende Begründung, was im Ergebnis aber wohl auf dasselbe hinausläuft.

§ 21a   Gutachten über die Aussichten einer Berufung oder einer Revision
Für die Ausarbeitung eines schriftlichen Gutachtens über die Aussichten einer Berufung oder einer Revision erhält der Rechtsanwalt eine volle Gebühr nach § 11 Abs. 1 Satz 4; dies gilt nicht in den in § 20 Abs. 1 Satz 3 genannten Angelegenheiten. Die Gebühr ist auf eine Prozeßgebühr, die im Berufungs- oder Revisionsverfahren entsteht, anzurechnen.

Anmerkungen:
§ 21a ist auf den StB nicht anwendbar, weil § 45 StBGebV hierauf nicht verweist. Für ihn gilt § 22 StBGebV (a.A. Eckert/Böttcher).

§ 22   Hebegebühr
(1) Werden an den Rechtsanwalt Zahlungen geleistet, so erhält er für die Auszahlung oder Rückzahlung bei Beträgen
bis zu 5 000 Deutsche Mark einschließlich   1 vom Hundert,
von dem Mehrbetrag bis zu 20 000 Deutsche Mark
einschließlich   0,5 vom Hundert,
von dem Mehrbetrag über 20 000 Deutsche Mark   0,25 vom Hundert.
Unbare Zahlungen stehen baren Zahlungen gleich. Der Rechtsanwalt kann die Gebühr bei der Ablieferung an den Auftraggeber entnehmen.
(2) Ist das Geld in mehreren Beträgen gesondert ausgezahlt oder zurückgezahlt, so wird die Gebühr von jedem Betrag besonders erhoben.
(3) Die Mindestgebühr beträgt eine Deutsche Mark.
(4) Für die Ablieferung oder Rücklieferung von Wertpapieren und Kostbarkeiten erhält der Rechtsanwalt die in den Absätzen 1 bis 3 bestimmte Gebühr nach dem Wert.
(5) Der Rechtsanwalt erhält die in den Absätzen 1 bis 3 bestimmten Gebühren nicht, soweit er Kosten an ein Gericht oder eine Behörde weiterleitet oder eingezogene Kosten an den Auftraggeber abführt oder eingezogene Beträge auf seine Vergütung verrechnet.

Anmerkungen:
Solche Fälle kommen beim StB kaum vor. Leitet ein StB in einer Steuersache außerhalb eines Gerichtsverfahrens eine Zahlung weiter, so bestimmt sich die Gebühr für diese Tätigkeit wohl über § 2 StBGebV. Da aber innerhalb der StBGebV eine vergleichbare Regelung nicht getroffen wurde, muß wohl auf § 22 BRAGO als »übliche Vergütung« zurückgegriffen werden.

§ 23   Vergleichsgebühr
(1) Für die Mitwirkung beim Abschluß eines Vergleichs (§ 779 des Bürgerlichen Gesetzbuchs) erhält der Rechtsanwalt 15/10 der vollen Gebühr (Vergleichsgebühr). Der Rechtsanwalt erhält die Vergleichsgebühr auch dann, wenn er nur bei den Vergleichsverhandlungen mitgewirkt hat, es sei denn, daß seine Mitwirkung für den Abschluß des Vergleichs nicht ursächlich war. Soweit über den Gegenstand des Vergleichs ein gerichtliches Verfahren anhängig ist, erhält der Rechtsanwalt die Vergleichsgebühr nur in Höhe einer vollen Gebühr, das gleiche gilt, wenn ein Verfahren über die Prozeßkostenhilfe anhängig ist.

(2) Für die Mitwirkung bei einem unter einer aufschiebenden Bedingung oder unter dem Vorbehalt des Widerrufs geschlossenen Vergleich erhält der Rechtsanwalt die Vergleichsgebühr, wenn die Bedingung eingetreten ist oder der Vergleich nicht mehr widerrufen werden kann.
(3) Soweit über die Ansprüche vertraglich verfügt werden kann, gelten die Absätze 1 und 2 auch bei Rechtsverhältnissen des öffentlichen Rechts.

Anmerkungen:
Eine Vergleichsgebühr nach § 23 kann nur entstehen, wenn Gegenstand des Vergleichs eine der beiderseitigen Dispositionsbefugnis der Beteiligten unterliegende Regelung ist (Abs. 3). Dies ist hinsichtlich der Steuerfestsetzung nicht der Fall, da die auf die ermittelten Besteuerungsgrundlagen entfallenden Steuern aufgrund der gesetzlich festgelegten Steuersätze und –tabellen feststehen und einer Vereinbarung der am Besteuerungsprozeß Beteiligten nicht zugänglich sind (FG Düsseld., EFG 1987 S. 582).

§ 24   Erledigungsgebühr
Erledigt sich eine Rechtssache ganz oder teilweise nach Zurücknahme oder Änderung des mit einem Rechtsbehelf angefochtenen Verwaltungsaktes, so erhält der Rechtsanwalt, der bei der Erledigung mitgewirkt hat, eine volle Gebühr.

Anmerkungen:
Voraussetzungen für das Entstehen der Erledigungsgebühr:
– *Der Steuerbescheid etc. muß nach Klage zu Gunsten des Mandanten ganz oder teilweise zurückgenommen oder geändert worden sein.*
– *Die Rechtssache muß damit erledigt sein. Dem Mandanten muß diese Lösung genügen.*
– *Der StB muß bei der Erledigung mitgewirkt haben.*
»Mitwirkung bei der Erledigung« erfordert nach h.M. eine besondere, über die bereits mit der Prozeß-und Verhandlungsgebühr abgegoltene Einlegung und Begründung des Rechtsbehelfs hinausgehende, auf die Beilegung des Rechtsstreits ohne streitige Entscheidung »auf sonstige Weise« gerichtete Tätigkeit des Prozeßbevollmächtigten. Vgl. StB 94 S. 245 sowie StB 96 S. 404.
Dem StB steht auch dann die volle Erledigungsgebühr zu, wenn das FA den Verwaltungsakt in der Weise ändert, daß dem Begehren des Mandanten nur teilweise stattgegeben wird, der Mandant aber letztlich damit einverstanden ist, denn damit ist die Rechtssache erledigt. Die Mitwirkung besteht darin, daß der StB auf den Mandant eingewirkt hat, den Rechtsstreit insgesamt für erledigt zu erklären. Dieses Verhalten ist nicht bereits durch die Prozeß-bzw. die Verhandlungsgebühr abgegolten (OVerwG NRW, StB 1986 S. 12; StB 1993 S. 307).
Bei Teilerledigung ist für die Gebührenberechnung der erledigte Teil maßgebend.
Eine Erledigungsgebühr entsteht nicht, wenn das FA zwar seinen ungünstigen Standpunkt aufgibt, den angefochtenen Steuerbescheid aber nicht ändert (FG BdWttbg/Stuttg., EFG 1986 S. 519).
...

§ 25   Ersatz von Auslagen
(1) Mit den Gebühren werden auch die allgemeinen Geschäftsunkosten entgolten.
(2) Der Rechtsanwalt hat Anspruch auf Ersatz der auf seine Vergütung entfallenden Umsatzsteuer, sofern diese nicht nach § 19 Abs. 1 des Umsatzsteuergesetzes unerhoben bleibt.
(3) Der Anspruch auf Ersatz der für Post- und Telekommunikationsdienstleistungen zu zahlenden Entgelte, der Schreibauslagen und der Reisekosten bestimmt sich nach den folgenden Vorschriften.

Anmerkungen:
Abs. 1 entspricht § 3 Abs. 2 StBGebV, Abs. 2 dem § 15 StBGebV.

§ 26   Entgelte für Post- und Telekommunikationsdienstleistungen
Der Rechtsanwalt hat Anspruch auf Ersatz der bei der Ausführung des Auftrags für Post- und Telekommunikationsdienstleistungen zu zahlenden Entgelte. Er kann nach seiner Wahl an Stel-

le der tatsächlich entstandenen Kosten einen Pauschsatz fordern, der fünfzehn vom Hundert der gesetzlichen Gebühren beträgt, in derselben Angelegenheit und in gerichtlichen Verfahren in demselben Rechtszug jedoch höchstens 40 Deutsche Mark, in Strafsachen und Bußgeldverfahren höchstens 30 Deutsche Mark. § 11 Abs. 2 Satz 2 gilt sinngemäß.

Anmerkungen:
§ 26 entspricht § 16 StBGebV.
Der Verweis im letzten Satz bedeutet, daß Pfennigbeträge auf 10 Pfennige aufzurunden sind. Die Obergrenze von 30 bzw. 40 DM gilt für den gesamten Gebührenanspruch einer Angelegenheit, auch wenn mehrere Funktionsgebühren (Prozeßgebühr, Verhandlungsgebühr usw.) angefallen sind.

§ 27   Schreibauslagen
(1) Der Rechtsanwalt hat Anspruch auf Ersatz der Schreibauslagen für Abschriften und Ablichtungen
1. aus Behörden- und Gerichtsakten, soweit deren Herstellung zur sachgerechten Bearbeitung der Rechtssache geboten war,
2. für die Unterrichtung von mehr als drei Gegnern oder Beteiligten aufgrund einer Rechtsvorschrift oder nach Aufforderung des Gerichts und
3. im übrigen nur, wenn sie im Einverständnis mit dem Auftraggeber zusätzlich, auch zur Unterrichtung Dritter, angefertigt worden sind.
(2) Die Höhe der Schreibauslagen in derselben Angelegenheit und in gerichtlichen Verfahren in demselben Rechtszug bemißt sich nach den für die gerichtlichen Schreibauslagen im Gerichtskostengesetz bestimmten Beträgen.

Anmerkungen:
§ 27 entspricht § 17 StBGebV. Vgl. StB 96 S. 27.

§ 28   Geschäftsreisen
(1) Für Geschäftsreisen sind dem Rechtsanwalt als Reisekosten die Fahrtkosten und die Übernachtungskosten zu erstatten; ferner erhält er ein Tage- und Abwesenheitsgeld. Eine Geschäftsreise liegt vor, wenn das Reiseziel außerhalb der Gemeinde liegt, in der sich die Kanzlei oder die Wohnung des Rechtsanwalts befindet.
(2) Als Fahrtkosten sind zu erstatten
1. bei Benutzung eines eigenen Kraftfahrzeugs zur Abgeltung der Anschaffungs-, Unterhaltungs- und Betriebskosten sowie der Abnutzung des Kraftfahrzeugs 0,52 Deutsche Mark für jeden gefahrenen Kilometer zuzüglich der durch die Benutzung des Kraftfahrzeugs aus Anlaß der Geschäftsreise regelmäßig anfallenden baren Auslagen, insbesondere der Parkgebühren,
2. bei Benutzung anderer Verkehrsmittel die tatsächlichen Aufwendungen, soweit sie angemessen sind.
(3) Als Tage- und Abwesenheitsgeld erhält der Rechtsanwalt bei einer Geschäftsreise von nicht mehr als 4 Stunden 30 Deutsche Mark, von mehr als 4 bis 8 Stunden 60 Deutsche Mark und von mehr als 8 Stunden 110 Deutsche Mark; bei Auslandsreisen kann zu diesen Beträgen ein Zuschlag von 50 vom Hundert berechnet werden. Die Übernachtungskosten sind in Höhe der tatsächlichen Aufwendungen zu erstatten, soweit sie angemessen sind.

Anmerkungen:
§ 28 entspricht § 18 StBGebV.

§ 29   Reisen zur Ausführung mehrerer Geschäfte
Dient eine Reise mehreren Geschäften, so sind die entstandenen Reisekosten und Abwesenheitsgelder nach dem Verhältnis der Kosten zu verteilen, die bei gesonderter Ausführung der einzelnen Geschäfte entstanden wären.

Anmerkung:
§ 29 entspricht § 19 StBGebV.

§ 30 Verlegung der Kanzlei

Ein Rechtsanwalt, der seine Kanzlei nach einem anderen Ort verlegt, kann bei Fortführung eines ihm vorher erteilten Auftrags Reisekosten und Abwesenheitsgelder nur insoweit verlangen, als sie auch von seiner bisherigen Kanzlei aus entstanden wären.

Anmerkung:
§ 30 entspricht § 20 StBGebV.

Dritter Abschnitt.
Gebühren in bürgerlichen Rechtsstreitigkeitenund in ähnlichen Verfahren

§ 31 Prozeßgebühr, Verhandlungsgebühr, Beweisgebühr, Erörterungsgebühr
(1) Der zum Prozeßbevollmächtigten bestellte Rechtsanwalt erhält eine volle Gebühr
1. für das Betreiben des Geschäfts einschließlich der Information (Prozeßgebühr),
2. für die mündliche Verhandlung (Verhandlungsgebühr),
3. für die Vertretung im Beweisaufnahmeverfahren oder bei der Anhörung oder Vernehmung einer Partei nach § 613 der Zivilprozeßordnung (Beweisgebühr),
4. für die Erörterung der Sache, auch im Rahmen eines Versuchs zur gütlichen Beilegung (Erörterungsgebühr).

(2) Erörterungsgebühren und Verhandlungsgebühren, die denselben Gegenstand betreffen und in demselben Rechtszug entstehen, werden aufeinander angerechnet.
(3) ...

Anmerkungen:
§§ 114 und 117 BRAGO enthalten von §§ 31 ff. abweichendeVorschriften, die als Spezialvorschriften vorgehen.
Zu den einzelnen Gebühren siehe Anm. zu § 45 StBGebV.
§ 31 unterscheidet zwischen der Verhandlung vor dem Gericht und der Erörterung vor dem Vorsitzenden oder dem gem. § 79 FGO bestimmten Richter. Zur nichtstreitigen Verhandlung siehe § 33.
Die Erörterungsgebühr entsteht mit jedem wirklichen Meinungsaustausch zwischen dem Gericht und den Beteiligten über die rechtshängige, streitgegenständliche Sache selbst. Die Erörterung von Fragen, die nur die Prozeß- oder die Sachleitung betreffen, genügt nicht. Das Ergebnis ist unerheblich. Siehe Tipke/Kruse, AO, Tz. 72 vor § 135 FGO.

§ 32 Vorzeitige Beendigung des Auftrags
(1) Endigt der Auftrag, bevor der Rechtsanwalt die Klage, den ein Verfahren einleitenden Antrag oder einen Schriftsatz, der Sachanträge, die Zurücknahme der Klage oder die Zurücknahme des Antrags enthält, eingereicht oder bevor er für seine Partei einen Termin wahrgenommen hat, so erhält er nur eine halbe Prozeßgebühr.
(2) Das gleiche gilt, soweit lediglich beantragt ist, eine Einigung der Parteien zu Protokoll zu nehmen.

Anmerkungen:
§ 32 schränkt § 13 Abs. 4 ein, wonach es auf bereits entstandene Gebühren ohne Einfluß ist, wenn der Auftrag endigt, bevor die Angelegenheit erledigt ist.
Die halbe Gebühr fällt z. B. an im Falle der Kündigung oder der Niederlegung des Mandats, wenn der StB nach außen noch nicht in Erscheinung getreten ist. Das ist auch der Fall, wenn der StB die Klageschrift zwar fertiggestellt, aber noch nicht abgeschickt hat. Hat der StB aber die Klage eingereicht mit dem Hinweis »Begründung folgt«, so erhält er die volle Prozeßgebühr.
Neben der halben Prozeßgebühr kann die Erledigungsgebühr anfallen.

§ 33 Nichtstreitige Verhandlung, Übertragung des mündlichen Verhandelns
(1) Für eine nichtstreitige Verhandlung erhält der Rechtsanwalt nur eine halbe Verhandlungsgebühr. Dies gilt nicht, wenn

1. eine Entscheidung nach Lage der Akten (§ 331a der Zivilprozeßordnung) beantragt wird,
2. der Berufungskläger oder Revisionskläger ein Versäumnisurteil beantragt oder
3. ...

(2) Stellt der Rechtsanwalt in der mündlichen Verhandlung Anträge nur zur Prozeß- oder Sachleitung, so erhält er fünf Zehntel der Verhandlungsgebühr.

(3) Der Prozeßbevollmächtigte, der im Einverständnis mit der Partei die Vertretung in der mündlichen Verhandlung einem anderen Rechtsanwalt übertragen hat, erhält eine Gebühr in Höhe von fünf Zehnteln der diesem zustehenden Verhandlungsgebühr, mindestens jedoch drei Zehntel der vollen Gebühr. Diese Gebühr wird auf die Verhandlungsgebühr des Prozeßbevollmächtigten angerechnet.

Anmerkungen:
§ 33 ergänzt § 31 Abs. 2 Nr. 2.

§ 34 Vorlegung von Urkunden, Beiziehung von Akten oder Urkunden
(1) De Rechtsanwalt erhält die Beweisgebühr nicht, wenn die Beweisaufnahme lediglich in der Vorlegung der in den Händen des Beweisführers oder des Gegners befindlichen Urkunden besteht.
(2) Werden Akten oder Urkunden beigezogen, so erhält der Rechtsanwalt die Beweisgebühr nur, wenn die Akten oder Urkunden durch Beweisbeschluß oder sonst erkennbar zum Beweis beigezogen oder als Beweis verwertet werden.

Anmerkung:
Die Beweisgebühr entsteht nach § 31 Abs. 1 Nr. 3 BRAGO
– für die Vertretung im Beweisaufnahmeverfahren oder
– bei der Anhörung oder Vernehmung einer Partei nach § 613 ZPO.
§ 34 befaßt sich hierzu speziell mit dem Beweis durch Akten oder andere Urkunden.
Das Beweisaufnahmeverfahren kann also auch in der Beiziehung von Urkunden bestehen. Das kann durch Beweisbeschluß geschehen, aber auch ohne solchen, wenn die Beiziehung sonst erkennbar zu Beweiszwecken erfolgt. Der dahingehende Wortlaut des § 34 Abs. 2 macht deutlich, daß es auf das Fehlen eines Beweisbeschlusses nicht ankommen kann. Allein entscheidend ist die Frage, ob die Anfrage des Berichterstatters und die Beiziehung zu Beweiszwecken geschehen ist oder nicht. Zu Beweiszwecken geschieht die Beiziehung immer dann, wenn damit eine entscheidungserhebliche, unter den Beteiligten streitige Tatsache bewiesen oder geklärt werden soll (FG RhldPf., EFG 1987 S. 632). Werden Akten aus einem anderen Gerichts- oder Verwaltungsverfahren nur formlos angefordert und im anhängigen Streitfall nicht zu Beweiszwecken verwertet, so erwächst, selbst wenn die Beiziehung im Tatbestand des Urteils erwähnt wird, keine Beweisgebühr (EFG 1981 S. 45).
Im übrigen siehe Anm. zu § 43 StBGebV sowie StB 1994 S. 245 und 507.

§ 35 Entscheidung ohne mündliche Verhandlung
Wird in einem Verfahren, für das mündliche Verhandlung vorgeschrieben ist, im Einverständnis mit den Parteien oder gemäß § 128 Abs. 3, § 307 Abs. 2 oder § 331 Abs. 3 der Zivilprozeßordnung ohne mündliche Verhandlung entschieden, so erhält der Rechtsanwalt die gleichen Gebühren wie in einem Verfahren mit mündlicher Verhandlung.

Anmerkung:
Für das Verfahren vor den Finanzgerichten gilt § 117.
...

§ 37 Rechtszug
Zum Rechtszug gehören insbesondere
1. die Vorbereitung der Klage, des Antrags oder der Rechtsverteidigung, soweit kein besonders gerichtliches oder behördliches Verfahren stattfindet;

2. außergerichtliche Vergleichsverhandlungen;

3. Zwischenstreite, die Bestimmung des zuständigen Gerichts, das selbständige Beweisverfahren, das Verfahren über die Prozeßkostenhilfe, die vorläufige Einstellung, Beschränkung oder Aufhebung der Zwangsvollstreckung, wenn nicht eine abgesonderte mündliche Verhandlung hierüber stattfindet, Verfahren wegen der Rückgabe einer Sicherheit (§ 109 Abs. 1 und 2, § 715 der Zivilprozeßordnung), die Bestellung von Vertretern durch das Prozeßgericht oder das Vollstreckungsgericht, die Ablehnung von Richtern, Rechtspflegern, Urkundsbeamten der Geschäftsstelle oder Sachverständigen, die Zulassung einer Zustellung zur Nachtzeit, an einem Sonntag oder an einem allgemeinen Feiertag (§ 188 der Zivilprozeßordnung), die Festsetzung des Streitwerts;

4. das Verfahren vor dem beauftragten oder ersuchten Richter und die Änderung seiner Entscheidungen;

5. die Änderung von Entscheidungen des Urkundsbeamten der Geschäftsstelle oder des Rechtspflegers;

6. die Berichtigung oder Ergänzung der Entscheidung oder ihres Tatbestandes; ...

6a. die für die Geltendmachung im Ausland vorgesehene Vervollständigung der Entscheidung;

7. die Zustellung oder Empfangnahme von Entscheidungen oder Rechtsmittelschriften und ihre Mitteilung an den Auftraggeber, die Einwilligung zur Sprungrevision (§ 566a Abs. 2 der Zivilprozeßordnung), der Ausspruch über die Verpflichtung, die Kosten zu tragen oder eines Rechtsmittels verlustig zu sein (§§ 91a, 269 Abs. 3 Satz 2, § 515 Abs. 3 Satz 1, § 566 der Zivilprozeßordnung), die Vollstreckbarerklärung eines Urteils (§§ 534, 560 der Zivilprozeßordnung), die Erteilung des Notfristzeugnisses, Rechtskraftzeugnisses, die erstmalige Erteilung der Vollstreckungsklausel, wenn deswegen keine Klage nach § 731 der Zivilprozeßordnung erhoben wird, die Kostenfestsetzung (§§ 104, 107 der Zivilprozeßordnung) ausschließlich der Erinnerung gegen den Kostenfestsetzungsbeschluß, die Einforderung der Vergütung (§§ 18, 19), die Herausgabe der Handakten oder ihre Übersendung an einen anderen Rechtsanwalt.

Anmerkung:
§ 37 schreibt den Begriff des Rechtszugs i.S.d. § 13 Abs. 2 S. 2 und bestimmt damit, welche Tätigkeiten mit den Gebühren nach § 31 abgegolten werden.

§ 40 Arrest, einstweilige Verfügung

(1) Das Verfahren über einen Antrag auf Anordnung, Abänderung oder Aufhebung eines Arrestes oder einer einstweiligen Verfügung gilt als besondere Angelegenheit.

(2) Das Verfahren über einen Antrag auf Abänderung oder Aufhebung eines Arrestes oder einer einstweiligen Verfügung bildet mit dem Verfahren über den Antrag auf Anordnung des Arrestes oder der einstweiligen Verfügung eine Angelegenheit.

(3) Ist das Berufungsgericht als Gericht der Hauptsache anzusehen (§ 943 der Zivilprozeßordnung), so erhält der Rechtsanwalt die Gebühren nach § 11 Abs. 1 Satz 1 und 2.

Anmerkung:
Das FA kann nach § 324 AO den dinglichen Arrest anordnen. Dagegen ist wahlweise entweder der Einspruch oder sofort die Sprungklage nach § 45 Abs. 2 FGO gegeben.
Zum Erlaß einer einstweiligen Anordnung siehe § 114 FGO.
...

§ 48 Selbständige Beweisverfahren

Im selbständigen Beweisverfahren erhält der Rechtsanwalt die in § 31 bestimmten Gebühren.

Anmerkung:
Wenn die Hauptsache anhängig ist, gehört das Beweissicherungsverfahren gem. § 37 Nr. 3 zum Rechtszug.

§ 49 Vorläufige Einstellung, Beschränkung oder Aufhebung der Zwangsvollstreckung, Vollstreckbarerklärung von Teilen eines Urteils
(1) Im Verfahren über die vorläufige Einstellung, Beschränkung oder Aufhebung der Zwangsvollstreckkung erhält der Rechtsanwalt, wenn eine abgesonderte mündliche Verhandlung hierüber stattfindet, drei Zehntel der in § 31 bestimmten Gebühren. Wird der Antrag beim Vollstreckungsgericht und beim Prozeßgericht gestellt, so erhält der Rechtsanwalt die Prozeßgebühr nur einmal. Die Vorschriften des § 32 und des § 33 Abs. 1 und 2 gelten nicht.
(2) Im Verfahren auf Vollstreckbarerklärung der durch Rechtsmittelanträge nicht angefochtenen Teile eines Urteils (§§ 534, 560 der Zivilprozeßordnung) erhält der Rechtsanwalt drei Zehntel der vollen Gebühr.

Anmerkung:
Zur Aussetzung der Vollziehung siehe § 69 Abs. 3 FGO.
...

§ 51 Verfahren über die Prozeßkostenhilfe
(1) Im Verfahren über die Prozeßkostenhilfe erhält der Rechtsanwalt fünf Zehntel der in § 31 bestimmten Gebühren. In mehreren Verfahren dieser Art erhält der Rechtsanwalt die Gebühren in jedem Rechtszug nur einmal. Die Vorschriften des § 32 und des § 33 Abs. 1 und 2 gelten nicht.
(2) Im Verfahren über die Bewilligung oder die Aufhebung der Bewilligung der Prozeßkostenhilfe bestimmt sich der Gegenstandswert nach dem für die Hauptsache maßgebenden Wert.

§ 52 Gebühren des Verkehrsanwalts
(1) Der Rechtsanwalt, der lediglich den Verkehr der Partei mit dem Prozeßbevollmächtigten führt, erhält hierfür eine Gebühr in Höhe der dem Prozeßbevollmächtigten zustehenden Prozeßgebühr.
(2) Der Rechtsanwalt, der im Einverständnis mit dem Auftraggeber mit der Übersendung der Akten an den Rechtsanwalt des höheren Rechtszuges gutachtliche ußerungen verbindet, erhält hierfür die in Absatz 1 bestimmte Gebühr.

Anmerkungen:
Abs. 1 ist auf die Fälle anzuwenden, in denen der ständige StB (= Verkehrs-StB) den Prozeß nicht selbst führt, sondern dafür einen auf FG-Prozesse spezialisierten Kollegen (= Prozeß-StB) einschaltet. Der Verkehrs-StB erhält ebenfalls die volle Prozeßgebühr. Damit fallen für den Mandanten zwar doppelte Gebühren an; er hat dafür aber auch zwei Berater.
Siehe Schall, StB 1994 S. 327.

§ 53 Vertretung in der mündlichen Verhandlung, Ausführung der Parteirechte
Der Rechtsanwalt, dem die Partei oder mit deren Einverständnis des Prozeßbevollmächtigte nur für die mündliche Verhandlung die Vertretung oder die Ausführung der Parteirechte übertragen hat, erhält neben der Verhandlungsgebühr eine halbe Prozeßgebühr. Diese Prozeßgebühr erhält er auch dann, wenn der Auftrag vor der mündlichen Verhandlung erledigt ist. Erstreckt sich die Vertretung auf eine mit der mündlichen Verhandlung verbundene Beweisaufnahme, so erhält der Rechtsanwalt außerdem die Beweisgebühr.

§ 54 Vertretung in der Beweisaufnahme
Der Rechtsanwalt, dessen Tätigkeit sich auf die Vertretung in der Beweisaufnahme beschränkt, erhält für den Rechtszug je fünf Zehntel der Prozeß- und der Beweisgebühr. Der Rechtsanwalt erhält die Beweisgebühr nicht, wenn sich der Auftrag ohne Wahrnehmung eines Termins erledigt.

§ 55 Abänderung von Entscheidungen von beauftragten oder ersuchten Richtern, von Rechtspflegern und Urkundsbeamten
Der Rechtsanwalt, dessen Tätigkeit sich auf ein Verfahren auf Änderung einer Entscheidung des beauftragten oder ersuchten Richters, des Rechtspflegers oder des Urkundsbeamten

der Geschäftsstelle (§ 576 der Zivilprozeßordnung) beschränkt, erhält drei Zehntel der im §
31 bestimmten Gebühren. Die Vorschriften des § 32 und des § 33 Abs. 1 und 2 gelten nicht.

§ 56   Sonstige Einzeltätigkeiten
(1) Der nicht zum Prozeßbevollmächtigten bestellte Rechtsanwalt erhält, soweit in diesem
Abschnitt nichts anderes bestimmt ist, eine halbe Gebühr für
1. die Einreichung, Anfertigung oder Unterzeichnung von Schriftsätzen,
2. die Wahrnehmung von anderen als zur mündlichen Verhandlung oder zur Beweisaufnah-
    me bestimmten Terminen.
(2) Endigt der Auftrag, bevor der Rechtsanwalt den Schriftsatz ausgehändigt oder eingereicht oder der Termin begonnen hat, so erhält der Rechtsanwalt nur drei Zehntel der vollen
Gebühr.
(3) § 120 gilt sinngemäß.
...

§ 58   Angelegenheiten der Zwangsvollstreckung
(1) In der Zwangsvollstreckung (§ 57) gilt jede Vollstreckungsmaßnahme zusammen mit den
durch diese vorbereiteten weiteren Vollstreckungshandlungen bis zur Befriedigung des Gläu-
bigers als eine Angelegenheit.
(2) Keine besonderen Angelegenheiten sind insbesondere
1. die erstmalige Erteilung des Notfristzeugnisses, des Rechtskraftzeugnisses und der Voll-
    streckungsklausel, wenn deswegen keine Klage nach § 731 der Zivilprozeßordnunbg
    erhoben wird;
2. die Zustellung des Urteils, der Vollstreckungsklausel und der sonstigen in § 750 der
    Zivilprozeßordnung genannten Urkunden;
3. die Zulassung einer Zwangsvollstreckung zur Nachzeit, an einem Sonntag oder an ei-
    nem allgemeinen Feiertag (§ 761 der Zivilprozeßordnung);
4. die Bestimmung eines Gerichtsvollziehers (§ 827 Abs. 1, § 854 Abs. 1 der Zivilprozeß-
    ordnung) oder eines Sequesters (§§ 848, 855 der Zivilprozeßordnung);
5. die Anzeige der Absicht, die Zwangsvollstreckung gegen eine juristische Person des
    öffentlichen Rechts zu betreiben (§ 882a der Zivilprozeßordnung);
6. die einer Verurteilung vorausgehende Androhung von Ordnungsgeld (§ 890 Abs. 2 der
    Zivilprozeßordnung);
7. die Aufhebung einer Vollstreckungsmaßnahme.
(3) Als besondere Angelegenheiten gelten
1. Verfahren über Einwendungen gegen die Erteilung der Vollstreckungsklausel, auf die §
    732 der Zivilprozeßordnung anzuwenden ist;
2. das Verfahren auf Erteilung einer weiteren vollstreckbaren Ausfertigung (§ 733 der Zivil-
    prozeßordnung);
3. Verfahren über Anträge nach den §§ 765a, 813a, 851a, 851b der Zivilprozeßordnung, ...
    jedes neue Verfahren, insbesondere jedes Verfahren über Anträge auf Änderung der
    getroffenen Anordnungen, gilt als besondere Angelegenheit;
4. das Verfahren auf Zulassung der Austauschpfändung (§ 811a der Zivilprozeßordnung);
4a. das Verfahren über einen Antrag nach § 825 der Zivilprozeßordnung;
5. die Ausführung der Zwangsvollstreckung in ein gepfändetes Vermögensrecht durch Ver-
    waltung (§ 857 Abs. 4 der Zivilprozeßordnung);
6. das Verfahren auf Eintragung einer Zwangshypothek (§§ 867, 870a der Zivilprozeßord-
    nung);
7. die Vollstreckung der Entscheidung, durch die der Schuldner zur Vorauszahlung der Ko-
    sten, die durch die Vornahme einer Handlung entstehen, verurteilt wird (§ 887 Abs. 2 der
    Zivilprozeßordnung);
8. das Verfahren zur Ausführung der Zwangsvollstreckung auf Vornahme einer Handlung
    durch Zwangsmittel (§ 888 der Zivilprozeßordnung);
9. jede Verurteilung zu einem Ordnungsgeld gemäß § 890 Abs. 1 der Zivilprozeßordnung;
10. die Verurteilung zur Bestellung einer Sicherheit im Falle des § 890 Abs. 3 der Zivilpro-
    zeßordnung;
11. das Verfahren zur Abnahme der eidesstattlichen Versicherung (§§ 900, 901 der Zivilpro-
    zeßordnung);

12. das Verfahren auf Löschung der Eintragung im Schuldnerverzeichnis (§ 915 Abs. 2 der Zivilprozeßordnung);
13. das Ausüben der Veröffentlichungsbefugnis.

Anmerkung:
Die hier zu findende Definition des Begriffs »Angelegenheit« hat Bedeutung für die Auslegung des § 44 StBGebV (siehe dort).
...

§ 61   Beschwerde, Erinnerung
(1) Fünf Zehntel der im § 31 bestimmten Gebühren erhält der Rechtsanwalt
1. im Beschwerdeverfahren;
2. im Verfahren über die Erinnerung gegen die Kostenfestsetzung und gegen den Kostenansatz.
(2) In derselben Angelegenheit erhält der Rechtsanwalt die in Absatz 1 Nr. 2 bezeichneten Gebühren nur einmal.
(3) Die Vorschriften des § 32 und des § 33 Abs. 1 und 2 gelten nicht.
...

BRAGO

Sechster Abschnitt.
Gebühren in Strafsachen

1. Gebühren des gewählten Verteidigers und anderer gewählter Vertreter

§ 83   Erster Rechtszug
(1) Der Rechtsanwalt erhält im ersten Rechtszug als Verteidiger in der Hauptverhandlung folgende Gebühren:
1. Im Verfahren vor dem Oberlandesgericht, dem Schwurgericht und vor der Jugendkammer, soweit diese in Sachen entscheidet, die nach den allgemeinen Vorschriften zur Zuständigkeit des Schwurgerichts gehören,
170 Deutsche Mark bis 2 540 Deutsche Mark;
2. im Verfahren vor der großen Strafkammer und vor der Jugendkammer, soweit sich die Gebühr nicht nach Nummer 1 bestimmt,
120 Deutsche Mark bis 1 520 Deutsche Mark;
3. im Verfahren vor dem Schöffengericht, dem Jugendschöffengericht, dem Strafrichter und dem Jugendrichter,
100 Deutsche Mark bis 1 300 Deutsche Mark.
(2) Erstreckt sich die Hauptverhandlung über einen Kalendertag hinaus, so erhält der Rechtsanwalt für jeden weiteren Verhandlungstag in den Fällen des Absatzes 1
Nr. 1   170 Deutsche Mark bis 1 270 Deutsche Mark,
Nr. 2   120 Deutsche Mark bis 760 Deutsche Mark,
Nr. 3   100 Deutsche Mark bis 650 Deutsche Mark.
Wird jedoch mit dem Verfahren von neuem begonnen, so gelten für den ersten Tag der neuen Hauptverhandlung die Vorschriften des Absatzes 1.
(3) ...

Anmerkungen:
Bei den RA'en hat sich die Praxis eingebürgert, daß für das Strafverfahren höhere Honorare gefordert und vereinbart werden. Die niedrigen Betragsgebühren der BRAGO werden wohl auch die StB dazu veranlassen. Im übrigen siehe Anm. 12 zu § 1.

§ 84   Verfahren außerhalb der Hauptverhandlung
(1) Soweit nichts anderes bestimmt, erhält der Rechtsanwalt im vorbereitenden Verfahren (Verfahren bis zum Eingang der Anklageschrift oder des Antrags auf Erlaß des Strafbefehls bei Gericht), im gerichtlich anhängigen Verfahren, in dem er nur außerhalb der Hauptver-

handlung tätig ist, und in einem Verfahren, in dem eine Hauptverhandlung nicht stattfindet, die Hälfte der Gebühren des § 83 Abs. 1; § 83 Abs. 3 ist anzuwenden.
(2) Der Rechtsanwalt, durch dessen Mitwirkung eine Hauptverhandlung entbehrlich wird, erhält die Gebühr des § 83 Abs. 1, wenn
1. das Verfahren nicht nur vorläufig eingestellt wird oder
2. das Gericht beschließt, das Hauptverfahren nicht zu eröffnen, oder
3. sich das gerichtliche Verfahren durch Zurücknahme des Einspruchs gegen einen Strafbefehl erledigt; ist bereits ein Termin zur Hauptverhandlung bestimmt, jedoch nur, wenn der Einspruch früher als zwei Wochen vor Beginn des Tages, der für die Hauptverhandlung vorgesehen war, zurückgenommen wird.
Satz 1 gilt nicht, wenn ein Beitrag eines Rechtsanwalts zur Förderung des Verfahrens nicht ersichtlich ist. § 83 Abs. 3 ist anzuwenden.
(3) Ist das Verfahren nicht gerichtlich anhängig geworden, so bestimmt sich die Gebühr nach der Ordnung des Gerichts, das für das Hauptverfahren zuständig gewesen wäre.

§ 85   Berufungsverfahren
(1) Der Rechtsanwalt erhält im Berufungsverfahren als Verteidiger 120 bis 1 520 Deutsche Mark.
(2) Erstreckt sich die Hauptverhandlung über einen Kalendertag hinaus, so erhält der Rechtsanwalt für jeden weiteren Verhandlungstag 120 bis 760 Deutsche Mark.
Wird jedoch mit dem Verfahren von neuem begonnen, so gelten für den ersten Tag der neuen Hauptverhandlung die Vorschriften des Absatzes 1.
(3) Ist der Rechtsanwalt im Berufungsverfahren nur außerhalb der Hauptverhandlung tätig oder findet eine Hauptverhandlung vor dem Berufungsgericht nicht statt, so erhält er die Hälfte der Gebühren des Absatzes 1.
(4) § 83 Abs. 3 und, im Fall des Absatzes 3, auch § 84 Abs. 2 sind entsprechend anzuwenden.

§ 86   Revisionsverfahren
(1) Der Rechtsanwalt erhält im Revisionsverfahren als Verteidiger folgende Gebühren:
1. Im Verfahren vor dem Bundesgerichtshof
   170 Deutsche Mark bis 2 540 Deutsche Mark;
2. im Verfahren vor dem Oberlandesgericht
   120 Deutsche Mark bis 1 520 Deutsche Mark.
(2) Erstreckt sich die Hauptverhandlung über einen Kalendertag hinaus, so erhält der Rechtsanwalt für jeden weiteren Verhandlungstag in den Fällen des Absatzes 1
   Nr. 1   170 Deutsche Mark bis 1 270 Deutsche Mark,
   Nr. 2   120 Deutsche Mark bis 720 Deutsche Mark.
Wird jedoch mit dem Verfahren von neuem begonnen, so gelten für den ersten Tag der neuen Hauptverhandlung die Vorschriften des Absatzes 1.
(3) Ist der Rechtsanwalt im Revisionsverfahren als Verteidiger nur außerhalb der Hauptverhandlung tätig oder findet eine Hauptverhandlung vor dem Revisionsgericht nicht statt, so erhält er die Hälfte der Gebühren des Absatzes 1.
(4) § 83 Abs. 3 ist entsprechend anzuwenden.

§ 87   Pauschgebühren
Durch die Gebühren der §§ 83 bis 86 wird die gesamte Tätigkeit des Rechtsanwalts als Verteidiger entgolten. Hierzu gehört auch die Einlegung von Rechtsmitteln bei dem Gericht desselben Rechtszuges.

§ 88   Einziehung und verwandte Maßnahmen
Wenn der Rechtsanwalt eine Tätigkeit für den Beschuldigten ausübt, die sich auf die Einziehung oder den Verfall, die Vernichtung, die Unbrauchbarmachung, die Abführung des Mehrerlöses oder auf eine diesen Zwecken dienende Beschlagnahme bezieht, so ist bei den nach § 12 maßgebenden Umständen auch der Gegenstandswert (§ 7) angemessen zu berücksichtigen. Der Gebührenrahmen kann um einem Betrag bis zu einer nach diesem Gegen-

standswert berechneten vollen Gebühr (§ 11) überschritten werden, soweit der Rahmen nicht ausreicht, um die gesamte Tätigkeit des Rechtsanwalts angemessen zu entgelten. Übt der Rechtsanwalt eine Tätigkeit für den Beschuldigten aus, die sich auf das Fahrverbot oder die Entziehung der Fahrerlaubnis erstreckt, und reicht der Gebührenrahmen nicht aus, um die gesamte Tätigkeit des Rechtsanwalts angemessen zu entgelten, so kann er bis zu 25 vom Hundert überschritten werden.

...

§ 90 Wiederaufnahmeverfahren

(1) Für die Vorbereitung eines Antrags auf Wiederaufnahme des Verfahrens, die Stellung eines solchen Antrags und die Vertretung in dem Verfahren zur Entscheidung über den Antrag gelten die in § 83 Abs. 1 bestimmten Gebühren; § 83 Abs. 3 ist entsprechend anzuwenden. Die Gebühren gelten auch dann, wenn der Rechtsanwalt von der Stellung eines Antrags auf Wiederaufnahme des Verfahrens abrät.

(2) Der Gebührenrahmen bestimmt sich nach der Ordnung des Gerichts, das im ersten Rechtszug entschieden hat.

§ 91 Gebühren für einzelne Tätigkeiten

Beschränkt sich die Tätigkeit des Rechtsanwalts, ohne daß ihm sonst die Verteidigung übertragen ist, auf

1. die Einlegung eines Rechtsmittels, die Anfertigung oder Unterzeichnung anderer Anträge, Gesuche oder Erklärungen oder eine andere nicht in den Nummern 2 oder 3 erwähnte Beistandsleistung;
2. die Anfertigung oder Unterzeichnung einer Schrift zur Rechtfertigung der Berufung oder zur Beantwortung der von dem Staatsanwalt, Privatkläger oder Nebenkläger eingelegten Berufung, die Führung des Verkehrs mit dem Verteidiger, die Beistandsleistung für den Beschuldigten bei einer staatsanwaltschaftlichen oder richterlichen Vernehmung oder einer mündlichen Verhandlung oder einer Augenscheinseinnahme außerhalb der Hauptverhandlung oder die Beistandsleistung im Verfahren zur gerichtlichen Erzwingung der Anklage (§ 172 Abs. 2 bis 4, § 173 der Strafprozeßordnung);
3. die Anfertigung oder Unterzeichnung einer Schrift zur Begründung der Revision oder zur Erklärung auf die von dem Staatsanwalt, Privatkläger oder Nebenkläger eingelegte Revision;

so erhält er in den Fällen der
Nummer 1 eine Gebühr
   von 30 Deutsche Mark bis 340 Deutsche Mark,
Nummer 2 eine Gebühr
   von 50 Deutsche Mark bis 640 Deutsche Mark,
Nummer 3 eine Gebühr
   von 70 Deutsche Mark bis 1010 Deutsche Mark.

§ 92 Mehrere einzelne Tätigkeiten

(1) Mit der Gebühr für die Rechtfertigung der Berufung oder die Begründung der Revision ist die Gebühr für die Einlegung des Rechtsmittels entgolten.

(2) Im übrigen erhält der Rechtsanwalt mit der Beschränkung des § 13 für jede der in § 91 bezeichneten Tätigkeiten eine gesonderte Gebühr. Wird ihm die Verteidigung übertragen, so werden die Gebühren des § 91 auf die dem Rechtsanwalt als Verteidiger zustehenden Gebühren angerechnet.

§ 93 Gnadengesuche

Für die Vertretung in einer Gnadensache erhält der Rechtsanwalt eine Gebühr von 40 Deutsche Mark bis 500 Deutsche Mark. Sie steht ihm auch dann zu, wenn ihm die Verteidigung übertragen war.

. . .

§ 95 Vertretung eines Nebenklägers und anderer Verfahrensbeteiligter

Für die Tätigkeit als Beistand oder Vertreter eines Nebenklägers eines Einziehungs- oder Nebenbeteiligten sowie eines Verletzten gelten die Vorschriften der §§ 83 bis 93 sinngemäß; für die Tätigkeit als Beistand oder Vertreter des Verletzten erhält der Rechtsanwalt die Hälfte der Gebühren.

§ 96 Kostenfestsetzung, Zwangsvollstreckung

(1) Dem Rechtsanwalt stehen besondere Gebühren zu

1. im Verfahren über die Erinnerung gegen einen Kostenfestsetzungsbeschluß (§ 464b der Strafprozeßordnung) oder Kostenansatz und im Beschwerdeverfahren gegen die Entscheidung über diese Erinnerung;

2. in der Zwangsvollstreckung aus Entscheidungen, die über einen aus der Straftat erwachsenen vermögensrechtlichen Anspruch oder die Erstattung von Kosten ergangen sind (§§ 406b, 464b der Strafprozeßordnung), für die Mitwirkung bei der Ausübung der Veröffentlichungsbefugnis und im Beschwerdeverfahren gegen eine dieser Entscheidungen.

(2) Die Gebühren bestimmen sich nach den Vorschriften des Dritten Abschnitts.

§ 96a Abtretung des Kostenerstattungsanspruchs

Tritt der Angeschuldigte den Anspruch gegen die Staatskasse auf Erstattung von Anwaltskosten als notwendige Auslagen (§§ 464b, 464a Abs. 2 Nr. 2 der Strafprozeßordnung) an den Rechtsanwalt ab, so ist eine von der Staatskasse gegenüber dem Angeschuldigten erklärte Aufrechnung insoweit unwirksam, als sie den Anspruch des Rechtsanwalts vereiteln oder beeinträchtigen würde.

Anmerkung:

§ 96a ist unverständlicherweise im Verfahren vor den FG'en nicht anwendbar (§ 114 Abs. 1), obwohl dort die Interessenlage genau die gleiche ist. Läßt sich der StB den Kostenerstattungsanspruch in einer Steuersache abtreten, dann kann also die Staatskasse mit Steuerrückständen des Mandanten aufrechnen. Der StB hat das Nachsehen.
...

Siebenter Abschnitt
Gebühren in Bußgeldverfahren

§ 104 aufgehoben

§ 105 Bußgeldverfahren

(1) Im Bußgeldverfahren sind die Vorschriften des Sechsten Abschnitts entsprechend anzuwenden.

(2) Der Gebührenrahmen bestimmt sich nach § 83 Abs. 1 Nr. 3. Dies gilt auch, wenn das Gericht im schriftlichen Verfahren nach § 72 des Gesetzes über Ordnungswidrigkeiten entscheidet. Für das Verfahren vor der Verwaltungsbehörde und dem sich anschließenden Verfahren bis zum Eingang der Akten bei Gericht ist § 84 entsprechend anzuwenden.

Anmerkung:

Es ist üblich, auf die Möglichkeit der Vereinbarung eines höheren Honorars nach § 3 BRAGO auszuweichen.
...

Elfter Abschnitt
Gebühren in Verfahren vor Gerichten der ... Finanzgerichtsbarkeit

§ 114 Verfahren vor Gerichten der Verwaltungs- und Finanzgerichtsbarkeit

(1) In Verfahren vor den Gerichten der Verwaltungsgerichtsbarkeit und der Finanzgerichtsbarkeit gelten die Vorschriften des Dritten Abschnitts sinngemäß.

(2) Der Rechtsanwalt erhält im erstinstanzlichen Verfahren vor dem Bundesverwaltungsgericht, dem Bundesfinanzhof und vor einem Oberverwaltungsgericht (Verwaltungsgerichtshof) Gebühren nach § 11 Abs. 1 Satz 4, im Verfahren vor dem Finanzgericht Gebühren nach § 11 Abs. 1 Satz 1 und 2.

(3) ...

(4) Im Verfahren über den Antrag auf Zulassung des Rechtsmittels erhält der Anwalt die für das Verfahren über das zuzulassende Rechtsmittel bestimmten Gebühren.

(5) Ist die Klage nach § 45 der Finanzgerichtsordnung als außergerichtlicher Rechtsbehelf zu behandeln, wird auf die Prozeßgebühr die neu entstehende oder eine in demselben Verwaltungsverfahren bereits entstandene Geschäftsgebühr angerechnet.

(6) Im Verfahren auf Aussetzung oder Aufhebung der Vollziehung des Verwaltungsakts, auf Anordnung oder Wiederherstellung der aufschiebenden Wirkung und in Verfahren auf Erlaß einer einstweiligen Anordnung gilt § 40 sinngemäß. Bei Vollziehung einer einstweiligen Anordnung gilt § 59 sinngemäß.

(7) Im gerichtlichen Verfahren über einen Akt der Zwangsvollstreckung (des Verwaltungszwangs) erhält der Rechtsanwalt drei Zehntel der in § 31 bestimmten Gebühren. Die Vorschriften des § 32 und des § 33 Abs. 1 und 2 gelten nicht.

Anmerkungen:
In Verfahren vor den Verwaltungsgerichten und den FG gelten die gleichen Gebühren wie in bürgerlichen Rechtsstreitigkeiten (Abs. 1). Wegen der Besonderheiten im Verfahren vor dem FG siehe auch § 117.
Im Verfahren vor dem FG erhält der StB 10/10, vor dem BFH 13/10. Werden Ehegatten gemeinsam vertreten, dann erhöhen sich die Gebühren jeweils um 3, also auf 13/10 bzw. vor dem BFH auf 16/10.
Zur Nichtzulassungsbeschwerde siehe § 115 FGO.
***Abs. 7** soll grundsätzlich nur solche Rechtsstreitigkeiten erfassen, mit denen sich der Kläger im Rahmen einer Anfechtungsklage gegen den konkreten Akt der Zwangsvollstreckung wendet (EFG 1984 S. 521).*

...

§ 117   Besonderheiten für Verfahren vor Gerichten der Finanzgerichtsbarkeit
Wird durch Urteile ohne mündliche Verhandlung oder als Urteil wirkenden Gerichtsbescheid entschieden, so erhält der Rechtsanwalt die gleichen Gebühren wie in einem Verfahren mit mündlicher Verhandlung.

Anmerkung:
Mit Wirkung vom 1. 1. 1993 ist § 117 dahingehend geändert worden, daß die Gebühr nur entsteht, wenn Urteile oder Gerichtsbescheide ohne mündliche Verhandlung ergehen, weil in diesen Fällen die mündliche Verhandlung vorgeschrieben ist. Die Gebühr entsteht also nicht, wenn die Verfahren durch Beschluß beendet werden, z. B. Verfahren der AdV oder der einstweiligen Anordnung. Wird in einem solchen Verfahren eine mündliche Verhandlung anberaumt, so fällt auch die Verhandlungsgebühr an.

...

Amtliche Begründung zur StBGebV

(ursprüngliche Fassung)

I. Allgemeiner Teil

Für die Berechnung der Gebühren der Steuerberater und Steuerbevollmächtigten gab es bisher keine verbindliche Gebührenverordnung. Die Gebührenansprüche der Berufsangehörigen richteten sich deshalb nach den Vorschriften des BGB. Je nach dem, ob die betreffende Tätigkeit für den Auftraggeber als Erfüllung eines Dienstvertrages oder eines Werkvertrages zu werten war, fand § 612 Abs. 2 oder § 632 Abs. 2 BGB Anwendung. Den Richtwert für Gebührenabreden bildete nach beiden Bestimmungen die »übliche Vergütung«. Als Hilfsmittel für die Gebührenberechnung wurden von den Berufsangehörigen in der Regel private Gebührenordnungen verwendet. Diese privaten Gebührenordnungen haben jedoch, wie vom BGH in der Entscheidung vom 29. September 1969 (NJW 1970, S. 699) festgestellt wurde, keine allgemeine Verkehrsgeltung erlangt. Aus diesem Grunde wurde vom Bundeskartellamt die Weiterverbreitung der privaten Gebührenordnungen (z. B. ALLGO) als ordnungswidrige Preisempfehlungen beanstandet. Da sich die Maßnahme des Bundeskartellamts nur gegen die Verbreitung, nicht jedoch gegen die Verwendung der privaten Gebührenordnungen richtete, haben die meisten Steuerberater und Steuerbevollmächtigten ihre Gebührenberechnung weiterhin danach ausgerichtet. Hierbei sind jedoch zunehmend Schwierigkeiten eingetreten, weil im Hinblick auf das 1969 ergangene kartellamtliche Verbot die noch vorhandenen privaten Gebührenordnungen die eingetretene Preisentwicklung nicht berücksichtigen. Die Berufsangehörigen wenden deshalb bei der Gebührenordnung in der Regel entsprechende Zuschläge an. Erhebliche Unterschiede bei der Berechnung der Zuschläge haben die Gebührensituation weitgehend unüberschaubar gemacht.

Nach §§ 64 und 72 des Steuerberatungsgesetzes (StBerG) sind Steuerberater, Steuerbevollmächtigte und Steuerberatungsgesellschaften an eine Gebührenordnung gebunden, die der Bundesminister der Finanzen durch Rechtsverordnung mit Zustimmung des Bundesrates erläßt. Nach der Ermächtigung dürfen die Gebühren den Rahmen des Angemessenen nicht übersteigen und haben sich nach dem Zeitaufwand, dem Wert des Objekts und der Art der Aufgabe zu richten. Zweck der Gebührenverordnung ist, sowohl im Interesse des Auftraggebers als auch im Interesse des Steuerberater angemessene Gebühren festzusetzen und durch Schaffung klarer Verhältnisse Auseinandersetzungen vermeiden zu helfen.

Die Gebührenverordnung schließt Abweichungen von den vorgesehenen Gebühren zivil- und preisrechtlich nicht aus; dies gilt sowohl für Gebührenüber- als auch für Gebührenunterschreitungen. Die berufsrechtlichen Grenzen einer Unter- oder Überschreitung aufzuzeigen und deren Einhaltung zu überwachen, gehört im Rahmen der gesetzlichen Ermächtigungen zu den Aufgaben der beruflichen Selbstverwaltungskörperschaften.

Die Steuerberatergebührenverordnung lehnt sich in ihrem Aufbau an die Bundesgebührenordnung der Rechtsanwälte (BRAGO) an, berücksichtigt aber gleichzeitig die Erfahrungen und Notwendigkeiten, die sich aus der besonders gearteten Tätigkeit der Steuerberater und Steuerbevollmächtigten ergeben. Die Anlehnung an die BRAGO berücksichtigt die Tatsache, daß es sich bei dieser um die bisher einzige amtliche Gebührenordnung für Leistungen auf dem Gebiet der Steuerberatung handelt. Sie bildet seit jeher den Maßstab für die Kostenerstattung im finanzgerichtlichen Verfahren (früher § 316 RAO, seit Inkrafttreten der Finanzgerichtsordnung § 139 FGO). Für die wichtigsten Gebührenregelungen hat sich in den Jahrzehnten ihrer Anwendung eine gefestigte Rechtsprechung entwickelt. Auch die früheren privaten Gebührenordnungen haben sich nach den Grundsätzen der BRAGO ausgerichtet und der Vergütung für die allgemeine Steuerberatung die Gebührentabelle der BRAGO (Anlage zu § 11) zugrunde gelegt. Der Verordnungsgeber schließt an diese Entwicklung an, wenn er sich bei der Ausfüllung des in § 64 des Steuerberatungsgesetzesenthaltenen Ermächtigungsrahmens gleichfalls an der BRAGO orientiert (vgl. BVerfGE 34, S. 52, 61).

Die Gebührenregelungen beziehen sich nur auf die Tätigkeiten, die das Berufsbild des Steuerberaters prägen (§ 33 StBerG); sie gelten nicht für Tätigkeiten, die mit dem Beruf des Steuerberaters lediglich vereinbar sind (§ 57 Abs. 3 StBerG).

Für die Vertretung im finanzgerichtlichen und im verwaltungsgerichtlichen Verfahren sowie für den Beistand im Steuerstrafverfahren und im Bußgeldverfahren nach der Abgabenordnung und nach dem Steuerberatungsgesetz sieht der Entwurf anstelle eigener Vorschriften eine Verweisung auf die entsprechenden Bestimmungen der BRAGO vor. Hierdurch wird vermieden, daß bei einer Änderung der BRAGO jeweils eine Paralleländerung der entsprechenden Gebührensätze der Steuerberatergebührenverordnung erforderlich wird.

Für den weitaus überwiegenden Teil der beruflichen Tätigkeiten sieht die Verordnung die Wertgebühr vor.

Die Anwendung der Zeitgebühr ist auf eine geringe Anzahl von Gebührentatbeständen beschränkt. Es sind dies die Fälle, in denen im allgemeinen kein Gegenstandswert bestimmt werden kann oder in denen der Zeitaufwand für die betreffende Tätigkeit nach den Erfahrungen der Praxis so unterschiedlich ist, daß eine Gebührenberechnung nach dem Gegenstand selbst bei einem weitgespannten Gebührenrahmen in vielen Fällen nicht zu einem wirtschaftlich vernünftigen Ergebnis führen würde. Die Fälle, in denen der Steuerberater die Zeitgebühr ansetzen darf, sind in der Steuerberatergebührenverordnung abschließend aufgezählt.

Von lediglich geringer Bedeutung für den Steuerberater ist die Betragsrahmengebühr. Sie ist nur für einige Tätigkeiten vorgesehen, z. B. für die Raterteilung in steuerstrafrechtlichen und bußgeldrechtlichen Angelegenheiten und für bestimmte Hilfeleistungen bei der Lohnbuchführung.

Der Entwurf sieht sowohl für die Wertgeühr als auch für die Zeitgebühr durchweg Rahmengebühren vor. Unberührt davon bleibt die Vergütung für die Vertretung im finanzgerichtlichen und im verwaltungsgerichtlichen Verfahren, für die die BRAG0 feste Wertgebühren vorschreibt.

Die Bestimmung der konkreten Gebühr innerhalb des jeweiligen Rahmens hat nach billigem Ermessen zu erfolgen. Hierbei sind alle Umstände, insbesondere die Bedeutung der Angelegenheit sowie der Umfang und die Schwierigkeit der einzelnen Steuersache zu berücksichtigen. Die Entscheidung ist also jeweils von Fall zu Fall zu treffen.

Die Gebührenverordnung ist – nach Ermittlung des derzeitigen Zustandes bei der Gebührenbemessung durch Umfrage bei den Steuerberaterkammern – so ausgestaltet, daß die in der Verordnung vorgesehenen Gebühren in etwa den bisher geforderten Honoraren entsprechen. Im Einzelfall können allerdings durch die Vereinheitlichung der Berechnungsgrundlagen und des Bemessungsverfahrens gewisse Verschiebungen auftreten. Auf das allgemeine Verbraucherpreisniveau hat die Verordnung keine meßbaren Auswirkungen.

II. Zu den einzelnen Vorschriften

Zu § 1: (Anwendungsbereich)

Diese Bestimmung grenzt den Geltungsbereich der Verordnung persönlich und sachlich ab und stellt durch eine Legaldefinition klar, daß der Vergütungsanspruch nicht nur die Zahlung der vorgesehenen Gebühren, sondern auch den Ersatz der durch die Ausführung des Auftrags verursachten Auslagen umfaßt.

Der persönliche Geltungsbereich beschränkt sich auf Steuerberater, Steuerbevollmächtigte und Steuerberatungsgesellschaften.

Der sachliche Anwendungsbereich erstreckt sich nur auf die selbständig ausgeübten Berufstätigkeiten, die unter § 33 StBerG fallen; es sind dies die Hilfeleistung

– bei der Bearbeitung von Steuerangelegenheiten,
– bei der Erfüllung allgemeiner steuerlicher Pflichten,
– bei der Erfüllung steuerlicher Buchführungs- und Aufzeichnungspflichten,
– in Steuerstrafsachen und
– in Bußgeldsachen

sowie die Vertretung im außergerichtlichen und finanzgerichtlichen Rechtsbehelfsverfahren.

Zu § 2: (Sinngemäße Anwendung der Verordnung)

Die Vorschrift soll eventuelle Lücken im Gebührensystem ausfüllen, da sich nicht sämtliche Tatbestände der Berufstätigkeit in der Gebührenverordnung ausdrücklich erfassen lassen.

Zu § 3: (Mindestgebühr, Auslagen)

Absatz 1 legt die Höhe der Mindestgebühr fest und regelt die Aufrundung von Pfennigbeträgen. Die Bestimmung der Mindestgebühr hat nur für die Fälle Bedeutung, in denen ein Satzrahmen für einzelne Tätigkeiten Gebühren unter 12 DM vorsieht.

Absatz 2 übernimmt die Regelung des § 25 Abs. 1 BRAGO, nach der mit den Gebühren auch die allgemeinen Geschäftskosten entgolten werden. Zu den durch die Gebühren abgegoltenen Geschäftskosten, die im einzelnen nicht aufgezählt werden können, gehören insbesondere z. B. Personalkosten (Gehälter, Sozialleistungen), Raumkosten (Miete, Licht, Heizung), Kosten für Beschaffung und Unterhaltung der Büroausstattung (Mobiliar, Schreib-, Rechen- und

Buchungsmaschinen, Kopiergeräte) sowie die zur Ausführung des Auftrags notwendigen Schreibaufwendungen (Büromaterial).

Absatz 3 weist hin, daß sich der Anspruch auf Zahlung der auf die Vergütung entfallenden Umsatzsteuer und auf Auslagenersatz nach den § § 15 bis 20 bestimmt. Rechtsgrundlage für den Anspruch auf Auslagenersatz sind die Vorschriften des BGB. § § 16 bis 20 dieser Verordnung sehen lediglich gewisse Modifizierungen in bezug auf die Post- und Fernmeldegebühren, Schreibaufwendungen und Reisekosten vor.

Zu § 4: (Vereinbarung der Vergütung)
Bei der Bestimmung des Absatzes 1 handelt es sich um eine Formvorschrift zum Schutze der Auftraggeber. Danach kann der Steuerberater eine höhere Vergütung, als sie sich aus dieser Verordnung und den gesetzlichen Vorschriften über den Auslagenersatz ergibt, nur dann fordern, wenn er mit seinem Auftraggeber eine entsprechende schriftliche Vereinbarung getroffen hat. Um sicherzustellen, daß die Abweichungen von der Gebührenverordnung dem Auftraggeber deutlich erkennbar werden, darf die Vereinbarung weder in die Vollmacht noch in einen Vordruck aufgenommen werden, der auch andere Erklärungen umfaßt. Die Nichtbeachtung dieser Formvorschrift führt aber nicht zur Wirkungslosigkeit der Vereinbarung, wenn der Auftraggeber freiwillig und ohne Vorbehalt geleistet hat.

Absatz 2 stellt klar, daß das Gericht eine vereinbarte Vergütung, die unter Berücksichtigung aller Umstände unangemessen hoch ist, herabsetzen kann. Dies gilt für jede Vereinbarung, gleichgültig ob sie auf eine Erhöhung des Geschäftswerts oder auf ein Überschreiten des oberen Gebührenrahmens von Wertgebühren oder der Zeitgebühr ausgerichtet ist.

Zu § 5: (Mehrere Steuerberater)
Wird ein Auftrag mehreren Berufsangehörigen nebeneinander zur Erledigung übertragen, dann erhält jeder Berufsangehörige die volle Vergütung. Dies gilt nicht, wenn die betreffenden Berufsangehörigen in einer Sozietät zusammengeschlossen sind.

Zu § 6: (Mehrere Auftraggeber)
Absatz 1 bestimmt, daß eine Steuerberater, der gleichzeitig für mehrere Auftraggeber hinsichtlich desselben Gegenstandes tätig ist, die Gebühren nur einmal erhält. Bei der Vertretung in außergerichtlichen Rechtsbehelfsverfahren kann sich die Geschäftsgebühr jedoch erhöhen (§ 41 Abs. 6).

Absatz 2 stellt klar, daß in den Fällen, in denen der Steuerberater in derselben Angelegenheit für mehrere Auftraggeber tätig wird, sich die Gebührenschuld eines Auftraggebers nicht deshalb ermäßigt, weil noch weitere Auftraggeber vorhanden sind. Da jeder der Auftraggeber die Gebühren so schuldet, wie er sie schulden würde, wenn der Steuerberater nur in seinem Auftrag tätig geworden wäre, der Steuerberater aber nach Absatz 1 nicht mehr als die Gesamtvergütung fordern darf, liegt insoweit ein Gesamtschuldverhältnis im Sinne der §§ 421 ff. BGB vor. Eine Haftung eines Auftraggebers für Auslagen, die lediglich im Interesse eines anderen Auftraggebers gemacht worden sind, ist nicht vorgesehen.

Zu § 7: (Fälligkeit)

Zu § 8: (Vorschuß)
Durch die §§ 7 und 8 werden die Regelungen der §§ 16 und 17 BRAGO über die Fälligkeit der Gebühren und die Anforderung von Vorschüssen bei entsprechender Anpassung des Wortlauts übernommen.

Zu § 9: (Berechnung)
In Absatz 1 wird die Einforderung der Vergütung davon abhängig gemacht, daß der Steuerberater die Gebührenberechnung selbst unterzeichnet. Dieses Erfordernis unterstreicht die Verantwortlichkeit des Berufsangehörigen für die Berechnung der Gebühren.

Um die Aufgliederung der Vergütung für den Auftraggeber erkennbar zu machen, verlangt Absatz 2, daß in der Berechnung Gebühren, Auslagen, Vorschüsse, Gebührenvorschriften und Gegenstandswert einzeln anzugeben sind. Eine Aufgliederung der in Rechnung gestellten Zeitgebühr und der berechneten Post- und Fernmeldekosten ist jedoch nicht erforderlich. Der Steuerberater kann die Spezifizierungspflicht nach Satz 1 auch dadurch erfüllen, daß er die Zusammenstellung mit den erforderlichen Einzelangaben dem Auftraggeber getrennt von der Gebührenrechnung übermittelt.

In den Fällen, in denen der Auftraggeber bereits ohne Zusendung der Berechnung gezahlt hat, besteht sein Anspruch auf Mitteilung der Berechnung so lange, wie der Steuerberater zur Aufbewahrung der Handakten verpflichtet ist.

Zu § 10: (Wertgebühren)
Nach Absatz 1 sind Wertgebühren alle Gebühren, die in der Verordnung mit »volle Gebühr« oder mit Bruchteilen der vollen Gebür bezeichnet sind. Sie werden nach dem Gegenstandswert berechnet und ergeben sich aus den Tabellen A bis E, die einen Bestandteil dieser Verordnung bilden. Gegenstandswert ist der Wert des Gegenstandes der beruflichen Tätigkeit. Die Grundlage hierfür bildet der Wert des Interesses, dieser ist ggf. zu schätzen.
Nach Absatz 2 erhält ein Steuerberater, der in derselben Angelegenheit hinsichtlich mehrerer Gegenstände tätig wird, als Gebühr nicht die Summe der aus den einzelnen Werten selbständig errechneten Gebühren, sondern die Gebühr, die sich als Gebühr für die Summe der Werte ergibt. Die Verpflichtung, mehrere Gegenstände einer Angelegenheit zusammenzurechnen, gilt jedoch nicht für die Hilfeleistung bei der Abgabe von Steuererklärungen (§ 24), für die Anfertigung von Überschußrechnungen (§§ 25 bis 27), für die Hilfeleistung bei der Selbstanzeige (§ 30), für die Abschlußarbeiten (§ 35) und für die Aufstellung eines Vermögens-oder Finanzstatus für steuerliche Zwecke (§ 37).

Zu § 11: (Rahmengebühren)
Diese Vorschrift überläßt es dem Steuerberater zu bestimmen, welche Gebühr bei Rahmengebühren die zutreffende und damit die angemessene Gebühr ist. Als Umstände, die dabei zu berücksichtigen sind, werden beispielsweise die Bedeutung der Angelegenheit sowie der Umfang und die Schwierigkeit der betreffenden Tätigkeit genannt.

Zu § 12: (Abgeltungsbereich der Gebühren)
Die Verordnung übernimmt im wesentlichen die Bestimmungen der Bundesgebührenordnung für Rechtsanwälte. Der Begriff »Angelegenheit« kann im Hinblick auf die Vielschichtigkeit der steuerlichen Sachverhalte nicht allgemein bestimmt werden. Auch der einzelne Auftrag ermöglicht nicht in allen Fällen eine eindeutige Abgrenzung, weil er sich in vielen Fällen auf mehrere Angelegenheiten im Sinne der Verordnung erstreckt, ohne daß dies besonders zum Ausdruck gebracht wird. Zwar ermöglicht die Gliederung der Verordnung eine gebührenmäßige Zerlegung des Auftrags in bestimmte Einzeltätigkeiten, doch werden die betreffenden Einzeltätigkeiten dadurch nicht in jedem Fall zu gesonderten »Angelegenheiten« im Sinne dieser Vorschrift. Die Entscheidung kann sich deshalb stets nur nach den Umständen des jeweiligen Einzelfalls richten.
In Absatz 1 wird klargestellt, daß die Gebühr, soweit die Verordnung im Einzelfall nicht anderes bestimmt, alle Handlungen im Rahmen einer Angelegenheit abgilt.
Nach Absatz 2 kann der Steuerberater die Gebühren in derselben Angelegenheit nur einmal fordern. Dies gilt z. B. dann, wenn nach der Einreichung eines Antrags oder einer Erklärung, aber vor der Entscheidung der Behörde der Mandant den Steuerberater mit einer Ergänzung oder Richtigstellung des Antrags oder der Erklärung beauftragt. Die durch den Auftraggeber verursachte Mehrarbeit stellt keine neue Angelegenheit dar. Eine Abgeltung des zusätzlichen Arbeitsaufwandes ist nur innerhalb des vorgesehenen Gebührenrahmens oder durch eine Gebührenvereinbarung (§ 4) möglich.
Absatz 3 regelt die Fälle, in denen verschiedene Gebührensätze anzuwenden sind. Im Hinblick auf die Parallelvorschrift in § 23 Satz 2 und die Ausnahme der Tätigkeiten nach §§ 24 bis 27, 30, 35 und 37 von der Zusammenrechnungspflicht (§ 10 Abs. 2, zweiter Halbsatz) hat diese Bestimmung außerhalb des Rechtsbehelfsverfahrens nur für die Raterteilung nach § 21 Bedeutung.
Absatz 4 folgt der Regelung in § 13 Abs. 4 BRAGO, nach der es auf bereits entstandene Gebühren ohne Einfluß bleibt, wenn sich die Angelegenheit vorzeitig erledigt oder der Auftrag vor Erledigung der ngelegenheit zurückgenommen wird. Nach den für die Rahmengebühren geltenden Grundsätzen ist zwar bei der Anwendung des Gebührenrahmens im Einzelfall jeweils nur der konkrete Arbeitsanfall zu berücksichtigen, doch ergibt sich aus dem Pauschalcharakter der Gebühren, daß für eine bereits entstandene Gebühr der Mindestbetrag oder der Mindestsatz des Rahmens auch bei besonders niedrigem Arbeitsaufwand maßgebend ist. Eine Gebühr ist entstanden, sobald der Steuerberater auf Grund des Auftrags irgendeine Tätigkeit vorgenommen hat.

Begründung

Die Absätze 5 und 6 befassen sich mit den Fällen, in denen
- der Berufsangehörige, nachdem er in einer Angelegenheit tätig war, beauftragt wird, in derselben Angelegenheit weiter tätig zu werden, und
- der Berufsangehörige nur einen Teilauftrag erhält.

Zu § 13: (Zeitgebühr)
Die Zeitgebühr hat für die Praxis der steuerberatenden Berufe seit jeher eine besondere Bedeutung. Sie findet aus unterschiedlichen Gründen Anwendung, z. B. zur Vereinfachung des Abrechnungsverfahrens, wegen der Unbestimmbarkeit des Gegenstandswerts oder weil sich der Umfang der auszuführenden Tätigkeiten bei Übernahme des Auftrags nicht übersehen läßt. Daneben wurde auf die Zeitgebühr zurückgegriffen, wenn nach Ansicht des Berufsangehörigen die jeweiligen Wertgebühren den Zeitaufwand nicht entsprechend abgalten. Im Interesse einer besseren Transparenz der auf den Auftraggeber zukommenden Gebührenbelastung wird der Anwendungsbereich der Zeitgebühr künftig eingeschränkt.
In Zukunft darf der Steuerberater die Zeitgebühr nur noch in den Fällen anwenden, in denen die Gebührenverordnung dies ausdrücklich vorsieht, oder wenn keine genügenden Anhaltspunkte für eine Schätzung des Gegenstandswerts vorliegen. Letzteres gilt jedoch nicht für Tätigkeiten nach § 23, für das außergerichtliche Rechtsbehelfsverfahren (§§ 40 bis 43), für das Verwaltungsvollstreckungsverfahren (§ 44) und für Verfahren, auf die nach §§ 45, 46 die BRAGO anzuwenden ist.
Bei den Tätigkeiten, für die diese Verordnung eine Abrechnung nach der Zeitgebühr vorsieht, handelt es sich um
- die Anfertigung von Erklärungen zur Feststellung des Einheitswertes von Grundstücken oder Mineralgewinnungsrechten und um Arbeiten zur Feststellung des verrechenbaren Verlustes gemäß § 15a EStG (§ 24 Abs. 4),
- die erheblich über das übliche Maß hinausgehenden Vorarbeiten bei der Ermittlung des Überschusses der Betriebseinnahmen über die Betriebsausgaben (§ 25 Abs. 2),
- die Prüfung von Steuerbescheiden (§ 28),
- die Teilnahme an Prüfungen (§ 29 Nr. 1),
- die Einrichtung von Buchführungen (§ 32),
- sonstige Tätigkeiten bei der Buchführung (§ 33 Abs. 7),
- sonstige Tätigkeiten bei der Lohnbuchführung (§ 34 Abs. 5),
- die Anfertigung oder Berichtigung von Inventurunterlagen und für sonstige Abschlußvorarbeiten (§ 35 Abs. 3),
- Tätigkeiten im steuerlichen Revisionswesen (§ 36) und
- die Erteilung von steuerlichen Bescheinigungen (§ 38).
Der Gebührenrahmen erstreckt sich von 20 bis 60 DM je angefangene halbe Stunde. Die Bestimmung der Gebühr innerhalb dieses Rahmens kann sowohl von der Schwierigkeit der beruflichen Tätigkeit als auch von der Bedeutung der Angelegenheit als auch davon abhängen, ob die betreffende Tätigkeit vom Berufsträger selbst oder von einem Mitarbeiter ausgeführt wird, der nicht Berufsangehöriger ist.

Zu § 14: (Pauschalvergütung)
In der Praxis besteht ein Bedürfnis, zur Erleichterung des Abrechnungsverfahrens für wiederkehrende Tätigkeiten anstelle einer Vielzahl von Einzelvergütungen eine Pauschalvergütung vereinbaren zu können. Die Voraussetzungen hierfür sind in Absatz 1 im einzelnen aufgeführt. Danach muß
- es sich um laufend auszuführende Tätigkeiten für denselben Auftraggeber handeln,
- die Vereinbarung schriftlich und für einen Zeitraum von mindestens einem Jahr getroffen werden und
- der Umfang der zu übernehmenden Tätigkeiten und die Zeiträume, für die sie geleistet werden, in der Vereinbarung im einzelnen aufgeführt werden.
Mindestens jährlich wiederkehrende Steuererklärungen und –anmeldungen können in die Pauschalvereinbarungen eingeschlossen werden. Da in der Praxis der Vergütungszeitraum nach dem Kalenderjahr bemessen wird, kommen für die Einbeziehung in die Pauschalvereinbarung jedoch nur solche Steuererklärungen und –anmeldungen in Betracht, die mindestens jährlich abzugeben oder vorzubereiten sind.
Zu den wiederkehrenden Tätigkeiten im Sinne dieser Vorschrift gehört u. a. auch die Fertigung von Vermögensaufstellungen zur Einheitswertermittlung des Betriebsvermögens, weil die ent-

sprechenden Berechnungen jährlich und unabhängig davon durchgeführt werden müssen, ob im Einzelfall die Fortschreibungsgrenzen überschritten werden.
Einzelne, besonders bedeutsame, aber nicht regelmäßig mindestens jährlich wiederkehrende Tätigkeiten eignen sich nicht für eine Pauschalvereinbarung. Sie werden deshalb durch Absatz 2 ausdrücklich ausgeschlossen.
Bei der Pauschalvereinbarung handelt es sich lediglich um eine Vereinfachungsregelung, nicht aber um eine Maßnahme zur Gewährung eines Gebührennachlasses. Aus diesem Grunde verlangt Absatz 3, daß der Gebührenanteil der Pauschalvergütung in einem angemessenen Verhältnis zur Leistung des Steuerberaters stehen muß.

Zu § 15: (Umsatzsteuer)
Nach dieser Vorschrift hat der Steuerberater einen Anspruch auf Zahlung der auf seine Vergütung entfallenden Umsatzsteuer; es sei denn, daß die Umsatzsteuer nach § 19 Abs. 1 des Umsatzsteuergesetzes nicht erhoben wird.

Zu § 16: (Post- und Fernmeldegebühren)
Diese Vorschrift stellt klar, daß die Post- und Fernmeldegebühren nicht zu den allgemeinen Geschäftskosten im Sinne des § 3 Abs. 2 gehören und daher neben den Gebühren als Auslagen gefordert werden können. Inhaltlich entspricht sie der Regelung des § 26 BRAGO.

Zu § 17: (Schreibauslagen)
Die Regelung schließt sich sachlich an die entsprechende Vorschrift der BRAGO (§ 27) an.

Zu § 18: (Geschäftsreisen)

Zu § 19: (Reisen zur Ausführung mehrerer Geschäfte)

Zu § 20: (Verlegung der beruflichen Niederlassung)
Die in diesen Vorschriften getroffenen Regelungen entsprechen den Bestimmungen in den §§ 28, 29 und 30 BRAGO.

Zu § 21: (Rat, Auskunft)
Diese Regelung entspricht der Regelung in § 20 BRAGO. Ihr Inhalt sind die »Ratgebühr« und die »Abrategebühr«.
Die Ratgebühr (Absatz 1) entsteht für die Rat- und Auskunfterteilung. Sie soll nicht zu anderen Gebühren hinzutreten. Erhält der Steuerberater Gebühren für eine sonstige Tätigkeit, die mit der Rat- oder Auskunfterteilung zusammenhängt, so ist die Rat- oder Auskunftgebühr hierauf anzurechnen. Läßt sich ein Gegenstandswert nicht bestimmen, so kann der Steuerberater anstelle der Wertgebühr die Zeitgebühr berechnen (§ 13 Nr. 2).
Die Entstehung der Abrategebühr nach Absatz 2 setzt voraus, daß der Steuerberater
–   den Auftrag hatte, die Berufungs- oder Revisionsaussichten zu prüfen,
–   dem Auftraggeber von der Einlegung der vorgenannten Rechtsmittel abgeraten hat und
–   eines der vorgenannten Rechtsmittel von ihm nicht eingelegt wird.
Auf die Frage der Erfolgsaussichten einer Klage ist Absatz 1 anzuwenden. Dies gilt auch für den Fall des Abratens von der Klageerhebung. Erhält der Steuerberater den Auftrag zur Klageerhebung, muß er die ihm nach Absatz 1 Satz 2 zustehende Gebühr auf die Vergütung für die Vertretung im gerichtlichen Verfahren anrechnen.

Zu § 22: (Gutachten)
Die Vorschrift lehnt sich an § 21 BRAGO an. Abweichend von der BRAGO legt diese Verordnung jedoch für die Berechnung der Gebühren einen Rahmen fest. Die vorgesehenen Bruchteile einer vollen Gebühr entsprechen der bisherigen Gebührenpraxis der Steuerberater.

Zu § 23: (Sonstige Einzeltätigkeiten)
Die Vorschrift enthält eine Aufstellung der wichtigsten Einzeltätigkeiten und der für deren Ausführung vorgesehenen Gebühren. Es handelt sich um Rahmengebühren. Maßgeblich ist die Tabelle A.

Zu § 24: (Steuererklärungen)
Diese Vorschrift enthält die Rahmensätze und die Gegenstandswerte für die wichtigsten vorkommenden Steuererklärungen. Die Gegenstandswerte sind der Bedeutung der jeweiligen Steu-

ererklärung angepaßt und durch Mindestwerte ergänzt. Die Ergänzung durch Mindestwerte ist insbesondere für die Fälle erforderlich, in denen z. B. negative Einkünfte vorliegen oder sich durch das Zusammentreffen von positiven und negativen Teilbeträgen ein unangemessener Gesamtwert ergeben würde. Grundlage für die Gebührenbemessung bildet die Tabelle A.

Zu § 25: (Ermittlung des Überschusses der Betriebseinnahmen über die Betriebsausgaben)
Diese Vorschrift regelt den Gebührenanspruch für die Ermittlung des Betriebsergebnisses durch Gegenüberstellung der Betriebseinnahmen und der Betriebsausgaben (sog. Gewinneinkünfte). Gegenstandswert ist der jeweils höhere Betrag, der sich aus der Summe der Betriebseinnahmen oder der Summe der Betriebsausgaben ergibt. Maßgeblich ist die Tabelle B. Gehen die für die Anfertigung der Überschußrechnung notwendigen Vorarbeiten über den sonst üblichen Umfang erheblich hinaus, so kann der Steuerberater die hierfür aufgewendete Zeit gesondert in Rechnung stellen.

Zu § 26: (Ermittlung des Gewinns aus Land- und Forstwirtschaft nach Durchschnittsätzen)
Diese Vorschrift regelt den Gebührenanspruch für die Fälle, in denen der Gewinn aus Land- und Forstwirtschaft nach Durchschnittsätzen ermittelt wird (§ 13a EStG). Im Hinblick darauf, daß Grundlage der Gewinnermittlung vor allem der sogenannte Ausgangswert ist, bestimmt sich der Gegenstandswert nach diesem. Maßgeblich ist, wie bei den anderen Gewinneinkünften, die Tabelle B.

Zu § 27: (Ermittlung des Überschusses der Einnahmen über die Werbungskosten)
Diese Vorschrift regelt den Gebührenanspruch für die Einkunftsermittlung durch Gegenüberstellung der Einnahmen und Werbungskosten (sog. Überschußeinkünfte). Gegenstandswert ist auch hier der jeweils höhere Betrag, der sich aus der Summe der Einnahmen oder der Summe der Werbungskosten ergibt. Im Gegensatz zu den Regelungen in den §§ 25 und 26 richtet sich die Gebührenberechnung jedoch nach der Tabelle A. Die Berechnung einer zusätzlichen Vergütung für über das übliche Maß hinausgehende Vorarbeiten ist im Gegensatz zur Überschußrechnung für Gewinneinkünfte nicht vorgesehen.

Zu § 28: (Prüfung von Steuerbescheiden)
Für die Prüfung des Steuerbescheides erhält der Steuerberater die Zeitgebühr, und zwar gleichgültig ob er die Steuererklärung, die dem zu prüfenden Steuerbescheid zugrunde liegt, selbst angefertigt hat oder nicht. Der Ansatz einer gesonderten Gebühr auch in den Fällen, in denen der Steuerberater die Steuererklärung selbst vorbereitet hat, erscheint gerechtfertigt, weil die Prüfung des Bescheids nicht nur einen Vergleich der der Veranlagung zugrunde gelegten Beträge mit den Angaben in der Steuererklärung erfordert, sondern daneben eine Prüfung der Kassenabrechnung der Finanzbehörde einschließlich etwaiger Umbuchungen sowie eine Überprüfung der Vorauszahlungen anhand des im Vorauszahlungszeitraum erzielten Betriebsergebnisses notwendig macht. Außerdem kommt es vor, daß die Finanzbehörde Steuerbescheide mehrmals ändert. Auch in diesen Fällen würde die Gebühr für die Anfertigung der Steuererklärung den (zusätzlichen) Arbeitsaufwand des Steuerberaters nicht ausreichend berücksichtigen.

Zu § 29: (Teilnahme an Prüfungen)
Gegenstand dieser Vorschrift sind die Tätigkeiten im Rahmen einer Außenprüfung (§ 193 AO), einer Prüfung zur Ermittlung der Besteuerungsgrundlagen (§ 208 AO) oder einer Maßnahme der Steueraufsicht (§§ 209 bis 217 AO). Der Anwendungsbereich umfaßt nicht nur die Zeit der Anwesenheit bei der Prüfung, sondern auch den Zeitaufwand für die Vorbereitung auf die Prüfungsteilnahme und für sonstige Mitwirkungshandlungen des Berufsangehörigen oder seiner Mitarbeiter. Maßgebliche Gebührenart ist die Zeitgebühr.
Erhebt der Steuerberater schriftliche Einwendungen gegen den Prüfungsbericht, so erhält er hierfür eine gesonderte Vergütung. Diese ist nach der Tabelle A zu berechnen.

Zu § 30: (Selbstanzeige)
Nach §§ 371, 378 AO kann ein Steuerpflichtiger zur Vermeidung eines Steuerstrafverfahrens oder eines Bußgeldverfahrens wegen einer Steuerordnungswidrigkeit unter bestimmten Vor-

aussetzungen die der Besteuerung dienenden Angaben berichtigen oder ergänzen. Für die Hilfeleistung hierbei erhält der Steuerberater Gebühren nach der Tabelle A. Mit diesen Gebühren werden auch alle Ermittlungstätigkeiten abgegolten, die zur Berichtigung, Ergänzung oder Nachholung der steuerlich relevanten Angaben notwendig sind. Bedingt die Selbstanzeige die Anfertigung einer Buchführung, eines Jahresabschlusses, einer Überschußrechnung oder einer Steuererklärung, so erhält der Steuerberater zusätzlich die hierfür vorgesehene Gebühr.

Zu § 31: (Besprechungen)
Diese Vorschrift regelt den Vergütungsanspruch für Besprechungen, die der Steuerberater für seinen Auftraggeber im allgemeinen Verwaltungsverfahren führt. Schließt sich an das allgemeine Verwaltungsverfahren ein außergerichtliches Rechtsbehelfsverfahren an, ist die nach dieser Vorschrift berechnete Gebühr auf die Besprechungsgebühr des § 42 anzurechnen (vgl. Begründung zu § 42 Abs. 3).

Zu § 32: (Einrichtung einer Buchführung)
Das Honorar für die Einrichtung einer Buchführung ist nach der Zeitgebühr zu berechnen.

Zu § 33: (Buchführung)
In dieser Vorschrift sind die Gebühren für Buchführungsarbeiten geregelt. Anwendung findet dabei die Tabelle C. Ergänzende Leistungen, wie Fertigung der Umsatzsteuervoranmeldung und der Lohnsteueranmeldung, sind mit den Gebührensätzen abgegolten.
Die Vielfalt der Buchführungssysteme, der zunehmende Einsatz von EDV-Anlagen bei der Ausführung von Buchführungsarbeiten sowie die Konkurrenz gegenüber den nicht an die Gebührenverordnung gebundenen Rechenzentren bedingen einen sehr weiten Gebührenrahmen mit einem verhältnismäßig niedrigen Mindestwert.

Zu § 34: (Lohnbuchhaltung)
Für die Lohnbuchführung sind je nach Art der Tätigkeit die Zeitgebühr oder eine Betragsrahmengebühr vorgesehen.

Zu § 35: (Abschlußarbeiten)
Die in dieser Vorschrift enthaltenen Gebührenansätze für die verschiedenen Abschlußarbeiten haben sehr unterschiedliche Rahmen. Die unterschiedlichen Weiten der Gebührenrahmen sind durch den unterschiedlichen Umfang und den Schwierigkeitsgrad dieser Arbeiten geboten.
In der bisherigen Praxis der Gebührenberechnung durch die steuerberatenden Berufe gelangte als Gegenstandswert in der Regel die Aktivseite der Bilanz zuzüglich der Privatentnahmen abzüglich der Wertberichtigung in Ansatz. Da der Abschluß nicht nur die Vermögensermittlung auf den Bilanzstichtag, sondern auch die Ermittlung des Aufwands und des Ertrags für den jeweiligen Abschlußzeitraum beinhaltet, erscheint es folgerichtig, auch den wirtschaftlichen Umsatz in die Wertgrundlage einzubeziehen. Um dem Faktor Umsatz jedoch kein unangemessen hohes Gewicht zu verleihen, findet er nur insoweit Berücksichtigung, als er nicht das Fünffache der berichtigten Aktivseite der Bilanz übersteigt.
Die nach dieser Vorschrift zu vergütenden Abschlußarbeiten setzen das Vorliegen einer abgestimmten Saldenbilanz und ordnungsgemäßer Inventurunterlagen voraus. Muß der Steuerberater diese erst vervollständigen oder berichtigen, so kann er nach Absatz 3 den hierfür erforderlichen Zeitaufwand gesondert in Rechnung stellen.

Zu § 36: (Steuerliches Revisionswesen)
Ist der Steuerberater beauftragt, eine Buchführung oder einzelne Konten der Buchführung für steuerliche Zwecke zu prüfen, so erhält er nach Absatz 1 hierfür ausschließlich die Zeitgebühr. Ist Gegenstand des Auftrages die Prüfung von Bilanzen oder Erfolgsrechnungen für steuerliche Zwecke, so erhält der Steuerberater für die Prüfungstätigkeit die Zeitgebühr und für die Berichterstattung über das Prüfungsergebnis eine Wertgebühr nach Tabelle B.

Zu § 37: (Vermögensstatus, Finanzstatus für steuerliche Zwecke)
In Fällen größerer Steuernachzahlungen werden Stundungen oder Teilzahlungsbewilligungen von der Vorlage eines Vermögensstatus oder eines Finanzstatus abhängig gemacht. Stellt ein

Steuerberater einen solchen Vermögensstatus oder Finanzstatus auf, so erhält er dafür Gebühren nach Maßgabe dieser Vorschrift. DieGebührenberechnung richtet sich nach der Tabelle B.

Zu § 38: (Erteilung von Bescheinigungen)
Für die Erteilung von Bescheinigungen über bestimmte steuerliche Sachverhalte (z. B. über die Beachtung steuerlicher Vorschriften in Erfolgsrechnungen und Vermögensübersichten – § 57 Abs. 3 Nr. 3 StBerG –) und für die Mitwirkung an der Erteilung von Bescheinigungen (z. B. nach § 44 KStG, § 45a EStG oder über die einbehaltene Lohnsteuer) steht dem Steuerberater auch dann eine Gebühr nach Maßgabe dieser Vorschrift zu, wenn er die der Bescheinigung zugrunde liegenden Unterlagen erstellt oder geprüft und hierfür Gebühren erhalten hat.

Zu § 39: (Buchführungs- und Abschlußarbeiten für land- und forstwirtschaftliche Betriebe)
Die Besonderheiten der Buchführung und Abschlüsse von land- und forstwirtschaftlichen Betrieben machen es erforderlich, die gebührenrechtlichen Vorschriften abweichend von den Bestimmungen für Gewerbetreibende, freie Berufe und sonstige Steuerpflichtige zu regeln. Die einzelnen Bestimmungen sind in dieser Vorschrift, die durch eine besondere Tabelle (Tabelle D) ergänzt wird, zusammengefaßt worden.
Die Sondervorschriften beschränken sich auf die Buchführung und die Abschlußarbeiten. Für alle sonstigen Leistungen gelten auch bei Land- und Forstwirten die allgemeinen Gebührenvorschriften.

Zu §§ 40 bis 43:
Die Vorschriften über die Gebühren für die Vertretung im außergerichtlichen Rechtsbehelfsverfahren entsprechen den Bestimmungen in § 118 BRAGO. Danach erhalten die Steuerberater im Verwaltungsverfahren je nach Umfang ihrer Tätigkeit die Geschäftsgebühr, die Besprechungsgebühr und die Beweisaufnahmegebühr.
Nicht übernommen wurde die Regelung des § 119 BRAGO, nach der das außergerichtliche Rechtsbehelfsverfahren und das vorangegangene Verwaltungsverfahren als eine Angelegenheit anzusehen sind. Der Übernahme steht insbesondere entgegen, daß sich der Gegenstandswert für die Hilfeleistung bei der Vorbereitung und Erstellung einer Steuererklärung nicht nach der Höhe der Steuer richtet (vgl. § 24). Eine Ausrichtung der Gebührenberechnung nach der Höhe der Steuer könnte für Steuerberater zu einer Interessenkollission führen, denn je erfolgreicher die Tätigkeit sich für den Auftraggeber auswirkt, um so geringer würde das Honorar des Steuerberaters sein.
Es kann jedoch nicht übersehen werden, daß der Steuerberater, der den Steuerbescheid geprüft hat, bei der Vertretung im außergerichtlichen Rechtsbehelfsverfahren einen geringeren Arbeitsaufwand hat als derjenige, dem das Vertretungsmandat erstmals übertragen worden ist. Insbesondere erspart er die Information über den Streitgegenstand. Um dem Rechnung zu tragen, sieht die Verordnung in diesen Fällen für die Geschäftsgebühr und für die Besprechungsgebühr geringere Gebührenrahmensätze und damit niedrigere Gebühren vor.

Zu § 40: (Verfahren vor Verwaltungsbehörden)
Die Aufzählung der Gebühren für die Vertretung im Verfahren vor Verwaltungsbehörden entspricht der Regelung in § 118 Abs. 1 BRAGO. Im Hinblick auf die Ausrichtung der gem. § 139 Abs. 3 FGO für die Vertretung im Vorverfahren erstattungsfähigen Kosten nach der BRAGO ist auch für die sich aus dieser Verordnung ergebenden außergerichtlichen Rechtsbehelfsgebühren die Gebührentabelle der BRAGO maßgeblich. Sie ist dieser Verordnung als Tabelle E (Anlage 5) beigefügt. Gegenstandswert ist jeweils der strittige Steuerbetrag.

Zu § 41: (Geschäftsgebühr)
Die Absätze 1 und 2 legen den Gebührenrahmen und den Abgeltungsbereich der Geschäftsgebühr fest. Der Gebührenrahmen beträgt 5/10 bis 10/10 einer vollen Gebühr.
Absatz 3 regelt den Fall, in dem der Steuerberater, der mit der Vertretung im außergerichtlichen Rechtsbehelfsverfahren beauftragt worden ist, den Steuerbescheid geprüft hat. In diesem Fall vermindert sich der Gebührenrahmen auf 3/10 bis 8/10 einer vollen Gebühr.
Nach Absatz 4 verringert sich der Gebührenanspruch auf 1/10 bis 3/10 einer vollen Gebühr, wenn der Steuerberater im Zusammenhang mit der Vertretung im außergerichtlichen Rechtsbehelfsverfahren Gebühren für die Anfertigung der Steuererklärung erhält. Dies ist z. B. dann

der Fall, wenn der Steuerberater die Steuererklärung erst nach erfolgter Schätzung seines Auftraggebers durch das Finanzamt zur Begründung des Rechtsbehelfs einreicht.

Absatz 5 begrenzt den Gebührenanspruch auch für andere Fälle, in denen der Steuerberater für die Vertretung seines Auftraggebers in dem dem außergerichtlichen Rechtsbehelfsverfahren vorangegangenen Verwaltungsverfahren Gebühren erhalten hat. Hat z. B. der Steuerberater für die Stellung eines Stundungsantrags eine Gebühr nach § 23 Nr. 2 erhalten, so darf die Summe dieser Gebühr und der Geschäftsgebühr für die Vertretung in dem sich anschließenden Beschwerdeverfahren 10/10 einer vollen Gebühr nicht übersteigen. Mit dieser Begrenzung soll eine Gleichstellung mit den §§ 118 Abs. 1 Nr. 1, 119 Abs. 1 BRAGO erreicht werden, nach denen der Rechtsanwalt für die Tätigkeit im Verwaltungverfahren und im sich anschließenden außergerichtlichen Rechtsbehelfsverfahren als Geschäftsgebühr insgesamt nicht mehr als 10/10 einer vollen Gebühr fordern darf.

Die Regelung in Absatz 6 entspricht im Grundsatz der Vorschrift des § 6 Abs. 1 BRAGO. Gegenstand ist die Erhöhung der Gebühren in den Fällen, in denen der Steuerberater in derselben Angelegenheit gleichzeitig für mehrere Auftraggeber tätig ist und der Gegenstand der Tätigkeit derselbe ist. Auf die Begründung zu den Absätzen 3 und 4 wird Bezug genommen.

Zu § 42: (Besprechungsgebühr)

Absatz 1 legt den Gebührenrahmen für die Besprechungsgebühr fest.

Um die Besprechungsgebühr ansetzen zu dürfen, muß der Steuerberater an einer Besprechung mit der für das außergerichtliche Rechtsbehelfsverfahren zuständigen Behörde, mit einer anderen Behörde oder mit einem Dritten über tatsächliche oder rechtliche Fragen teilgenommen haben. Soweit die Besprechung nicht von der Behörde angeordnet wird, ist das Einverständnis des Auftraggebers dazu erforderlich. Das Einverständnis kann auch nachträglich oder stillschweigend gegeben werden. Eine mündliche oder fernmündliche Anfrage (z. B. nach dem Sachstand) reicht nicht aus.

Die Regelung des Absatzes 3 entspricht der des § 41 Abs. 5 und betrifft die Fälle, in denen der Steuerberater bereits in dem dem außergerichtlichen Rechtsbehelfsverfahren vorangegangenen Verwaltungsverfahren Verhandlungen mit der Behörde geführt und hierfür Gebühren nach § 31 erhalten hat. Mit der hier vorgesehenen Begrenzung soll eine Gleichstellung mit der Regelung in § 118 Abs. 1 Nr. 2 BRAGO erreicht werden, nach der der Rechtsanwalt für seine Tätigkeit im Verwaltungsverfahren und im anschließenden außergerichtlichen Rechtsbehelfsverfahren als Besprechungsgebühr insgesamt nicht mehr als 10/10 einer vollen Gebühr fordern darf.

Zu § 43: (Beweisaufnahmegebühr)

Absatz 1 legt den Gebührenrahmen für die Beweisaufnahmegebühr fest.

Die Absätze 2 bis 4 bestimmen die Voraussetzungen, unter denen eine Beweisaufnahmegebühr gefordert werden darf. Diese entsprechen den Vorschriften in § 118 Abs. 1 Nr. 3 sowie in § 34 BRAGO.

Zu § 44: (Verwaltungsvollstreckungsverfahren, Aussetzung der Vollziehung)

Für die Tätigkeit im Verwaltungsvollstreckungsverfahren können je eine Geschäftsgebühr, eine Besprechungsgebühr und eine Beweisaufnahmegebühr entstehen. Es handelt sich jeweils um feste Drei-Zehntel-Sätze, die nicht erhöht oder vermindert werden können (Absatz 1).

Für die Vertretung im Verwaltungsverfahren wegen Aussetzung der Vollziehung oder auf Beseitigung der aufschiebenden oder hemmenden Wirkung steht dem Berufsangehörigen keine (zusätzliche) Vergütung zu, wenn er für die Vertretung im außergerichtlichen Rechtsbehelfsverfahren oder im Vollstreckungsverfahren Gebühren nach Absatz 1 oder nach den § § 40 bis 43 erhält (Absatz 2).

Zu § 45: (Gerichtliche und andere Verfahren)

Um Doppelregelungen für dieselben Tätigkeiten zu vermeiden, verweist diese Verordnung hinsichtlich der Vergütung für gerichtliche und andere Verfahren auf die entsprechenden Bestimmungen der BRAGO. Es sind dies insbesondere für

– das finanzgerichtliche und das verwaltungsgerichtliche Verfahren § 114 und der Dritte Abschnitt der BRAGO,

– das Steuerstrafverfahren der Sechste Abschnitt der BRAGO,

– das berufsgerichtliche Verfahren der Zehnte Abschnitt der BRAGO,

- das Bußgeldverfahren wegen einer Steuerordungswidrigkeit oder einer Ordnungswidrigkeit nach dem Steuerberatungsgesetz der Siebente Abschnitt der BRAGO und
- das Verfahren in Gnadensachen § 93 BRAGO.

Zu § 46: (Vergütung bei Prozeßkostenhilfe)
Nach §§ 142 Abs. 2 FGO, 65 des Steuerberatungsgesetzes kann der Steuerberater im Wege der Prozeßkostenhilfe einem Steuerpflichtigen zur Wahrung seiner Rechte im finanzgerichtlichen Verfahren beigeordnet werden. Sein Vergütungsanspruch richtet sich nach den Vorschriften der BRAGO. Die entsprechenden Bestimmungen sind dort im Dreizehnten Abschnitt enthalten.

Zu § 47: (Anwendung)
Der Anwendungszeitpunkt der neuen Gebührenvorschriften richtet sich danach, ob der Steuerberater mit seinem Auftraggeber längerfristige Vereinbarungen getroffen hat. Ist dies nicht der Fall, so ist die Gebührenordnung erstmals auf alle Angelegenheiten anzuwenden, mit deren Erledigung der Steuerberater nach Inkrafttreten der Verordnung beginnt. Bestehen längerfristige Vereinbarungen, so kann die Anwendung hinausgeschoben werden, höchstens jedoch um einen Zeitraum, der 2 Jahre nach dem Inkrafttreten der Verordnung endet.

Zu § 48: (Berlin-Klausel)
Diese Vorschrift enthält die übliche Berlin-Klausel.

Zu § 49: (Inkrafttreten)
Mit der Festlegung des Inkrafttretens auf einen Zeitpunkt, der mehrere Monate nach der voraussichtlichen Verkündigung der Verordnung liegt, soll erreicht werden, daß den Berufsangehörigen ein ausreichender Zeitraum für die Umstellung auf das neue Gebührenberechnungsverfahren zur Verfügung steht.

Zu Tabelle A: (Beratungstabelle)
Diese Tabelle ist aus der Tabelle der BRAGO (Anlage zu § 11) entwickelt worden. Bis zu einem Gegenstandswert von 200 000 DM sind dieselben Gebühren vorgesehen. Bei Gegenstandswerten über 200 000 DM fällt die Tabelle A gegenüber der Anwaltstabelle progressiv um 0,66 v. H. je Wertstufe ab. Die Minderung erreicht bei Gegenstandswerten von 1 bis 10 Mio. DM 20 v. H. und steigert sich für die weiteren Wertstufen bis auf 66,6 v. H.

Zu Tabelle B: (Abschlußtabelle)
Diese Tabelle weicht in ihren Werten von den bisher in der Praxis angewandten Tabellen ab. Dies ergibt sich einmal daraus, daß der wirtschaftliche Umsatz in den Gegenstandswert einbezogen worden ist, zum anderen daraus, daß die Tabelle eine zweckmäßigere Stufeneinteilung und damit einen ausgeglicheneren Verlauf der Steigerungswerte enthält.

Zu Tabelle C: (Buchführungstabelle)
Diese Tabelle gilt nur für die Ausführung von Buchführungsarbeiten. Maßgebliches Anwendungskriterium ist der Jahresumsatz.

Zu Tabelle D: (Landwirtschaftliche Buchführung)
Diese Tabelle ist auf die besonderen Bedürfnisse der land- und forstwirtschaftlichen Betriebe abgestellt (vgl. Begründung zu § 39).

Zu Tabelle E: (Rechtsbehelfstabelle)
Inhalt dieser Tabelle ist die Gebührentabelle der BRAGO. Wegen der Notwendigkeit, die Rechtsanwaltsgebührentabelle dieser Verordnung beizufügen, wird auf die Begründung zu § 40 Bezug genommen.

Amtliche Begründung zur 3. Änderungsverordnung zur StBGebV

BR-Drucksache 1021/97

Begründung
A. Allgemeines

Die Steuerberatergebührenverordnung (StBGebV) ist am 1.4.1982 in Kraft getreten. Eine grundlegende Anpassung der Gebühren an die seit ihrem Inkrafttreten erfolgte wirtschaftliche Entwicklung steht bislang aus. Die StBGebV wurde erstmals mit Wirkung zum 1.7.1988 und danach mit Wirkung zum 30.6.1991 geändert. Die Gebühren wurden dabei lediglich insoweit angepaßt, als eine Erhöhung des oberen Gebührenrahmens für die Erstellung des Jahresabschlusses um 6/10, eine Erhöhung der Gebühren der Abschlußtabelle B um 4 v.H. und eine Anhebung der Zeitgebühr von bisher 20 bis 60 DM auf 25 bis 70 DM und mit Wirkung zum 30.6.1991 auf 30 bis 77,50 DM je angefangene halbe Stunde vorgenommen wurden. Die Betragsrahmengebühren für die Lohnbuchführung und die Tabellenwerte der Tabellen C und D sind seit der Einführung der Steuerberatergebührenverordnung im Jahre 1982 noch nicht angepaßt worden. Auch die Tabelle B ist seit über 8 Jahren unverändert geblieben.

Im Gesetz zur Änderung von Kostengesetzen und anderen Gesetzen (Kostenrechtsänderungsgesetz 1994 – KostRÄndG 1994) ist eine Änderung der Bundesgebührenordnung für Rechtsanwälte (BRAGO) erfolgt. Soweit bereits vor der Änderung der BRAGO zwischen ihr und der StBGebV eine Parallelität bestand, soll sie im Hinblick auf die gleichartigen Tätigkeiten auch nach Änderung der BRAGO aufrecht erhalten werden.

Deshalb sollen im Bereich der StBGebV § 3 (Mindestgebühr, Auslagen), § 9 (Berechnung), § 12 (Abgeltungsbereich der Gebühren), § 16 (Post- und Telekommunikationsentgelte), § 17 (Schreibauslagen), § 18 (Geschäftsreisen), § 21 (Rat, Auskunft, Erstberatung) angepaßt werden. Um die Gebührenhöhe der Anwälte und Steuerberater für gleichartige Tätigkeiten gleich auszugestalten, ist es ebenfalls erforderlich, die Tabelle E an die Tabelle zu § 11 BRAGO anzupassen; außerdem soll bei Tabelle A im unteren Gebührenbereich ebenfalls eine Parallelität zur Anwaltsgebührentabelle hergestellt werden.

Eine Anpassung der StBGebV an die wirtschaftliche Entwicklung ist auch unter dem Gesichtspunkt der Kostenentwicklung bei den Steuerberatern erforderlich, da die letzte Anpassung der Tabellenwerte 1988 erfolgte. Seit der Anpassung der Zeitgebühr 1991 sind die Personal- und Raumkosten der Steuerberaterpraxen von 1991 bis 1994 im Durchschnitt um ca. 40 v.H. gestiegen, die Praxiserträge jedoch im Durchschnitt lediglich um ca. 35 v.H.

Diese Entwicklung hat sich zwischenzeitlich im Grundsatz fortgesetzt, so daß mit der in dieser Verordnung vorgesehenen Anhebung der Gebühren allenfalls die Kostensteigerungen dieser Jahre aufgefangen werden. Diese lassen sich im einzelnen allerdings nicht exakt berechnen, sondern nur abschätzen, da die Gebührenhöhe im wesentlichen von drei Faktoren beeinflußt wird, nämlich dem Gegenstandswert, dem Zehntelsatz und der Tabelle. Die Erhöhung der Tabellenwerte beträgt bei den Tabellen B, C und D 5 v.H., bei den an die BRAGO angepaßten Tabellen A und E durchschnittlich 18,5 v.H. Da die beiden letztgenannten Tabellen sich nur auf ca. 18 v.H. des Umfangs der Tätigkeit des Steuerberaters auswirken, ist deren Einfluß unterproportional.

Ein Änderungsbedarf bei den besonderen Vorschriften der StBGebV besteht nur an wenigen Stellen, im wesentlichen zur Klarstellung und Anpassung von Betragsrahmengebühren, der Zeitgebühr und Tabellenwerten die inzwischen eingetretenen Kostensteigerungen, und in zwei Fällen an die gestiegenen Anforderungen für Steuerberatungsleistungen im Bereich der Bilanzierung und der Umsatzsteuer aufgrund des Binnenmarkts.

Die Verordnung wirkt sich auf die öffentlichen Haushalte nur mittelbar aus.

Die infolge dieser Verordnung für die Mandanten der Steuerberater möglicherweise eintretenden Gebührenerhöhungen werden im Einzelfall unterschiedlich ausfallen, je nachdem welche Leistungen in Anspruch genommen werden. Denn die Gebührenanhebungen erfolgen nicht gleichförmig.

Zur genaueren Abschätzung der Kostenauswirkungen wurde der Verordnungsentwurf entsprechend der Verfahrensweise bei Erlaß der Zweiten Änderungsverordnung zur StBGebV der Bundessteuerberaterkammer, der Bundesrechtsanwaltskammer, der Wirtschaftsprüferkammer, dem Deutschen Steuerberaterverband e.V., dem Bundesverband der Steuerberater e.V., dem Hauptverband der landwirtschaftlichen Buchstellen und Sachverständigen e.V, dem Verband der Buchstellen für Gewerbe und freie Berufe e.V. und dem Institut für Wirtschaftsprüfer in Deutschland e.V. mit der Möglichkeit zur Stellungnahme zugeleitet. Die Beschränkung auf diese Verbände erfolgte, da von diesen am ehesten Aussagen über das Gebührenfestsetzungsverhalten der Steuerberater zur sachgerechten Einschätzung der Kostenauswirkungen zu erwarten waren. Die beteiligten Verbände haben zu den vorgesehenen Anpassungen der Steuerberatergebührenverordnung keine negative Stellungnahme abgegeben. Die Bundessteuerberaterkammer hat mitgeteilt, daß aufgrund der Besonderheiten des Beratungsverhältnisses zwischen Steuerberater und Wirtschaft, das typischerweise auf Dauer angelegt ist, die Wirtschaft davon ausgehen könne, daß Steuerberater die Gebührenbestimmungen nur maßvoll anwenden und mögliche Gebührenerhöhungsspielräume nur in dem Umfang nutzten, wie sie für eine Kostendeckung erforderlich und im Hinblick auf die Kostenbelastung der Vertragspartner tragbar seien. Dies gilt in besonderem Maße auch für die mittelständische Wirtschaft, die typischerweise die Hilfe von Steuerberatern in Anspruch nimmt.

Insgesamt lassen sich die Auswirkungen der Änderung der StBGebV auf die Kosten der Steuerberatung nicht genau quantifizieren. Die finanzielle Mehrbelastung der Betroffenen dürfte jedoch maßvoll und nicht so umfangreich sein, daß von der Verordnung Auswirkungen auf das Preisniveau, insbesondere auf das Verbraucherpreisniveau zu erwarten sind.

B. Zu den einzelnen Vorschriften

Zu Artikel 1:

Zu Nummer 1 (§ 3)

Zu a)

Entsprechend der Änderung der BRAGO wird die Mindestgebühr von 15 auf 20 DM angehoben.

Zu b)

Es handelt sich um eine Anpassung der verwendeten postalischen Gebührenbegriffe an die nunmehr privatrechtlichen Rechtsbeziehungen zwischen den Unternehmen der Deutschen Bundespost und ihren Kunden.

Zu Nummer 2 (§ 9)

Zu a)

Der geltende § 9 Abs. 2 sieht vor, daß der Steuerberater in der Berechnung die Beträge der einzelnen Gebühren und Auslagen sowie die angewandten Gebührenvorschriften und den Gegenstandswert angeben muß, nicht jedoch eine – auch nur pauschale – Beschreibung des Gebührentatbestandes. In der Praxis ist es bereits weitgehend üblich, die Gebühr pauschal zu bezeichnen (z.B. Anfertigung der Einkommensteuererklärung, Aufstellung einer Eröffnungsbilanz). Die Vorschrift soll diese Praxis allgemein festschreiben. Die Ersetzung des Wortes „Gebührenvorschriften" durch die Worte „Vorschriften dieser Gebührenordnung" hat zur Folge, daß – auch soweit der Steuerberater den Ersatz von Auslagen verlangt – in der Berechnung die angewandten Vorschriften zu bezeichnen sind. Mit der Änderung soll eine kundenfreundliche Transparenz der Rechnungen sichergestellt werden.

Zu b)

Vgl. die Begründung zu Nummer 1 Buchst. b.

Zu Nummer 3 (§ 12)

§ 12 Abs. 5 in der jetzigen Form stellt sicher, daß der Steuerberater keine zusätzlichen Gebühren erhält, wenn die Erledigung des Auftrags nicht zur Erledigung der Angelegenheit selbst geführt hat und der Steuerberater erneut tätig wird. Diese Regelung wird für den Steuerberater unbillig, wenn bis zur Erteilung eines weiteren Auftrages in derselben Angelegenheit eine lange Zeit vergangen ist und er sich deswegen vollkommen neu einarbeiten muß. Durch den anzufügenden Satz 2 wird Abhilfe geschaffen für den Fall, daß der frühere Auftrag seit mehr als zwei Kalenderjahren erledigt ist. Zur Festlegung des Zeitpunktes, zu dem der Lauf der Zwei-Jahres-Frist beginnt, bietet sich der Zeitpunkt der Erledigung des Auftrags an, der auch die bis dahin entstandenen Gebühren fällig werden läßt (§ 7). Auf Kalenderjahre – nicht Jahre – soll abgestellt werden, weil der Zeitpunkt der Erledigung des Auftrags nicht immer präzise bestimmt werden kann. Hierdurch sollen Auseinandersetzungen zwischen Steuerberater und Mandant weitgehend vermieden werden.

Zu Nummer 4 (§ 13)

Die Anhebung des unteren Rahmens der Zeitgebühr stellt einen Ausgleich für die gestiegenen Kosten des Steuerberaters (Personalkosten und Sachkosten) sowie der gestiegenen Anforderungen an die Steuerberaterleistungen dar. Die Personal- und Raumkosten sind im Durchschnitt von 1991 bis 1994 um 40 v.H. gestiegen. Die vorgesehenen Erhöhungen sind angemessen; eine kostenmäßige Überforderung der Mandanten wird nicht eintreten, da die Zeitgebühr nur bei wenigen Angelegenheiten zur Anwendung kommt.

Zu Nummer 5 (§ 16)

Vgl. die Begründung zu Nummer 1 Buchstabe b.

Zu Nummer 6 (§ 17)

Die Änderung ist redaktioneller Art. Durch sie soll klargestellt werden, daß die im Einverständnis mit dem Auftraggeber gefertigten Abschriften und Ablichtungen, die der Unterrichtung Dritter dienen, ebenfalls beim Auslagenersatz zu berücksichtigen sind. Damit sollen Bedenken ausgeräumt werden, ob der Steuerberater bei der Fertigung der Urschrift nicht genügend Überstücke – z.B. im Durchschlagverfahren – hätte fertigen können. Schließlich soll künftig der Mehraufwand vergütet werden, der durch die Unterrichtung einer ungewöhnlich hohen Zahl an Beteiligten entsteht.

Zu Nummer 7 (§ 18)

Zu a) und b)

Mit den neuen Absätzen 1 und 2 soll die in der Rechtsprechung und Literatur unterschiedlich beantwortete Frage, wann eine Geschäftsreise vorliegt, eindeutig geregelt werden. Dabei wird allein darauf abgestellt, daß das Reiseziel außerhalb der Gemeinde liegt, in der sich die Kanzlei oder Wohnung des Steuerberaters befindet.

In Absatz 2 Nr. 1 wird die bei der Benutzung eines eigenen Kraftfahrzeugs zu erstattende Fahrtkostenpauschale an die im Kostenrechtsänderungsgesetz 1994 vorgenommene Regelung angepaßt. Auf die dortige Begründung wird Bezug genommen. Ferner wird auch für die Aufwendungen für die Benutzung anderer Verkehrsmittel als des eigenen Kraftfahrzeugs klargestellt, daß diese nur im Rahmen des Angemessenen zu erstatten sind.

Die Höhe des Tage- und Abwesenheitsgeldes soll entsprechend der Regelungen der im Kostenrechtsänderungsgesetz 1994 vorgenommenen Erhöhung angehoben werden. Die Neufassung des geltenden Absatzes 2 Satz 2 als Absatz 3 Satz 2 hat klarstellenden Charakter. Sie übernimmt die in Literatur und Rechtsprechung unbestrittene Auslegung, daß die tatsächlichen Übernachtungskosten im Rahmen des Angemessenen zu erstatten sind, unmittelbar in die Verordnung.

Begründung

201

Zu Nummer 8 (§ 21)

Zu a) und b)

Mit dem vorgeschlagenen Absatz 1 Satz 2 soll die Gebühr des Satzes 1 der Höhe nach begrenzt werden, wenn es sich um eine erste Beratung handelt. Nach Satz 1 erhält der Steuerberater für einen mündlichen oder schriftlichen Rat oder eine Auskunft, die nicht mit einer anderen gebührenpflichtigen Tätigkeit zusammenhängt, eine Gebühr in Höhe von 1/10 bis 10/10 der vollen Gebühr. Diese ist nach Satz 3 auf eine Gebühr anzurechnen, die der Steuerberater für eine sonstige Tätigkeit erhält, die mit der Raterteilung oder Auskunft zusammenhängt. Durch die vorgeschlagene Änderung wird erreicht, daß der Auftraggeber, der sich wegen einer ersten Beratung an den Steuerberater wendet, im vorhinein übersehen kann, was ihn diese erste Beratung höchstens kosten wird.

Die Regelung des Absatzes 1 Satz 2 bezieht sich nur auf die Gebühr für die erste Beratung. Sie greift nicht ein, wenn nach dem ersten Beratungsgespräch oder dem ersten schriftlichen Rat oder einer solchen Auskunft sich eine weitere Tätigkeit des Steuerberaters anschließt, mag diese auch mit der ersten Beratung in engem Zusammenhang stehen oder diese fortsetzen.

Die Überschrift ist um einen Hinweis auf die Erstberatungsgebühr ergänzt worden. Der Betragsrahmen wird grundsätzlich der Änderung der BRAGO angepaßt. Die untere Grenze des Betragsrahmens im neuen Satz 3 entspricht der unteren Grenze der Zeitgebühr in § 13 Satz 2 in der vorgesehenen Fassung.

Zu c)

Es handelt sich um eine redaktionelle Folgeänderung zur Änderung des § 21 Abs. 1.

Zu Nummer 9 (§ 24 Abs. 1)

Zu a)

Die Erhöhung des Rahmens der Gebühr für die Umsatzsteuerjahreserklärung berücksichtigt die erhöhten Anforderungen, die das Umsatzsteuer-Binnenmarktgesetz an den Steuerberater stellt. Die Erhöhung des Zehntelsatzes berücksichtigt die unterschiedlichen Anforderungen an den Steuerberater in angemessener Weise; es kann daher auf die Einführung spezieller Gebührenvorschriften für Einzeltätigkeiten, die durch das Umsatzsteuer-Binnenmarktgesetz veranlaßt sind, verzichtet werden. Mit dieser Gebühr sind auch die Tätigkeiten für Meldungen, die während des Kalenderjahres abzugeben sind, abgegolten.

Zu b)

Die Verminderung der Höchstgebühr für die Vermögensaufstellung trägt der Erleichterung durch Übernahme der Steuerbilanzwerte für die Einheitsbewertung des Betriebsvermögens Rechnung.

Zu c)

Die Änderungen sind redaktioneller Art.

Zu d)

Die Streichung der Nr. 20 des Absatzes 1 trägt dem Wegfall der Herstellerpräferenzen des Berlinförderungsgesetzes zum 1. Januar 1994 und dem damit verbundenen Wegfall des Antragsverfahrens und der dazu erforderlichen Berechnung der Berliner Wertschöpfungsquote (§ 1 Abs. 7, § 6 a des Berlinförderungsgesetz) Rechnung.

Zu e)

Die Änderung ist redaktioneller Art.

Zu f)

Die neue Nr. 23 trägt den durch das Jahressteuergesetz 1996 in das Einkommensteuergesetz eingeführten Kindergeldregelungen Rechnung.

Zu g)

Die neue Nr. 24 trägt den Regelungen des Eigenheimzulagengesetzes Rechnung.

Zu Nummer 10 (§ 24 Abs. 3)

Die Änderung trägt dem Wegfall des Lohnsteuer-Jahresausgleichs Rechnung.

Zu Nummer 11 (§ 24 Abs. 4)

Zu a) und b)

Die Änderungen in den Nummern 1 und 2 sind redaktioneller Art.

Hintergrund der neu eingefügten Nummer 3 ist, daß im Zuge der grenzüberschreitenden Betätigungen die Beteiligung an ausländischen Körperschaften, Vermögensmassen und Personenvereinigungen und an ausländischen Personengesellschaften zunimmt; die Finanzämter fordern die entsprechenden Meldungen zur steuerlicher Erfassung dieser Auslandsbeteiligungen an. Die Tätigkeiten zur Ermittlung der entsprechenden Sachverhalte sind gebührenpflichtig; die Häufigkeit der Tätigkeiten erfordert eine Konkretisierung in der Steuerberatergebührenverordnung. Angesichts des unterschiedlichen Ermittlungsumfanges ist am besten die Zeitgebühr zur Abgeltung geeignet.

Zu c)

Im Rahmen des Jahressteuergesetzes 1997 ist das sog. vereinfachte Steuererstattungsverfahren für beschränkt steuerpflichtige Personen, deren Einkünfte dem Steuerabzug nach § 50 a Abs. 4 Nr. 1 oder 2 EStG unterliegen (z.B. Künstler oder Sportler, die im Ausland ihren Wohnsitz haben), eingeführt worden. Die Ergänzung des § 24 Abs. 4 um die Nummer 4 trägt dem Rechnung. Auch hier begründet der unterschiedliche Arbeitsumfang die Abgeltung durch eine Zeitgebühr.

Zu d)

Bisher fehlte ein Gebührentatbestand, der die Anmeldungen nach § 50 a des Einkommensteuergesetzes berücksichtigt. Diese Lücke wird durch die Einfügung der Nummer 5 des § 24 Abs. 4 geschlossen.

Zu Nummer 12 (§ 26)

Nach Schätzungen ermitteln etwa 65 v.H. sämtlicher land- und forstwirtschaftlicher Betriebe ihren Gewinn nach Durchschnittssätzen gemäß § 13 a EStG. Der Anteil der davon steuerlich beratenen land- und forstwirtschaftlichen Betriebe dürfte ebenfalls ca. 65 v.H. betragen. Dies hat seine Ursache darin, daß diese Betriebe sehr häufig Sondergewinne im Sinne des § 13 a Abs. 8 EStG zu verzeichnen haben, die nach den Vorschriften des § 4 Abs. 1 bzw. Abs. 3 EStG zu ermitteln sind.

Diesen Sondergewinnen kommt wegen verschiedener agrarpolitischer Maßnahmen wie z.B. Zahlungen von direkten und indirekten Einkommensbeihilfen in letzter Zeit immer mehr ertragsteuerliche Bedeutung zu. Das zeigt sich auch anhand der jüngsten Verwaltungsregelungen bei Zahlungen von Wirtschaftsentschädigungen und bei der flächenlosen Übertragung oder Überlassung von Milchanlieferungs-Referenzmengen. Die in diesem Zusammenhang und aufgrund anderer Tatbestände nach § 13 a Abs. 8 EStG zu erfassenden Beträge bewegen sich nicht selten im sechsstelligen Bereich.

Durch die vorgeschlagene Neufassung wird eine weitgehende Angleichung vergleichbarer Gebührentatbestände erreicht.

Zu Nummer 13 (§ 27 Abs. 3)

Der Gebührentatbestand kann gestrichen werden, da der zugrunde liegende § 21 a des Einkommensteuergesetzes letztmals im Veranlagungszeitraum 1986 anzuwenden war.

Zu Nummer 14 (§ 33)

Zu a)

Die Weiterentwicklung der Datenverarbeitung und der Telekommunikation ermöglicht eine Vielzahl unterschiedlicher Organisationsformen der Techniknutzung zur rationellen Erledigung eines Buchführungsmandats, wobei Teile der anfallenden Buchführungs- und EDV-Aufgaben unmittelbar vom Auftraggeber ausgeführt werden. Dabei kann die Datenverarbeitung beim Steuerberater nach vom Auftraggeber erstellten Eingaben zur Anwendung kommen. Gleichzeitig oder alternativ können vom Auftraggeber auch Datenverarbeitungshilfsmittel genutzt werden, die vom Steuerberater bereitgestellt und überwacht werden. Die vom Steuerberater erbrachten EDV-Dienstleistungen bedingen eine Erstattung der dafür angefallenen EDV-Kosten. Daneben entsteht für die steuerlichen und betriebswirtschaftlichen Beratungs-, Organisations- und Überwachungsleistungen des Steuerberaters bei der Ausführung der Buchführungsarbeiten eine Wertgebühr. Durch einen verhältnismäßig niedrigen Mindestwert und den weiten Gebührenrahmen wird den unterschiedlichen Gestaltungsmöglichkeiten der Buchführungshilfe in der Steuerberatungspraxis Rechnung getragen.

Zu b)

Buchführungen werden nicht nur als typische Finanzbuchführung, sondern auch zu anderen Zwecken und Gelegenheiten gefertigt, so z.b. die Anlagebuchführung und die Buchführung im Bereich der Vermietung und Verpachtung. Nicht nur in diesen Fällen, in denen vor Beginn der eigentlichen Geschäftstätigkeit noch kein Umsatz oder geringerer Umsatz als der Aufwand erzielt wird, geht die bisherige Definition des Gegenstandswertes als Jahresumsatz ins Leere. Für diese Fälle muß deshalb ein adäquater Maßstab als Gegenstandswert gewählt werden. Hier bietet sich analog zu den Vorschriften des § 25 bzw. § 27 an, daß die „Summe des Aufwandes" in diesen Fällen an die Stelle des „Jahresumsatzes" tritt. Letztlich dient diese Vorschrift der Klarstellung, da bereits bisher diese Buchführungsleistungen berechnet wurden, wobei die Rechtsgrundlage aber fraglich war.

Zu Nummer 15 (§ 34)

Die Betragsrahmengebühr zur Abgeltung der Tätigkeiten im Rahmen der Lohnbuchführung ist seit Schaffung der Steuerberatergebührenverordnung nicht geändert worden. Die Gebührenerhöhungen tragen der Kostensteigerung angemessen Rechnung. Sie berücksichtigen insbesondere, daß die personalintensiven Tätigkeiten, die in den Absätzen 1 und 2 ihren Niederschlag finden, einer stärkeren Erhöhung bedürfen, während die stärker automationsgeprägten Leistungen in Absatz 3 nur eine geringe und in Absatz 4 keine Erhöhung erfahren. Die Erhöhung des oberen Rahmens ist angesichts der Komplexheit und des gestiegenen Schwierigkeitsgrades des Lohnsteuerrechts und der mit der Ausdehnung der sozialversicherungsrechtlichen Vorschriften verbundenen erhöhten Anforderungen geboten.

Außerdem wird durch das unveränderte Beibehalten des unteren Betragsrahmens sichergestellt, daß Tätigkeiten einfachster Art weiterhin zu einem kostengünstigen Satz angeboten werden können.

Die Neufassung von Absatz 4 trägt der technischen Entwicklung in der Datenverarbeitung und der Gestaltungsvielfalt in der Steuerberatungspraxis bei der Erledigung von Lohnbuchführungsaufgaben Rechnung. Sie ist in Analoge zur Neufassung von § 33 Absatz 4 zu sehen.

Zu Nummer 16 (§ 35)

Zu a)

Die Erhöhung des obersten Rahmens von 36/10 auf 40/10 für die Tätigkeiten im Zusammenhang mit der Aufstellung eines Jahresabschlusses berücksichtigt die gestiegenen Anforderungen und den gestiegenen Schwierigkeitsgrad bei der Bilanzerstellung und bietet damit Raum, gerade die schwierigen Bilanzierungsarbeiten, so z.B. auch bei Auslandsaktivitäten oder im Konzernverbund, einigermaßen zu honorieren.

Zu b)

Bereits durch die erste Änderungsverordnung konnte eine Lücke bei der Bestimmung des Gegenstandswertes geschlossen werden, wenn keine betriebliche Jahresleistung vorliegt. Zwischenzeitlich hat sich gezeigt, daß auch der umgekehrte Fall vorkommen kann, nämlich daß die berichtigte Bilanzsumme annähernd null DM beträgt. Solche Fälle können dann eintreten, wenn die Aktivseite der Bilanz aufgrund von Privateinlagen oder Kapitalerhöhungen zu mindern ist. In diesen Fällen führt die geltende Vorschrift der Ermittlung des Gegenstandswertes, insbesondere auch durch die Höchstbeschränkung des Ansatzes der betrieblichen Jahresleistung auf das Fünffache der berichtigten Bilanzsumme, zu Gegenstandswerten, die bei null DM liegen. Solche und andere unlogische Ergebnisse soll die vorgeschlagene Ergänzung des Absatzes 2 vermeiden. Außerdem wurde die Definition der betrieblichen Jahresleistung dem § 275 des Handelsgesetzbuches angepaßt. Insgesamt führt die angestrebte Änderung zu einer sachgerechten Lösung parallel zu der bereits bei der ersten Änderungsverordnung gefundenen Regelung.

Zu Nummer 17 (§ 36)

Der Absatz 2 des § 36 erfordert eine Anpassung der Gebührenvorschriften an die übliche Vergütung, wie sie für Wirtschaftsprüferleistungen erfolgt. Für die Prüfung einer Bilanz, einer Gewinn- und Verlustrechnung, eines Anhangs, eines Lageberichtes oder einer sonstigen Vermögensrechnung tritt neben der Zeitgebühr eine Wertgebühr, die insbesondere die Bedeutung der Angelegenheit, des Umfangs und der Schwierigkeit angemessen berücksichtigt.

In der Nr. 2 kann auf die Wertgebühr verzichtet werden, da für die Berichterstattung üblicherweise die Zeitgebühr zum Ansatz kommen wird.

Zu Nummer 18 (§ 39)

Es handelt sich um eine Klarstellung.

Zu Nummer 19 (§ 40)

Während der Rechtsanwalt eine Erledigungsgebühr nach § 24 BRAGO erhält, wenn sich eine Rechtssache ganz oder teilweise nach Zurücknahme oder Änderung des mit dem Rechtsbehelf angefochtenen Verwaltungsaktes erledigt, ist diese Vorschrift in der StBGebV nicht enthalten.

Auch in der StBGebV hat die Erledigungsgebühr eine besondere Bedeutung, da sie streitvermeidend wirkt und insbesondere der Prozeßflut entgegenwirkt. Die mit einer Erledigung verbundenen Tätigkeiten des Steuerberaters rechtfertigen eine eigenständige Gebühr, die in ihrer Höhe der Gebühr nach § 24 BRAGO entspricht.

Zu Nummer 20 (Anlage 1: Tabelle A)

Um Wettbewerbsverzerrungen zwischen Steuerberater und Rechtsanwalt zu vermeiden, muß die Tabelle A an die geänderte Tabelle zu § 11 BRAGO angepaßt werden, so daß beide Tabellen einen weitgehend identischen Verlauf aufweisen; der Erhöhungsumfang beträgt durchschnittlich 18,5 v.H. Die Parallelität der beiden Tabellen ist bisher bis zu einem Gegenstandswert von 400.000 DM gegeben. Die Wettbewerbssituation erfordert es jedoch, daß die Tabellen bis wenigstens zu einem Gegenstandswert von 600.000 DM einen identischen Verlauf aufweisen müssen.

Die bisher vorgesehene Abflachung der Tabelle A setzt ab einem Betrag von 600.000 DM ein und erreicht ab einem Gegenstandswert von 1.200.000 DM den bisherigen Reduzierungsfaktor.

Begründung

Bei Gegenstandswerten von 1.200.000 DM fällt die neue Tabelle A gegenüber der Anwaltstabelle in gleichem Maße wie bisher ab.

Zu Nummer 21 (Anlage 2: Tabelle B)

Die gestiegenen Büro- und Personalkosten erfordern eine Erhöhung der Gebühren für die Abschlußarbeiten. Die Werte der für Abschlußarbeiten maßgeblichen Tabelle B sollen daher um 5 v.H. angehoben werden. Mit diesem Anhebungssatz werden die zwischenzeitlich eingetretenen Kostensteigerungen ausgeglichen (Kostensteigerung im Durchschnitt 1991-1994 ca. 40 v.H., Umsatzsteigerung im Durchschnitt ca. 35 v.H.).

Zu Nummern 22 und 23 (Anlagen 3, 4 und 5: Tabellen C und D)

Die Tabellenwerte der Buchführungstabelle und der Tabelle für Buchführungs-Abschlußarbeiten für land- und forstwirtschaftliche Betriebe sind seit Schaffung der Steuerberatergebührenverordnung nicht verändert worden. Die vorgesehene Erhöhung um 5 v.H. berücksichtigt die in den letzten 13 Jahren eingetretenen Kostensteigerungen in der Steuerberatungspraxis. Die Anhebung berücksichtigt andererseits die nur geringe Belastungsfähigkeit der betroffenen Betriebe. Eine Anhebung zu dem genannten Prozentsatz ist jedoch erforderlich, um eine angemessene Vergütung für die entsprechenden Steuerberatungsleistungen sicherzustellen.

Zu Nummer 24 (Anlage 6: Tabelle E)

Die Tabelle E ist identisch mit der Tabelle zu § 11 BRAGO. Durch die Neufassung wird die Tabelle E an die durch das Kostenrechtsänderungsgesetz 1994 geänderten Werte der Anwaltstabelle angepaßt.

Zu Artikel 2

Artikel 2 regelt das Inkrafttreten.

Steuerberatungsgesetz
(StBerG)

Auszug

...

§ 9 Vergütung

(1) Vereinbarungen, durch die eine Vergütung für eine Hilfeleistung in Steuersachen dem Grunde oder der Höhe nach vom Ausgang der Sache oder vom Erfolg der Tätigkeit abhängig gemacht wird oder nach denen der Steuerberater oder Steuerbevollmächtigte einen Teil der zu erzielenden Steuerermäßigung, Steuerersparnis oder Steuervergütung als Honorar erhält, sind unzulässig.

(2) Die Abgabe oder Entgegennahme eines Teils der Gebühren oder sonstiger Vorteile für die Vermittlung von Aufträgen, gleichviel ob im Verhältnis zu einem Steuerberater oder Steuerbevollmächtigten oder zu einem Dritten gleich welcher Art, ist unzulässig.

§ 33 Inhalt der Tätigkeit

Steuerberater und Steuerbevollmächtigte haben die Aufgabe, im Rahmen ihres Auftrags ihre Auftraggeber in Steuersachen zu beraten, sie zu vertreten und ihnen bei der Bearbeitung ihrer Steuerangelegenheiten und bei der Erfüllung ihrer steuerlichen Pflichten Hilfe zu leisten. Dazu gehören auch die Hilfeleistung in Steuerstrafsachen und in Bußgeldsachen wegen einer Steuerordnungswidrigkeit sowie die Hilfeleistung bei der Erfüllung von Buchführungspflichten, die aufgrund von Steuergesetzen bestehen, insbesondere die Aufstellung von Steuerbilanzen und deren steuerrechtliche Beurteilung.

...

§ 64 Gebührenordnung

(1) Steuerberater und Steuerbevollmächtigte sind an eine Gebührenordnung gebunden, die der Bundesminister der Finanzen durch Rechtsverordnung mit Zustimmung des Bundesrates erläßt. Der Bundesminister der Finanzen hat vorher die Bundessteuerberaterkammer zu hören. Die Höhe der Gebühren darf den Rahmen des Angemessenen nicht übersteigen und hat sich nach

1. Zeitaufwand,
2. Wert des Objekts und
3. Art der Aufgabe

zu richten.

...
(2) ...

Satzung
über die Rechte und Pflichten bei der Ausübung der Berufe der Steuerberater und Steuerbevollmächtigten (Berufsordnung)
BOStB

Auszug

...

§ 45 Vergütung (Gebühren und Auslagen)

(1) Steuerberater sind an die Steuerberatergebührenverordnung gebunden.

(2) Für die Vergütung von Tätigkeiten nach § 57 Abs. 3 Nr. 2 und 3 StBerG gelten die gesetzlichen Vorschriften (z.b. §§ 612 Abs. 2, 632 Abs. 2 BGB).

(3) Über Honorarvorschüsse ist nach Erledigung des Auftrags oder der Beendigung der Angelegenheit unverzüglich abzurechnen.

(4) Eine Unterschreitung der angemessenen Vergütung ist berufswidrig. Ausnahmsweise darf besonderen Umständen, etwa der Bedürftigkeit eines Auftraggebers, durch Ermäßigung oder Streichung von Gebühren oder Auslagenersatz Rechnung getragen werden. Eine Gebührenüberhebung im Sinne des § 352 StGB ist berufswidrig.

(5) Die Vereinbarung oder die Annahme von Provisionen, Erfolgshonoraren und Erfolgsbeteiligungen ist unzulässig.

Bürgerliches Gesetzbuch
(BGB)

Auszug

§ 138 Sittenwidriges Rechtsgeschäft; Wucher
(1) Ein Rechtsgeschäft, das gegen die guten Sitten verstößt, ist nichtig.
(2) Nichtig ist insbesondere ein Rechtsgeschäft, durch das jemand unter Ausbeutung der Zwangslage, der Unerfahrenheit, des Mangels an Urteilsvermögen oder der erheblichen Willensschwäche eines anderen sich oder einem Dritten für eine Leistung Vermögensvorteile versprechen oder gewähren läßt, die in einem auffälligen Mißverhältnis zu der Leistung stehen.
...

§ 196 Zweijährige Verjährungsfrist
(1) In zwei Jahren verjähren die Ansprüche:
...

15. der Rechtsanwälte, Notare sowie aller Personen, die zur Besorgung gewisser Geschäfte öffentlich bestellt oder zugelassen sind, wegen ihrer Gebühren und Auslagen, soweit diese nicht zur Staatskasse fließen;
...

§ 198 Regelmäßiger Verjährungsbeginn
Die Verjährung beginnt mit der Entstehung des Anspruchs. Geht der Anspruch auf ein Unterlassen, so beginnt die Verjährung mit der Zuwiderhandlung.
...

§ 201 Beginn der kurzen Verjährung
Die Verjährung der in den §§ 196, 197 bezeichneten Ansprüche beginnt mit dem Schlusse des Jahres, in welchem der nach den §§ 198 bis 200 maßgebende Zeitpunkt eintritt. Kann die Leistung erst nach dem Ablauf einer über diesen Zeitpunkt hinausreichenden Frist verlangt werden, so beginnt die Verjährung mit dem Schlusse des Jahres, in welchem die Frist abläuft.
...

§ 315 Bestimmung der Leistung durch eine Partei
(1) Soll die Leistung durch einen der Vertragschließenden bestimmt werden, so ist im Zweifel anzunehmen, daß die Bestimmung nach billigem Ermessen zu treffen ist.
(2) Die Bestimmung erfolgt durch Erklärung gegenüber dem anderen Teile.
(3) Soll die Bestimmung nach billigem Ermessen erfolgen, so ist die getroffene Bestimmung für den anderen Teil nur verbindlich, wenn sie der Billigkeit entspricht. Entspricht sie nicht der Billigkeit, so wird die Bestimmung durch Urteil getroffen; das gleiche gilt, wenn die Bestimmung verzögert wird.

Zweites Buch: **Recht der Schuldverhältnisse**
7. Abschnitt: **Einzelne Schuldverhältnisse**
6. Titel: **Dienstvertrag**
...

§ 612 Vergütung

(1) Eine Vergütung gilt als stillschweigend vereinbart, wenn die Dienstleistung den Umständen nach nur gegen eine Vergütung zu erwarten ist.

(2) Ist die Höhe der Vergütung nicht bestimmt, so ist bei dem Bestehen einer Taxe die taxmäßige Vergütung, in Ermangelung einer Taxe die übliche Vergütung als vereinbart anzusehen.

...

§ 628 Vergütung, Schadenersatz bei fristloser Kündigung

(1) Wird nach dem Beginne der Dienstleistung das Dienstverhältnis auf Grund des § 626 oder des § 627 gekündigt, so kann der Verpflichtete einen seinen bisherigen Leistungen entsprechenden Teil der Vergütung verlangen. Kündigt er, ohne durch vertragswidriges Verhalten des anderen Teiles dazu veranlaßt zu sein, oder veranlaßt er durch sein vertragswidriges Verhalten die Kündigung des anderen Teiles, so steht ihm ein Anspruch auf die Vergütung insoweit nicht zu, als seine bisherigen Leistungen infolge der Kündigung für den anderen Teil kein Interesse haben. Ist die Vergütung für eine spätere Zeit im voraus entrichtet, so hat der Verpflichtete sie nach Maßgabe des § 347 oder, wenn die Kündigung wegen eines Umstandes erfolgt, den er nicht zu vertreten hat, nach den Vorschriften über die Herausgabe einer ungerechtfertigten Bereicherung zurückzuerstatten.

(2) Wird die Kündigung durch vertragswidriges Verhalten des anderen Teiles veranlaßt, so ist dieser zum Ersatze des durch die Aufhebung des Dienstverhältnisses entstehenden Schadens verpflichtet.

...

7. Titel: Werkvertrag und ähnliche Verträge

...

§ 632 Vergütung

(1) Eine Vergütung gilt als stillschweigend vereinbart, wenn die Herstellung des Werkes den Umständen nach nur gegen eine Vergütung zu erwarten ist.

(2) Ist die Höhe der Vergütung nicht bestimmt, so ist bei dem Bestehen einer Taxe die taxmäßige Vergütung, in Ermangelung einer Taxe die übliche Vergütung als vereinbart anzusehen.

...

10. Titel: Auftrag

...

§ 669 Vorschußpflicht

Für die zur Ausführung des Auftrags erforderlichen Aufwendungen hat der Auftraggeber dem Beauftragten auf Verlangen Vorschuß zu leisten.

§ 670 Ersatz von Aufwendungen

Macht der Beauftragte zum Zwecke der Ausführung des Auftrags Aufwendungen, die er den Umständen nach für erforderlich halten darf, so ist der Auftraggeber zum Ersatze verpflichtet.

...

Finanzgerichtsordnung
(FGO)

Auszug

§ 135 Grundsätze der Kostenpflicht

(1) Der unterliegende Beteiligte trägt die Kosten des Verfahrens.

(2) Die Kosten eines ohne Erfolg eingelegten Rechtsmittels fallen demjenigen zur Last, der das Rechtsmittel eingelegt hat.

(3) Dem Beigeladenen können Kosten nur auferlegt werden, soweit er Anträge gestellt oder Rechtsmittel eingelegt hat.

(4) Die Kosten des erfolgreichen Wiederaufnahemverfahrens können der Staatskasse auferlegt werden, soweit sie nicht durch das Verschulden eines Beteiligten entstanden sind.

(5) Besteht der kostenpflichtige Teil aus mehreren Personen, so haften diese nach Kopfteilen. Bei erheblicher Verschiedenheit ihrer Beteiligungen kann nach Ermessen des Gerichts die Beteiligung zum Maßstab genommen werden.

§ 136 Kompensation der Kosten

(1) Wenn ein Beteiligter teils obsiegt, teils unterliegt, so sind die Kosten gegeneinander aufzuheben oder vrhältnismäßig zu teilen. Sind die Kosten gegeneinander aufgehoben, so fallen die Gerichtskosten jedem zur Hälfte zur Last. Einem Beteiligten können die Kosten ganz auferlegt werden, wenn der andere nur zu einem geringen Teil unterlegen ist.

(2) Wer einen Antrag, eine Klage, ein Rechtsmittel oder einen anderen Rechtsbehelf zurücknimmt, hat die Kosten zu tragen.

(3) Kosten, die durch einen Antrag auf Wiedereinsetzung in den vorigen Stand entstehen, fallen dem Antragsteller zur Last.

(4) aufgehoben

§ 137 Anderweitige Auferlegung der Kosten

Einem Beteiligten können die Kosten ganz oder teilweise auch dann auferlegt werden, wenn er obsiegt hat, die Entscheidung aber auf Tatsachen beruht, die er früher hätte geltend machen oder beweisen können und sollen. Kosten, die durch Verschulden eines Beteiligten entstanden sind, können diesem auferlegt werden.

§ 138 Kostenentscheidung durch Beschluß

(1) Ist der Rechtsstreit in der Hauptsache erledigt, so entscheidet das Gericht nach billigem Ermessen über die Kosten des Verfahrens durch Beschluß; der bisherige Sach- und Streitstand ist zu berücksichtigen.

(2) Soweit ein Rechtsstreit dadurch erledigt wird, daß dem Antrag des Steuerpflichtigen durch Rücknahme oder Änderung des angefochtenen Verwaltungsaktes stattgegeben oder daß im Falle der Untätigkeitsklage gemäß § 46 Abs. 1 Satz 3 Halbsatz 2 innerhalb der gesetzten Frist dem außergerichtlichen Rechtsbehelf stattgegeben oder der beantragte Verwaltungsakt erlassen wird, sind die Kosten der Behörde aufzuerlegen.

§ 139 Erstattungsfähige Kosten

(1) Kosten sind die Gerichtskosten (Gebühren und Auslagen) und die zur zweckentsprechenden Rechtsverfolgung oder Rechtsverteidigung notwendigen Aufwendungen der Beteiligten einschließlich der Kosten des Vorverfahrens.

(2) Die Aufwendungen der Finanzbehörden sind nicht zu erstatten.

(3) Gesetzlich vorgesehene Gebühren und Auslagen eines Bevollmächtigten oder Beistandes, der nach den Vorschriften des Steuerberatungsgesetzes zur geschäftsmäßigen Hilfeleistung in Steuersachen befugt ist, sind stets erstattungsfähig. Aufwendungen für einen Bevollmächtigten oder Beistand, für den Gebühren und Auslagen gesetzlich nicht vorgesehen sind, können bis zur Höhe der gesetzlichen Gebühren und Auslagen der Rechtsanwälte erstattet werden. Soweit ein Vorverfahrenm geschwebt hat, sind die Gebühren und Auslagen erstattungsfähig, wenn das Gericht die Zuziehung eines Bevollmächtigten oder Beistandes für das Vorverfahren für notwendig erklärt. Steht der Bevollmächtigte oder Beistand in einem Angestelltenverhältnis zu einem Beteiligten, so werden die durch seine Zuziehung entstandenen Gebühren nicht erstattet.

(4) Die außergerichtlichen Kosten des Beigeladenen sind nur erstattungsfähig, wenn das Gericht sie aus Billigkeit der unterliegenden Partei oder der Staatskasse auferlegt.

§§ 140 und 141 (gestrichen)

§ 142 Prozeßkostenhilfe

(1) Die Vorschriften der Zivilprozeßordnung über die Prozeßkostenhilfe gelten sinngemäß.

(2) Einem Beteiligten, dem Prozeßkostenhilfe bewilligt worden ist, kan auch ein Steuerberater beigeordnet werden.

§ 143 Kostenentscheidung

(1) Das Gericht hat im Urteil, oder wenn das Verfahren in anderer Weise beendet worden ist, durch Beschluß über die Kosten zu entscheiden.

(2) Wird eine Sache vom Bundesfinanzhof an das Finanzgericht zurückverwiesen, so kann diesem die Entscheidung über die Kosten des Verfahrens übertragen werden.

§ 144 Kostenentscheidung bei Rücknahme des Rechtsbehelfs

Ist ein Rechtsbehelf seinem vollen Umfange nach zurückgenommen worden, so wird über die Kosten des Verfahrens nur entschieden, wenn ein Beteiligter Kostenerstattung beantragt.

§ 145 Keine Anfechtung der Kostenentscheidung; isolierte Kostenentscheidung

Die Anfechtung der Entscheidung über den Kostenpunkt ist unzulässig, wenn nicht gegen die Entscheidung in der Hauptsache ein Rechtsmittel eingelegt wird.

§§ 146 bis 148 (gestrichen)

§ 149 Festsetzung der Aufwendungen

(1) Die den Beteiligten zu erstattenden Aufwendungen werden auf Antrag von dem Urkundsbeamten des Gerichts des ersten Rechtszuges festgesetzt.

(2) Gegen die Festsetzung ist die Erinnerung an das Gericht gegeben. Die Frist für die Einlegung der Erinnerung beträgt zwei Wochen. Über die Zulässigkeit der Erinnerung sind die Beteiligten zu belehren.

(3) Der Vorsitzende des Gerichts oder das Gericht können anordnen, daß die Vollstreckung einstweilen auszusetzen ist.

(4) Über die Erinnerung entscheidet das Gericht durch Beschluß.

Erläuterung zur FGO:

Die in der StBGebV geregelten Gebühren stellen gesetzliche Gebühren im Sinn des § 139 Abs. 3 Satz 2 FGO dar, auch wenn es sich bei der StBGebV um eine Rechtsverordnung handelt. Diese beruht nämlich auf § 64 StBerG und hat damit eine gesetzliche Grundlage, die den Voraussetzungen des § 139 Abs. 3 Satz 2 FGO entspricht. Denn als gesetzliche Gebühren und Auslagen im Sinn dieser Vorschrift sind nicht nur die unmittelbar in einem Gesetz normierten Gebühren und Auslagen zu verstehen, sondern auch solche, die in einer Rechtsverordnung aufgrund eines Gesetzes vorgeschrieben sind. Infolgedessen findet die BRAGO bei der Erstattung von Kosten des Vorverfahrens nach § 139 FGO nur noch in den Fällen Anwendung, in denen keine Gebühren und Auslagen nach der StBGebV entstanden sind. Da das Einspruchsverfahren zum behördlichen Verfahren gehört, ist es auch kostenrechtlich nicht dem gerichtlichen Verfahren zuzurechnen, so daß insoweit die BRAGO nicht über die Verweisungsvorschrift des § 45 StBGebV Anwendung findet. VGl. FG Berlin, EFG 1985 S. 414.

Gerichtskostengesetz
(GKG)

Auszug
(Fassung ab 1. 1. 1987)

...

§ 11 Höhe der Kosten

(1) Kosten werden nach dem Kostenverzeichnis der Anlage 1 zu diesem Gesetz erhoben.

(2) Die Gebühren richten sich nach dem Wert des Streitgegenstandes (Streitwert), soweit nichts anderes bestimmt ist. ...

(3) Der Mindestbetrag einer Gebühr ist 20 DM. Dies gilt nicht für das durch die Geschäftsstelle an die Post gerichtete Ersuchen um Bewirkung einer Zustellung (§ 196 ZPO). Pfennigbeträge werden auf volle zehn Deutsche Pfennig aufgerundet.

...

§ 13 Wertberechnung in Verfahren vor Gerichten der Verwaltungsgerichtsbarkeit und Finanzgerichtsbarkeit

(1) In Verfahren vor den Gerichten der Verwaltungsgerichtsbarkeit und der Finanzgerichtsbarkeit ist der Streitwert vorbehaltlich der folgenden Vorschriften nach der sich aus dem Antrag des Klägers für ihn ergebenden Bedeutung der Sache nach Ermessen zu bestimmen. Bietet der bisherige Sach- und Streitstand hierfür keine genügenden Anhaltspunkte, so ist ein Streitwert von 8 000 Deutsche Mark anzunehmen.

(2) Betrifft der Antrag des Klägers eine bezifferte Geldleistung oder einen hierauf gerichteten Verwaltungsakt, so ist deren Höhe maßgebend.

...

(6) Dem Kläger steht gleich, wer sonst das Verfahren der ersten Instanz beantragt hat.

§ 14 Wertberechnung in Rechtsmittelverfahren

(1) Im Rechtsmittelverfahren bestimmt sich der Streitwert nach den Anträgen des Rechtsmittelführers. Endet das Verfahren, ohne daß solche Anträge eingereicht werden, oder werden, wenn eine Frist für die Rechtsmittelbegründung vorgeschrieben ist, innerhalb dieser Frist Rechtsmittelanträge nicht eingereicht, so ist die Beschwer maßgebend.

(2) Der Streitwert ist durch den Wert des Streitgegenstandes der ersten Instanz begrenzt. Das gilt nicht, soweit der Streitgegenstand erweitert wird.

(3) Im Verfahren über den Antrag auf Zulassung des Rechtsmittels und im Verfahren oder die Beschwerde gegen die Nichtzulassung des Rechtmittels ist Streitwert der für das Rechtsmittelverfahren maßgebende Wert.

§ 15 Zeitpunkt der Wertberechnung.

Für die Wertberechnung ist der Zeitpunkt der die Instanz einleitenden Antragstellung entscheidend.

...

§ 19 Klage und Widerklage

(1) In einer Klage und in einer Widerklage geltend gemachte Ansprüche, die nicht in getrennten Prozessen verhandelt werden, werden zusammengerechnet. Ein hilfsweise geltend ge-

machter Anspruch wird mit dem Hauptanspruch zusammengerechnet, soweit eine Entscheidung über ihn ergeht. Betreffen die Ansprüche im Fall des Satzes 1 oder 2 denselben Gegenstand, ist nur der Wert des höheren Anspruchs maßgebend.

(2) Für wechselseitig eingelegte Rechtsmittel, die nicht in getrennten Prozessen verhandelt werden, ist Abs. 1 Satz 1 und 3 entsprechend anzuwenden.

(3) Macht der Beklagte hilfsweise die Aufrechnung mit einer bestrittenen Gegenforderung geltend, so erhöht sich der Streitwert um den Wert der Gegenforderung, soweit eine der Rechtskraft fähige Entscheidung über sie ergeht.

(4) Bei einer Erledigung des Rechtsstreits durch Vergleich sind die Absätze 1 bis 3 entsprechend anzuwenden.

§ 20 Einstweiliger Rechtsschutz, Verfahren nach § 319 Abs. 6 des Aktien-Gesetzes oder § 16 Abs. 3 des Umwandlungsgesetzes

(1) Im Verfahren über einen Antrag auf Anordnung, Abänderung oder Aufhebung eines Arrestes oder einer einstweiligen Verfügung bestimmt sich der Wert nach § 3 der Zivilprozeßordnung. Entsprechendes gilt im Verfahren über den Antrag auf Zulassung der Vollziehung einer vorläufigen oder sichernden Maßnahme des Schiedsgerichts sowie im Verfahren auf Aufhebung oder Abänderung einer Entscheidung auf Zulassung der Vollziehung (§ 1041 der Zivilprozeßordnung).

...

(3) Im Verfahren über einen Antrag auf Erlaß, Abänderung oder Aufhebung einer einstweiligen Anordnung nach § 123 der Verwaltungsgerichtsordnung oder § 114 der Finanzgerichtsordnung und in Verfahren nach § 47 Abs. 8, § 80 Abs. 5 bis 8, § 80a Abs. 3 der Verwaltungsgerichtsordnung oder § 69 Abs. 3, 5 der Finanzgerichtsordnung bestimmt sich der Wert nach § 13 Abs. 1.

...

§ 21 Teile des Streitgegenstandes

(1) Für Handlungen, die einen Teil des Streitgegenstandes betreffen, sind die Gebühren nur nach dem Wert dieses Teils zu berechnen.

(2) Sind von einzelnen Wertteilen in derselben Instanz für gleiche Handlungen Gebühren zu berechnen, so darf nicht mehr erhoben werden, als wenn die Gebühr von dem Gesamtbetrag der Wertteile zu berechnen wäre.

(3) Sind für Teile des Gegenstandes verschiedene Gebührensätze anzuwenden, so sind die Gebühren für die Teile gesondert zu berechnen; die aus dem Gesamtbetrag der Wertteile nach dem höchsten Gebührensatz berechnete Gebühr darf jedoch nicht überschritten werden.

§ 22 Nebenforderungen

(1) Bei Handlungen, die außer dem Hauptanspruch auch Früchte, Nutzungen, Zinsen oder Kosten als Nebenforderungen betreffen, wird der Wert der Nebenforderung nicht berücksichtigt.

(2) Bei Handlungen, die Früchte, Nutzungen, Zinsen oder Kosten als Nebenforderungen ohne den Hauptanspruch betreffen, ist der Wert der Nebenforderungen maßgebend, soweit er den Wert des Hauptanspruchs nicht übersteigt.

(3) Bei Handlungen, welche die Kosten des Rechtsstreits ohne den Hauptanspruch betreffen, ist der Betrag der Kosten maßgebend, soweit er den Wert des Hauptanspruchs nicht übersteigt.

Anlage 1 zu § 11 Abs. 1 GKG

Kostenverzeichnis

Nr.	Gebührentatbestand	Gebührenbetrag in DM oder Satz der Gebühr nach der Tabelle der Anlage 2
	C. Verfahren vor den Gerichten der Finanzgerichtsbarkeit **I. Prozeßverfahren** 1. Prozeßverfahren erster Instanz	
3110	Verfahren im allgemeinen, soweit es sich nicht nach § 45 Abs. 3 erledigt . . . . Die Gebühr entfällt bei Zurücknahme der Klage vor Ablauf des Tages, an dem ein Beweisbeschluß oder ein Gerichtsbescheid unterschrieben ist und früher als eine Woche vor Beginn des Tages, der für die mündliche Verhandlung vorgesehen war, die Erledigung des Rechtstreits in der Hauptsache (§ 138 FGO) steht der Zurücknahme nicht gleich	1,0
3113	Gerichtsbescheid (§ 90a FGO) außer Zwischengerichtsbescheid, Grundurteil (§ 99 Abs. 1 FGO), Vorbehaltsurteil (§ 155 FGO i.V.m. § 302 ZPO)	1,0
3114	Endurteil, soweit die Gebühr 3113 entstanden ist.	1,5
3115	Endurteil, soweit die Gebühr 3113 nicht entstanden ist.	2,5
3118	Beschluß nach § 138 FGO, soweit nicht bereits die Gebühr 3114 oder 3115 entstanden ist . . . . 2. Revisionsverfahren	1,5
3130	Verfahren im allgemeinen	2,0
3131	Zurücknahme der Revision oder der Klage, bevor die Schrift zur Begründung der Revision bei Gericht eingegangen ist; die Erledigung des Rechtstreits in der Hauptsache (§ 138 FGO) steht der Zurücknahme nicht gleich Die Gebühr 3130 ermäßigt sich auf	0,5
3133	Gerichtsbescheid (§ 90a FGO) außer Zwischengerichtsbescheid.	1,5
3134	Urteil, das die Instanz abschließt, soweit die Gebühr 3133 entstanden ist	1,5
3135	Urteil, das die Instanz abschließt, soweit die Gebühr 3133 nicht entstanden ist	3,0
3138	Beschluß nach § 138 FGO	1,5

II. Einstweilige Anordnungen, Verfahren nach § 69 Abs. 3, 4 FGO

3210	Verfahren über den Antrag . . . . Im Verfahren über den Antrag auf Erlaß und über den Antrag auf Aufhebung einer einstweiligen Anordnung werden die Gebühren jeweils gesondert erhoben. Mehrere Verfahren nach § 69 Abs. 3, 5 FGO gelten innerhalb eines Rechtszuges als Verfahren.	0,5

III. Selbständige Beweisverfahren, Verzögerung des Rechtsstreites

3300	Selbständiges Beweisverfahren	0,5
3310	Auferlegung einer Gebühr nach § 34 GKG wegen Verzögerung des Rechtstreits	wie vom Gericht bestimmt

IV. Beschwerdeverfahren

3400	Verfahren über die Beschwerde nach § 114 FGO	1,0
3401	Verfahren über die Beschwerde gegen eine Entscheidung im Verfahren über die Prozeßkostenhilfe Die Beschwerde wird verworfen oder zurückgewiesen. . . . . Wird die Beschwerde nur teilweise verworfen oder zurückgewiesen, kann das Gericht die Gebühr nach billigem Ermessen auf die Hälfte ermässigen oder bestimmen, daß eine Gebühr nicht zu erheben ist.	50 DM

GKG

Anlage 2 zu § 11 Abs. 2 GKG

Bei einem Streitwert bis ... DM (Spalte 1) beträgt die Gebühr ... DM (Spalte 2).

1	2	1	2
600	50	45 000	610
1 200	70	50 000	655
1 800	90	60 000	715
2 400	110	70 000	775
3 000	130	80 000	835
4 000	145	90 000	895
5 000	160	100 000	955
6 000	175	130 000	1 155
7 000	190	160 000	1 355
8 000	205	190 000	1 555
9 000	220	220 000	1 755
10 000	235	250 000	1 955
12 000	265	280 000	2 155
14 000	295	310 000	2 355
16 000	325	340 000	2 555
18 000	355	370 000	2 755
20 000	385	400 000	2 955
25 000	430	460 000	3 250
30 000	475	520 000	3 545
35 000	520	580 000	3 840
40 000	565	640 000	4 135

Streitwert-ABC

Allgemeines

In gerichtlichen Verfahren bestimmt sich der Gegenstandswert nach den für Gerichtsgebühren geltenden Wertvorschriften (§ 8 Abs. 1 BRAGO), also nach § 13 GKG. Nach dieser Vorschrift ist der Streitwert in Verfahren vor den Gerichten der Verwaltungsgerichtsbarkeit und der Finanzgerichtsbarkeit grundsätzlich nach der sich aus dem Antrag des Klägers für ihn ergebenden Bedeutung der Sache nach Ermessen zu bestimmen. Dabei werden andere als die im Streit befangenen Steuerbeträge und Steuerarten sowie Nebenleistungen nicht berücksichtigt. Bei einer Klage, die eine ESt-Frage zum Gegenstand hat, bleiben also z. B. außer Ansatz:

– Auswirkungen auf die Folgejahre,
– Auswirkungen auf die KiSt, die GewSt, Beiträge zur Industrie und Handelskammer und dergl.,
– Säumniszuschläge, Verspätungszuschläge, Pfändungsgebühren und ähnliche Nebenforderungen.

Das folgende Streitwert-ABC soll nur einen groben Überblick verschaffen. Wegen Einzelheiten muß auf die Rechtsprechung, die sich immer wieder ändert, zurückgegriffen werden.

ABC

Angelegenheit	Bemessung im Regelfall	Fundstelle
Ablehnung eines Richters oder Sachverständigen	Unterschiedl. Meinungen	Schall, StB 95 S. 24
Abrechnungsbescheid	Differenz	EFG 72, 354; Pump, StLex 2, 218-223, 14 EFG 69, 255
Anteilsbewertung	Bei Klage d. Gesell–schaft; Strittiger Wertunter–schied d. betroff. Anteile	BFH, BStBl III 65, 64
	bei Klage e. Anteilseigners: Strittiger Wertunterschied des–sen Anteils	BFH, BStBl II 77, 698, BFH, BStBl II 83, 506
	Ansatz: Vermög.-steuerl. Aus–wirkung f. 1 Jahr	BFH, BStBl II 77, 404, BFH, DStR 83, 521
Arrest	1/2 Hinterlegungssumme	Schall, StB 96, 26
Aufrechnung	Zur Aufrechnung gestellter Anspruch – Nur 10%	BFH, BStBl III 68, 144 u. 91, 467 EFG 76, 583
Außenprüfung		
– Rechtsmäßigkeit d. Anord–nung	50% d. mögl. steuerl. Aus–wirkgn.	BFH, BStBl 85, 257; BFH/NV 1987, 49
– geg. einzelne Ermittl.-Maß–nahmen	50% d. mögl. steuerl. Auswir–kung, notfalls 6 000 DM	BFH/NV 1986, 752
Aussetzung der Vollziehung		
– allgemein	10% d. streit. Betrags	BFH, BStBl III 67, 321, BStBl II 76, 385, II 81, 276
– auf Widerruf	10% d. streit. Betrags	
– nur weg. Sicherh.-Leistung	10% d. gef. Sicherh.-Leistung	BFH, BStBl II 73, 16
– zus. weg. Sicherh.-Leistung	15% d. streitigen Betrags	EFG 77, 383
Buchführungspflicht	8 000 DM	BFH, BStBl II 84, 39
Einheitl. Gewinnfeststellung Streit wegen		
– Aufhebung d. Bescheids	25% d. Gesamtgewinns	BFH, BStBl II 76, 22 u. 434
– Höhe d. lfd. Einkünfte	25% d. streit. Einkünfte, höher bei Gewinnanteil über 15 000 DM	BFH, BStBl II 74, 140 BFH, BStBl II 78, 435, BFH/NV 87, 184

Angelegenheit	Bemessung im Regelfall	Fundstelle
– Höhe d. Veräuß.-Gewinns	15% des streit. Veräußerungs-gewinns oder höher (bei höh. Anteilen)	BFH, BStBl III 67, 274 II 75, 827 BFH/NV 86, 229
– Verteilung d. Gewinns	25% d. Gewinnteils, um dessen Verteilg. gestritten wird bei Ehegatten 10%	BFH, BStBl II 74, 138 BFH, BStBl II 74, 746
– Art der Einkünfte	frei schätzen, ggf. 1% d. streit. Betrags	BFH, BStBl II 70, 547, 72, 428
Einheitsbewertung		
– Betriebsvermögen	30 v. T. d. streit. Wertunter-schieds, evtl. weniger	BFH, BStBl II 82, 512, II 85, 494
Einkommensteuer		
– gegen Vorauszahlgn.	Strittiger Betrag	BFH, BStBl 55, 298, III 64, 530
– allgemein	Differenz	EFG 83, 371
Einstw. Anordnung	1/3 d. Werts d. Hauptsache	BFH, BStBl II 77, 80 u. 354
– nur weg. Sicherh.	10% d. Werts d. Hauptsache	EFG 68, 174
– wg. Zahlungsverpflichtg.		BFH, BStBl II 80, 520
Erlaß	Der Betrag, dessen Erlaß be-gehrt wird	BFH, BStBl II 91, 528
Erstattung	Der Betrag, der begehrt wird	BFH, BStBl II 71, 603
Erzwingungsgeld	Angedrohter od. festgesetzter Betrag	BFH, BStBl III 52, 55
Gesonderte Gewinnfeststel-lung	Auswirkung bei ESt	BFH, BStBl III 65, 462 BFH/NV 86, 554, EFG 88, 137
Gewerbesteuer-Meßbetrag	Differenz zw. begehrtem und festgesetztem Betrag verviel-facht mit dem Hebesatz	BFH, BStBl III 65, 483
Grunderwerbsteuer	Differenz zw. begehrter u. ver-anlagter Steuer	BFH, BStBl II 68, 749, II 84, 204
Grundsteuer-Meßbetrag	4-facher Jahresbetrag	BFH/NV 94, 818
Haftung	Strittige Haftungssumme incl. KiSt	BFH, BStBl II 72, 181
– weg. LSt b. Arbeitgeber		III 65, 56
Körperschaftsteuer	siehe ESt	
– wg. verd. Gewinnausschüttg.	30% d. streit. Betrags	EFG 84, 632
Kraftfahrzeugsteuer	Jahressteuer	BFH, BStBl II 74, 432
Lohnsteuer		
– Freibetrag	Unterschied i. d. Jahressteuer	BFH/NV 90, 319
Nichtzulassungsbeschwerde	wie Revision	BFH/NV 90, 257
Pfändung	Beizutreibender Betrag od. niedrig. Wert d. gepfänd. Ge-genstands	BFH, BStBl II 78, 71
Stundung	10% des Betrags, dessen Stundung begehrt wird	BFH, BStBl III 58, 121
Umsatzsteuer	siehe ESt	
Untätigkeitsklage	10% des Steuerbetrags	BFH/NV 87, 389
– wird Sachentscheidg. be-gehrt	Voller Wert der Hauptsache	BFH, BStBl II 71, 25 BFH, BStBl III 67, 253, II 69, 319
Vollstreckung	Wert der zu vollstreck. Forde-rung Siehe auch bei Pfändung	BFH, DStR 83, 521 BFH, BStBl II 71, 25
Vorauszahlungen	Voller strittiger Betrag	
Zerlegung	bei Anfechtung 8 000 DM	BFH, BStBl II 71, 206 EFG 83, 369
Zwangsgeld	strittiger Betrag	BFH/NV 86, 424 EFG 93, 811

Stichwortverzeichnis

(Angegebene Zahlen sind die Seitenzahlen)

Tabellenübersicht

Schnellübersicht

Tabelle A

Tabelle B

Tabelle C

Tabelle D
Teil a
Teil b

Tabelle E

Der Verlag hat diesen Tabellenteil als Sonderband (Ringbindung) herausgebracht. Diesen Tabellenband können Sie zum Preis von DM 18,— bestellen.

Schnellübersicht

Tätigkeit	§	Tab.	GebSatz	Gegenstandswert
ESt-Erklärung (ohne Ermittlung der Einkünfte)	24 I Nr. 1	A	1/10–6/10	Summe d. positiven Einkünfte, mind. 12 000 DM
Erkl. z. gesonderten Feststellung	24 I Nr. 2	A	1/10–5/10	Summe d. positiven Einkünfte, mind. 12 000 DM
KSt-Erklärung (ohne Ermittlung der Einkünfte)	24 I Nr. 3	A	2/10–8/10	Einkommen vor Verlustabzug, mind. 25 000 DM
KSt. Feststellg. verwendbaren Eigenkapitel	24 I Nr. 4	A	1/10–6/10	verwendbares Eigenkap., mind. 25 000 DM
GewSt-Erklärung – nach GewErtrag – nach GewKap.	 24 I Nr. 5a 24 I Nr. 5b	 A A	 1/10–6/10 1/20–12/20	GewErtrag vor Freibetrag, mind. 12 000 DM GewKap. vor Freibetrag, mind. 18 000 DM
GewSt-Zerlegungserklärung	24 I Nr. 6	A	1/10–6/10	10% als Zerlegungsmaßstab Arbeitslöhne od. Betriebseinn., mind. 8 000 DM
USt-Voranmeldung	24 I Nr. 7	A	1/10–6/10	10% aus Gesamtbetrag d. Entgelte + Eigenverbrauch, mind. 1 000 DM
USt-Jahreserklärung	24 I Nr. 8	A	1/10–6/10	10% aus Gesamtbetrag der Entgelte + Eigenverbrauch, mind. 12 000 DM
Vermögensaufstellg. zur Ermittlung d. Betriebsvermögens	24 I Nr. 9	A	1/20–14/20	Rohbetriebsverm., mind. 25 000 DM
VSt-Erklärung	24 I Nr. 10	A	1/20–18/20	Rohverm. bei natürl. Pers., mind. 25 000 DM, bei Körp. mind. 50 000 DM
Gesond. Feststellg. nicht notierter Anteile an KapG	24 I Nr. 11	A	1/20–18/20	Summe der Anteilswerte, mind. 50 000 DM

Tätigkeit	§	Tab.	GebSatz	Gegenstandswert
Erb-StErklärung	24 I Nr. 12	A	2/10–10/10	Wert d. Erwerbs von Todes wegen vor Abzug d. Schulden, mind. 25 000 DM
Schenkungsteuer-Erklärg.	24 I Nr. 13	A	2/10–10/10	Rohwert d. Schenk., mind. 25 000 DM
Kapitalertragsteuer-Erkl.	24 I Nr. 14	A	1/20–6/20	Summe d. kapstpfl. Erträge, mind. 6 000 DM
LSt-Anmeldung	24 I Nr. 15	A	1/20–6/20	20% der Arbeitslöhne, mind. 2 000 DM
Antrag auf InvZul.	24 I Nr. 19	A	1/10–6/10	BemessGrdl. vor Abzug d. Vergleichsvolumens
Anträge nach § 61 UStDV	24 I Nr. 21	A	1/10–6/10	Beantr. Vergütg., mind. 2 000 DM
Anträge auf Erstattg. v. KapSt u. v. KSt	24 I Nr. 22	A	1/10–6/10	beantr. Erstattg., mind. 2 000 DM
Antrag auf Kindergeld	24 I Nr. 23	A	2/10–10/10	Beantragtes Jahreskindergeld
Antrag auf Eigenheimzulage	24 I Nr. 24	A	2/10–10/10	Beantragte Zulage
Ermittlg. d. Zugewinn-Ausgleichsforderung	24 II	A	5/10–15/10	Ermittelter Betrag, mind. 25 000 DM
Antrag auf LSt-Ermäßigung	24 III	A	1/20–4/20	Jahresarbeitslohn, mind. 9 000 DM
Hauptfestst. Fortschreibung oder Nachfestst. d. EW f. Grundbesitz	24 IV Nr. 1	A	Zeitgebühr	
Festst. d. verrechenb. Verlustes n. § 15a EStG	24 IV Nr. 2		Zeitgebühr	

Übersicht

Tätigkeit	§	Tab.	GebSatz	Gegenstandswert

Abschlußarbeiten

Tätigkeit	§	Tab.	GebSatz	Gegenstandswert
Aufstellung von Bilanz u. GuV	35 I Nr. 1a	B	10/10–40/10	
– Anhang	35 I Nr. 1b	B	2/10–12/10	
– Lagebericht	35 I Nr. 1c	B	2/20–12/10	
Zwischenabschluß vorl. Abschluß	35 I Nr. 2	B	5/10–12/10	
Entwicklg. d. StBilanz aus Handelsbilanz Ableitg. d. Ergebn. v. HB-Gewinn	35 I Nr. 3	B	5/10–12/10	Mittel zwischen berichtigter Bilanzsumme u. betriebl. Jahresleistung (soweit unter d. 5fachen Bilanzsumme
beratende Mitwirkung bei Bilanzerstellung	35 I Nr. 7a	B	2/10–10/10	
– bei Anhang	35 I Nr. 7b	B	2/10–4/10	
– Lagebericht	35 I Nr. 7c	B	2/10–4/10	
Zusammenstellung v. Bilanz u. GuV aus übergebenen Endzahlen	35 I Nr. 8	B	2/10–6/10	
Eröffnungsbilanz	35 I Nr. 4	B	5/10–12/10	Berichtigte Bilanzsumme
Auseinandersetzungsbilanz	35 I Nr. 5	B	5/10–20/10	Berichtigte Bilanzsumme
Erläuterungsbericht zu o.g. Bilanzen (Nr. 1-5)	35 I Nr. 6	B	2/10–12/10	Wert f. jeweilige Arbeit
Abschlußvorarbeiten u. Inventur	35 III		Zeitgebühr	

Tätigkeit	§	Tab.	GebSatz	Gegenstandswert

Überschußrechnung

Tätigkeit	§	Tab.	GebSatz	Gegenstandswert
Ermittlg. d. Überschusses n. § 4 III EStG	25 I	B	5/10–20/10	Höh. Summe d. BEinn. oder BAusg., mind. 25 000 DM
Erhebl. Vorarbeiten b. Überschußrechng.	25 II		Zeitgebühr	
Ermittlg. d. Überschusses d. Einn. über Werbungskosten b. Einkünften aus nichtselbst. Arbeit, Kap-Verm., VuV u. sonst. Einkünfte	27 I	A	1/20–12/20	Höh. Summe d. Einn. oder d. WK, mind. 12 000 DM

Buchführung

Tätigkeit	§	Tab.	GebSatz	Gegenstandswert
Einrichtung d. Buchfg.	32		Zeitgebühr	
Buchfg. einschl. Kontieren	33 I	C	mtl. 2/10–12/10	⎤
Kontieren d. Belege	33 II	C	mtl. 1/10–6/10	
Buchfg. nach kontierten Belegen	33 III	C	mtl. 1/10–6/10	⎬ Jahresumsatz
Buchfg. nach erstellten Datenträgern	33 IV	C	mtl. 1/20–10/20 + Vergütg. f. EDV	
Lfd. Überwachung d. Buchf.	33 V	C	mtl. 1/10–6/10	⎦
Sonstige Hilfeleistg. in Buchfg.-Angelegenheiten	33 VII		Zeitgebühr	
Prüfg. d. Buchfg. oder einzelner Konten u. Bericht	36 I		Zeitgebühr	
Prüfg. eines Abschlusses oder sonstiger VermRechnung	36 II Nr. 1	B	2/10–10/10 + Zeitgebühr	wie bei Abschlußarbeit (§ 35 II)
– Berichterstattung	36 II Nr. 2	B	Zeitgebühr	
VermStatus oder Finanzstatus	37 Nr. 1	B	5/10–15/10	⎤
– aus übergebenen Endzahlen	37 Nr. 2	B	2/10–6/10	⎬ Summe der Vermög.- od. Finanzwerte
– schriftl. Erläuterungsbericht	37 Nr. 3	B	1/10–6/10	⎦

Tätigkeit	§	Tab.	GebSatz	Gegenstandswert

Lohnbuchhaltung

Tätigkeit	§ Tab.	GebSatz	Gegenstandswert
Erstmalige Einrichtung v. Lohnkonten u. Aufnahme d. Stammdaten	34 I	5 – 18,— DM	je Arbeitnehmer
Führung v. Lohnkonten u. Anfertigung d. Lohnabrechnung	34 II	5 – 30,— DM	
Führung v. Lohnkonten u. Anfertigung d. Lohnabrechnung nach erstellten Buchungsunterlagen	34 III	2 – 10,— DM	je Arbeitnehmer u. Abrechn.-Zeitraum
Lohnbuchfg. nach Datenträgern d. Mandanten	34 IV	1 – 5,— DM	
Sonstige Tätigkeiten der Lohnbuchfg. u. d. LSt-Abzugs	34 V	Zeitgebühr	

Tätigkeit	§	Tab.	GebSatz	Gegenstandswert

Sonstige Leistungen

Tätigkeit	§	Tab.	GebSatz	Gegenstandswert
Rat, Auskunft (ohne Strafs. u. Bußgeld) – Erstberatung	21 I 1	A	1/10–10/10 höchst. 350 DM	
Gutachten	22	A	10/10–30/10	
Berichtigung einer Erklärg. (§ 153 AO)	23 Nr. 1	A	2/10–10/10	
Antrag auf Stundung	23 Nr. 2	A	2/10–8/10	
Antrag auf Anpassung d. Vorauszahlungen	23 Nr. 3	A	2/10–8/10	
Antrag auf Erlaß oder abweichende StFestsetzung aus Billigkeitsgründen	23 Nr. 4, 5	A	2/10–8/10	Wert des Interesses
Erstattungsantrag	23 Nr. 6	A	2/10–8/10	
Antrag auf Änderung oder Aufhebung eines StBescheides oder StAnmeldung	23 Nr. 7	A	2/10–10/10	
Antrag auf Rücknahme od. Widerruf e. sonstigen Verwaltungsakts	23 Nr. 8	A	4/10–10/10	
Wiedereinsetzungsantrag	23 Nr. 9	A	4/10–10/10	
Sonstige Anträge, soweit nicht in EStErkl. zu stellen	23 Nr. 10	A	2/10–10/10	
Ermittlung d. Gewinns aus Land- u. Forstwirtschaft nach Durchschnittssätzen	26 I	B	5/10–20/10	Ausgangswert nach § 13 a IV EStG
Prüfg. e. StBescheids	28		Zeitgebühr	
Teilnahme an Prüfg.	29 Nr. 1		Zeitgebühr	
Schriftl. Einwendungen gegen Bp-Bericht	29 Nr. 2	A	5/10–10/10	Wert des Interesses
Selbstanzeige	30	A	10/10–30/10	
Besprechung	31	A	5/10–10/10	

235

Tätigkeit	§	Tab.	GebSatz	Gegenstandswert

Außergerichtliche Rechtsbehelfe

Tätigkeit	§	Tab.	GebSatz	Gegenstandswert
Aussetzung der Vollziehung	44 II		keine besond. Geb.	eine Angelegenheit mit RBehelfsverf.
Geschäftsgebühr	41 I	E	5/10–10/10	
– wenn vorher StBescheid geprüft (§ 28)	41 III	E	3/10–8/10	
– bei Erstellg. d. StErklärung im RBehelfsverf.	41 IV	E	1/10–3/10	Streitwert
Besprechungsgebühr	42 I	E	5/10–10/10	
Beweisgebühr	43 I	E	5/10–10/10	
Erledigungsgebühr	40 II	E	10/10	
Vollstreckungsverf. GeschGeb., BesprGeb., BewGeb.	44 I	E	je 3/10	Wert des Interesses

Zeitgebühr

je halbe Stunde § 13 StBGebV		37,50 – 90,– DM

Tätigkeit	§	Tab.	GebSatz	Gegenstandswert

Übersicht

Auslagen

Post- und
Telekommunikationsdienstleistungen   § 16 StBGebV
   tatsächliche Kosten oder
   15% der Gebühr
   je Angelegenheit höchstens   40 DM
   in Strafsachen und
   Bußgeldverfahren   30 DM

Schreibauslagen
   für die ersten 50 Seiten   1 DM
   für jede weitere Seite   —,30 DM

Reisekosten
   PKW-km   —,45 DM
   Tage- und Abwesenheitsgeld
   Inland: bis 4 Stunden   30 DM
               4–8 Stunden   60 DM
               über 8 Stunden   110 DM
   Ausland: Zuschlag von 50%

RAUM FÜR NOTIZEN:

Anmerkungen zur

Tabelle A
BERATUNGSTABELLE

Die Tabelle stimmt bis 600.000 DM mit der BRAGO-Tabelle überein. Ab 1.200.000 DM besteht die gleiche Reduzierung wie vor der 3. ÄndV.

Ermäßigung für die neuen Bundesländer:
Die ursprüngliche Ermäßigung von 20% ist auf 10% herabgesetzt worden. Diese Ermäßigung gilt wegen § 45 StBGebV für StB aber nur hinsichtlich der gerichtlichen Verfahren. Da es für StB keine eigenständige Ermäßigungsvorschrift gibt, ermäßigen sich die Gebühren des StB sonst nicht. Vgl. Mecklenburg-Vorpommern, Beschluß vom 20. 3. 1995, StB S. 268/270.

Die Tabelle ist auf folgende Tätigkeiten anzuwenden:

§ 21 Abs. 1 Rat

§ 22 Gutachten

§ 23 sonstige Einzeltätigkeiten
dazu gehören u. a.
Antrag auf Stundung
Erlaß,
Erstattung,
Aussetzung der Vollziehung,
Anpassung der Vorauszahlungen,
Aufhebung oder Änderung eines Steuerbescheids,
Rücknahme oder Widerruf eines Verwaltungsakts

§ 24 Steuererklärungen
und Antrag auf Lohnsteuerjahresausgleich oder
Lohnsteuerermäßigung

§ 27 Abs. 1 Ermittlung des Überschusses der Einnahmen über
die Werbungskosten

§ 27 Abs. 3 Ermittlung des Nutzungswerts der selbstgenutzten Wohnung im
eigenen Familienhaus oder der selbstgenutzten Eigentumswohnung

§ 29 Abs. 2 Stellungnahme zum Prüfungsbericht

§ 30 Selbstanzeige

Wegen der Ermittlung des Gegenstandswerts siehe die Anmerkungen zu den angeführten Paragraphen und zu § 10.

Gegen- standswert in DM bis	Volle Gebühr in DM 10/10	Bruchteilsgebühr in DM			
		1/20	1/10	2/10	3/10
600,00	50,00	2,50*	5,00*	10,00*	15,00*
1.200,00	90,00	4,50*	9,00*	18,00*	27,00
1.800,00	130,00	6,50*	13,00*	26,00	39,00
2.400,00	170,00	8,50*	17,00*	34,00	51,00
3.000,00	210,00	10,50*	21,00	42,00	63,00
4.000,00	265,00	13,30*	26,50	53,00	79,50
5.000,00	320,00	16,00*	32,00	64,00	96,00
6.000,00	375,00	18,80*	37,50	75,00	112,50
7.000,00	430,00	21,50	43,00	86,00	129,00
8.000,00	485,00	24,30	48,50	97,00	145,50
9.000,00	540,00	27,00	54,00	108,00	162,00
10.000,00	595,00	29,80	59,50	119,00	178,50
12.000,00	665,00	33,30	66,50	133,00	199,50
14.000,00	735,00	36,80	73,50	147,00	220,50
16.000,00	805,00	40,30	80,50	161,00	241,50
18.000,00	875,00	43,80	87,50	175,00	262,50
20.000,00	945,00	47,30	94,50	189,00	283,50
25.000,00	1.025,00	51,30	102,50	205,00	307,50
30.000,00	1.105,00	55,30	110,50	221,00	331,50
35.000,00	1.185,00	59,30	118,50	237,00	355,50
40.000,00	1.265,00	63,30	126,50	253,00	379,50
45.000,00	1.345,00	67,30	134,50	269,00	403,50
50.000,00	1.425,00	71,30	142,50	285,00	427,50
60.000,00	1.565,00	78,30	156,50	313,00	469,50
70.000,00	1.705,00	85,30	170,50	341,00	511,50
80.000,00	1.845,00	92,30	184,50	369,00	553,50
90.000,00	1.985,00	99,30	198,50	397,00	595,50
100.000,00	2.125,00	106,30	212,50	425,00	637,50
130.000,00	2.285,00	114,30	228,50	457,00	685,50
160.000,00	2.445,00	122,30	244,50	489,00	733,50
190.000,00	2.605,00	130,30	260,50	521,00	781,50
220.000,00	2.765,00	138,30	276,50	553,00	829,50
250.000,00	2.925,00	146,30	292,50	585,00	877,50

* Mindestgebühr 20,00 DM

Bruchteilsgebühr in DM

4/10	5/10	6/10	7/10	8/10	9/10
20,00	25,00	30,00	35,00	40,00	45,00
36,00	45,00	54,00	63,00	72,00	81,00
52,00	65,00	78,00	91,00	104,00	117,00
68,00	85,00	102,00	119,00	136,00	153,00
84,00	105,00	126,00	147,00	168,00	189,00
106,00	132,50	159,00	185,50	212,00	238,50
128,00	160,00	192,00	224,00	256,00	288,00
150,00	187,50	225,00	262,50	300,00	337,50
172,00	215,00	258,00	301,00	344,00	387,00
194,00	242,50	291,00	339,50	388,00	436,50
216,00	270,00	324,00	378,00	432,00	486,00
238,00	297,50	357,00	416,50	476,00	535,50
266,00	332,50	399,00	465,50	532,00	598,50
294,00	367,50	441,00	514,50	588,00	661,50
322,00	402,50	483,00	563,50	644,00	724,50
350,00	437,50	525,00	612,50	700,00	787,50
378,00	472,50	567,00	661,50	756,00	850,50
410,00	512,50	615,00	717,50	820,00	922,50
442,00	552,50	663,00	773,50	884,00	994,50
474,00	592,50	711,00	829,50	948,00	1.066,50
506,00	632,50	759,00	885,50	1.012,00	1.138,50
538,00	672,50	807,00	941,50	1.076,00	1.210,50
570,00	712,50	855,00	997,50	1.140,00	1.282,50
626,00	782,50	939,00	1.095,50	1.252,00	1.408,50
682,00	852,50	1.023,00	1.193,50	1.364,00	1.534,50
738,00	922,50	1.107,00	1.291,50	1.476,00	1.660,50
794,00	992,50	1.191,00	1.389,50	1.588,00	1.786,50
850,00	1.062,50	1.275,00	1.487,50	1.700,00	1.912,50
914,00	1.142,50	1.371,00	1.599,50	1.828,00	2.056,50
978,00	1.222,50	1.467,00	1.711,50	1.956,00	2.200,50
1.042,00	1.302,50	1.563,00	1.823,50	2.084,00	2.344,50
1.106,00	1.382,50	1.659,00	1.935,50	2.212,00	2.488,50
1.170,00	1.462,50	1.755,00	2.047,50	2.340,00	2.632,50

Tabelle-A

Gegen- standswert in DM bis	Volle Gebühr in DM 10/10	Bruchteilsgebühr in DM			
		1/20	1/10	2/10	3/10
280.000,00	3.085,00	154,30	308,50	617,00	925,50
310.000,00	3.245,00	162,30	324,50	649,00	973,50
340.000,00	3.405,00	170,30	340,50	681,00	1.021,50
370.000,00	3.565,00	178,30	356,50	713,00	1.069,50
400.000,00	3.725,00	186,30	372,50	745,00	1.117,50
460.000,00	3.975,00	198,80	397,50	795,00	1.192,50
520.000,00	4.225,00	211,30	422,50	845,00	1.267,50
580.000,00	4.475,00	223,80	447,50	895,00	1.342,50
640.000,00	4.586,00	229,30	458,60	917,20	1.375,80
700.000,00	4.694,00	234,70	469,40	938,80	1.408,20
760.000,00	4.798,00	239,90	479,80	959,60	1.439,40
820.000,00	4.900,00	245,00	490,00	980,00	1.470,00
880.000,00	4.998,00	249,90	499,80	999,60	1.499,40
940.000,00	5.094,00	254,70	509,40	1.018,80	1.528,20
1.000.000,00	5.187,00	259,40	518,70	1.037,40	1.556,10
1.100.000,00	5.326,00	266,30	532,60	1.065,20	1.597,80
1.200.000,00	5.460,00	273,00	546,00	1.092,00	1.638,00
1.300.000,00	5.700,00	285,00	570,00	1.140,00	1.710,00
1.400.000,00	5.940,00	297,00	594,00	1.188,00	1.782,00
1.500.000,00	6.180,00	309,00	618,00	1.236,00	1.854,00
1.600.000,00	6.420,00	321,00	642,00	1.284,00	1.926,00
1.700.000,00	6.660,00	333,00	666,00	1.332,00	1.998,00
1.800.000,00	6.900,00	345,00	690,00	1.380,00	2.070,00
1.900.000,00	7.140,00	357,00	714,00	1.428,00	2.142,00
2.000.000,00	7.380,00	369,00	738,00	1.476,00	2.214,00
2.100.000,00	7.620,00	381,00	762,00	1.524,00	2.286,00
2.200.000,00	7.860,00	393,00	786,00	1.572,00	2.358,00
2.300.000,00	8.100,00	405,00	810,00	1.620,00	2.430,00
2.400.000,00	8.340,00	417,00	834,00	1.668,00	2.502,00
2.500.000,00	8.580,00	429,00	858,00	1.716,00	2.574,00
2.600.000,00	8.820,00	441,00	882,00	1.764,00	2.646,00
2.700.000,00	9.060,00	453,00	906,00	1.812,00	2.718,00
2.800.000,00	9.300,00	465,00	930,00	1.860,00	2.790,00

Bruchteilsgebühr in DM					
4/10	5/10	6/10	7/10	8/10	9/10
1.234,00	1.542,50	1.851,00	2.159,50	2.468,00	2.776,50
1.298,00	1.622,50	1.947,00	2.271,50	2.596,00	2.920,50
1.362,00	1.702,50	2.043,00	2.383,50	2.724,00	3.064,50
1.426,00	1.782,50	2.139,00	2.495,50	2.852,00	3.208,50
1.490,00	1.862,50	2.235,00	2.607,50	2.980,00	3.352,50
1.590,00	1.987,50	2.385,00	2.782,50	3.180,00	3.577,50
1.690,00	2.112,50	2.535,00	2.957,50	3.380,00	3.802,50
1.790,00	2.237,50	2.685,00	3.132,50	3.580,00	4.027,50
1.834,40	2.293,00	2.751,60	3.210,20	3.668,80	4.127,40
1.877,60	2.347,00	2.816,40	3.285,80	3.755,20	4.224,60
1.919,20	2.399,00	2.878,80	3.358,60	3.838,40	4.318,20
1.960,00	2.450,00	2.940,00	3.430,00	3.920,00	4.410,00
1.999,20	2.499,00	2.998,80	3.498,60	3.998,40	4.498,20
2.037,60	2.547,00	3.056,40	3.565,80	4.075,20	4.584,60
2.074,80	2.593,50	3.112,20	3.630,90	4.149,60	4.668,30
2.130,40	2.663,00	3.195,60	3.728,20	4.260,80	4.793,40
2.184,00	2.730,00	3.276,00	3.822,00	4.368,00	4.914,00
2.280,00	2.850,00	3.420,00	3.990,00	4.560,00	5.130,00
2.376,00	2.970,00	3.564,00	4.158,00	4.752,00	5.346,00
2.472,00	3.090,00	3.708,00	4.326,00	4.944,00	5.562,00
2.568,00	3.210,00	3.852,00	4.494,00	5.136,00	5.778,00
2.664,00	3.330,00	3.996,00	4.662,00	5.328,00	5.994,00
2.760,00	3.450,00	4.140,00	4.830,00	5.520,00	6.210,00
2.856,00	3.570,00	4.284,00	4.998,00	5.712,00	6.426,00
2.952,00	3.690,00	4.428,00	5.166,00	5.904,00	6.642,00
3.048,00	3.810,00	4.572,00	5.334,00	6.096,00	6.858,00
3.144,00	3.930,00	4.716,00	5.502,00	6.288,00	7.074,00
3.240,00	4.050,00	4.860,00	5.670,00	6.480,00	7.290,00
3.336,00	4.170,00	5.004,00	5.838,00	6.672,00	7.506,00
3.432,00	4.290,00	5.148,00	6.006,00	6.864,00	7.722,00
3.528,00	4.410,00	5.292,00	6.174,00	7.056,00	7.938,00
3.624,00	4.530,00	5.436,00	6.342,00	7.248,00	8.154,00
3.720,00	4.650,00	5.580,00	6.510,00	7.440,00	8.370,00

Tabelle-A

Beratungstabelle

Gegen- standswert in DM bis	Volle Gebühr in DM 10/10	Bruchteilsgebühr in DM			
		1/20	1/10	2/10	3/10
2.900.000,00	9.540,00	477,00	954,00	1.908,00	2.862,00
3.000.000,00	9.780,00	489,00	978,00	1.956,00	2.934,00
3.100.000,00	10.020,00	501,00	1.002,00	2.004,00	3.006,00
3.200.000,00	10.260,00	513,00	1.026,00	2.052,00	3.078,00
3.300.000,00	10.500,00	525,00	1.050,00	2.100,00	3.150,00
3.400.000,00	10.740,00	537,00	1.074,00	2.148,00	3.222,00
3.500.000,00	10.980,00	549,00	1.098,00	2.196,00	3.294,00
3.600.000,00	11.220,00	561,00	1.122,00	2.244,00	3.366,00
3.700.000,00	11.460,00	573,00	1.146,00	2.292,00	3.438,00
3.800.000,00	11.700,00	585,00	1.170,00	2.340,00	3.510,00
3.900.000,00	11.940,00	597,00	1.194,00	2.388,00	3.582,00
3.000.000,00	12.180,00	609,00	1.218,00	2.436,00	3.654,00
4.100.000,00	12.420,00	621,00	1.242,00	2.484,00	3.726,00
4.200.000,00	12.660,00	633,00	1.266,00	2.532,00	3.798,00
4.300.000,00	12.900,00	645,00	1.290,00	2.580,00	3.870,00
4.400.000,00	13.140,00	657,00	1.314,00	2.628,00	3.942,00
4.500.000,00	13.380,00	669,00	1.338,00	2.676,00	4.014,00
4.600.000,00	13.620,00	681,00	1.362,00	2.724,00	4.086,00
4.700.000,00	13.860,00	693,00	1.386,00	2.772,00	4.158,00
4.800.000,00	14.100,00	705,00	1.410,00	2.820,00	4.230,00
4.900.000,00	14.340,00	717,00	1.434,00	2.868,00	4.302,00
5.000.000,00	14.580,00	729,00	1.458,00	2.916,00	4.374,00
5.100.000,00	14.820,00	741,00	1.482,00	2.964,00	4.446,00
5.200.000,00	15.060,00	753,00	1.506,00	3.012,00	4.518,00
5.300.000,00	15.300,00	765,00	1.530,00	3.060,00	4.590,00
5.400.000,00	15.540,00	777,00	1.554,00	3.108,00	4.662,00
5.500.000,00	15.780,00	789,00	1.578,00	3.156,00	4.734,00
5.600.000,00	16.020,00	801,00	1.602,00	3.204,00	4.806,00
5.700.000,00	16.260,00	813,00	1.626,00	3.252,00	4.878,00
5.800.000,00	16.500,00	825,00	1.650,00	3.300,00	4.950,00
5.900.000,00	16.740,00	837,00	1.674,00	3.348,00	5.022,00
6.000.000,00	16.980,00	849,00	1.698,00	3.396,00	5.094,00
6.100.000,00	17.220,00	861,00	1.722,00	3.444,00	5.166,00

Bruchteilsgebühr in DM					
4/10	5/10	6/10	7/10	8/10	9/10
3.816,00	4.770,00	5.724,00	6.678,00	7.632,00	8.586,00
3.912,00	4.890,00	5.868,00	6.846,00	7.824,00	8.802,00
4.008,00	5.010,00	6.012,00	7.014,00	8.016,00	9.018,00
4.104,00	5.130,00	6.156,00	7.182,00	8.208,00	9.234,00
4.200,00	5.250,00	6.300,00	7.350,00	8.400,00	9.450,00
4.296,00	5.370,00	6.444,00	7.518,00	8.592,00	9.666,00
4.392,00	5.490,00	6.588,00	7.686,00	8.784,00	9.882,00
4.488,00	5.610,00	6.732,00	7.854,00	8.976,00	10.098,00
4.584,00	5.730,00	6.876,00	8.022,00	9.168,00	10.314,00
4.680,00	5.850,00	7.020,00	8.190,00	9.360,00	10.530,00
4.776,00	5.970,00	7.164,00	8.358,00	9.552,00	10.746,00
4.872,00	6.090,00	7.308,00	8.526,00	9.744,00	10.962,00
4.968,00	6.210,00	7.452,00	8.694,00	9.936,00	11.178,00
5.064,00	6.330,00	7.596,00	8.862,00	10.128,00	11.394,00
5.160,00	6.450,00	7.740,00	9.030,00	10.320,00	11.610,00
5.256,00	6.570,00	7.884,00	9.198,00	10.512,00	11.826,00
5.352,00	6.690,00	8.028,00	9.366,00	10.704,00	12.042,00
5.448,00	6.810,00	8.172,00	9.534,00	10.896,00	12.258,00
5.544,00	6.930,00	8.316,00	9.702,00	11.088,00	12.474,00
5.640,00	7.050,00	8.460,00	9.870,00	11.280,00	12.690,00
5.736,00	7.170,00	8.604,00	10.038,00	11.472,00	12.906,00
5.832,00	7.290,00	8.748,00	10.206,00	11.664,00	13.122,00
5.928,00	7.410,00	8.892,00	10.374,00	11.856,00	13.338,00
6.024,00	7.530,00	9.036,00	10.542,00	12.048,00	13.554,00
6.120,00	7.650,00	9.180,00	10.710,00	12.240,00	13.770,00
6.216,00	7.770,00	9.324,00	10.878,00	12.432,00	13.986,00
6.312,00	7.890,00	9.468,00	11.046,00	12.624,00	14.202,00
6.408,00	8.010,00	9.612,00	11.214,00	12.816,00	14.418,00
6.504,00	8.130,00	9.756,00	11.382,00	13.008,00	14.634,00
6.600,00	8.250,00	9.900,00	11.550,00	13.200,00	14.850,00
6.696,00	8.370,00	10.044,00	11.718,00	13.392,00	15.066,00
6.792,00	8.490,00	10.188,00	11.886,00	13.584,00	15.282,00
6.888,00	8.610,00	10.332,00	12.054,00	13.776,00	15.498,00

Gegen- standswert in DM bis	Volle Gebühr in DM 10/10	Bruchteilsgebühr in DM			
		1/20	1/10	2/10	3/10
6.200.000,00	17.460,00	873,00	1.746,00	3.492,00	5.238,00
6.300.000,00	17.700,00	885,00	1.770,00	3.540,00	5.310,00
6.400.000,00	17.940,00	897,00	1.794,00	3.588,00	5.382,00
6.500.000,00	18.180,00	909,00	1.818,00	3.636,00	5.454,00
6.600.000,00	18.420,00	921,00	1.842,00	3.684,00	5.526,00
6.700.000,00	18.660,00	933,00	1.866,00	3.732,00	5.598,00
6.800.000,00	18.900,00	945,00	1.890,00	3.780,00	5.670,00
6.900.000,00	19.140,00	957,00	1.914,00	3.828,00	5.742,00
7.000.000,00	19.380,00	969,00	1.938,00	3.876,00	5.814,00
7.100.000,00	19.620,00	981,00	1.962,00	3.924,00	5.886,00
7.200.000,00	19.860,00	993,00	1.986,00	3.972,00	5.958,00
7.300.000,00	20.100,00	1.005,00	2.010,00	4.020,00	6.030,00
7.400.000,00	20.340,00	1.017,00	2.034,00	4.068,00	6.102,00
7.500.000,00	20.580,00	1.029,00	2.058,00	4.116,00	6.174,00
7.600.000,00	20.820,00	1.041,00	2.082,00	4.164,00	6.246,00
7.700.000,00	21.060,00	1.053,00	2.106,00	4.212,00	6.318,00
7.800.000,00	21.300,00	1.065,00	2.130,00	4.260,00	6.390,00
7.900.000,00	21.540,00	1.077,00	2.154,00	4.308,00	6.462,00
8.000.000,00	21.780,00	1.089,00	2.178,00	4.356,00	6.534,00
8.100.000,00	22.020,00	1.101,00	2.202,00	4.404,00	6.606,00
8.200.000,00	22.260,00	1.113,00	2.226,00	4.452,00	6.678,00
8.300.000,00	22.500,00	1.125,00	2.250,00	4.500,00	6.750,00
8.400.000,00	22.740,00	1.137,00	2.274,00	4.548,00	6.822,00
8.500.000,00	22.980,00	1.149,00	2.298,00	4.596,00	6.894,00
8.600.000,00	23.220,00	1.161,00	2.322,00	4.644,00	6.966,00
8.700.000,00	23.460,00	1.173,00	2.346,00	4.692,00	7.038,00
8.800.000,00	23.700,00	1.185,00	2.370,00	4.740,00	7.110,00
8.900.000,00	23.940,00	1.197,00	2.394,00	4.788,00	7.182,00
9.000.000,00	24.180,00	1.209,00	2.418,00	4.836,00	7.254,00
9.100.000,00	24.420,00	1.221,00	2.442,00	4.884,00	7.326,00
9.200.000,00	24.660,00	1.233,00	2.466,00	4.932,00	7.398,00
9.300.000,00	24.900,00	1.245,00	2.490,00	4.980,00	7.470,00
9.400.000,00	25.140,00	1.257,00	2.514,00	5.028,00	7.542,00

		Bruchteilsgebühr in DM			
4/10	5/10	6/10	7/10	8/10	9/10
6.984,00	8.730,00	10.476,00	12.222,00	13.968,00	15.714,00
7.080,00	8.850,00	10.620,00	12.390,00	14.160,00	15.930,00
7.176,00	8.970,00	10.764,00	12.558,00	14.352,00	16.146,00
7.272,00	9.090,00	10.908,00	12.726,00	14.544,00	16.362,00
7.368,00	9.210,00	11.052,00	12.894,00	14.736,00	16.578,00
7.464,00	9.330,00	11.196,00	13.062,00	14.928,00	16.794,00
7.560,00	9.450,00	11.340,00	13.230,00	15.120,00	17.010,00
7.656,00	9.570,00	11.484,00	13.398,00	15.312,00	17.226,00
7.752,00	9.690,00	11.628,00	13.566,00	15.504,00	17.442,00
7.848,00	9.810,00	11.772,00	13.734,00	15.696,00	17.658,00
7.944,00	9.930,00	11.916,00	13.902,00	15.888,00	17.874,00
8.040,00	10.050,00	12.060,00	14.070,00	16.080,00	18.090,00
8.136,00	10.170,00	12.204,00	14.238,00	16.272,00	18.306,00
8.232,00	10.290,00	12.348,00	14.406,00	16.464,00	18.522,00
8.328,00	10.410,00	12.492,00	14.574,00	16.656,00	18.738,00
8.424,00	10.530,00	12.636,00	14.742,00	16.848,00	18.954,00
8.520,00	10.650,00	12.780,00	14.910,00	17.040,00	19.170,00
8.616,00	10.770,00	12.924,00	15.078,00	17.232,00	19.386,00
8.712,00	10.890,00	13.068,00	15.246,00	17.424,00	19.602,00
8.808,00	11.010,00	13.212,00	15.414,00	17.616,00	19.818,00
8.904,00	11.130,00	13.356,00	15.582,00	17.808,00	20.034,00
9.000,00	11.250,00	13.500,00	15.750,00	18.000,00	20.250,00
9.096,00	11.370,00	13.644,00	15.918,00	18.192,00	20.466,00
9.192,00	11.490,00	13.788,00	16.086,00	18.384,00	20.682,00
9.288,00	11.610,00	13.932,00	16.254,00	18.576,00	20.898,00
9.384,00	11.730,00	14.076,00	16.422,00	18.768,00	21.114,00
9.480,00	11.850,00	14.220,00	16.590,00	18.960,00	21.330,00
9.576,00	11.970,00	14.364,00	16.758,00	19.152,00	21.546,00
9.672,00	12.090,00	14.508,00	16.926,00	19.344,00	21.762,00
9.768,00	12.210,00	14.652,00	17.094,00	19.536,00	21.978,00
9.864,00	12.330,00	14.796,00	17.262,00	19.728,00	22.194,00
9.960,00	12.450,00	14.940,00	17.430,00	19.920,00	22.410,00
10.056,00	12.570,00	15.084,00	17.598,00	20.112,00	22.626,00

Gegen-standswert in DM bis	Volle Gebühr in DM 10/10	Bruchteilsgebühr in DM			
		1/20	1/10	2/10	3/10
9.500.000,00	25.380,00	1.269,00	2.538,00	5.076,00	7.614,00
9.600.000,00	25.620,00	1.281,00	2.562,00	5.124,00	7.686,00
9.700.000,00	25.860,00	1.293,00	2.586,00	5.172,00	7.758,00
9.800.000,00	26.100,00	1.305,00	2.610,00	5.220,00	7.830,00
9.900.000,00	26.340,00	1.317,00	2.634,00	5.268,00	7.902,00
10.000.000,00	26.580,00	1.329,00	2.658,00	5.316,00	7.974,00

Volle Gebühr

vom Mehrbetrag über
10 000 000 Deutsche Mark
bis 50 000 000 Deutsche Mark
je angefangene 100 000 Deutsche Mark   180 DM

vom Mehrbetrag über
50 000 000 Deutsche Mark
je angefangene 1000 000 Deutsche Mark   140 DM

Tabelle A   Beratungstabelle

		Bruchteilsgebühr in DM			
4/10	5/10	6/10	7/10	8/10	9/10
10.152,00	12.690,00	15.228,00	17.766,00	20.304,00	22.842,00
10.248,00	12.810,00	15.372,00	17.934,00	20.496,00	23.058,00
10.344,00	12.930,00	15.516,00	18.102,00	20.688,00	23.274,00
10.440,00	13.050,00	15.660,00	18.270,00	20.880,00	23.490,00
10.536,00	13.170,00	15.804,00	18.438,00	21.072,00	23.706,00
10.632,00	13.290,00	15.948,00	18.606,00	21.264,00	23.922,00

RAUM FÜR NOTIZEN:

Anmerkungen zur

Tabelle B
ABSCHLUSSTABELLE

Die Tabelle B wurde mit Wirkung ab dem 28. 8. 1998 erhöht. Diese Erhöhung ist in die folgende Tabelle eingearbeitet.

Die Abschlußtabelle ist auf folgende Tätigkeiten anzuwenden:

§ 25	Ermittlung der Betriebseinnahmen über die Betriebsausgaben,
§ 26	Ermittlung des Gewinns aus Land- und Forstwirtschaft nach Durchschnittsätzen,
§ 35	Berichterstattung über die Prüfung einer Bilanz usw., ausgenommen land- und forstw. Betriebe,
§ 37	Erstellung eines Vermögensstatus oder eines Finanzstatus
§ 38 Abs. 1	Erteilung von Bescheinigungen

Wegen der Ermittlung des Gegenstandswerts siehe die Anmerkungen zu den angeführten Paragraphen.

Tabelle-B

251

Gegen-standswert in DM bis	Volle Gebühr in DM 10/10	Bruchteilsgebühr in DM			
		1/20	1/10	2/10	3/10
6.000,00	77,00	3,90*	7,70*	15,40*	23,10
7.000,00	91,00	4,60*	9,10*	18,20*	27,30
8.000,00	107,00	5,40*	10,70*	21,40	32,10
9.000,00	122,00	6,10*	12,20*	24,40	36,60
10.000,00	138,00	6,90*	13,80*	27,60	41,40
12.000,00	153,00	7,70*	15,30*	30,60	45,90
14.000,00	168,00	8,40*	16,80*	33,60	50,40
16.000,00	183,00	9,20*	18,30*	36,60	54,90
18.000,00	194,00	9,70*	19,40*	38,80	58,20
20.000,00	206,00	10,30*	20,60	41,20	61,80
25.000,00	215,00	10,80*	21,50	43,00	64,50
30.000,00	242,00	12,10*	24,20	48,40	72,60
35.000,00	265,00	13,30*	26,50	53,00	79,50
40.000,00	286,00	14,30*	28,60	57,20	85,80
45.000,00	306,00	15,30*	30,60	61,20	91,80
50.000,00	324,00	16,20*	32,40	64,80	97,20
75.000,00	343,00	17,20*	34,30	68,60	102,90
100.000,00	419,00	21,00	41,90	83,80	125,70
125.000,00	485,00	24,30	48,50	97,00	145,50
150.000,00	542,00	27,10	54,20	108,40	162,60
175.000,00	566,00	28,30	56,60	113,20	169,80
200.000,00	592,00	29,60	59,20	118,40	177,60
250.000,00	678,00	33,90	67,80	135,60	203,40
300.000,00	754,00	37,70	75,40	150,80	226,20
350.000,00	820,00	41,00	82,00	164,00	246,00
400.000,00	879,00	44,00	87,90	175,80	263,70
450.000,00	933,00	46,70	93,30	186,60	279,90
500.000,00	982,00	49,10	98,20	196,40	294,60
600.000,00	1.027,00	51,40	102,70	205,40	308,10
700.000,00	1.117,00	55,90	111,70	223,40	335,10
800.000,00	1.197,00	59,90	119,70	239,40	359,10
900.000,00	1.268,00	63,40	126,80	253,60	380,40
1.000.000,00	1.336,00	66,80	133,60	267,20	400,80

* Mindestgebühr 20,00 DM

Bruchteilsgebühr in DM					
4/10	5/10	6/10	7/10	8/10	9/10
30,80	38,50	46,20	53,90	61,60	69,30
36,40	45,50	54,60	63,70	72,80	81,90
42,80	53,50	64,20	74,90	85,60	96,30
48,80	61,00	73,20	85,40	97,60	109,80
55,20	69,00	82,80	96,60	110,40	124,20
61,20	76,50	91,80	107,10	122,40	137,70
67,20	84,00	100,80	117,60	134,40	151,20
73,20	91,50	109,80	128,10	146,40	164,70
77,60	97,00	116,40	135,80	155,20	174,60
82,40	103,00	123,60	144,20	164,80	185,40
86,00	107,50	129,00	150,50	172,00	193,50
96,80	121,00	145,20	169,40	193,60	217,80
106,00	132,50	159,00	185,50	212,00	238,50
114,40	143,00	171,60	200,20	228,80	257,40
122,40	153,00	183,60	214,20	244,80	275,40
129,60	162,00	194,40	226,80	259,20	291,60
137,20	171,50	205,80	240,10	274,40	308,70
167,60	209,50	251,40	293,30	335,20	377,10
194,00	242,50	291,00	339,50	388,00	436,50
216,80	271,00	325,20	379,40	433,60	487,80
226,40	283,00	339,60	396,20	452,80	509,40
236,80	296,00	355,20	414,40	473,60	532,80
271,20	339,00	406,80	474,60	542,40	610,20
301,60	377,00	452,40	527,80	603,20	678,60
328,00	410,00	492,00	574,00	656,00	738,00
351,60	439,50	527,40	615,30	703,20	791,10
373,20	466,50	559,80	653,10	746,40	839,70
392,80	491,00	589,20	687,40	785,60	883,80
410,80	513,50	616,20	718,90	821,60	924,30
446,80	558,50	670,20	781,90	893,60	1.005,30
478,80	598,50	718,20	837,90	957,60	1.077,30
507,20	634,00	760,80	887,60	1.014,40	1.141,20
534,40	668,00	801,60	935,20	1.068,80	1.202,40

Tabelle-B

Gegen- standswert in DM bis	Volle Gebühr in DM 10/10	Bruchteilsgebühr in DM			
		1/20	1/10	2/10	3/10
1.250.000,00	1.398,00	69,90	139,80	279,60	419,40
1.500.000,00	1.551,00	77,60	155,10	310,20	465,30
1.750.000,00	1.686,00	84,30	168,60	337,20	505,80
2.000.000,00	1.806,00	90,30	180,60	361,20	541,80
2.500.000,00	1.914,00	95,70	191,40	382,80	574,20
3.000.000,00	2.124,00	106,20	212,40	424,80	637,20
3.500.000,00	2.308,00	115,40	230,80	461,60	692,40
4.000.000,00	2.473,00	123,70	247,30	494,60	741,90
4.500.000,00	2.621,00	131,10	262,10	524,20	786,30
5.000.000,00	2.756,00	137,80	275,60	551,20	826,80
6.000.000,00	2.881,00	144,10	288,10	576,20	864,30
7.000.000,00	3.131,00	156,60	313,10	626,20	939,30
8.000.000,00	3.352,00	167,60	335,20	670,40	1.005,60
9.000.000,00	3.551,00	177,60	355,10	710,20	1.065,30
10.000.000,00	3.735,00	186,80	373,50	747,00	1.120,50
15.000.000,00	4.363,00	218,20	436,30	872,60	1.308,90
20.000.000,00	5.072,00	253,60	507,20	1.014,40	1.521,60
25.000.000,00	5.647,00	282,40	564,70	1.129,40	1.694,10
30.000.000,00	6.127,00	306,40	612,70	1.225,40	1.838,10
35.000.000,00	6.536,00	326,80	653,60	1.307,20	1.960,80
40.000.000,00	6.888,00	344,40	688,80	1.377,60	2.066,40
45.000.000,00	7.338,00	366,90	733,80	1.467,60	2.201,40
50.000.000,00	7.752,00	387,60	775,20	1.550,40	2.325,60
60.000.000,00	8.528,00	426,40	852,80	1.705,60	2.558,40
70.000.000,00	9.239,00	462,00	923,90	1.847,80	2.771,70
80.000.000,00	9.902,00	495,10	990,20	1.980,40	2.970,60
90.000.000,00	10.521,00	526,10	1.052,10	2.104,20	3.156,30
100.000.000,00	11.107,00	555,40	1.110,70	2.221,40	3.332,10

Volle Gebühr

vom Mehrbetrag bis 250 000 000 Deutsche Mark
je angefangene 10 000 000 Deutsche Mark   437 DM

vom Mehrbetrag über 250 000 000 Deutsche Mark
bis 500 000 000 Deutsche Mark
je angefangene 25 000 000 Deutsche Mark   765 DM

vom Mehrbetrag bis 500 000 000 Deutsche Mark
je angefangene 50 000 000 Deutsche Mark   1 092 DM

Bruchteilsgebühr in DM					
4/10	5/10	6/10	7/10	8/10	9/10
559,20	699,00	838,80	978,60	1.118,40	1.258,20
620,40	775,50	930,60	1.085,70	1.240,80	1.395,90
674,40	843,00	1.011,60	1.180,20	1.348,80	1.517,40
722,40	903,00	1.083,60	1.264,20	1.444,80	1.625,40
765,60	957,00	1.148,40	1.339,80	1.531,20	1.722,60
849,60	1.062,00	1.274,40	1.486,80	1.699,20	1.911,60
923,20	1.154,00	1.384,80	1.615,60	1.846,40	2.077,20
989,20	1.236,50	1.483,80	1.731,10	1.978,40	2.225,70
1.048,40	1.310,50	1.572,60	1.834,70	2.096,80	2.358,90
1.102,40	1.378,00	1.653,60	1.929,20	2.204,80	2.480,40
1.152,40	1.440,50	1.728,60	2.016,70	2.304,80	2.592,90
1.252,40	1.565,50	1.878,60	2.191,70	2.504,80	2.817,90
1.340,80	1.676,00	2.011,20	2.346,40	2.681,60	3.016,80
1.420,40	1.775,50	2.130,60	2.485,70	2.840,80	3.195,90
1.494,00	1.867,50	2.241,00	2.614,50	2.988,00	3.361,50
1.745,20	2.181,50	2.617,80	3.054,10	3.490,40	3.926,70
2.028,80	2.536,00	3.043,20	3.550,40	4.057,60	4.564,80
2.258,80	2.823,50	3.388,20	3.952,90	4.517,60	5.082,30
2.450,80	3.063,50	3.676,20	4.288,90	4.901,60	5.514,30
2.614,40	3.268,00	3.921,60	4.575,20	5.228,80	5.882,40
2.755,20	3.444,00	4.132,80	4.821,60	5.510,40	6.199,20
2.935,20	3.669,00	4.402,80	5.136,60	5.870,40	6.604,20
3.100,80	3.876,00	4.651,20	5.426,40	6.201,60	6.976,80
3.411,20	4.264,00	5.116,80	5.969,60	6.822,40	7.675,20
3.695,60	4.619,50	5.543,40	6.467,30	7.391,20	8.315,10
3.960,80	4.951,00	5.941,20	6.931,40	7.921,60	8.911,80
4.208,40	5.260,50	6.312,60	7.364,70	8.416,80	9.468,90
4.442,80	5.553,50	6.664,20	7.774,90	8.885,60	9.996,30

Tabelle-B

RAUM FÜR NOTIZEN:

Tabelle C Buchführungstabelle

Anmerkungen zur

Tabelle C
BUCHFÜHRUNGSTABELLE

Diese Tabelle gilt nur für die Ausführung von Buchungsarbeiten I.S.d. § 33 ausgenommen die land- und forstwirtschaftlichen Betriebe, für die die Tabelle D gilt.

Gegenstandswert ist der sich aus der Buchführung ergebende Jahresumsatz. Das kann der Soll-Umsatz und auch der Ist-Umsatz sein. Anzusetzen ist der Umsatz des Jahres, für das die Buchführung erstellt wurde.

Die Tabelle C wurde zum 28. 8. 1998 erhöht.

Tabelle-C

257

Gegen-standswert in DM bis	Volle Gebühr in DM 10/10	Bruchteilsgebühr in DM			
		1/20	1/10	2/10	3/10
30.000,00	116,00	5,80*	11,60*	23,20	34,80
35.000,00	127,00	6,40*	12,70*	25,40	38,10
40.000,00	139,00	7,00*	13,90*	27,80	41,70
45.000,00	150,00	7,50*	15,00*	30,00	45,00
50.000,00	162,00	8,10*	16,20*	32,40	48,60
60.000,00	173,00	8,70*	17,30*	34,60	51,90
70.000,00	185,00	9,30*	18,50*	37,00	55,50
80.000,00	196,00	9,80*	19,60*	39,20	58,80
90.000,00	208,00	10,40*	20,80	41,60	62,40
100.000,00	219,00	11,00*	21,90	43,80	65,70
125.000,00	231,00	11,60*	23,10	46,20	69,30
150.000,00	254,00	12,70*	25,40	50,80	76,20
175.000,00	277,00	13,90*	27,70	55,40	83,10
200.000,00	300,00	15,00*	30,00	60,00	90,00
250.000,00	335,00	16,80*	33,50	67,00	100,50
300.000,00	370,00	18,50*	37,00	74,00	111,00
400.000,00	439,00	22,00	43,90	87,80	131,70
500.000,00	508,00	25,40	50,80	101,60	152,40
600.000,00	578,00	28,90	57,80	115,60	173,40
700.000,00	647,00	32,40	64,70	129,40	194,10
800.000,00	705,00	35,30	70,50	141,00	211,50
900.000,00	762,00	38,10	76,20	152,40	228,60
1.000.000,00	820,00	41,00	82,00	164,00	246,00
1.100.000,00	878,00	43,90	87,80	175,60	263,40
1.200.000,00	936,00	46,80	93,60	187,20	280,80
1.300.000,00	994,00	49,70	99,40	198,80	298,20
1.400.000,00	1.052,00	52,60	105,20	210,40	315,60
1.500.000,00	1.110,00	55,50	111,00	222,00	333,00
1.600.000,00	1.168,00	58,40	116,80	233,60	350,40
1.700.000,00	1.226,00	61,30	122,60	245,20	367,80
1.800.000,00	1.284,00	64,20	128,40	256,80	385,20
1.900.000,00	1.342,00	67,10	134,20	268,40	402,60
2.000.000,00	1.400,00	70,00	140,00	280,00	420,00

* Mindestgebühr 20,00 DM

Tabelle C

		Bruchteilsgebühr in DM			
4/10	5/10	6/10	7/10	8/10	9/10
46,40	58,00	69,60	81,20	92,80	104,40
50,80	63,50	76,20	88,90	101,60	114,30
55,60	69,50	83,40	97,30	111,20	125,10
60,00	75,00	90,00	105,00	120,00	135,00
64,80	81,00	97,20	113,40	129,60	145,80
69,20	86,50	103,80	121,10	138,40	155,70
74,00	92,50	111,00	129,50	148,00	166,50
78,40	98,00	117,60	137,20	156,80	176,40
83,20	104,00	124,80	145,60	166,40	187,20
87,60	109,50	131,40	153,30	175,20	197,10
92,40	115,50	138,60	161,70	184,80	207,90
101,60	127,00	152,40	177,80	203,20	228,60
110,80	138,50	166,20	193,90	221,60	249,30
120,00	150,00	180,00	210,00	240,00	270,00
134,00	167,50	201,00	234,50	268,00	301,50
148,00	185,00	222,00	259,00	296,00	333,00
175,60	219,50	263,40	307,30	351,20	395,10
203,20	254,00	304,80	355,60	406,40	457,20
231,20	289,00	346,80	404,60	462,40	520,20
258,80	323,50	388,20	452,90	517,60	582,30
282,00	352,50	423,00	493,50	564,00	634,50
304,80	381,00	457,20	533,40	609,60	685,80
328,00	410,00	492,00	574,00	656,00	738,00
351,20	439,00	526,80	614,60	702,40	790,20
374,40	468,00	561,60	655,20	748,80	842,40
397,60	497,00	596,40	695,80	795,20	894,60
420,80	526,00	631,20	736,40	841,60	946,80
444,00	555,00	666,00	777,00	888,00	999,00
467,20	584,00	700,80	817,60	934,40	1.051,20
490,40	613,00	735,60	858,20	980,80	1.103,40
513,60	642,00	770,40	898,80	1.027,20	1.155,60
536,80	671,00	805,20	939,40	1.073,60	1.207,80
560,00	700,00	840,00	980,00	1.120,00	1.260,00

Tabelle-C

Gegen- standswert in DM bis	Volle Gebühr in DM 10/10	Bruchteilsgebühr in DM			
		1/20	1/10	2/10	3/10
2.100.000,00	1.458,00	72,90	145,80	291,60	437,40
2.200.000,00	1.516,00	75,80	151,60	303,20	454,80
2.300.000,00	1.574,00	78,70	157,40	314,80	472,20
2.400.000,00	1.632,00	81,60	163,20	326,40	489,60
2.500.000,00	1.690,00	84,50	169,00	338,00	507,00
2.600.000,00	1.748,00	87,40	174,80	349,60	524,40
2.700.000,00	1.806,00	90,30	180,60	361,20	541,80
2.800.000,00	1.864,00	93,20	186,40	372,80	559,20
2.900.000,00	1.922,00	96,10	192,20	384,40	576,60
3.000.000,00	1.980,00	99,00	198,00	396,00	594,00
3.100.000,00	2.038,00	101,90	203,80	407,60	611,40
3.200.000,00	2.096,00	104,80	209,60	419,20	628,80
3.300.000,00	2.154,00	107,70	215,40	430,80	646,20
3.400.000,00	2.212,00	110,60	221,20	442,40	663,60
3.500.000,00	2.270,00	113,50	227,00	454,00	681,00
3.600.000,00	2.328,00	116,40	232,80	465,60	698,40
3.700.000,00	2.386,00	119,30	238,60	477,20	715,80
3.800.000,00	2.444,00	122,20	244,40	488,80	733,20
3.900.000,00	2.502,00	125,10	250,20	500,40	750,60
3.000.000,00	2.560,00	128,00	256,00	512,00	768,00
4.100.000,00	2.618,00	130,90	261,80	523,60	785,40
4.200.000,00	2.676,00	133,80	267,60	535,20	802,80
4.300.000,00	2.734,00	136,70	273,40	546,80	820,20
4.400.000,00	2.792,00	139,60	279,20	558,40	837,60
4.500.000,00	2.850,00	142,50	285,00	570,00	855,00
4.600.000,00	2.908,00	145,40	290,80	581,60	872,40
4.700.000,00	2.966,00	148,30	296,60	593,20	889,80
4.800.000,00	3.024,00	151,20	302,40	604,80	907,20
4.900.000,00	3.082,00	154,10	308,20	616,40	924,60
5.000.000,00	3.140,00	157,00	314,00	628,00	942,00

vom Mehrbetrag über 5 000 000 Deutsche Mark
je angefangene 100 000 Deutsche Mark

Volle Gebühr

58 DM

Tabelle C   Buchführungstabelle

		Bruchteilsgebühr in DM			
4/10	5/10	6/10	7/10	8/10	9/10
583,20	729,00	874,80	1.020,60	1.166,40	1.312,20
606,40	758,00	909,60	1.061,20	1.212,80	1.364,40
629,60	787,00	944,40	1.101,80	1.259,20	1.416,60
652,80	816,00	979,20	1.142,40	1.305,60	1.468,80
676,00	845,00	1.014,00	1.183,00	1.352,00	1.521,00
699,20	874,00	1.048,80	1.223,60	1.398,40	1.573,20
722,40	903,00	1.083,60	1.264,20	1.444,80	1.625,40
745,60	932,00	1.118,40	1.304,80	1.491,20	1.677,60
768,80	961,00	1.153,20	1.345,40	1.537,60	1.729,80
792,00	990,00	1.188,00	1.386,00	1.584,00	1.782,00
815,20	1.019,00	1.222,80	1.426,60	1.630,40	1.834,20
838,40	1.048,00	1.257,60	1.467,20	1.676,80	1.886,40
861,60	1.077,00	1.292,40	1.507,80	1.723,20	1.938,60
884,80	1.106,00	1.327,20	1.548,40	1.769,60	1.990,80
908,00	1.135,00	1.362,00	1.589,00	1.816,00	2.043,00
931,20	1.164,00	1.396,80	1.629,60	1.862,40	2.095,20
954,40	1.193,00	1.431,60	1.670,20	1.908,80	2.147,40
977,60	1.222,00	1.466,40	1.710,80	1.955,20	2.199,60
1.000,80	1.251,00	1.501,20	1.751,40	2.001,60	2.251,80
1.024,00	1.280,00	1.536,00	1.792,00	2.048,00	2.304,00
1.047,20	1.309,00	1.570,80	1.832,60	2.094,40	2.356,20
1.070,40	1.338,00	1.605,60	1.873,20	2.140,80	2.408,40
1.093,60	1.367,00	1.640,40	1.913,80	2.187,20	2.460,60
1.116,80	1.396,00	1.675,20	1.954,40	2.233,60	2.512,80
1.140,00	1.425,00	1.710,00	1.995,00	2.280,00	2.565,00
1.163,20	1.454,00	1.744,80	2.035,60	2.326,40	2.617,20
1.186,40	1.483,00	1.779,60	2.076,20	2.372,80	2.669,40
1.209,60	1.512,00	1.814,40	2.116,80	2.419,20	2.721,60
1.232,80	1.541,00	1.849,20	2.157,40	2.465,60	2.773,80
1.256,00	1.570,00	1.884,00	2.198,00	2.512,00	2.826,00

Tabelle-C

RAUM FÜR NOTIZEN:

Anmerkungen zur

Tabelle D
LANDWIRTSCHAFTLICHE BUCHFÜHRUNG

Diese Tabelle ist auf die besonderen Bedürfnisse der land- und forstwirtschaftlichen Betriebe abgestellt und somit auch nur für die Fälle des § 39 anwendbar. Zu beachten ist, daß für die Ermittlung des Gewinns aus Land- und Forstwirtschaft nach Durchschnittsätzen die Abschlußtabelle (Tabelle B) maßgebend ist.

Die Tabelle D besteht aus Teil a und aus Teil b.

Die Gebühr ist zu entnehmen bei

– der Einrichtung einer Buchführung

– der Erfassung der Anfangswerte bei Buchführungsbeginn

aus Teil a

– laufenden Buchführungsarbeiten
– Abschlußarbeiten   aus beiden Teilen

Gegenstandswert ist

bei Teil a   die Betriebsfläche

bei Teil b   der Jahresumsatz zuzüglich Privateinlagen, mindestens die Höhe der Aufwendungen zuzüglich Privatentnahmen.

Bei den Abschlußarbeiten vermindert sich der 200 000 DM übersteigende Betrag des Gegenstandswerts auf die Hälfte.

Die Tabelle wurde zum 28. 8. 1998 erhöht.

Tabelle-Da

Betriebs-fläche Hektar	Volle Gebühr in DM 10/10	Bruchteilsgebühr in DM			
		1/20	1/10	2/10	3/10
40,00	578,00	28,90	57,80	115,60	173,40
45,00	620,00	31,00	62,00	124,00	186,00
50,00	659,00	33,00	65,90	131,80	197,70
55,00	697,00	34,90	69,70	139,40	209,10
60,00	733,00	36,70	73,30	146,60	219,90
65,00	767,00	38,40	76,70	153,40	230,10
70,00	798,00	39,90	79,80	159,60	239,40
75,00	827,00	41,40	82,70	165,40	248,10
80,00	855,00	42,80	85,50	171,00	256,50
85,00	880,00	44,00	88,00	176,00	264,00
90,00	903,00	45,20	90,30	180,60	270,90
95,00	924,00	46,20	92,40	184,80	277,20
100,00	943,00	47,20	94,30	188,60	282,90
110,00	989,00	49,50	98,90	197,80	296,70
120,00	1.034,00	51,70	103,40	206,80	310,20
130,00	1.078,00	53,90	107,80	215,60	323,40
140,00	1.121,00	56,10	112,10	224,20	336,30
150,00	1.163,00	58,20	116,30	232,60	348,90
160,00	1.204,00	60,20	120,40	240,80	361,20
170,00	1.244,00	62,20	124,40	248,80	373,20
180,00	1.283,00	64,20	128,30	256,60	384,90
190,00	1.321,00	66,10	132,10	264,20	396,30
200,00	1.358,00	67,90	135,80	271,60	407,40
210,00	1.393,00	69,70	139,30	278,60	417,90
220,00	1.428,00	71,40	142,80	285,60	428,40
230,00	1.462,00	73,10	146,20	292,40	438,60
240,00	1.494,00	74,70	149,40	298,80	448,20
250,00	1.526,00	76,30	152,60	305,20	457,80
260,00	1.556,00	77,80	155,60	311,20	466,80
270,00	1.586,00	79,30	158,60	317,20	475,80
280,00	1.614,00	80,70	161,40	322,80	484,20
290,00	1.641,00	82,10	164,10	328,20	492,30
300,00	1.667,00	83,40	166,70	333,40	500,10

Bruchteilsgebühr in DM					
4/10	5/10	6/10	7/10	8/10	9/10
231,20	289,00	346,80	404,60	462,40	520,20
248,00	310,00	372,00	434,00	496,00	558,00
263,60	329,50	395,40	461,30	527,20	593,10
278,80	348,50	418,20	487,90	557,60	627,30
293,20	366,50	439,80	513,10	586,40	659,70
306,80	383,50	460,20	536,90	613,60	690,30
319,20	399,00	478,80	558,60	638,40	718,20
330,80	413,50	496,20	578,90	661,60	744,30
342,00	427,50	513,00	598,50	684,00	769,50
352,00	440,00	528,00	616,00	704,00	792,00
361,20	451,50	541,80	632,10	722,40	812,70
369,60	462,00	554,40	646,80	739,20	831,60
377,20	471,50	565,80	660,10	754,40	848,70
395,60	494,50	593,40	692,30	791,20	890,10
413,60	517,00	620,40	723,80	827,20	930,60
431,20	539,00	646,80	754,60	862,40	970,20
448,40	560,50	672,60	784,70	896,80	1.008,90
465,20	581,50	697,80	814,10	930,40	1.046,70
481,60	602,00	722,40	842,80	963,20	1.083,60
497,60	622,00	746,40	870,80	995,20	1.119,60
513,20	641,50	769,80	898,10	1.026,40	1.154,70
528,40	660,50	792,60	924,70	1.056,80	1.188,90
543,20	679,00	814,80	950,60	1.086,40	1.222,20
557,20	696,50	835,80	975,10	1.114,40	1.253,70
571,20	714,00	856,80	999,60	1.142,40	1.285,20
584,80	731,00	877,20	1.023,40	1.169,60	1.315,80
597,60	747,00	896,40	1.045,80	1.195,20	1.344,60
610,40	763,00	915,60	1.068,20	1.220,80	1.373,40
622,40	778,00	933,60	1.089,20	1.244,80	1.400,40
634,40	793,00	951,60	1.110,20	1.268,80	1.427,40
645,60	807,00	968,40	1.129,80	1.291,20	1.452,60
656,40	820,50	984,60	1.148,70	1.312,80	1.476,90
666,80	833,50	1.000,20	1.166,90	1.333,60	1.500,30

Tabelle-Da

Betriebs-fläche Hektar	Volle Gebühr in DM 10/10	Bruchteilsgebühr in DM			
		1/20	1/10	2/10	3/10
320,00	1.722,00	86,10	172,20	344,40	516,60
340,00	1.776,00	88,80	177,60	355,20	532,80
360,00	1.828,00	91,40	182,80	365,60	548,40
380,00	1.880,00	94,00	188,00	376,00	564,00
400,00	1.930,00	96,50	193,00	386,00	579,00
420,00	1.979,00	99,00	197,90	395,80	593,70
440,00	2.028,00	101,40	202,80	405,60	608,40
460,00	2.075,00	103,80	207,50	415,00	622,50
480,00	2.121,00	106,10	212,10	424,20	636,30
500,00	2.166,00	108,30	216,60	433,20	649,80
520,00	2.210,00	110,50	221,00	442,00	663,00
540,00	2.253,00	112,70	225,30	450,60	675,90
560,00	2.295,00	114,80	229,50	459,00	688,50
580,00	2.336,00	116,80	233,60	467,20	700,80
600,00	2.376,00	118,80	237,60	475,20	712,80
620,00	2.415,00	120,80	241,50	483,00	724,50
640,00	2.453,00	122,70	245,30	490,60	735,90
660,00	2.490,00	124,50	249,00	498,00	747,00
680,00	2.525,00	126,30	252,50	505,00	757,50
700,00	2.560,00	128,00	256,00	512,00	768,00
750,00	2.639,00	132,00	263,90	527,80	791,70
800,00	2.708,00	135,40	270,80	541,60	812,40
850,00	2.768,00	138,40	276,80	553,60	830,40
900,00	2.818,00	140,90	281,80	563,60	845,40
950,00	2.859,00	143,00	285,90	571,80	857,70
1.000,00	2.891,00	144,60	289,10	578,20	867,30
2.000,00	5.541,00	277,10	554,10	1.108,20	1.662,30
3.000,00	7.941,00	397,10	794,10	1.588,20	2.382,30
4.000,00	10.101,00	505,10	1.010,10	2.020,20	3.030,30
5.000,00	12.021,00	601,10	1.202,10	2.404,20	3.606,30
6.000,00	13.701,00	685,10	1.370,10	2.740,20	4.110,30

Bruchteilsgebühr in DM					
4/10	5/10	6/10	7/10	8/10	9/10
688,80	861,00	1.033,20	1.205,40	1.377,60	1.549,80
710,40	888,00	1.065,60	1.243,20	1.420,80	1.598,40
731,20	914,00	1.096,80	1.279,60	1.462,40	1.645,20
752,00	940,00	1.128,00	1.316,00	1.504,00	1.692,00
772,00	965,00	1.158,00	1.351,00	1.544,00	1.737,00
791,60	989,50	1.187,40	1.385,30	1.583,20	1.781,10
811,20	1.014,00	1.216,80	1.419,60	1.622,40	1.825,20
830,00	1.037,50	1.245,00	1.452,50	1.660,00	1.867,50
848,40	1.060,50	1.272,60	1.484,70	1.696,80	1.908,90
866,40	1.083,00	1.299,60	1.516,20	1.732,80	1.949,40
884,00	1.105,00	1.326,00	1.547,00	1.768,00	1.989,00
901,20	1.126,50	1.351,80	1.577,10	1.802,40	2.027,70
918,00	1.147,50	1.377,00	1.606,50	1.836,00	2.065,50
934,40	1.168,00	1.401,60	1.635,20	1.868,80	2.102,40
950,40	1.188,00	1.425,60	1.663,20	1.900,80	2.138,40
966,00	1.207,50	1.449,00	1.690,50	1.932,00	2.173,50
981,20	1.226,50	1.471,80	1.717,10	1.962,40	2.207,70
996,00	1.245,00	1.494,00	1.743,00	1.992,00	2.241,00
1.010,00	1.262,50	1.515,00	1.767,50	2.020,00	2.272,50
1.024,00	1.280,00	1.536,00	1.792,00	2.048,00	2.304,00
1.055,60	1.319,50	1.583,40	1.847,30	2.111,20	2.375,10
1.083,20	1.354,00	1.624,80	1.895,60	2.166,40	2.437,20
1.107,20	1.384,00	1.660,80	1.937,60	2.214,40	2.491,20
1.127,20	1.409,00	1.690,80	1.972,60	2.254,40	2.536,20
1.143,60	1.429,50	1.715,40	2.001,30	2.287,20	2.573,10
1.156,40	1.445,50	1.734,60	2.023,70	2.312,80	2.601,90
2.216,40	2.770,50	3.324,60	3.878,70	4.432,80	4.986,90
3.176,40	3.970,50	4.764,60	5.558,70	6.352,80	7.146,90
4.040,40	5.050,50	6.060,60	7.070,70	8.080,80	9.090,90
4.808,40	6.010,50	7.212,60	8.414,70	9.616,80	10.818,90
5.480,40	6.850,50	8.220,60	9.590,70	10.960,80	12.330,90

Tabelle-Da

Jahresumsatz i.S.v. § 39 V in DM bis	Volle Gebühr in DM 10/10	Bruchteilsgebühr in DM			
		1/20	1/10	2/10	3/10
80.000,00	615,00	30,80	61,50	123,00	184,50
85.000,00	646,00	32,30	64,60	129,20	193,80
90.000,00	676,00	33,80	67,60	135,20	202,80
95.000,00	707,00	35,40	70,70	141,40	212,10
100.000,00	737,00	36,90	73,70	147,40	221,10
110.000,00	797,00	39,90	79,70	159,40	239,10
120.000,00	856,00	42,80	85,60	171,20	256,80
130.000,00	915,00	45,80	91,50	183,00	274,50
140.000,00	972,00	48,60	97,20	194,40	291,60
150.000,00	1.030,00	51,50	103,00	206,00	309,00
160.000,00	1.087,00	54,40	108,70	217,40	326,10
170.000,00	1.143,00	57,20	114,30	228,60	342,90
180.000,00	1.199,00	60,00	119,90	239,80	359,70
190.000,00	1.255,00	62,80	125,50	251,00	376,50
200.000,00	1.309,00	65,50	130,90	261,80	392,70
210.000,00	1.364,00	68,20	136,40	272,80	409,20
220.000,00	1.418,00	70,90	141,80	283,60	425,40
230.000,00	1.471,00	73,60	147,10	294,20	441,30
240.000,00	1.525,00	76,30	152,50	305,00	457,50
250.000,00	1.577,00	78,90	157,70	315,40	473,10
260.000,00	1.630,00	81,50	163,00	326,00	489,00
270.000,00	1.682,00	84,10	168,20	336,40	504,60
280.000,00	1.735,00	86,80	173,50	347,00	520,50
290.000,00	1.786,00	89,30	178,60	357,20	535,80
300.000,00	1.838,00	91,90	183,80	367,60	551,40
310.000,00	1.889,00	94,50	188,90	377,80	566,70
320.000,00	1.940,00	97,00	194,00	388,00	582,00
330.000,00	1.991,00	99,60	199,10	398,20	597,30
340.000,00	2.041,00	102,10	204,10	408,20	612,30
350.000,00	2.092,00	104,60	209,20	418,40	627,60
360.000,00	2.142,00	107,10	214,20	428,40	642,60
370.000,00	2.192,00	109,60	219,20	438,40	657,60
380.000,00	2.242,00	112,10	224,20	448,40	672,60

Bruchteilsgebühr in DM					
4/10	5/10	6/10	7/10	8/10	9/10
246,00	307,50	369,00	430,50	492,00	553,50
258,40	323,00	387,60	452,20	516,80	581,40
270,40	338,00	405,60	473,20	540,80	608,40
282,80	353,50	424,20	494,90	565,60	636,30
294,80	368,50	442,20	515,90	589,60	663,30
318,80	398,50	478,20	557,90	637,60	717,30
342,40	428,00	513,60	599,20	684,80	770,40
366,00	457,50	549,00	640,50	732,00	823,50
388,80	486,00	583,20	680,40	777,60	874,80
412,00	515,00	618,00	721,00	824,00	927,00
434,80	543,50	652,20	760,90	869,60	978,30
457,20	571,50	685,80	800,10	914,40	1.028,70
479,60	599,50	719,40	839,30	959,20	1.079,10
502,00	627,50	753,00	878,50	1.004,00	1.129,50
523,60	654,50	785,40	916,30	1.047,20	1.178,10
545,60	682,00	818,40	954,80	1.091,20	1.227,60
567,20	709,00	850,80	992,60	1.134,40	1.276,20
588,40	735,50	882,60	1.029,70	1.176,80	1.323,90
610,00	762,50	915,00	1.067,50	1.220,00	1.372,50
630,80	788,50	946,20	1.103,90	1.261,60	1.419,30
652,00	815,00	978,00	1.141,00	1.304,00	1.467,00
672,80	841,00	1.009,20	1.177,40	1.345,60	1.513,80
694,00	867,50	1.041,00	1.214,50	1.388,00	1.561,50
714,40	893,00	1.071,60	1.250,20	1.428,80	1.607,40
735,20	919,00	1.102,80	1.286,60	1.470,40	1.654,20
755,60	944,50	1.133,40	1.322,30	1.511,20	1.700,10
776,00	970,00	1.164,00	1.358,00	1.552,00	1.746,00
796,40	995,50	1.194,60	1.393,70	1.592,80	1.791,90
816,40	1.020,50	1.224,60	1.428,70	1.632,80	1.836,90
836,80	1.046,00	1.255,20	1.464,40	1.673,60	1.882,80
856,80	1.071,00	1.285,20	1.499,40	1.713,60	1.927,80
876,80	1.096,00	1.315,20	1.534,40	1.753,60	1.972,80
896,80	1.121,00	1.345,20	1.569,40	1.793,60	2.017,80

Tabelle-Db

Jahresumsatz i.S.v. § 39 V in DM bis	Volle Gebühr in DM 10/10	Bruchteilsgebühr in DM			
		1/20	1/10	2/10	3/10
390.000,00	2.291,00	114,60	229,10	458,20	687,30
400.000,00	2.340,00	117,00	234,00	468,00	702,00
410.000,00	2.390,00	119,50	239,00	478,00	717,00
420.000,00	2.438,00	121,90	243,80	487,60	731,40
430.000,00	2.486,00	124,30	248,60	497,20	745,80
440.000,00	2.535,00	126,80	253,50	507,00	760,50
450.000,00	2.583,00	129,20	258,30	516,60	774,90
460.000,00	2.630,00	131,50	263,00	526,00	789,00
470.000,00	2.678,00	133,90	267,80	535,60	803,40
480.000,00	2.725,00	136,30	272,50	545,00	817,50
490.000,00	2.772,00	138,60	277,20	554,40	831,60
500.000,00	2.818,00	140,90	281,80	563,60	845,40
510.000,00	2.864,00	143,20	286,40	572,80	859,20
520.000,00	2.911,00	145,60	291,10	582,20	873,30
530.000,00	2.956,00	147,80	295,60	591,20	886,80
540.000,00	3.001,00	150,10	300,10	600,20	900,30
550.000,00	3.046,00	152,30	304,60	609,20	913,80
560.000,00	3.090,00	154,50	309,00	618,00	927,00
570.000,00	3.134,00	156,70	313,40	626,80	940,20
580.000,00	3.177,00	158,90	317,70	635,40	953,10
590.000,00	3.220,00	161,00	322,00	644,00	966,00
600.000,00	3.262,00	163,10	326,20	652,40	978,60
610.000,00	3.304,00	165,20	330,40	660,80	991,20
620.000,00	3.345,00	167,30	334,50	669,00	1.003,50
630.000,00	3.386,00	169,30	338,60	677,20	1.015,80
640.000,00	3.426,00	171,30	342,60	685,20	1.027,80
650.000,00	3.466,00	173,30	346,60	693,20	1.039,80
660.000,00	3.505,00	175,30	350,50	701,00	1.051,50
670.000,00	3.544,00	177,20	354,40	708,80	1.063,20
680.000,00	3.582,00	179,10	358,20	716,40	1.074,60
690.000,00	3.619,00	181,00	361,90	723,80	1.085,70
700.000,00	3.656,00	182,80	365,60	731,20	1.096,80
710.000,00	3.693,00	184,70	369,30	738,60	1.107,90

	Bruchteilsgebühr in DM				
4/10	5/10	6/10	7/10	8/10	9/10
916,40	1.145,50	1.374,60	1.603,70	1.832,80	2.061,90
936,00	1.170,00	1.404,00	1.638,00	1.872,00	2.106,00
956,00	1.195,00	1.434,00	1.673,00	1.912,00	2.151,00
975,20	1.219,00	1.462,80	1.706,60	1.950,40	2.194,20
994,40	1.243,00	1.491,60	1.740,20	1.988,80	2.237,40
1.014,00	1.267,50	1.521,00	1.774,50	2.028,00	2.281,50
1.033,20	1.291,50	1.549,80	1.808,10	2.066,40	2.324,70
1.052,00	1.315,00	1.578,00	1.841,00	2.104,00	2.367,00
1.071,20	1.339,00	1.606,80	1.874,60	2.142,40	2.410,20
1.090,00	1.362,50	1.635,00	1.907,50	2.180,00	2.452,50
1.108,80	1.386,00	1.663,20	1.940,40	2.217,60	2.494,80
1.127,20	1.409,00	1.690,80	1.972,60	2.254,40	2.536,20
1.145,60	1.432,00	1.718,40	2.004,80	2.291,20	2.577,60
1.164,40	1.455,50	1.746,60	2.037,70	2.328,80	2.619,90
1.182,40	1.478,00	1.773,60	2.069,20	2.364,80	2.660,40
1.200,40	1.500,50	1.800,60	2.100,70	2.400,80	2.700,90
1.218,40	1.523,00	1.827,60	2.132,20	2.436,80	2.741,40
1.236,00	1.545,00	1.854,00	2.163,00	2.472,00	2.781,00
1.253,60	1.567,00	1.880,40	2.193,80	2.507,20	2.820,60
1.270,80	1.588,50	1.906,20	2.223,90	2.541,60	2.859,30
1.288,00	1.610,00	1.932,00	2.254,00	2.576,00	2.898,00
1.304,80	1.631,00	1.957,20	2.283,40	2.609,60	2.935,80
1.321,60	1.652,00	1.982,40	2.312,80	2.643,20	2.973,60
1.338,00	1.672,50	2.007,00	2.341,50	2.676,00	3.010,50
1.354,40	1.693,00	2.031,60	2.370,20	2.708,80	3.047,40
1.370,40	1.713,00	2.055,60	2.398,20	2.740,80	3.083,40
1.386,40	1.733,00	2.079,60	2.426,20	2.772,80	3.119,40
1.402,00	1.752,50	2.103,00	2.453,50	2.804,00	3.154,50
1.417,60	1.772,00	2.126,40	2.480,80	2.835,20	3.189,60
1.432,80	1.791,00	2.149,20	2.507,40	2.865,60	3.223,80
1.447,60	1.809,50	2.171,40	2.533,30	2.895,20	3.257,10
1.462,40	1.828,00	2.193,60	2.559,20	2.924,80	3.290,40
1.477,20	1.846,50	2.215,80	2.585,10	2.954,40	3.323,70

Tabelle-Db

Jahresumsatz i.S.v. § 39 V in DM bis	Volle Gebühr in DM 10/10	Bruchteilsgebühr in DM			
		1/20	1/10	2/10	3/10
720.000,00	3.729,00	186,50	372,90	745,80	1.118,70
730.000,00	3.764,00	188,20	376,40	752,80	1.129,20
740.000,00	3.799,00	190,00	379,90	759,80	1.139,70
750.000,00	3.834,00	191,70	383,40	766,80	1.150,20
760.000,00	3.857,00	192,90	385,70	771,40	1.157,10
770.000,00	3.901,00	195,10	390,10	780,20	1.170,30
780.000,00	3.933,00	196,70	393,30	786,60	1.179,90
790.000,00	3.966,00	198,30	396,60	793,20	1.189,80
800.000,00	3.997,00	199,90	399,70	799,40	1.199,10
820.000,00	4.060,00	203,00	406,00	812,00	1.218,00
840.000,00	4.122,00	206,10	412,20	824,40	1.236,60
860.000,00	4.183,00	209,20	418,30	836,60	1.254,90
880.000,00	4.243,00	212,20	424,30	848,60	1.272,90
900.000,00	4.302,00	215,10	430,20	860,40	1.290,60
920.000,00	4.360,00	218,00	436,00	872,00	1.308,00
940.000,00	4.415,00	220,80	441,50	883,00	1.324,50
960.000,00	4.469,00	223,50	446,90	893,80	1.340,70
980.000,00	4.520,00	226,00	452,00	904,00	1.356,00
1.000.000,00	4.570,00	228,50	457,00	914,00	1.371,00
1.100.000,00	4.833,00	241,70	483,30	966,60	1.449,90
1.200.000,00	5.096,00	254,80	509,60	1.019,20	1.528,80
1.300.000,00	5.359,00	268,00	535,90	1.071,80	1.607,70
1.400.000,00	5.622,00	281,10	562,20	1.124,40	1.686,60
1.500.000,00	5.885,00	294,30	588,50	1.177,00	1.765,50
1.600.000,00	6.148,00	307,40	614,80	1.229,60	1.844,40
1.700.000,00	6.411,00	320,60	641,10	1.282,20	1.923,30
1.800.000,00	6.674,00	333,70	667,40	1.334,80	2.002,20
1.900.000,00	6.937,00	346,90	693,70	1.387,40	2.081,10
2.000.000,00	7.200,00	360,00	720,00	1.440,00	2.160,00
2.100.000,00	7.463,00	373,20	746,30	1.492,60	2.238,90
2.200.000,00	7.726,00	386,30	772,60	1.545,20	2.317,80
2.300.000,00	7.989,00	399,50	798,90	1.597,80	2.396,70
2.400.000,00	8.252,00	412,60	825,20	1.650,40	2.475,60

Landwirtschaftliche Buchführung

		Bruchteilsgebühr in DM			
4/10	5/10	6/10	7/10	8/10	9/10
1.491,60	1.864,50	2.237,40	2.610,30	2.983,20	3.356,10
1.505,60	1.882,00	2.258,40	2.634,80	3.011,20	3.387,60
1.519,60	1.899,50	2.279,40	2.659,30	3.039,20	3.419,10
1.533,60	1.917,00	2.300,40	2.683,80	3.067,20	3.450,60
1.542,80	1.928,50	2.314,20	2.699,90	3.085,60	3.471,30
1.560,40	1.950,50	2.340,60	2.730,70	3.120,80	3.510,90
1.573,20	1.966,50	2.359,80	2.753,10	3.146,40	3.539,70
1.586,40	1.983,00	2.379,60	2.776,20	3.172,80	3.569,40
1.598,80	1.998,50	2.398,20	2.797,90	3.197,60	3.597,30
1.624,00	2.030,00	2.436,00	2.842,00	3.248,00	3.654,00
1.648,80	2.061,00	2.473,20	2.885,40	3.297,60	3.709,80
1.673,20	2.091,50	2.509,80	2.928,10	3.346,40	3.764,70
1.697,20	2.121,50	2.545,80	2.970,10	3.394,40	3.818,70
1.720,80	2.151,00	2.581,20	3.011,40	3.441,60	3.871,80
1.744,00	2.180,00	2.616,00	3.052,00	3.488,00	3.924,00
1.766,00	2.207,50	2.649,00	3.090,50	3.532,00	3.973,50
1.787,60	2.234,50	2.681,40	3.128,30	3.575,20	4.022,10
1.808,00	2.260,00	2.712,00	3.164,00	3.616,00	4.068,00
1.828,00	2.285,00	2.742,00	3.199,00	3.656,00	4.113,00
1.933,20	2.416,50	2.899,80	3.383,10	3.866,40	4.349,70
2.038,40	2.548,00	3.057,60	3.567,20	4.076,80	4.586,40
2.143,60	2.679,50	3.215,40	3.751,30	4.287,20	4.823,10
2.248,80	2.811,00	3.373,20	3.935,40	4.497,60	5.059,80
2.354,00	2.942,50	3.531,00	4.119,50	4.708,00	5.296,50
2.459,20	3.074,00	3.688,80	4.303,60	4.918,40	5.533,20
2.564,40	3.205,50	3.846,60	4.487,70	5.128,80	5.769,90
2.669,60	3.337,00	4.004,40	4.671,80	5.339,20	6.006,60
2.774,80	3.468,50	4.162,20	4.855,90	5.549,60	6.243,30
2.880,00	3.600,00	4.320,00	5.040,00	5.760,00	6.480,00
2.985,20	3.731,50	4.477,80	5.224,10	5.970,40	6.716,70
3.090,40	3.863,00	4.635,60	5.408,20	6.180,80	6.953,40
3.195,60	3.994,50	4.793,40	5.592,30	6.391,20	7.190,10
3.300,80	4.126,00	4.951,20	5.776,40	6.601,60	7.426,80

Tabelle-Db

Jahresumsatz i.S.v. § 39 V in DM bis	Volle Gebühr in DM 10/10	Bruchteilsgebühr in DM			
		1/20	1/10	2/10	3/10
2.500.000,00	8.515,00	425,80	851,50	1.703,00	2.554,50
2.600.000,00	8.778,00	438,90	877,80	1.755,60	2.633,40
2.700.000,00	9.041,00	452,10	904,10	1.808,20	2.712,30
2.800.000,00	9.304,00	465,20	930,40	1.860,80	2.791,20
2.900.000,00	9.567,00	478,40	956,70	1.913,40	2.870,10
3.000.000,00	9.830,00	491,50	983,00	1.966,00	2.949,00
3.100.000,00	10.093,00	504,70	1.009,30	2.018,60	3.027,90
3.200.000,00	10.356,00	517,80	1.035,60	2.071,20	3.106,80
3.300.000,00	10.619,00	531,00	1.061,90	2.123,80	3.185,70
3.400.000,00	10.882,00	544,10	1.088,20	2.176,40	3.264,60
3.500.000,00	11.145,00	557,30	1.114,50	2.229,00	3.343,50
3.600.000,00	11.408,00	570,40	1.140,80	2.281,60	3.422,40
3.700.000,00	11.671,00	583,60	1.167,10	2.334,20	3.501,30
3.800.000,00	11.934,00	596,70	1.193,40	2.386,80	3.580,20
3.900.000,00	12.197,00	609,90	1.219,70	2.439,40	3.659,10
3.000.000,00	12.460,00	623,00	1.246,00	2.492,00	3.738,00
4.100.000,00	12.723,00	636,20	1.272,30	2.544,60	3.816,90
4.200.000,00	12.986,00	649,30	1.298,60	2.597,20	3.895,80
4.300.000,00	13.249,00	662,50	1.324,90	2.649,80	3.974,70
4.400.000,00	13.512,00	675,60	1.351,20	2.702,40	4.053,60
4.500.000,00	13.775,00	688,80	1.377,50	2.755,00	4.132,50
4.600.000,00	14.038,00	701,90	1.403,80	2.807,60	4.211,40
4.700.000,00	14.301,00	715,10	1.430,10	2.860,20	4.290,30
4.800.000,00	14.564,00	728,20	1.456,40	2.912,80	4.369,20
4.900.000,00	14.827,00	741,40	1.482,70	2.965,40	4.448,10
5.000.000,00	15.090,00	754,50	1.509,00	3.018,00	4.527,00

vom Mehrbetrag über
5 000 000 Deutsche Mark
je angefangene 100 000 Deutsche Mark

Volle Gebühr

263 DM

Landwirtschaftliche Buchführung

		Bruchteilsgebühr in DM			
4/10	5/10	6/10	7/10	8/10	9/10
3.406,00	4.257,50	5.109,00	5.960,50	6.812,00	7.663,50
3.511,20	4.389,00	5.266,80	6.144,60	7.022,40	7.900,20
3.616,40	4.520,50	5.424,60	6.328,70	7.232,80	8.136,90
3.721,60	4.652,00	5.582,40	6.512,80	7.443,20	8.373,60
3.826,80	4.783,50	5.740,20	6.696,90	7.653,60	8.610,30
3.932,00	4.915,00	5.898,00	6.881,00	7.864,00	8.847,00
4.037,20	5.046,50	6.055,80	7.065,10	8.074,40	9.083,70
4.142,40	5.178,00	6.213,60	7.249,20	8.284,80	9.320,40
4.247,60	5.309,50	6.371,40	7.433,30	8.495,20	9.557,10
4.352,80	5.441,00	6.529,20	7.617,40	8.705,60	9.793,80
4.458,00	5.572,50	6.687,00	7.801,50	8.916,00	10.030,50
4.563,20	5.704,00	6.844,80	7.985,60	9.126,40	10.267,20
4.668,40	5.835,50	7.002,60	8.169,70	9.336,80	10.503,90
4.773,60	5.967,00	7.160,40	8.353,80	9.547,20	10.740,60
4.878,80	6.098,50	7.318,20	8.537,90	9.757,60	10.977,30
4.984,00	6.230,00	7.476,00	8.722,00	9.968,00	11.214,00
5.089,20	6.361,50	7.633,80	8.906,10	10.178,40	11.450,70
5.194,40	6.493,00	7.791,60	9.090,20	10.388,80	11.687,40
5.299,60	6.624,50	7.949,40	9.274,30	10.599,20	11.924,10
5.404,80	6.756,00	8.107,20	9.458,40	10.809,60	12.160,80
5.510,00	6.887,50	8.265,00	9.642,50	11.020,00	12.397,50
5.615,20	7.019,00	8.422,80	9.826,60	11.230,40	12.634,20
5.720,40	7.150,50	8.580,60	10.010,70	11.440,80	12.870,90
5.825,60	7.282,00	8.738,40	10.194,80	11.651,20	13.107,60
5.930,80	7.413,50	8.896,20	10.378,90	11.861,60	13.344,30
6.036,00	7.545,00	9.054,00	10.563,00	12.072,00	13.581,00

Tabelle-Db

RAUM FÜR NOTIZEN:

Anmerkung zur

Tabelle E
RECHTSBEHELFSTABELLE

Inhalt dieser Tabelle ist, nach der Erhöhung zum 28. 8. 1998 wieder die Gebührentabelle der BRAGO. Beide Tabellen stimmen vollinhaltlich überein.

Die Rechtsbehelfstabelle ist nur anzuwenden auf

- die Gebühren im außergerichtlichen Rechtsbehelfsverfahren (siehe §§ 41-4), und zwar auf alle drei Gebühren
  - die Geschäftsgebühr,
  - die Besprechungsgebühr und
  - die Beweisaufnahmegebühr

- die Abrategebühr nach § 21 Abs. 2

und weil sie mit der BRAGO-Tabelle übereinstimmt im Ergebnis auch auf

- alle Verfahren nach § 45, z. B. gerichtliche Verfahren.

Tabelle-E

Gegenstandswert in DM bis	Volle Gebühr in DM 10/10	Bruchteilsgebühr in DM			
		1/20	1/10	2/10	3/10
600,00	50,00	2,50*	5,00*	10,00*	15,00*
1.200,00	90,00	4,50*	9,00*	18,00*	27,00
1.800,00	130,00	6,50*	13,00*	26,00	39,00
2.400,00	170,00	8,50*	17,00*	34,00	51,00
3.000,00	210,00	10,50*	21,00	42,00	63,00
4.000,00	265,00	13,30*	26,50	53,00	79,50
5.000,00	320,00	16,00*	32,00	64,00	96,00
6.000,00	375,00	18,80*	37,50	75,00	112,50
7.000,00	430,00	21,50	43,00	86,00	129,00
8.000,00	485,00	24,30	48,50	97,00	145,50
9.000,00	540,00	27,00	54,00	108,00	162,00
10.000,00	595,00	29,80	59,50	119,00	178,50
12.000,00	665,00	33,30	66,50	133,00	199,50
14.000,00	735,00	36,80	73,50	147,00	220,50
16.000,00	805,00	40,30	80,50	161,00	241,50
18.000,00	875,00	43,80	87,50	175,00	262,50
20.000,00	945,00	47,30	94,50	189,00	283,50
25.000,00	1.025,00	51,30	102,50	205,00	307,50
30.000,00	1.105,00	55,30	110,50	221,00	331,50
35.000,00	1.185,00	59,30	118,50	237,00	355,50
40.000,00	1.265,00	63,30	126,50	253,00	379,50
45.000,00	1.345,00	67,30	134,50	269,00	403,50
50.000,00	1.425,00	71,30	142,50	285,00	427,50
60.000,00	1.565,00	78,30	156,50	313,00	469,50
70.000,00	1.705,00	85,30	170,50	341,00	511,50
80.000,00	1.845,00	92,30	184,50	369,00	553,50
90.000,00	1.985,00	99,30	198,50	397,00	595,50
100.000,00	2.125,00	106,30	212,50	425,00	637,50
130.000,00	2.285,00	114,30	228,50	457,00	685,50
160.000,00	2.445,00	122,30	244,50	489,00	733,50
190.000,00	2.605,00	130,30	260,50	521,00	781,50
220.000,00	2.765,00	138,30	276,50	553,00	829,50
250.000,00	2.925,00	146,30	292,50	585,00	877,50

* Mindestgebühr 20,00 DM

Bruchteilsgebühr in DM					
4/10	5/10	6/10	7/10	8/10	9/10
20,00	25,00	30,00	35,00	40,00	45,00
36,00	45,00	54,00	63,00	72,00	81,00
52,00	65,00	78,00	91,00	104,00	117,00
68,00	85,00	102,00	119,00	136,00	153,00
84,00	105,00	126,00	147,00	168,00	189,00
106,00	132,50	159,00	185,50	212,00	238,50
128,00	160,00	192,00	224,00	256,00	288,00
150,00	187,50	225,00	262,50	300,00	337,50
172,00	215,00	258,00	301,00	344,00	387,00
194,00	242,50	291,00	339,50	388,00	436,50
216,00	270,00	324,00	378,00	432,00	486,00
238,00	297,50	357,00	416,50	476,00	535,50
266,00	332,50	399,00	465,50	532,00	598,50
294,00	367,50	441,00	514,50	588,00	661,50
322,00	402,50	483,00	563,50	644,00	724,50
350,00	437,50	525,00	612,50	700,00	787,50
378,00	472,50	567,00	661,50	756,00	850,50
410,00	512,50	615,00	717,50	820,00	922,50
442,00	552,50	663,00	773,50	884,00	994,50
474,00	592,50	711,00	829,50	948,00	1.066,50
506,00	632,50	759,00	885,50	1.012,00	1.138,50
538,00	672,50	807,00	941,50	1.076,00	1.210,50
570,00	712,50	855,00	997,50	1.140,00	1.282,50
626,00	782,50	939,00	1.095,50	1.252,00	1.408,50
682,00	852,50	1.023,00	1.193,50	1.364,00	1.534,50
738,00	922,50	1.107,00	1.291,50	1.476,00	1.660,50
794,00	992,50	1.191,00	1.389,50	1.588,00	1.786,50
850,00	1.062,50	1.275,00	1.487,50	1.700,00	1.912,50
914,00	1.142,50	1.371,00	1.599,50	1.828,00	2.056,50
978,00	1.222,50	1.467,00	1.711,50	1.956,00	2.200,50
1.042,00	1.302,50	1.563,00	1.823,50	2.084,00	2.344,50
1.106,00	1.382,50	1.659,00	1.935,50	2.212,00	2.488,50
1.170,00	1.462,50	1.755,00	2.047,50	2.340,00	2.632,50

Tabelle-E

Gegen-standswert in DM bis	Volle Gebühr in DM 10/10	Bruchteilsgebühr in DM			
		1/20	1/10	2/10	3/10
280.000,00	3.085,00	154,30	308,50	617,00	925,50
310.000,00	3.245,00	162,30	324,50	649,00	973,50
340.000,00	3.405,00	170,30	340,50	681,00	1.021,50
370.000,00	3.565,00	178,30	356,50	713,00	1.069,50
400.000,00	3.725,00	186,30	372,50	745,00	1.117,50
460.000,00	3.975,00	198,80	397,50	795,00	1.192,50
520.000,00	4.225,00	211,30	422,50	845,00	1.267,50
580.000,00	4.475,00	223,80	447,50	895,00	1.342,50
640.000,00	4.725,00	236,30	472,50	945,00	1.417,50
700.000,00	4.975,00	248,80	497,50	995,00	1.492,50
760.000,00	5.225,00	261,30	522,50	1.045,00	1.567,50
820.000,00	5.475,00	273,80	547,50	1.095,00	1.642,50
880.000,00	5.725,00	286,30	572,50	1.145,00	1.717,50
940.000,00	5.975,00	298,80	597,50	1.195,00	1.792,50
1.000.000,00	6.225,00	311,30	622,50	1.245,00	1.867,50
1.100.000,00	6.525,00	326,30	652,50	1.305,00	1.957,50
1.200.000,00	6.825,00	341,30	682,50	1.365,00	2.047,50
1.300.000,00	7.125,00	356,30	712,50	1.425,00	2.137,50
1.400.000,00	7.425,00	371,30	742,50	1.485,00	2.227,50
1.500.000,00	7.725,00	386,30	772,50	1.545,00	2.317,50
1.600.000,00	8.025,00	401,30	802,50	1.605,00	2.407,50
1.700.000,00	8.325,00	416,30	832,50	1.665,00	2.497,50
1.800.000,00	8.625,00	431,30	862,50	1.725,00	2.587,50
1.900.000,00	8.925,00	446,30	892,50	1.785,00	2.677,50
2.000.000,00	9.225,00	461,30	922,50	1.845,00	2.767,50
2.100.000,00	9.525,00	476,30	952,50	1.905,00	2.857,50
2.200.000,00	9.825,00	491,30	982,50	1.965,00	2.947,50
2.300.000,00	10.125,00	506,30	1.012,50	2.025,00	3.037,50
2.400.000,00	10.425,00	521,30	1.042,50	2.085,00	3.127,50
2.500.000,00	10.725,00	536,30	1.072,50	2.145,00	3.217,50
2.600.000,00	11.025,00	551,30	1.102,50	2.205,00	3.307,50
2.700.000,00	11.325,00	566,30	1.132,50	2.265,00	3.397,50
2.800.000,00	11.625,00	581,30	1.162,50	2.325,00	3.487,50

Bruchteilsgebühr in DM					
4/10	5/10	6/10	7/10	8/10	9/10
1.234,00	1.542,50	1.851,00	2.159,50	2.468,00	2.776,50
1.298,00	1.622,50	1.947,00	2.271,50	2.596,00	2.920,50
1.362,00	1.702,50	2.043,00	2.383,50	2.724,00	3.064,50
1.426,00	1.782,50	2.139,00	2.495,50	2.852,00	3.208,50
1.490,00	1.862,50	2.235,00	2.607,50	2.980,00	3.352,50
1.590,00	1.987,50	2.385,00	2.782,50	3.180,00	3.577,50
1.690,00	2.112,50	2.535,00	2.957,50	3.380,00	3.802,50
1.790,00	2.237,50	2.685,00	3.132,50	3.580,00	4.027,50
1.890,00	2.362,50	2.835,00	3.307,50	3.780,00	4.252,50
1.990,00	2.487,50	2.985,00	3.482,50	3.980,00	4.477,50
2.090,00	2.612,50	3.135,00	3.657,50	4.180,00	4.702,50
2.190,00	2.737,50	3.285,00	3.832,50	4.380,00	4.927,50
2.290,00	2.862,50	3.435,00	4.007,50	4.580,00	5.152,50
2.390,00	2.987,50	3.585,00	4.182,50	4.780,00	5.377,50
2.490,00	3.112,50	3.735,00	4.357,50	4.980,00	5.602,50
2.610,00	3.262,50	3.915,00	4.567,50	5.220,00	5.872,50
2.730,00	3.412,50	4.095,00	4.777,50	5.460,00	6.142,50
2.850,00	3.562,50	4.275,00	4.987,50	5.700,00	6.412,50
2.970,00	3.712,50	4.455,00	5.197,50	5.940,00	6.682,50
3.090,00	3.862,50	4.635,00	5.407,50	6.180,00	6.952,50
3.210,00	4.012,50	4.815,00	5.617,50	6.420,00	7.222,50
3.330,00	4.162,50	4.995,00	5.827,50	6.660,00	7.492,50
3.450,00	4.312,50	5.175,00	6.037,50	6.900,00	7.762,50
3.570,00	4.462,50	5.355,00	6.247,50	7.140,00	8.032,50
3.690,00	4.612,50	5.535,00	6.457,50	7.380,00	8.302,50
3.810,00	4.762,50	5.715,00	6.667,50	7.620,00	8.572,50
3.930,00	4.912,50	5.895,00	6.877,50	7.860,00	8.842,50
4.050,00	5.062,50	6.075,00	7.087,50	8.100,00	9.112,50
4.170,00	5.212,50	6.255,00	7.297,50	8.340,00	9.382,50
4.290,00	5.362,50	6.435,00	7.507,50	8.580,00	9.652,50
4.410,00	5.512,50	6.615,00	7.717,50	8.820,00	9.922,50
4.530,00	5.662,50	6.795,00	7.927,50	9.060,00	10.192,50
4.650,00	5.812,50	6.975,00	8.137,50	9.300,00	10.462,50

Tabelle-E

Gegen-standswert in DM bis	Volle Gebühr in DM 10/10	Bruchteilsgebühr in DM			
		1/20	1/10	2/10	3/10
2.900.000,00	11.925,00	596,30	1.192,50	2.385,00	3.577,50
3.000.000,00	12.225,00	611,30	1.222,50	2.445,00	3.667,50
3.100.000,00	12.525,00	626,30	1.252,50	2.505,00	3.757,50
3.200.000,00	12.825,00	641,30	1.282,50	2.565,00	3.847,50
3.300.000,00	13.125,00	656,30	1.312,50	2.625,00	3.937,50
3.400.000,00	13.425,00	671,30	1.342,50	2.685,00	4.027,50
3.500.000,00	13.725,00	686,30	1.372,50	2.745,00	4.117,50
3.600.000,00	14.025,00	701,30	1.402,50	2.805,00	4.207,50
3.700.000,00	14.325,00	716,30	1.432,50	2.865,00	4.297,50
3.800.000,00	14.625,00	731,30	1.462,50	2.925,00	4.387,50
3.900.000,00	14.925,00	746,30	1.492,50	2.985,00	4.477,50
3.000.000,00	15.225,00	761,30	1.522,50	3.045,00	4.567,50
4.100.000,00	15.525,00	776,30	1.552,50	3.105,00	4.657,50
4.200.000,00	15.825,00	791,30	1.582,50	3.165,00	4.747,50
4.300.000,00	16.125,00	806,30	1.612,50	3.225,00	4.837,50
4.400.000,00	16.425,00	821,30	1.642,50	3.285,00	4.927,50
4.500.000,00	16.725,00	836,30	1.672,50	3.345,00	5.017,50
4.600.000,00	17.025,00	851,30	1.702,50	3.405,00	5.107,50
4.700.000,00	17.325,00	866,30	1.732,50	3.465,00	5.197,50
4.800.000,00	17.625,00	881,30	1.762,50	3.525,00	5.287,50
4.900.000,00	17.925,00	896,30	1.792,50	3.585,00	5.377,50
5.000.000,00	18.225,00	911,30	1.822,50	3.645,00	5.467,50
5.100.000,00	18.525,00	926,30	1.852,50	3.705,00	5.557,50
5.200.000,00	18.825,00	941,30	1.882,50	3.765,00	5.647,50
5.300.000,00	19.125,00	956,30	1.912,50	3.825,00	5.737,50
5.400.000,00	19.425,00	971,30	1.942,50	3.885,00	5.827,50
5.500.000,00	19.725,00	986,30	1.972,50	3.945,00	5.917,50
5.600.000,00	20.025,00	1.001,30	2.002,50	4.005,00	6.007,50
5.700.000,00	20.325,00	1.016,30	2.032,50	4.065,00	6.097,50
5.800.000,00	20.625,00	1.031,30	2.062,50	4.125,00	6.187,50
5.900.000,00	20.925,00	1.046,30	2.092,50	4.185,00	6.277,50
6.000.000,00	21.225,00	1.061,30	2.122,50	4.245,00	6.367,50
6.100.000,00	21.525,00	1.076,30	2.152,50	4.305,00	6.457,50

Bruchteilsgebühr in DM					
4/10	5/10	6/10	7/10	8/10	9/10
4.770,00	5.962,50	7.155,00	8.347,50	9.540,00	10.732,50
4.890,00	6.112,50	7.335,00	8.557,50	9.780,00	11.002,50
5.010,00	6.262,50	7.515,00	8.767,50	10.020,00	11.272,50
5.130,00	6.412,50	7.695,00	8.977,50	10.260,00	11.542,50
5.250,00	6.562,50	7.875,00	9.187,50	10.500,00	11.812,50
5.370,00	6.712,50	8.055,00	9.397,50	10.740,00	12.082,50
5.490,00	6.862,50	8.235,00	9.607,50	10.980,00	12.352,50
5.610,00	7.012,50	8.415,00	9.817,50	11.220,00	12.622,50
5.730,00	7.162,50	8.595,00	10.027,50	11.460,00	12.892,50
5.850,00	7.312,50	8.775,00	10.237,50	11.700,00	13.162,50
5.970,00	7.462,50	8.955,00	10.447,50	11.940,00	13.432,50
6.090,00	7.612,50	9.135,00	10.657,50	12.180,00	13.702,50
6.210,00	7.762,50	9.315,00	10.867,50	12.420,00	13.972,50
6.330,00	7.912,50	9.495,00	11.077,50	12.660,00	14.242,50
6.450,00	8.062,50	9.675,00	11.287,50	12.900,00	14.512,50
6.570,00	8.212,50	9.855,00	11.497,50	13.140,00	14.782,50
6.690,00	8.362,50	10.035,00	11.707,50	13.380,00	15.052,50
6.810,00	8.512,50	10.215,00	11.917,50	13.620,00	15.322,50
6.930,00	8.662,50	10.395,00	12.127,50	13.860,00	15.592,50
7.050,00	8.812,50	10.575,00	12.337,50	14.100,00	15.862,50
7.170,00	8.962,50	10.755,00	12.547,50	14.340,00	16.132,50
7.290,00	9.112,50	10.935,00	12.757,50	14.580,00	16.402,50
7.410,00	9.262,50	11.115,00	12.967,50	14.820,00	16.672,50
7.530,00	9.412,50	11.295,00	13.177,50	15.060,00	16.942,50
7.650,00	9.562,50	11.475,00	13.387,50	15.300,00	17.212,50
7.770,00	9.712,50	11.655,00	13.597,50	15.540,00	17.482,50
7.890,00	9.862,50	11.835,00	13.807,50	15.780,00	17.752,50
8.010,00	10.012,50	12.015,00	14.017,50	16.020,00	18.022,50
8.130,00	10.162,50	12.195,00	14.227,50	16.260,00	18.292,50
8.250,00	10.312,50	12.375,00	14.437,50	16.500,00	18.562,50
8.370,00	10.462,50	12.555,00	14.647,50	16.740,00	18.832,50
8.490,00	10.612,50	12.735,00	14.857,50	16.980,00	19.102,50
8.610,00	10.762,50	12.915,00	15.067,50	17.220,00	19.372,50

Tabelle-E

Gegen- standswert in DM bis	Volle Gebühr in DM 10/10	Bruchteilsgebühr in DM			
		1/20	1/10	2/10	3/10
6.200.000,00	21.825,00	1.091,30	2.182,50	4.365,00	6.547,50
6.300.000,00	22.125,00	1.106,30	2.212,50	4.425,00	6.637,50
6.400.000,00	22.425,00	1.121,30	2.242,50	4.485,00	6.727,50
6.500.000,00	22.725,00	1.136,30	2.272,50	4.545,00	6.817,50
6.600.000,00	23.025,00	1.151,30	2.302,50	4.605,00	6.907,50
6.700.000,00	23.325,00	1.166,30	2.332,50	4.665,00	6.997,50
6.800.000,00	23.625,00	1.181,30	2.362,50	4.725,00	7.087,50
6.900.000,00	23.925,00	1.196,30	2.392,50	4.785,00	7.177,50
7.000.000,00	24.225,00	1.211,30	2.422,50	4.845,00	7.267,50
7.100.000,00	24.525,00	1.226,30	2.452,50	4.905,00	7.357,50
7.200.000,00	24.825,00	1.241,30	2.482,50	4.965,00	7.447,50
7.300.000,00	25.125,00	1.256,30	2.512,50	5.025,00	7.537,50
7.400.000,00	25.425,00	1.271,30	2.542,50	5.085,00	7.627,50
7.500.000,00	25.725,00	1.286,30	2.572,50	5.145,00	7.717,50
7.600.000,00	26.025,00	1.301,30	2.602,50	5.205,00	7.807,50
7.700.000,00	26.325,00	1.316,30	2.632,50	5.265,00	7.897,50
7.800.000,00	26.625,00	1.331,30	2.662,50	5.325,00	7.987,50
7.900.000,00	26.925,00	1.346,30	2.692,50	5.385,00	8.077,50
8.000.000,00	27.225,00	1.361,30	2.722,50	5.445,00	8.167,50
8.100.000,00	27.525,00	1.376,30	2.752,50	5.505,00	8.257,50
8.200.000,00	27.825,00	1.391,30	2.782,50	5.565,00	8.347,50
8.300.000,00	28.125,00	1.406,30	2.812,50	5.625,00	8.437,50
8.400.000,00	28.425,00	1.421,30	2.842,50	5.685,00	8.527,50
8.500.000,00	28.725,00	1.436,30	2.872,50	5.745,00	8.617,50
8.600.000,00	29.025,00	1.451,30	2.902,50	5.805,00	8.707,50
8.700.000,00	29.325,00	1.466,30	2.932,50	5.865,00	8.797,50
8.800.000,00	29.625,00	1.481,30	2.962,50	5.925,00	8.887,50
8.900.000,00	29.925,00	1.496,30	2.992,50	5.985,00	8.977,50
9.000.000,00	30.225,00	1.511,30	3.022,50	6.045,00	9.067,50
9.100.000,00	30.525,00	1.526,30	3.052,50	6.105,00	9.157,50
9.200.000,00	30.825,00	1.541,30	3.082,50	6.165,00	9.247,50
9.300.000,00	31.125,00	1.556,30	3.112,50	6.225,00	9.337,50
9.400.000,00	31.425,00	1.571,30	3.142,50	6.285,00	9.427,50

Bruchteilsgebühr in DM					
4/10	5/10	6/10	7/10	8/10	9/10
8.730,00	10.912,50	13.095,00	15.277,50	17.460,00	19.642,50
8.850,00	11.062,50	13.275,00	15.487,50	17.700,00	19.912,50
8.970,00	11.212,50	13.455,00	15.697,50	17.940,00	20.182,50
9.090,00	11.362,50	13.635,00	15.907,50	18.180,00	20.452,50
9.210,00	11.512,50	13.815,00	16.117,50	18.420,00	20.722,50
9.330,00	11.662,50	13.995,00	16.327,50	18.660,00	20.992,50
9.450,00	11.812,50	14.175,00	16.537,50	18.900,00	21.262,50
9.570,00	11.962,50	14.355,00	16.747,50	19.140,00	21.532,50
9.690,00	12.112,50	14.535,00	16.957,50	19.380,00	21.802,50
9.810,00	12.262,50	14.715,00	17.167,50	19.620,00	22.072,50
9.930,00	12.412,50	14.895,00	17.377,50	19.860,00	22.342,50
10.050,00	12.562,50	15.075,00	17.587,50	20.100,00	22.612,50
10.170,00	12.712,50	15.255,00	17.797,50	20.340,00	22.882,50
10.290,00	12.862,50	15.435,00	18.007,50	20.580,00	23.152,50
10.410,00	13.012,50	15.615,00	18.217,50	20.820,00	23.422,50
10.530,00	13.162,50	15.795,00	18.427,50	21.060,00	23.692,50
10.650,00	13.312,50	15.975,00	18.637,50	21.300,00	23.962,50
10.770,00	13.462,50	16.155,00	18.847,50	21.540,00	24.232,50
10.890,00	13.612,50	16.335,00	19.057,50	21.780,00	24.502,50
11.010,00	13.762,50	16.515,00	19.267,50	22.020,00	24.772,50
11.130,00	13.912,50	16.695,00	19.477,50	22.260,00	25.042,50
11.250,00	14.062,50	16.875,00	19.687,50	22.500,00	25.312,50
11.370,00	14.212,50	17.055,00	19.897,50	22.740,00	25.582,50
11.490,00	14.362,50	17.235,00	20.107,50	22.980,00	25.852,50
11.610,00	14.512,50	17.415,00	20.317,50	23.220,00	26.122,50
11.730,00	14.662,50	17.595,00	20.527,50	23.460,00	26.392,50
11.850,00	14.812,50	17.775,00	20.737,50	23.700,00	26.662,50
11.970,00	14.962,50	17.955,00	20.947,50	23.940,00	26.932,50
12.090,00	15.112,50	18.135,00	21.157,50	24.180,00	27.202,50
12.210,00	15.262,50	18.315,00	21.367,50	24.420,00	27.472,50
12.330,00	15.412,50	18.495,00	21.577,50	24.660,00	27.742,50
12.450,00	15.562,50	18.675,00	21.787,50	24.900,00	28.012,50
12.570,00	15.712,50	18.855,00	21.997,50	25.140,00	28.282,50

Tabelle-E

Gegen- standswert in DM bis	Volle Gebühr in DM 10/10	Bruchteilsgebühr in DM			
		1/20	1/10	2/10	3/10
9.500.000,00	31.725,00	1.586,30	3.172,50	6.345,00	9.517,50
9.600.000,00	32.025,00	1.601,30	3.202,50	6.405,00	9.607,50
9.700.000,00	32.325,00	1.616,30	3.232,50	6.465,00	9.697,50
9.800.000,00	32.625,00	1.631,30	3.262,50	6.525,00	9.787,50
9.900.000,00	32.925,00	1.646,30	3.292,50	6.585,00	9.877,50
10.000.000,00	33.225,00	1.661,30	3.322,50	6.645,00	9.967,50

Volle Gebühr

vom Mehrbetrag über
10 000 000 Deutsche Mark
je angefangene 100 000 Deutsche Mark

300 DM

Bruchteilsgebühr in DM					
4/10	5/10	6/10	7/10	8/10	9/10
12.690,00	15.862,50	19.035,00	22.207,50	25.380,00	28.552,50
12.810,00	16.012,50	19.215,00	22.417,50	25.620,00	28.822,50
12.930,00	16.162,50	19.395,00	22.627,50	25.860,00	29.092,50
13.050,00	16.312,50	19.575,00	22.837,50	26.100,00	29.362,50
13.170,00	16.462,50	19.755,00	23.047,50	26.340,00	29.632,50
13.290,00	16.612,50	19.935,00	23.257,50	26.580,00	29.902,50

Tabelle-E

Die Änderungen nach der 3. Änderungs-VO treten in Kraft,

wenn eine schriftliche Vereinbarung mit einer Geltungsdauer von mindestens einem Jahr getroffen oder

eine Pauschalvergütung vereinbart wurde

nach Ablauf der Vereinbarung, spätestens ab 1. 1. 1999,

sonst **am 28. 8. 1998;**

beim gerichtlichen Verfahren,

wenn der Auftrag nach dem 28. 8. 1998 erteilt oder

das Rechtsmittel nach dem 28. 8. 1998 eingelegt worden ist.

Umstellung der Honorarabrechnung auf den Euro

Die StBGebV wird vermutlich erst zum Jahr 2002 auf den Euro umgestellt. Solange bleibt die Basis für die Honorarabrechnung (Gegenstandswerte, volle Gebühr usw.) nach wie vor die DM, auch wenn eine Euro-Rechnung erstellt wird. In aller Regel wird eine solche Euro-Rechnung durch Umrechnung der einzelnen Rechnungspositionen erzeugt.